Die 44 schönsten PANORAMA-E-BIKE-TOUREN in Deutschland

Die 44 schönsten PANORAMA-E-BIKE-TOUREN in Deutschland

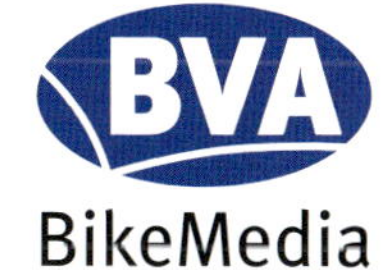

BikeMedia

Impressum

1. Auflage 2022

Touren/Texte: Georg Weindl, Schechen

Titelfoto: © ON-Photography/AdobeStock; Wavebreakmedia/ iStock
Foto Umschlagrückseite: © Dominik Ketz/Rheinland-Pfalz Tourismus GmbH

Fotos: Georg Weindl (S. 22/23, 26/27, 29, 30 oben, 30 unten, 31, 64/65, 168/169, 170/171, 174, 186/187, 194/195, 196, 198/199, 200, 201, 206, 207, 218/219, 220, 221, 222, 223) sowie © Schwarzwald Tourismus (S. 5), © RLP Tourismus (S. 6/7, 130/131, 132), © www.mecklenburger-radtour.de (S. 8/9, 38/39), © Chiemsee-Alpenland Tourismus (S. 10/11, 202/203), © TMN DieterDamschen (S. 12/13), © Dominik Ketz/Rheinland-Pfalz Tourismus GmbH (S. 14/15, 124/125, 126/127, 127 unten, 128), © Tourist-Info Waginger See (S. 16/17), © TVE_MountainLovers Marcel Lohr (S. 17 unten), © webspam4/ Pixabay (S. 18/19), © DolfiAM/Pixabay (S. 20), © TZ HWI Alexander Rudolph (S. 24/25), © Denny Franzkowiak/Pixabay (S. 32/33), © fotoblend/Pixabay (S. 34), © Medienservice/Pixabay (S. 36/37), © neufal54 (S. 38 links), © kOlga12/Pixabay (S. 40/41), © TMV Gohlke (S. 42), © eknbg/Pixabay (S. 44/45), © haraldmk/Pixabay (S. 46), © Bernd Schwarz/pixelio (S. 47), © Ostfriesland Tourismus (S. 48/49, 50/51), © roemi62/Pixabay (S. 52/53), © Ein Dahmer/wikimedia (S. 54), © TMN Markus Tiemann (S. 56/57, 58/59), © Martin Elsen (S. 59), © Photocompany Itzehoe (S. 60), © Susanne Seemann (S. 61 rechts), © Kookay/Pixabay (S. 62/63), © sh-tourismus.de (S. 66/67), © liggraphy/Pixabay (S. 68/69), © makalu/Pixabay (S. 70/71), © photosforyou/Pixabay (S. 72 oben), © Carlo Schrodt /pixelio (S. 72 unten), © falk2/Pixabay (S. 74/75), © Romantikgeist/ wikimedia (S. 76), © Tourismusverband Lausitzer Seenland/Nada Quenzel (S. 78/79), © Florian Waßmann/wikimedia (S. 80/81), © A.Savin/wikimedia (S. 82/83), © Tourismus NRW e.V. (S. 84/85, 86 oben), © Gruendercoach/Pixabay (S. 86 unten), © Das Bergische (S. 88/89), © Bjorn Troch, The Social Traveler (S. 90 oben), © Holger Piwowar (S. 90 unten), © Sauerland-Tourismus e.V. /Tanja Evers (S. 92/93, 94), © Thüringen Tourismus (S. 96/97, 100/101), © Seaq68/Pixabay (S. 98 oben), © TanniSK007/Pixabay (S. 98 unten), © Martin Kirchner (S. 102), © Saaleradweg e.V. / V. Grätsch (S. 104/105), © Jens Hauspurg Saaleland (S. 106), © Joachim Schneeleopard/wikimedia (S. 107), © TVE MountainLovers Marcel Lohr (S. 108/109), © Salino01/wikimedia (S. 110/111), © Kora27/wikimedia (S. 112), © Gabio/Pixabay (S. 113), © TVSSW Felix Meyer (S. 114/115, 117, 118), © Saubär/Pixabay (S. 120/121), © cocoparisienne/Pixabay (S. 120 unten), © Comerstone/ pixelio (S. 122), © Saarland Tourismus (S. 134/135), © Saarland Toursmus/Lukas-Huneke (S. 136), © christianmauer/Pixabay (S. 138/139), © MH_Stuttgart/Pixabay (S. 140), © Hochschwarzwald Tourismus GmbH (S. 142/143, 146/147, 148), © Stadt Villingen-Schwenningen (S. 144/145), © Tommy Rau/pixabay (S. 150/151), © Nordseher/pixabay (S. 152), © blitzmärker/Pixabay (S. 154/155), © Carsten Przygoda/Pixabay (S. 156/157), © Tommy Rau/Pixabay (S. 158), © Deutsche Bodensee Tourismus/Dietmar Denger (S. 159), © erlebe bayern/Gert Krautbauer (S. 160/161), © indirafoto/ pixabay (S. 162), © Oberpfälzer Wald/Thomas Kujat (S. 164/165, 166, 167), © Landratsamt Deggendorf/wikimedia (S. 172/173), © Alexander Naumann/pixabay (S. 176/177), © Flodur63/wikimedia (S. 178), © HaSe/wikimedia (S. 180), © Albrecht Fietz/Pixabay (S. 182/183), © gwt Starnberg GmbH (S. 184), © gwt Starnberg GmbH/Thomas Marufke (S. 185), © Schloss Elmau (S. 188), © Alpenwelt Karwendel (S. 189), © Tölzer Land Tourismus/Leonie Lorenz (S. 190/191), © holzijue/Pixabay (S. 192), © Chiemgau Tourismus (S. 204/205), © Tourist-Info Waginger See/Scheuerecker (S. 20/209, 210/211), © Tourismusverband Ostbayern/Maximilian Schemsch (S. 212/213, 214 oben, 215, 216, 217).

Buch- und Umschlaggestaltung: Horst Krückemeier, www.hokrue.de, Bielefeld

Kartografie: BVA BikeMedia

ISBN: 978-3-96990-080-2

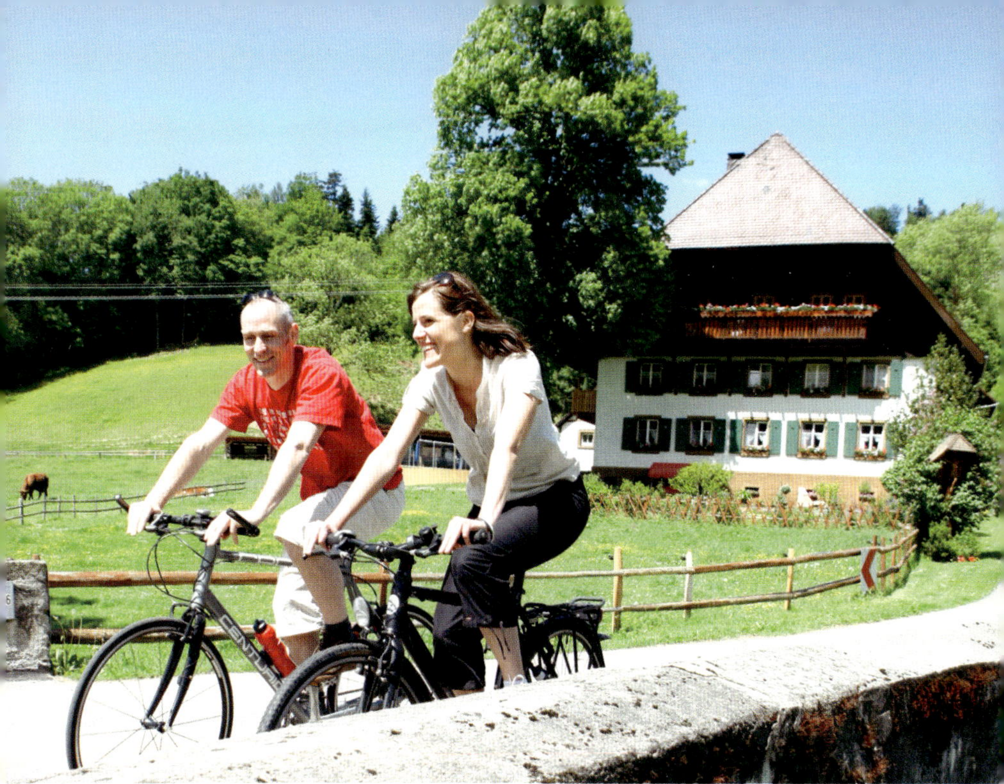

Inhalt

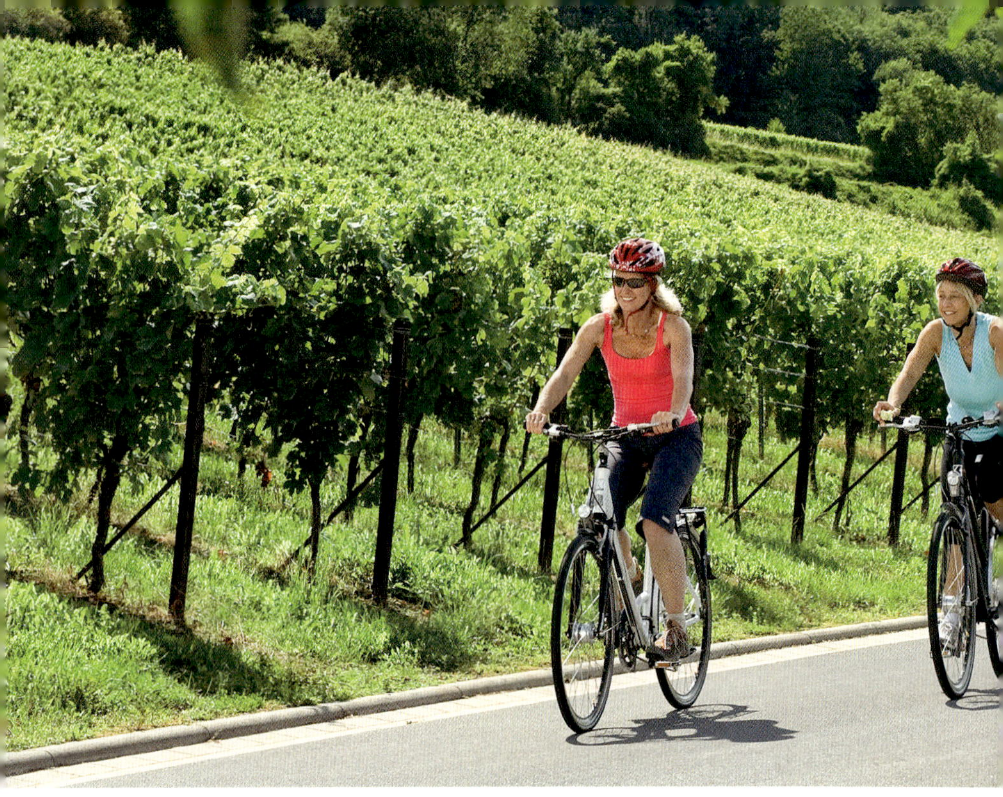

Niedersachsen

Brandenburg

Nordrhein-Westfalen

NRW/Hessen

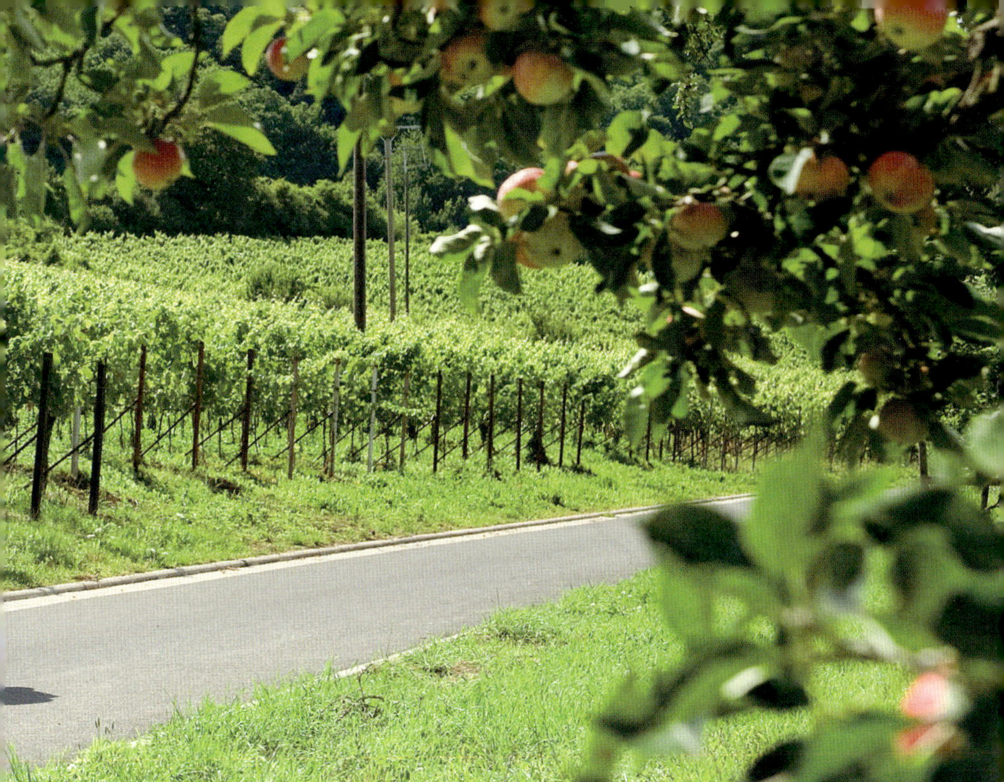

Thüringen

Thüringen/Sachsen-Anhalt

Sachsen

Sachsen/Sachsen-Anhalt

Rheinland-Pfalz

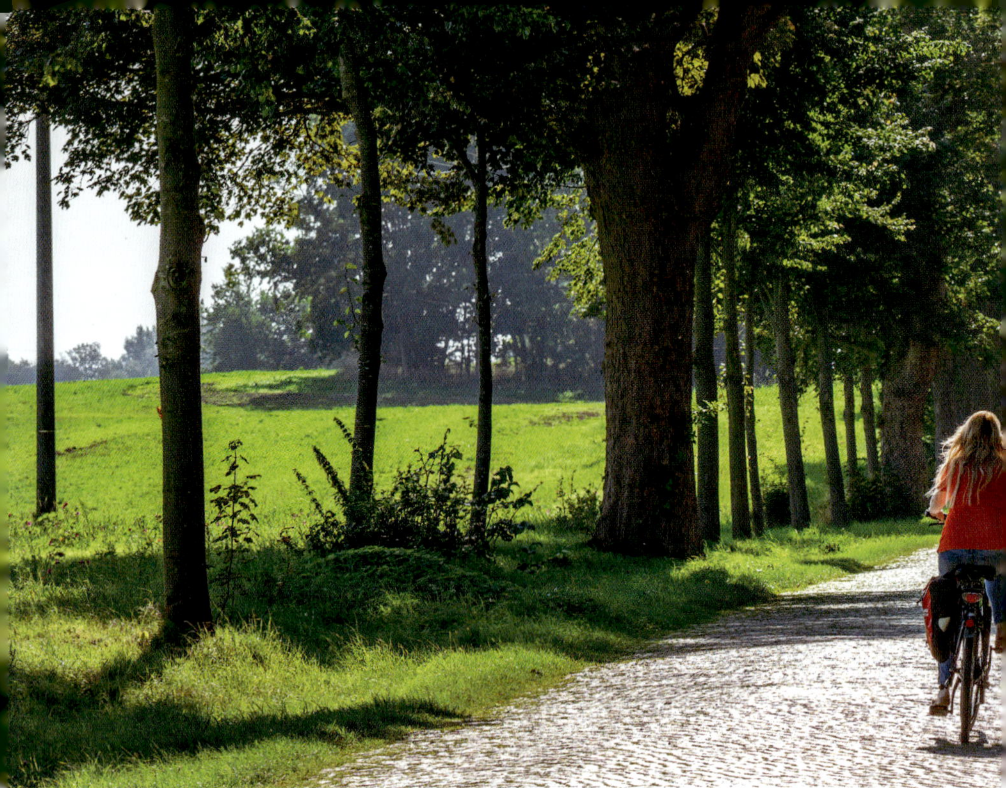

Saarland

Baden-Württemberg

Bayern

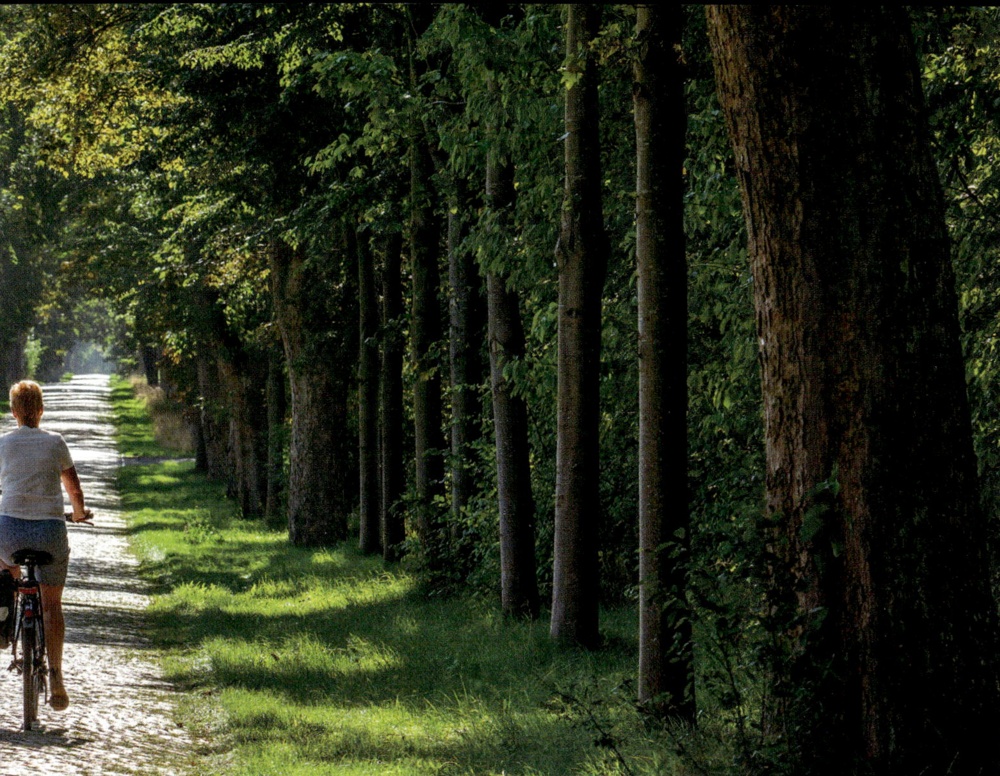

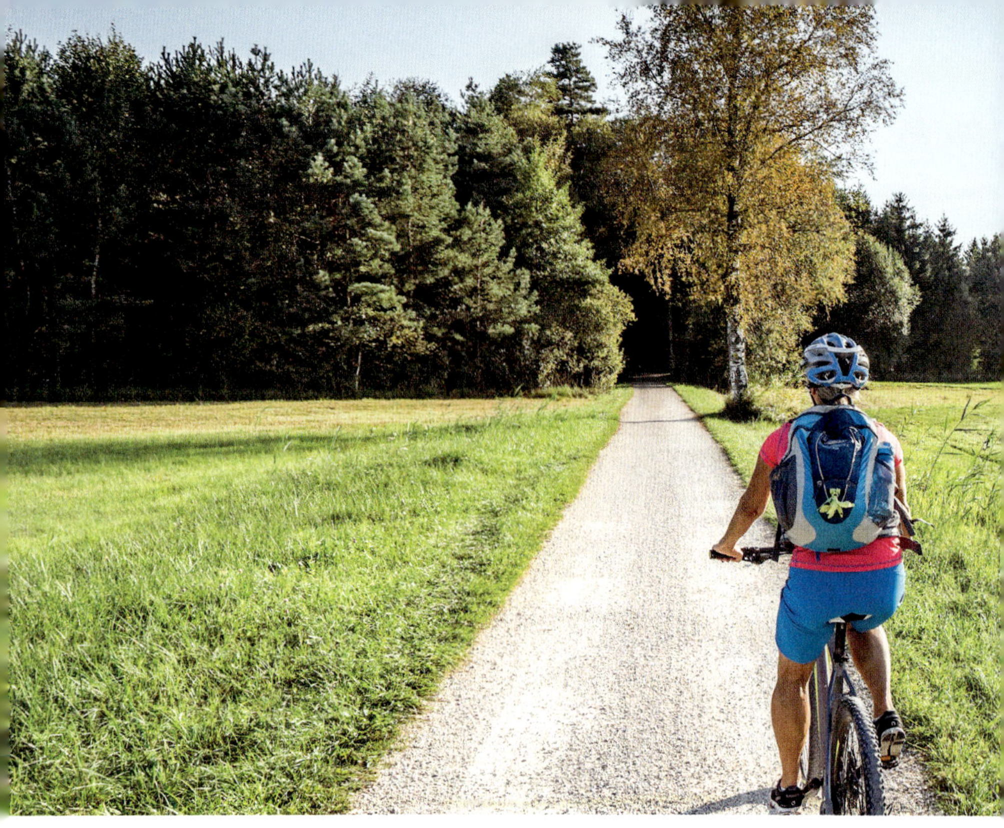

Schöne Aussichten

Einleitung

Radfahren war noch nie so interessant und vielseitig wie heute. Denkt man einige Jahre zurück, dann waren Radurlauber meist Menschen, die mit ihren Rennrädern möglichst viele Kilometer in möglichst kurzer Zeit absolvieren wollten. Die anderen beschränkten sich auf kurze Strecken vor der Haustür. Dass das heute anders ist, das liegt vor allem natürlich an der Technik. Räder sind leichter, komfortabler und sicherer. Und das E-Bike hat Möglichkeiten eröffnet, die sich viele Rad-Fans vorher nicht erträumt hatten. Mit dem E-Bike kann man nicht nur ganz locker bergauffahren, man kann Ziele erreichen, die vorher kaum denkbar waren. Wer mit dem E-Bike unterwegs ist, macht schnell die Erfahrung, dass das Fahren wesentlich entspannter ist und dass man plötzlich mehr von der Umgebung mitbekommt. Man fährt lockerer, schaut sich gerne die Gegend an, weil man sich weniger anstrengen muss. Es ist ein Fahrstil, den man im Englischen mit dem Wort Cruisen beschreibt.

Die E-Biker sind tendenziell richtige Genussfahrer. Es geht im Prinzip ja auch gar nicht anders, denn ein konventionelles E-Bike ist für Geschwindigkeitsrekorde denkbar ungeeignet. Ab 25 km/h wird es extrem mühsam, das Tempo weiter zu steigern, und jeder halbwegs ambitionierte Rennradfahrer zieht an einem locker vorbei. Ein allzu dynamischer Fahrstil ist ja auch nicht sinnvoll, wenn man auf einem Rad sitzt, das ohne Gepäck schon 25 Kilogramm wiegt, mit gefüllten Radta-

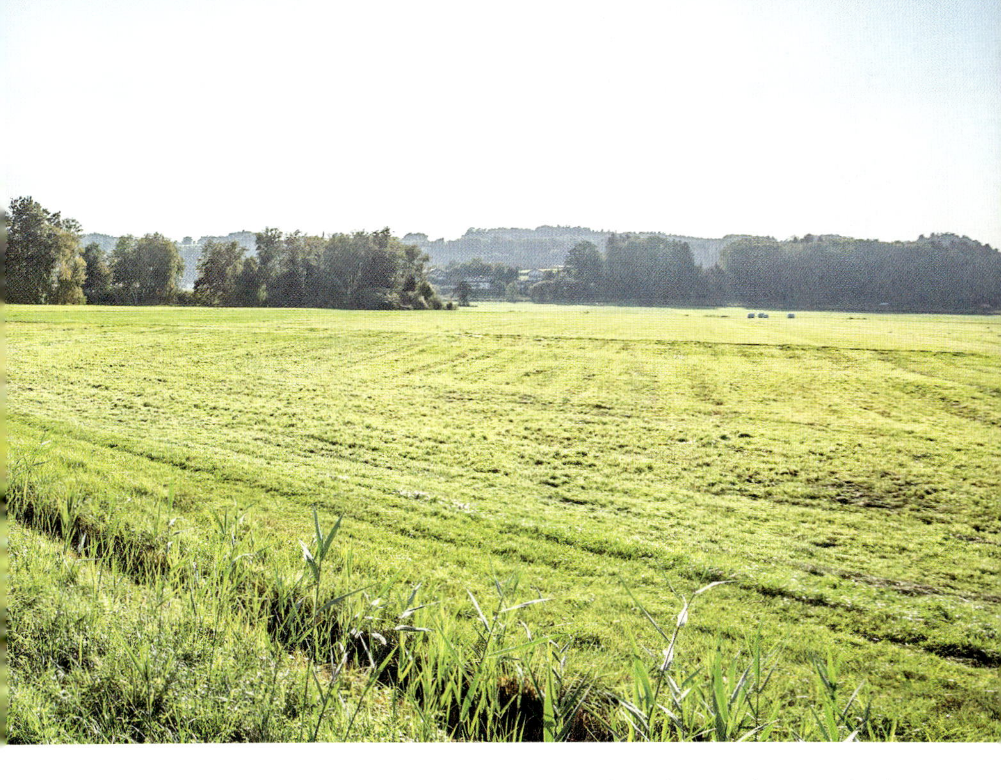

schen vielleicht 35 Kilogramm. Also ist es sinnvoll und auch sicherer, sich einen entspannten Fahrstil anzugewöhnen. Damit sind wir auch schon beim Thema dieses Buches. Es geht um Panorama-Touren mit dem E-Bike, also genau das, was zum Charakter dieser Räder wunderbar passt.

Unsere 44 Touren sind verteilt auf ganz Deutschland. Normalerweise hat man die schönsten Panoramen, wenn man „ganz oben ist". Da es sich hier ums Genussfahren dreht, wurde bewusst auf hochalpine Strecken verzichtet. Es sind natürlich einige Strecken dabei, die in den bayerischen Alpen, im Schwarzwald und auch im Mittelgebirge angesiedelt sind, aber so ausgewählt wurden, dass die Höhenunterschiede moderat sind und dies auch von untrainierten E-Bikern absolviert werden kann. Panoramen gibt es aber auch, wenn man rund um schöne Seen, entlang von Flüssen oder an der Nord- oder Ostseeküste radelt. Die Touren wurden auch so ausgewählt, das sie vom Anspruch und von der Länge her unterschiedlichste Erwartungen erfüllen. Es sind Routen dabei, die sich locker an einem halben Tag fahren lassen, aber auch Strecken, mit denen man sich eine gute Woche beschäftigen kann.

Die beste Reisezeit

Die Touren, die hier beschrieben sind, sind vom Charakter her ziemlich normal. Das heißt, es sind keine extremen Strecken mit außergewöhnlichen Höhen oder Höhenunterschieden und man kann sie fahren, ohne spezielle Voraussetzungen erfüllen zu müssen oder besondere Umstände zu respektieren. Es ist eine Mischung aus bekannten und unbekannten Routen. Es sind Klassiker dabei genauso wie Geheimtipps. Da in den letzten Jahren Radfahren immer mehr an Popularität gewonnen hat und dabei gerade mit dem E-Bike, muss man bei Klassikern wie etwa rund um den Chiemsee in Bayern, am

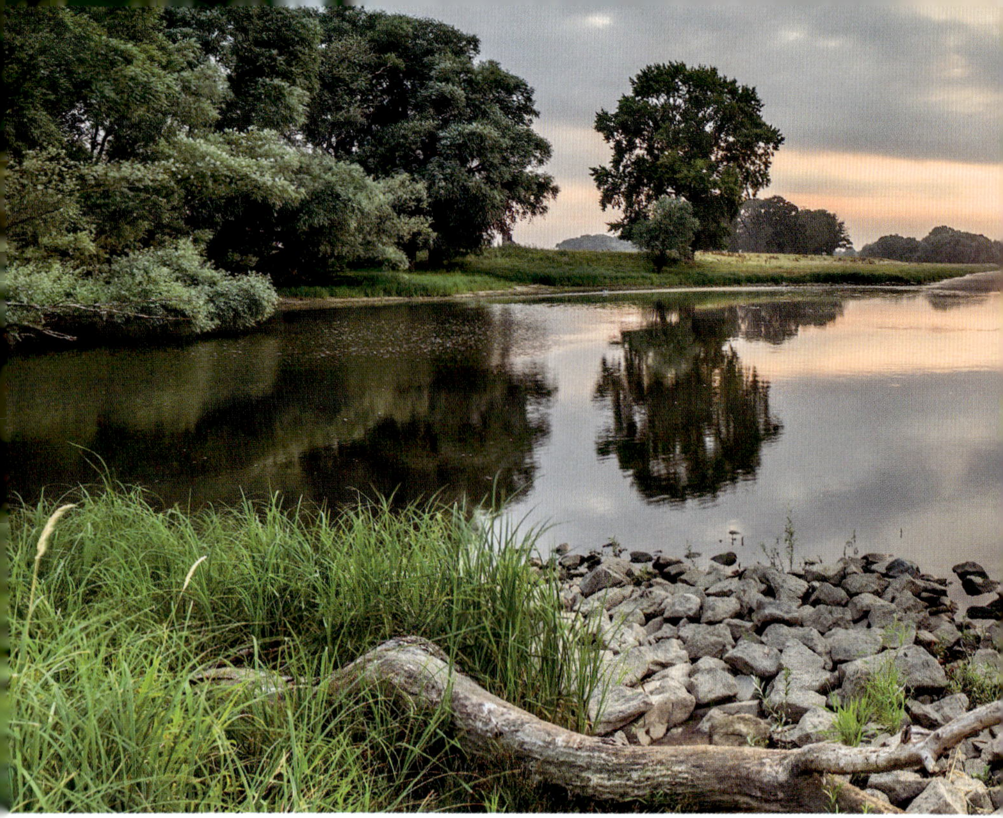

Rhein entlang bei Bingen oder an der Ostseeküste in Mecklenburg-Vorpommern zur Hochsaison schon damit rechnen, dass man nicht alleine ist. Das betrifft den Verkehr auf den oft recht schmalen Radwegen genauso wie die Suche von Quartieren unterwegs. Da hilft es schon, wenn man anstelle des Wochenendes besser an Wochentagen unterwegs ist und Unterkünfte rechtzeitig bucht.

In den Alpen oder im Schwarzwald sollte man damit rechnen, dass in den Übergangszeiten, also im April oder im Oktober und November in höheren und schattigen Lagen durchaus Schnee liegen kann. An der Nord- und Ostseeküste kann es im Frühjahr und Herbst recht stürmisch werden. Entsprechend sollte man sich mit guter und vor allem wasserfester Kleidung ausstatten. E-Biker sollten auch daran denken, dass Touren im Frühjahr oder Herbst bei einstelligen Temperaturen anders geplant werden sollten. Kälte und dann noch das möglicherweise schwere Gepäck können die Leistung der Batterie und die Reichweite deutlich beeinflussen. Und es ist nicht wirklich angenehm, ohne Motorleistung mit einem 30 Kilogramm schweren Rad unterwegs zu sein, wenn man ohnehin nach langer Fahrt müde ist.

Was zum Reisegepäck dazu gehört

Wer mit dem Rad unterwegs ist, will normalerweise so wenig Gepäck wie möglich haben. Wie umfangreich das sein soll, hängt auch von der Länge und dem Charakter der Tour ab. Wer unterwegs übernachtet, braucht die übliche Bekleidung, seine Hygieneausstattung und auch einige technische Details. Auf längeren Touren sollte man für eventuelle Pannen mit etwas Werkzeug (einen Satz Inbusschlüssel, Luftpumpe, Nippeldreher, Deckenheber, Schmiermittel für die Kette, Flickzeug und Ersatzschlauch, eventuell auch

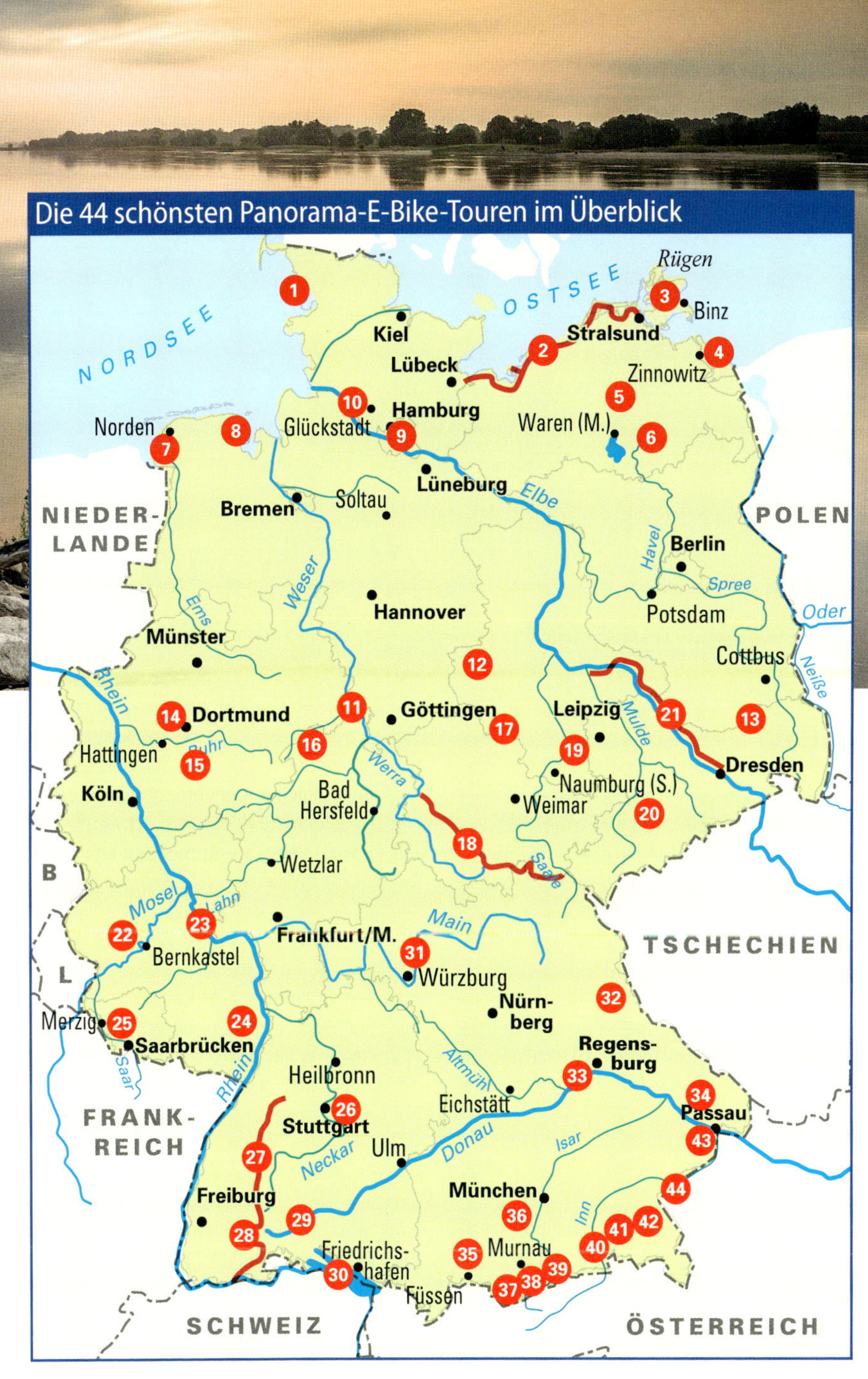
Die 44 schönsten Panorama-E-Bike-Touren im Überblick
NORDSEE
OSTSEE
Rügen
Binz
Stralsund
Kiel
Lübeck
Zinnowitz
Hamburg
Glückstadt
Waren (M.)
Norden
Lüneburg
Elbe
Bremen
Soltau
NIEDER-
LANDE
POLEN
Havel
Berlin
Weser
Spree
Ems
Hannover
Potsdam
Oder
Münster
Cottbus
Rhein
Neiße
Dortmund
Göttingen
Leipzig
Mulde
Hattingen
Ruhr
Werra
Dresden
Köln
Bad
Hersfeld
Naumburg (S.)
Weimar
B
Wetzlar
Saale
Mosel
Lahn
Main
Frankfurt/M.
TSCHECHIEN
Bernkastel
Würzburg
L
Nürn-
berg
Merzig
Saarbrücken
Regens-
burg
Saar
Altmühl
Heilbronn
Eichstätt
Passau
FRANK-
REICH
Stuttgart
Ulm
Donau
Isar
Neckar
Freiburg
München
Inn
Friedrichs-
hafen
Murnau
Füssen
SCHWEIZ
ÖSTERREICH
1
2
3
4
5
6
7
8
9
10
11
12
13
14
15
16
17
18
19
20
21
22
23
24
25
26
27
28
29
30
31
32
33
34
35
36
37
38
39
40
41
42
43
44

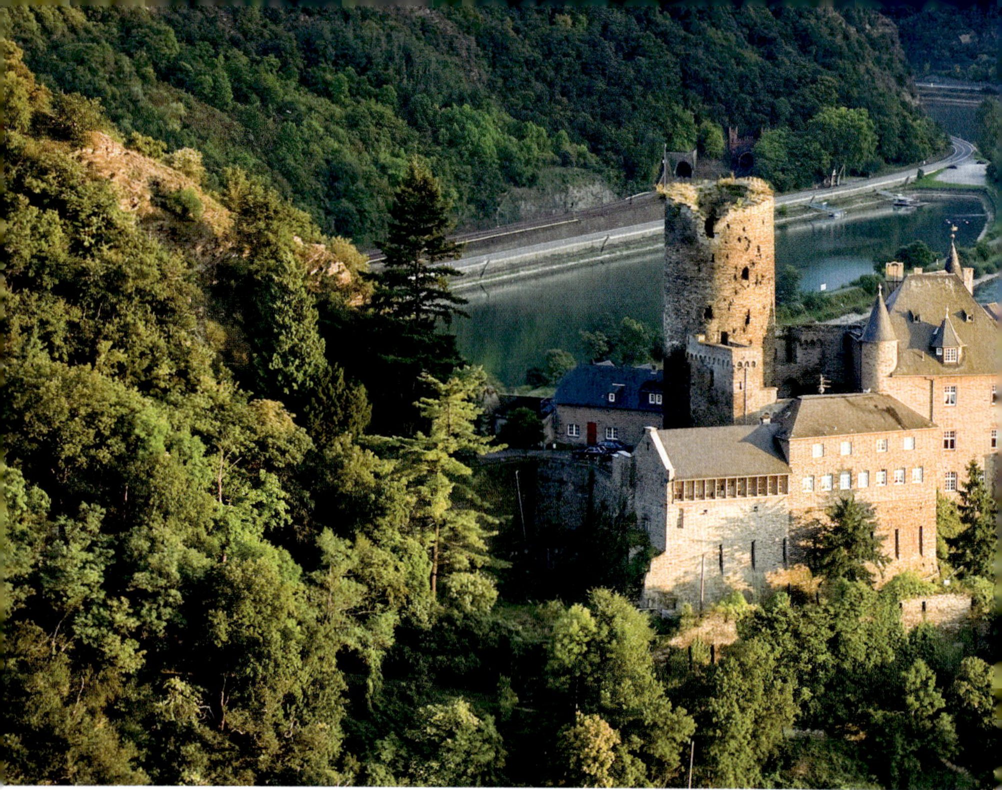

Ersatzmantel) gerüstet sein. Wichtig ist auch ein Erste-Hilfe-Set. Ob man einen Ersatzakku mitnimmt, sollte man sich gut überlegen. Der braucht ordentlich Platz und ist auch schwer. Einfacher ist es, unterwegs bei leerem Akku das Aufladen mit einer Kaffeepause zu kombinieren. Bei umfangreicherem Gepäck sollte man auch prüfen, wieviel Kilogramm der Gepäckträger verträgt. Nachträglich montierte Gepäckträger, die am Sattelrohr fixiert sind, vertragen oft nur fünf bis acht Kilogramm.

Bei Tagestouren reduziert sich das Gepäck deutlich. Auf die technische Ausstattung für Pannen und erste Hilfe sollte man aber auch hier nicht verzichten.

Welches Rad passt zu mir

Eine Frage, die denjenigen kaum beschäftigt, der mit seinem eigenen Rad unterwegs ist. Aber es gibt auch viele Radtouristen, für die es bequemer ist, vor Ort ein Rad zu leihen. Gerade mit den schweren E-Bikes, die ja üblicherweise zwischen 20 und 30 Kilogramm auf die Waage bringen, ist das eine reizvolle Alternative. Mit dem Auto oder mit der Bahn das E-Bike zu transportieren, ist auch etwas beschwerlich. Das Angebot an Leihbikes ist mittlerweile recht umfangreich. Allerdings sollte man genau überlegen, welches Bike man nimmt.

Für die 44 Touren in diesem Buch wären Crossbikes eine gute Wahl. Mountainbikes wären nicht erforderlich, haben ja auch den Nachteil, dass Leihbikes oft keine Schutzbleche haben. Wichtig ist, dass man Reifen mit geländetauglichem Profil hat.

Die meisten Touren haben auch Passagen auf Feldwegen, die bei schlechtem Wetter feucht und rutschig werden können. Kaum geeignet sind die vor einigen Jahren noch stark angebotenen Hollandräder mit Elektroantrieb und dünnen, profilarmen Reifen, die allenfalls auf Asphalt gut sind und auf Schotterstraßen bergab eher ein Sicherheitsrisiko sind.

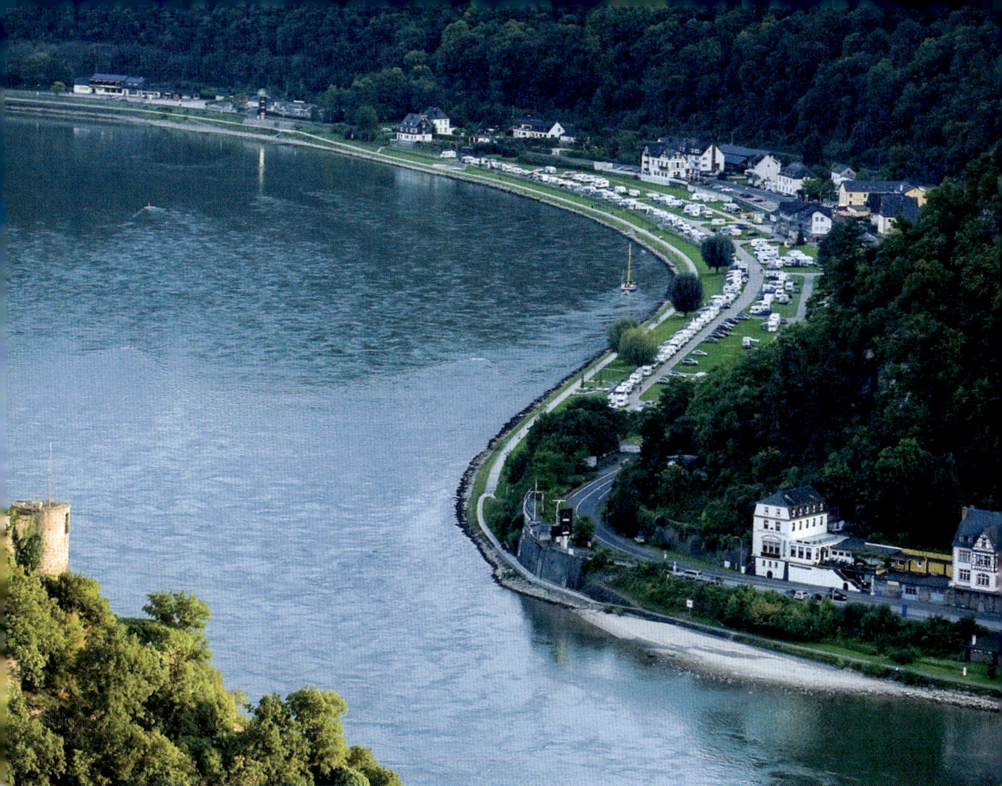

Wer mehrere Tage unterwegs ist, hat Gepäck dabei. Das verstaut man am besten in Radtaschen am Hinterrad oder am Lenker bzw. auch am Vorderrad. Mit gefüllten Radtaschen wird das Bike nicht nur schwerer, es verändert sich auch die Statik. Das sollte man beim Fahrstil berücksichtigen. Wer vorne viel Gewicht hat, sollte beachten, dass das Rad beim starken Bremsen blockieren kann. Ist das Gewicht hinten, verliert das Vorderrad bei starken Steigungen rasch an Traktion und der Fahrer das Gleichgewicht. Es kann nicht schaden, vor dem Start ein paar Brems- und Lenkübungen zu machen, um ein Gefühl für das Fahrverhalten zu bekommen. Unterwegs sollten Biker Abstand zueinander halten. Oft erkennt man eine Abzweigung spät, bremst abrupt, was folgende Radler zu Notbremsungen zwingt. Wenn man dann mit dem schweren E-Bike die Kontrolle verliert, ist ein Sturz oft unvermeidbar.

Das erhöhte Gewicht des Rads inklusive Gepäck bedeutet auch einen intensiveren Energieverbrauch. Und zwar nicht nur beim Fahrer sondern auch beim Akku. Für die ausgewählten Radtouren sollte das E-Bike wenigstens 500 Wh Kapazität haben, um Tagesetappen von 70 bis 100 Kilometern zu schaffen. Wenn unterwegs der Akku leer wird, wird das Radeln nur mit Muskelkraft am Ende des Tages recht mühsam. Die Reichweite hängt natürlich sehr vom Fahrstil ab, kann im niedrigen Eco-Modus auch deutlich mehr als 100 Kilometer erreichen.

Wie weit komme ich mit meinem E-Bike?

Erfahrene E-Biker kennen das natürlich, Gelegenheitsfahrer mit Leihrädern sollten sich darauf einstellen. Bei Tagesetappen mit E-Bikes sollte man vorsichtig kalkulieren, wenn man nicht mit leerem Akku das schwere Rad nur mit Muskelkraft bewegen will. Zusammen mit gut gefüllten Radtaschen sind es durchaus 30 Kilo und mehr, die

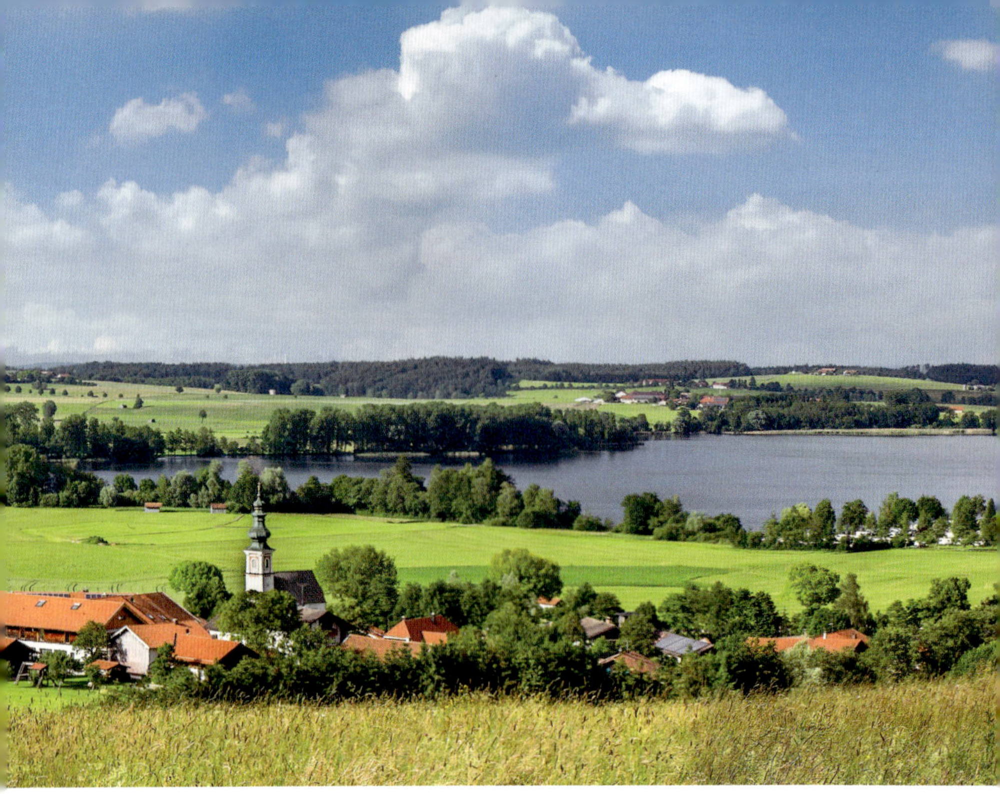

da angetrieben werden wollen. Beim Radurlaub kostet das Gepäck natürlich Reichweite. Ein anderer wesentlicher Faktor ist der Streckenverlauf mit den Höhenunterschieden, die bewältigt werden wollen. Und dann schwankt die angezeigte Reichweite am Display sehr stark je nachdem, welcher Fahrmodus eingestellt ist. Das lässt sich gut nachvollziehen, wenn man einmal bei gleichbleibendem Tempo die verschiedenen Modi von Eco bis Turbo verglichen hat und von 30 bis 100 Kilometern am Start angezeigt bekommt. Da ist es auch nicht verkehrt, auf längeren Etappen anfangs mit etwas mehr Eigenleistung zu strampeln, damit am Ende, wenn man müde ist oder sich vielleicht auch noch verfahren hat, noch mehr Reserven bleiben.

Und wenn der Akku dann wirklich am Ende ist? Dann besteht kein Grund zur Panik. Zumindest nicht bei unseren Touren. In den klassischen Urlaubsregionen gibt es mittlerweile zahlreiche öffentliche Ladestationen. Oder man gönnt sich eine Kaffeepause, gibt dem Kellner oder Wirt ein extra Trinkgeld und steckt den Akku während der Pause ans Netz. Für die letzten 10 bis 20 Kilometer reicht das dann allemal.

Mit GPS-Daten souverän unterwegs

Es wird immer populärer, sich mithilfe von GPS-Daten und Smartphone oder anderen Mobilgeräten sicher navigieren zu lassen. Mit digitaler Unterstützung lassen sich auch lange Touren optimal planen, Tagesetappen zusammenstellen und unterwegs die richtigen Wege finden. Die Beschilderungen von Radwegen sind ja zuweilen etwas lückenhaft, kann man sich vor allem in und rund um Städten schnell verirren.

Auch für diese Genusstouren wollen wir Ihnen die Möglichkeit geben, sich mit Ihrem GPS-Gerät und den passenden Streckendaten auf den Weg zu machen. Für jede der 44 Touren finden Sie auf unserer Internet-

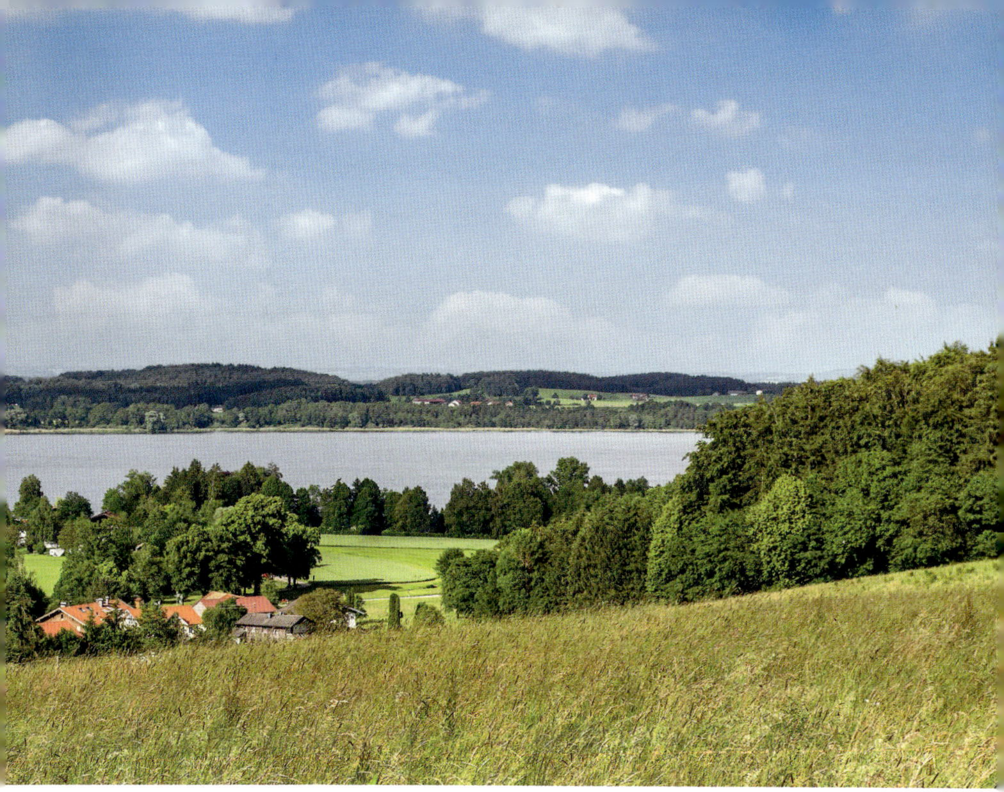

seite die passenden Trackdaten. Mithilfe des Zugangscodes **PARA-01-080-533-RF** stehen Ihnen die Daten auf der Seite:
www.fahrrad-buecher-karten.de
kostenlos zum Download zur Verfügung.

Helfen Sie mit!

Die in diesem Buch enthaltenen Informationen wurden sorgfältig nach bestem Wissen und Gewissen zusammen getragen. Dennoch gibt es gerade beim immer beliebter gewordenen Radtourismus ständig Neuerungen und Veränderungen. Da ändern sich Straßennamen und Wegführungen, werden Routen ergänzt, zusätzliche Serviceangebote entlang der Strecken geschaffen. Helfen Sie uns mit, dieses Buch ständig aktuell zu halten, indem Sie uns eventuelle Änderungen unter **karten@bva-bikemedia.de**, BVA BikeMedia GmbH, Niederwall 53, 33602 Bielefeld mitteilen. Unser Dank ist Ihnen ebenso sicher wie der Dank der anderen Leser.

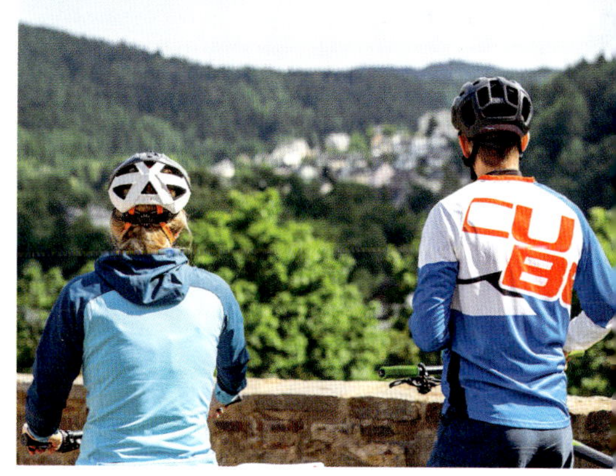

VIEL SPAß BEIM RADELN!

Tour 1

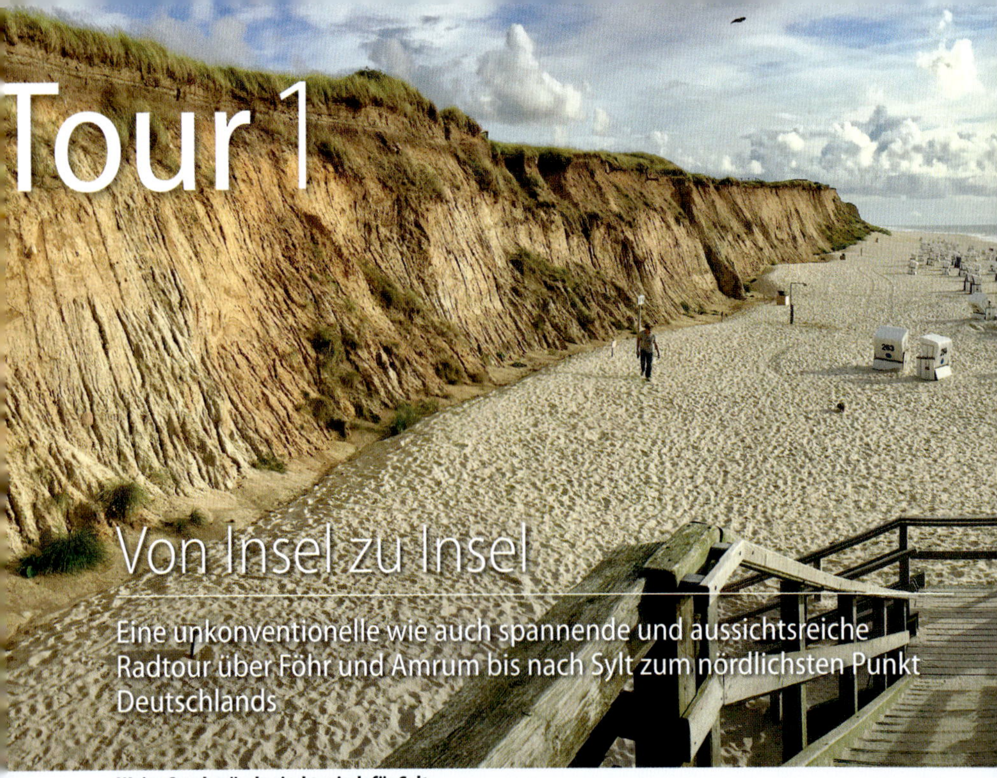

Von Insel zu Insel

Eine unkonventionelle wie auch spannende und aussichtsreiche Radtour über Föhr und Amrum bis nach Sylt zum nördlichsten Punkt Deutschlands

Weite Sandstrände sind typisch für Sylt

Mal etwas ganz anderes. Bei dieser Radtour geht es nicht an der Küste oder an einem Flussufer entlang, auch nicht rund um einen See. Diese Tour entlang der nordfriesischen Küste bis zur berühmtesten aller deutschen Inseln geschieht mit Rad und Schiff, also Inselhüpfen im klassischen Sinn. Stationen sind die Inseln Pellworm, Föhr, Amrum und schließlich Sylt, wo man nach einem Ausflug zum nördlichsten Punkt zurück in Westerland die Bahn für die Heimreise wählt. 300 Kilometer, bei denen es nur flach dahin geht und genügend aussichtsreiche Erholungspausen auf dem Schiff gibt.

Friedrichstadt ist unser Startort. Und das hat einige gute Gründe. Einmal liegt es an der Bahnlinie zwischen Sylt und Hamburg, was für die Anreise aber auch für die Rückfahrt nicht ganz unwichtig ist. Zum anderen ist es eine höchst interessante Stadt mit einer besonderen Geschichte. Denn im 17. Jahrhundert wurde der Ort von holländischen Remonstranten gegründet, deren Religion zuhause nicht mehr erwünscht war und die hier nun mit Handel erfolgreich waren, schöne Patrizierhäuser bauten und so eine maritime Idylle mit holländischen Stilelementen, Grachten und Kirchtürmen entstehen ließen. Auch heute noch gibt es in der Kleinstadt eine erstaunliche religiöse Vielfalt.

Doch wir wollen ans Meer. Dazu radeln wir in nordwestlicher Richtung bis nach Witzwort und weiter vorbei an Uelvesbüll, wo wir auf den Nordseeküstenradweg treffen. Die nächsten 12 Kilometer geht es schon mal an der Küste entlang bis nach Husum. Unser erstes Ziel ist natürlich der Hafen von Husum, ein idealer Platz für eine erste Pause. Über die Gaswerkstraße kommen wir direkt hin und können uns bei Fischer Thorsten Laß direkt mit fangfrischen Krabben versorgen.

Daneben gibt es noch ein Fischrestaurant, wo man einen exzellenten Blick auf den Hafen und die Schiffe hat.

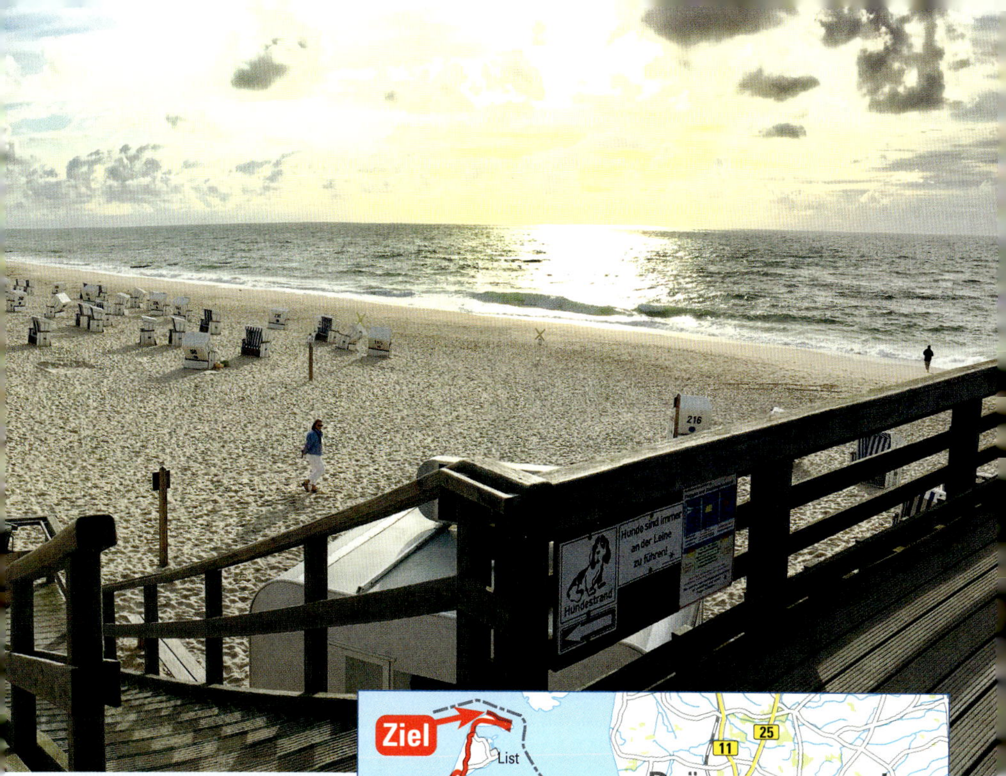

Panorama-Tourinfo

Es geht an der nordfriesischen Küste entlang auf dem ausgeschilderten Nordseeradweg, dann mit der Fähre von Insel zu Insel, wo man auf Radwegen mit Schotter oder Asphalt hinter der Düne und auf Nebenstraßen jeweils eine Runde dreht. Eine lange Tour, die gut eine Woche in Anspruch nehmen kann, wenn man sich Zeit für Sightseeing nimmt, was hier dringend anzuraten ist. Höhenmeter spielen so gut wie keine Rolle – man ist ja am Meer. Dafür kann Gegenwind da und dort ein wenig nerven. Ein Argument fürs E-Bike.

Start: Friedrichstadt

Ziel: Sylt

Länge: 300 km

Höhenunterschied: 350 m

Information: Schleswig Holstein Tourismus, www.sh-tourismus.de

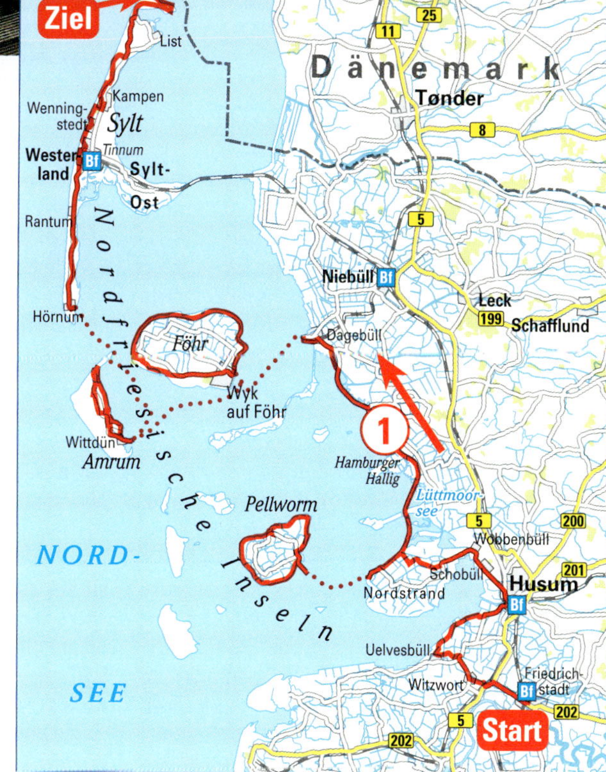

1

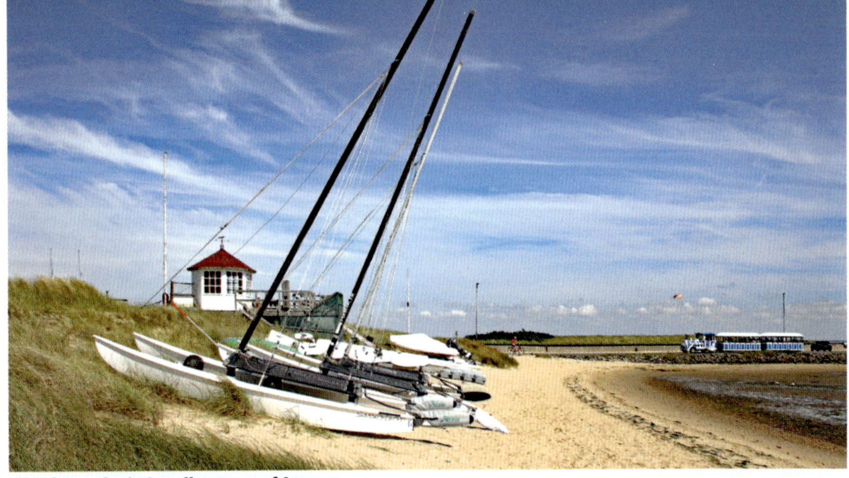

Sandstrand mit Segelbooten auf Amrum

Unser nächstes Ziel ist Pellworm. Dazu fahren wir von Husum über Schobüll, Wobbenbüll quer über die Halbinsel Nordstrand.

Die kleine Insel Pellworm hat 37 Quadratkilometer und nur knapp über 1.200 Einwohner, dafür aber viele schöne Radwege mit Nordseeblick und praktisch keinen Autoverkehr. Ein Radparadies also.

Es gibt einen schönen Radweg rund um die Insel, der 28 Kilometer lang ist und bei dem man Pellworm auf die Schnelle gut kennen lernen kann. Doch wir müssen wieder zurück aufs Festland mit der Fähre. Dort geht es dann stramm Richtung Norden, wo man nach etwa vier Kilometern das Gefühl bekommt, mitten auf dem Meer zu radeln, auf dem schmalen Damm vorbei am Lüttmoorsee bis zur Hamburger Hallig. Der Weg ist gut asphaltiert, Probleme machen kann da eher der Wind, der zuweilen heftig Widerstand leistet. Die nächste Station ist Dagebüll, das man schon von weitem am Leuchtturm erkennen kann. Hier startet die Fähre nach Wyk auf der Insel Föhr.

Und hier gibt es auch wieder Fisch vom Kutter für einen kleinen Imbiss unterwegs. Wyk ist der Hauptstrand auf der Insel, oder besser gesagt der einzige richtige Ort. Ansonsten viel Grün und schöne Radwege am Wasser entlang, weshalb man sich hier auch eine Rundfahrt um die Insel gönnen sollte. Wer mehr über die Insel erfahren will, sollte sich einen Besuch des Dr. Carl-Häberlin-Friesen-Museums in Wyk gönnen. Was die Insel auch sympathisch macht, sind die vielen netten Orts- und Lokalbezeichnungen. Da gibt es Siedlungen wie Midlum, Wirxum, Odlum oder Dunsum, ein Pfannkuchenhaus und ein Feinkostgeschäft namens Kleine Sünden.

Weiter geht die Reise mit der nächsten Schifffahrt. Von Wyk bringt uns die Fähre nun zur kleineren Nachbarinsel Amrum. In Wittdün legt die Fähre an – auch hier mit dem von weitem zu sehenden rotweiß geringelten Leuchtturm.

Amrum ist ein Paradies für Naturliebhaber und Nordsee Fans. Man kann mit dem Rad bequem die ganze Insel bis nach Norden abfahren bis zum Vogelschutzgebiet Amrum-Odde, sieht unterwegs herrliche, alte, reetgedeckte Fliesenhäuser, einsame Sandstrände am Westufer und da und dort einige Seehunde.

Nach der Runde über die Insel kommen wir zurück nach Wittdün. Dort startet der MS Adler-Express und bringt seine Passagiere in einer Dreiviertelstunde hinüber nach Sylt und zum Hafen von Hörnum – der südlichsten Spitze Sylts.

Von Hörnum geht es nun nordwärts weiter. Dazu hat man die Wahl zwischen einem asphaltierten Radweg neben der Straße oder dem Weg auf der Trasse der alten Inselbahn, der etwas abseits durch die Dünen verläuft und so auch reizvoller ist, wenn man es nicht eilig hat. Bei dieser Variante könnte man noch einen kleinen Umweg machen und in Rantum rechts von der Hauptstraße abbiegen und einmal um das Rantumbecken fahren, weiter über die Tinnumer Wiesen, am Tierpark und an Tinnum vorbei bis nach Westerland.

Auf der Hauptroute geht es dann linksseitig auf dem Weg hinter den Dünen weiter bis Wenningstedt und danach rechts ins bekannte und noble Kampen. Wieder zurück an der Seeseite fährt man durch die Dünenlandschaft nordwärts bis List.

Bei der Austernperle, einem kleinen Lokal direkt am Wasser, gibt es auch Currywurst. Vorbei beim noblen Gesundheitshotel Lanser Hof kommen nun die letzten Kilometer vor dem Ziel.

Unser Ziel ist die Spitze ganz oben in Sylt, der Ellenbogen. Der Höhepunkt der Reise im doppelten Sinne des Wortes ist dann die Fahrt auf der befestigten Straße von List vorbei an der Jugendherberge am Weststrand entlang bis zum Leuchtturm dort geht es dann ein Stück rechts bis zu einem weiteren Parkplatz, wo man dann auf einem Fußweg über die Düne zum nördlichsten Punkt Deutschlands laufen kann (4-6 km). Für die Rückreise geht es dann wieder zurück nach Süden und vom Bahnhof Westerland mit der Bahn bis Friedrichstadt.

Tipp: Es gibt eine Bahnverbindung von Westerland auf Sylt nach Friedrichstadt. Mit dem Regionalexpress, der Richtung Hamburg fährt, ist man etwa 1:15 Stunden unterwegs. www.bahn.de

Einkehren

Fischrestaurant Bistro La Mer, Husum
Direkt am Hafen mit Blick auf die Fischerboote kann man hier praktisch an der Quelle Fischspezialitäten genießen.
www.la-mer-husum.de

Das Pfannkuchen-Haus, Föhr
Futtern wie bei Muttern. So könnte man das Angebot umschreiben. Im Prinzen-Hof in Wyk gibt es Pfannkuchen in vielen Variationen, auch italienisch wie eine Pizza. Schöner Gastgarten.
www.prinzen-hof.de

Samoa Seepferdchen, Sylt
Typisches Strandrestaurant an der schmalsten Stelle der Insel bei Rantum, große Terrasse mit Meerblick, feine regionale Küche.
www.samoa-seepferdchen.de

Kaffeerösterei Sylt
Ideal für den kleinen Hunger zwischendurch. Frisch gerösteter Kaffee und hausgemachte Kuchen in der Hafenstraße in Rantum.
www.kaffeeroesterei-sylt.com

Übernachten

Thomas Hotel, Husum
Komfortables Mittelklassehotel mit sehr unterschiedlichen Zimmern und Suiten und kleinem Spaangebot direkt am Hafen in Husum.
www.thomas-hotel.de

Fitschen am Dorfteich, Sylt
Ein schönes Haus in idyllischer Lage in Wenningstedt am Dorfteich. Gastgeber ist eine leidenschaftliche Gastronomenfamilie, die neben einem guten Restaurant auch erschwingliche und komfortable Zimmer anzubieten hat.
www.fitschen-am-dorfteich.de

Kartentipp:
ADFC-Regionalkarte Schleswig-Holsteinische Nordseeküste mit Inseln,
1:75.000, ISBN 978-3-96990-019-2, € 9,95
Digital für Smartphones und Tablets:
www.fahrrad-buecher-karten.de/rk-digital

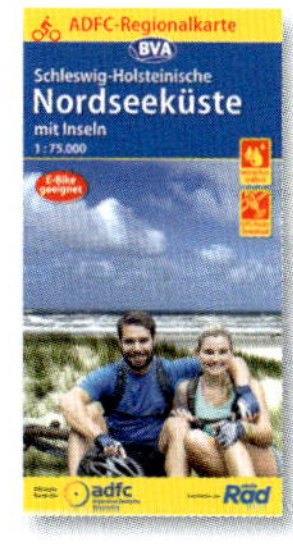

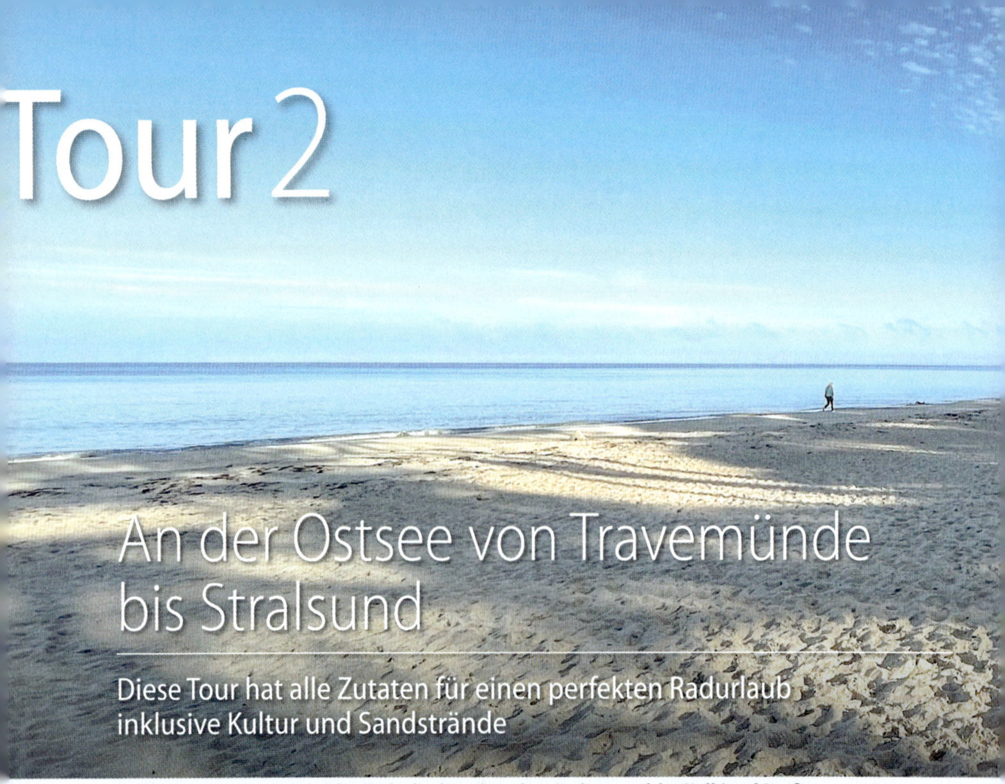

Tour 2

An der Ostsee von Travemünde bis Stralsund

Diese Tour hat alle Zutaten für einen perfekten Radurlaub inklusive Kultur und Sandstrände

Endlos lange und leere Sandstrände direkt neben dem Radweg auf der Halbinsel Darß

Ein Klassiker unter den deutschen Fernradwegen. Historische Hansestädte, berühmte Ostseebäder mit endlosen Sandstränden und viel unberührte Natur machen diese insgesamt gut 280 Kilometer lange Reise zu einem einzigartigen Erlebnis. Vier bis sechs Tage sollte man einplanen. Zahlreiche Badepausen inklusive.

Die Ostsee ist eine gute Gegend für Radreisen. Der Ostseeküsten-Radweg verläuft insgesamt auf rund 1.000 km zwischen Flensburg und Rügen inklusive einer Runde um die Insel Rügen. Für eine normale Urlaubsreise ist das eine zu lange Strecke, deshalb haben wir uns entschieden, dies auf den Teil von Travemünde bis nach Stralsund direkt vor der Insel Rügen zu beschränken. Da bleiben immer noch rund 280 km übrig, die man schön auf vier bis sechs Tage aufteilen kann – je nachdem wie schnell oder gemütlich man radeln will und wieviel Zeit man in Sightseeing investieren mag. Als Startpunkt ist Travemünde ideal, weil es verkehrstechnisch mit Auto oder Bahn leicht erreichbar ist. Die Strandpromenade in Travemünde mit den beiden Sandstränden und den Blick auf die Ostsee ist eine ideale Einstimmung für die Tour.

Los geht es an der Priwall-Fähre, wir setzen über zur Halbinsel Priwall und fahren links an der Küste entlang zum alten Segelschiff Passat.

Der Viermaster von 1911 war früher ein Frachtschiff und verkehrte zwischen Europa und Amerika. Heute ist es ein Museumsschiff, in dem auch geheiratet werden kann.

Der Radweg umkurvt das Ahoi Steffen Henssler Restaurant und führt durch den Wald, vorbei an einer schrebergartenähnlichen Siedlung. Der Weg kreuzt lange Waldpassagen abseits des Strandes Richtung Boltenhagen, das rund 28 Kilometer entfernt ist. Unterwegs

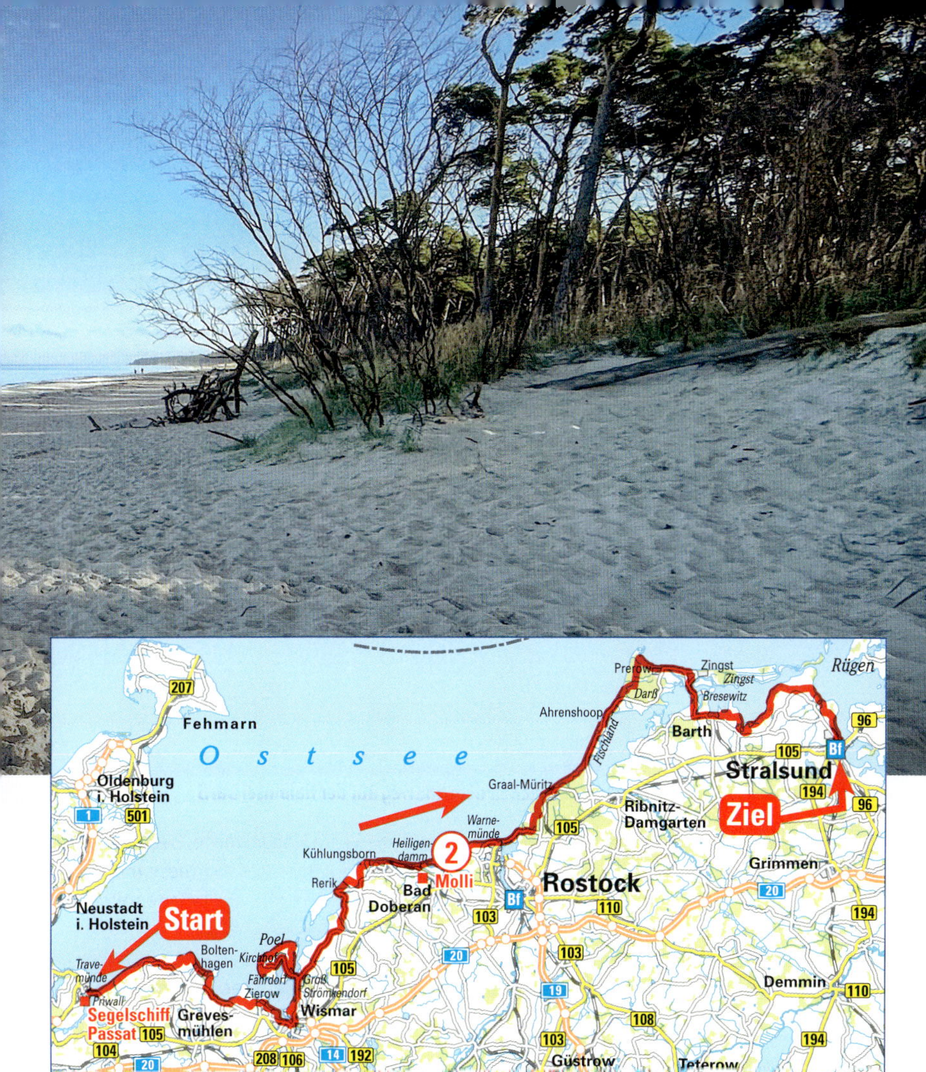

Panorama-Tourinfo

Die zum größten Teil als Ostseeküsten-Radweg ausgeschilderte Radtour entlang der Ostsee bietet sehr viel Abwechslung. Der Weg verläuft auf Radwegen mit Schotter und Asphalt sowie auf Nebenstraßen. Vor allem zwischen Travemünde und Wismar gibt es etliche Bergauf- und Bergabpassagen. Im Fischland und bei Zingst sind die Radwege etwas schmal, hier bedarf es besonderer Aufmerksamkeit vor allem in der Hochsaison. Reizvoll ist der Weg auch, weil es vor allem entlang der Steilküsten immer wieder schöne Zugänge zu den Stränden gibt, die allerdings überwiegend zu Fuß zu machen sind.

Start: Travemünde

Ziel: Stralsund

Länge: 284 km

Höhenunterschied: 870 m

Information: Mecklenburg-Vorpommern, Tel. +49 (0)381 / 4030 550; www.auf-nach-mv.de; Schleswig-Holstein, Tel. +49 (0)431 / 600583, www.sh-tourismus.de

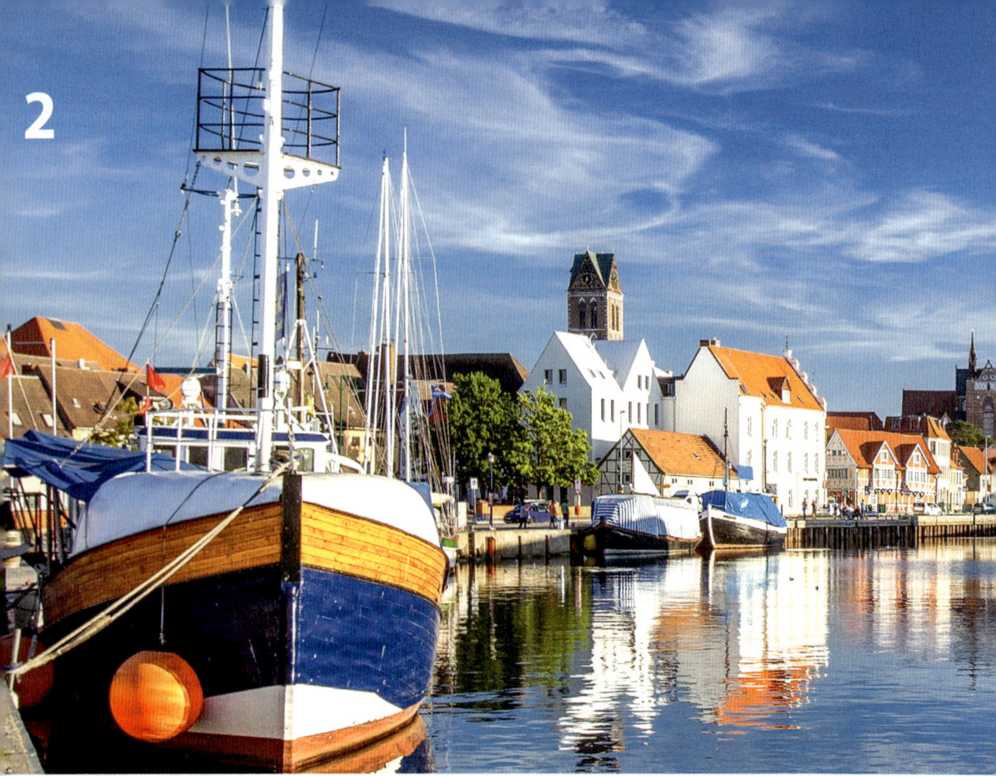

Der alte Hafen in der Hansestadt Wismar

warten auf dieser Passage etliche Bergauf- und Bergabpassagen.

Die langen Fahrten durch den Wald sind nicht untypisch für den Ostseeradweg. Gerade in diesem Bereich ist die Natur sehr ursprünglich, was aber ganz eigene Gründe hat, denn zu DDR-Zeiten war das alles Sperrgebiet. Es ist eine recht einsame Passage, denn bis kurz vor Boltenhagen begegnen einem kaum Häuser oder Siedlungen, man fährt nur durch die Natur und macht da und dort einen kleinen Abstecher rechts über die hügeligen Wiesen. Ganz anders wird es dann in Boltenhagen, einem traditionsreichen Ostseebad, das auch für seine Steilküste bekannt ist, die bereits einige Kilometer vorher beginnt, aber vom Radweg aus kaum zu sehen ist. Boltenhagen ist ein lebhafter Ort mit vielen Geschäften und Lokalen entlang der Ostseeallee, die parallel zum Wasser in Ost/West-Richtung verläuft. Eine gute Gelegenheit für eine Kaffeepause oder für ein standesgemäßes Fischbrötchen, das hier an der Küste ein Grundnahrungsmittel ist. An damalige Ereignisse erinnert hier ein Denkmal, das bei der Seebrücke in Gedenken an die verstorbenen DDR-Flüchtlinge installiert wurde, die beim Fluchtversuch über die Ostsee ums Leben kamen.

Für den weiteren Weg nach Wismar folgen wir der Ostseeallee an der Strandklinik Boltenhagen vorbei, biegen dann ab Richtung Süden und folgen der Beschilderung des Radwegs Richtung Wismar durch ein Wohngebiet. Der Weg verlässt Boltenhagen kurz danach, begleitet eine Landstraße und führt später ein Stück entlang der Wismarer Bucht. Über Zierow kommt man schließlich zum Stadtrand von Wismar. Wir folgen nun der Lübsche Straße ein längeres Stück gerade aus, die uns direkt in das historische Zentrum der alten Hansestadt bringt.

Von den ersten Eindrücken sollte man sich nicht täuschen lassen. Die Fahrt durch Bezirke

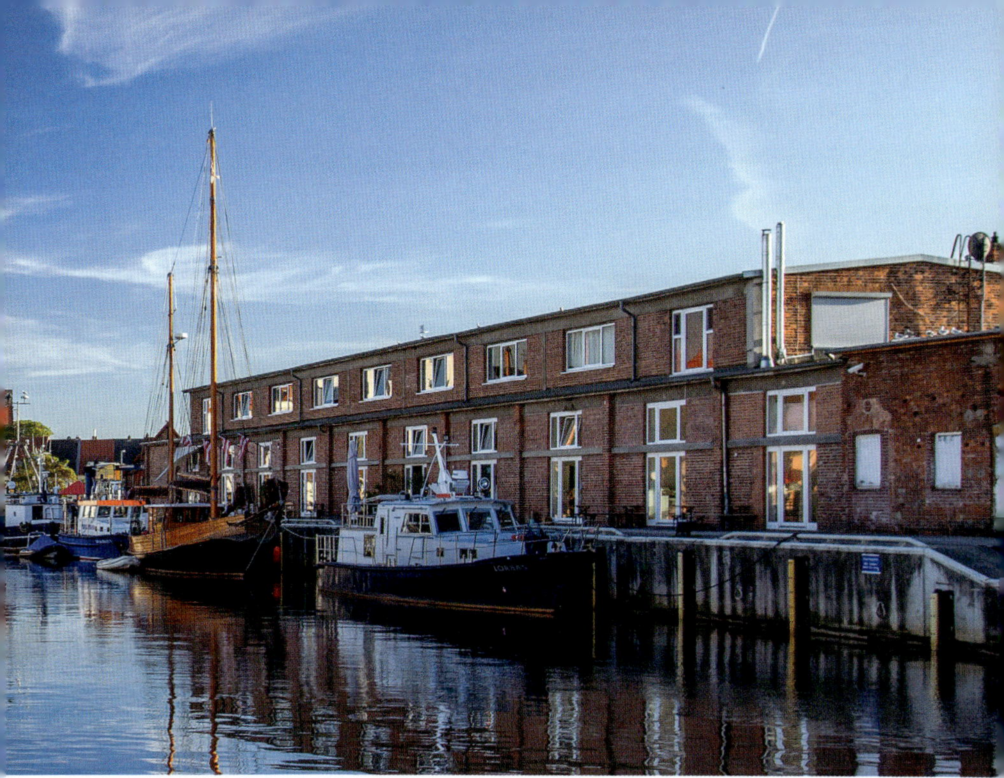

mit Gewerbebauten und schlichten Wohnhäuser zeigt nicht die wahren Qualitäten von Wismar. Hauptattraktion ist der weitläufige Marktplatz, der zwar mit seinem Kopfsteinpflaster nicht gerade radfreundlich ist, dafür aber schöne historische Bauten hat wie das stattliche klassizistische Rathaus, das in Backstein gebaute gotische Bürgerhaus „Alter Schwede" und den Wasserkunst Brunnen. Wismar ist Teil des UNESCO Weltkulturerbes, Im Welt-Erbe-Haus gibt es eine Ausstellung darüber.

In Wismar könnte man nun nach rund 60 Kilometern übernachten. Es gibt hier eine gute Auswahl an Hotels und Gasthäusern. Im Zentrum von Wismar gibt es auch etliche interessante Geschäfte mit skandinavisch inspirierten Produkten, was für Radreisende aber eher schwierig ist, angesichts begrenzter Gepäckkapazitäten. Interessant ist auf alle Fälle, dass Wismar die Heimat von Karstadt ist. Hier eröffnete Rudolph Karstadt 1881 ein Tuchgeschäft und 1908 sein erstes Kaufhaus. Ein Karstadt Kaufhaus gibt es heute immer noch. Seit 2004 wird hier auch die beliebte Krimiserie Soko Wismar gedreht. Bevor man Wismar Richtung Osten verlässt, könnte man sich noch einen Besuch des Alten Hafens gönnen.

Über die Rostocker Straße und den Philosophenweg verlassen wir das Zentrum von Wismar, treffen wieder auf den Ostseeküstenradweg und radeln auf diesem nach Norden. Dieser führt uns vorbei an der Insel Poel, die eine echte Attraktion und auch ein beliebtes Ausflugsziel für die Einheimischen ist. Eine gute halbe Stunde radelt man entlang der Wismarer Bucht nordwärts bis Groß Strömkendorf, wo man an der Kreuzung links zur Insel abbiegt und etwa drei Kilometer auf der schmalen Passage zur Insel fährt. Rechts und links kann man weit über das Wasser schauen. Über Fährdorf geht es zum Hauptort Kirchdorf.

Kirchdorf ist eine beschauliche Siedlung mit einem kleinen Hafen und ein paar eher einfachen Lokalen. Auf Poel gibt es zwei histori-

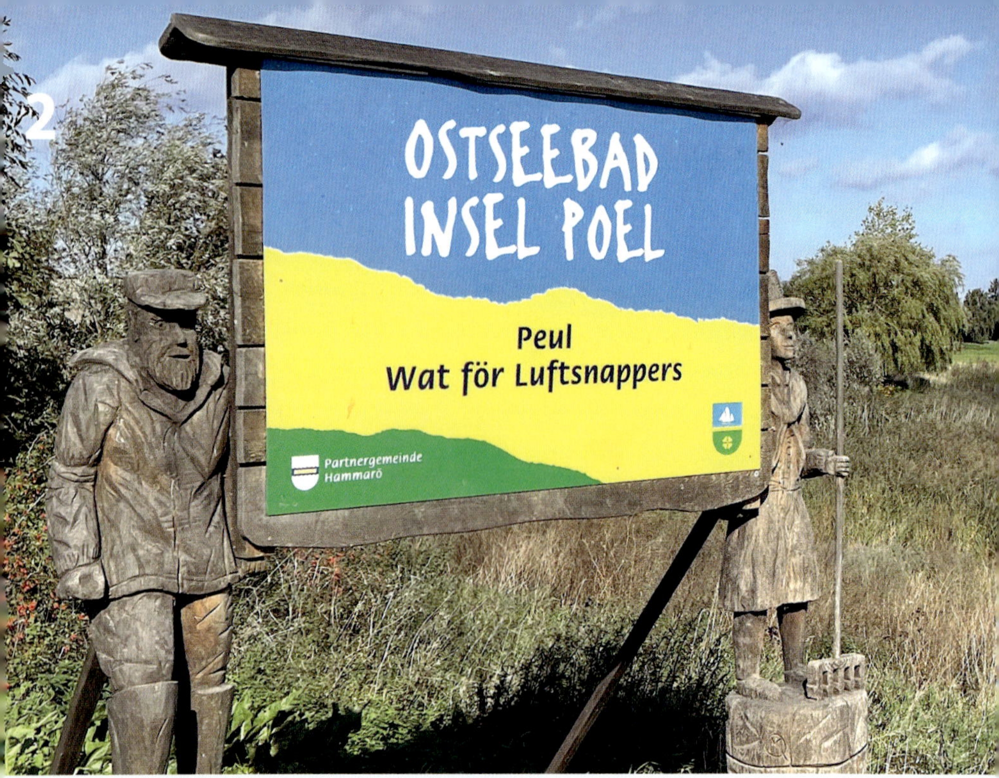

So werden Besucher auf der Insel Poel empfangen

sche Leuchttürme, mehrere Strände und die sehenswerte, gut 800 Jahre alte romanische Kirche in Kirchdorf. Ansonsten bietet die Insel viel ländliche Idylle und Platz für ausgiebige Spaziergänge oder Radausflüge. Doch zurück zum Ostseeküstenradweg.

Nach unserer Runde um die Insel fahren wir in Groß Strömkendorf an der bereits bekannten Kreuzung nun links und auf dem Radweg rechts neben der Landstraße nordwärts. Die folgenden gut 20 Kilometer bis zum Ostseebad Rerik sind eine gemütliche Landpartie mit etlichen kleinen Bauerndörfern, zwischendurch immer wieder mit Blick auf die Ostsee und mit relativ wenig Verkehr. Gelegentlich wird der Radweg auch durch kurze Passagen auf der Landstraße unterbrochen.

In dem recht touristischen Ostseebad Rerik gibt es wieder direkten Kontakt mit Sandstränden und man kann auch Abschnitte der Steilküste bewundern. Dazu muss man aber den Radweg nach links verlassen und ein paar Meter über den Sandboden schieben.

Rund 13 Kilometer sind es bis zum nächsten Etappenziel, dem bekannten Ostseebad Kühlungsborn. Auf diesem Weg verlässt der Radweg die Steilküste und macht einen Abstecher über die Wiesen, danach vorbei am alten Bastorfer Leuchtturm. In Kühlungsborn kann man am Strand entlang auf der Ostseeallee radeln, hier passiert man viele Hotels und Lokale.

Zu DDR-Zeiten war Kühlungsborn ein staatliches Ferienlager, Teile der Umgebung ein militärisches Sperrgebiet. Nach der Wende wurde der Ort umfassend renoviert und saniert und der Tourismus entwickelte sich recht positiv. Während des G8 Gipfels im nahen Heiligendamm 2007 war hier das internationale Pressezentrum, es logierten im Ort mehr als 5.000 Medienvertreter. Eine Attraktion ist der Molli, eine mit einer Dampflokomotive betriebene Bahnlinie zwischen Kühlungsborn, Heiligen-

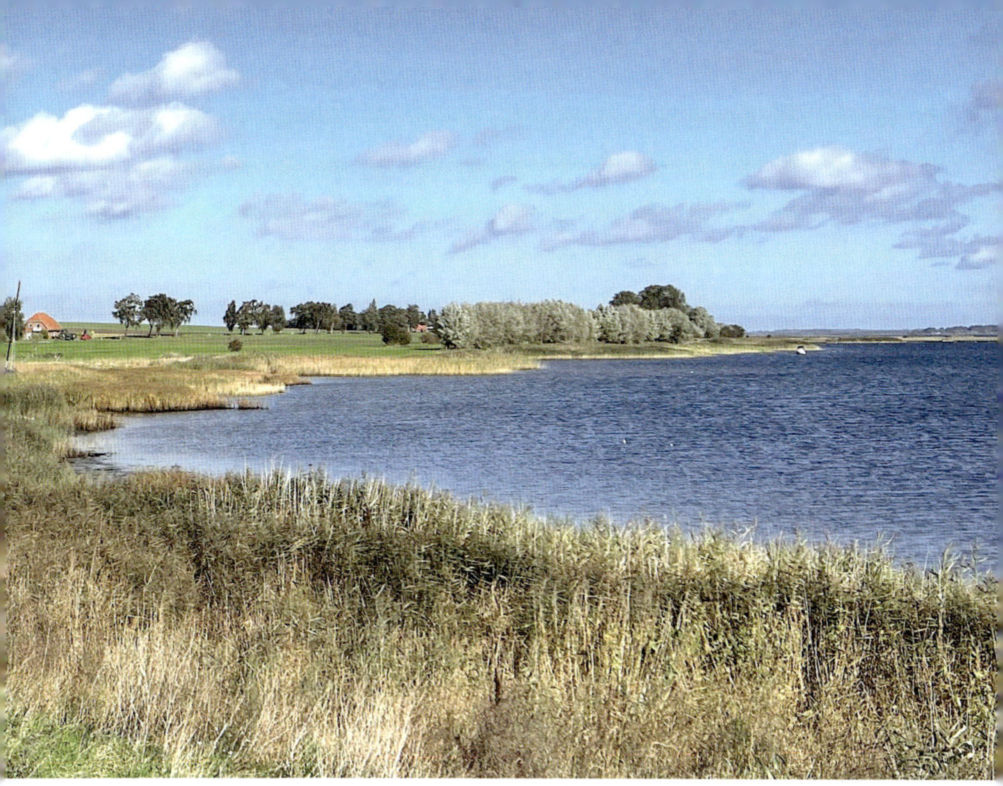

damm und Bad Doberan, die es seit 1886 gibt. Etwa 100 Meter westlich der Seebrücke steht einer der letzten Wachtürme aus der DDR-Zeit, den man auch inklusive eines kleinen Museums besichtigen kann.

Vom Ortsrand von Kühlungsborn bis nach Heiligendamm, dem wohl berühmtesten Ostseebad, sind es nur gut fünf Kilometer. Der Radweg führt entlang der Steilküste direkt ostwärts, passiert eine dunkle Waldpassage bevor die ersten Häuser von Heiligendamm, dem ältesten Seebadeort in Mitteleuropa, auftauchen. Vorbei an einer Klinik und dem exklusiven Grandhotel kommt man direkt zur Strandpromenade, auf der Radfahren aber verboten ist. Also schiebt man sein Rad mit Blick auf den Strand auf der einen und den noblen Villen auf der anderen Seite.

Die Häuser in Heiligendamm sind entweder teuer saniert, gerade im Bau oder in einem eher bedauernswerten Zustand. Es hat hier eine besondere Atmosphäre, eine Mischung aus Exklusivität und Diskretion, denn es gibt hier nur wenig Kneipen, und man bewundert die Pracht eigentlich nur im Vorbeigehen. Mehr los war im Juni 2007, als hier der G7 Gipfel stattfand, begleitet von umfangreichen Protestaktionen.

Weiter geht nun die Reise Richtung Osten bis zum nächsten Seebadeort: Warnemünde. Rund 18 km sind es auf dem Radweg direkt entlang der Küste bis Warnemünde, das praktisch ein Vorort von Rostock ist. Das dürfte auch ein Grund sein, warum hier an schönen Tagen immer ziemlich viel los ist.

Für Ortsfremde ist das Hotel Neptun direkt am Strand ein zuverlässiger Orientierungspunkt. Es hat die Ausmaße eines richtigen Wolkenkratzers und besaß vor der Wende einen zweifelhaften Ruf, weil die Gäste von der Stasi ausspioniert wurden. Heute ist es ein Fünfsterne-Wellnesshotel mit Sky Bar und dem Café Panorama in 64 Metern Höhe mit entsprechend spektakulärem Ausblick über die Küste.

Um von Warnemünde weiter Richtung Osten zu kommen, muss man zunächst einige Kopfsteinpflasterpassagen absolvieren und ein Rad über eine Fußgängerbrücke schieben, um zur Fähre bei der Hohen Düne zu kommen. Nach der kostenpflichtigen Fähre wird es gleich deutlich ruhiger. Man radelt auf dem Radweg rechts der Warnemünder Straße ziemlich lange geradeaus und an einer weitläufigen Kaserne vorbei. Dort wo die Warnemünder Straße in die Markgrafenheider Straße übergeht, folgt man links dem Ostseeküstenradweg in den Wald hinein und radelt bis nach Graal-Müritz. Das Zentrum des Osteebades liegt etwas abseits des Strandes.

Eine gute Adresse für eine Kaffeepause ist das Caféstübchen Witt am Tannenhof, das für seine opulenten Windbeutel bekannt ist. Dort kann man es sich im Garten in Strandkörben bequem machen und hemmungslos süße Sachen goutieren. Man ist ja vorher schließlich fleißig geradelt. Zurück zum offiziellen Radweg geht es links ums Eck auf der Strandstraße.

Von Graal-Müritz verläuft der Radweg weiter an der Küste entlang und streift das Ribnitzer und Dierhager Moor.

Wir kommen nun ins Fischland, eine langgezogene Halbinsel mit unendlich langen Sandstränden und dichten Wäldern. Ein Naturparadies, aber auch ein recht exklusives, wie die zahlreichen noblen Reetdachvillen bei Dierhagen und Wustrow eindrucksvoll veranschaulichen. Teile der Halbinsel gehören zum Nationalpark Vorpommersche Boddenlandschaft. An manchen Stellen ist der Weg von der Ostseeküste zum Ufer des Saaler Bodden, dem Binnengewässer, nur wenige hundert Meter lang – man kann zu Fuß von einem Strand zum anderen laufen.

Der Radweg zieht nun ziemlich schnurgerade an der Küste entlang Richtung Norden. Unterwegs gibt es einige schöne Aussichtspunkte, von denen aus man einen guten Blick über die Steilküste und auf die Ostsee hat. Man sollte aber nicht zu viel Richtung Meer schauen, denn der Radweg ist unterwegs teilweise recht schmal und der Verkehr sehr lebhaft. Nächste Station ist der recht vornehme, kleine Ort Ahrenshoop, bekannt auch als traditionsreiche Künstlersiedlung.

Ahrenshoop hat kein erkennbares Zentrum. Er spielt sich alles rechts und links der Dorfstraße ab, wo vor allem Hotels der gehobenen Kategorie und etliche Restaurants stehen. Über die künstlerischen Aktivitäten in Ahrenshoop kann man sich im Neuen Kunsthaus im Bernhard-Seitz-Weg rechts von der Hauptstraße informieren. Ein stilgerecht gebautes Haus im klassischen Reetdachstil. Die Kolonie in Ahrenshoop gibt es schon seit dem späten 19. Jahrhundert. Sie ist auch heute noch sehr präsent, wie das auffällig blau gestaltete Künstlerhaus Lukas, das eben in dieser Zeit von dem Maler Paul Müller-Kämpf als Atelier gebaut wurde und heute eines der Ältesten seiner Art in ganz Deutschland ist. Ahrenshoop ist ganz offensichtlich auch ein sehr begehrter Zweitwohnsitz. Die Immobilienpreise sind hier ungewöhnlich hoch und stehen begehrten und prominenten Lagen in Süddeutschland wie am Starnberger See oder Tegernsee kaum nach. Aber wo hat man schon eine solche Kombination aus endlosen Sandstränden, viel Natur und stilvollen nostalgischen Landhäusern.

Von Ahrenshoop aus ist die weitere Fahrt nun relativ einfach. Man fährt auf dem Radweg immer geradeaus und kommt auf den Darß.

Dieses ursprüngliche Gebiet ist geprägt von endlosen Wäldern mit Küstenkiefern und Lerchen und langen, einsamen Sandstrand. Ein Paradies für Naturliebhaber. Der Darß war zu DDR-Zeiten auch ein beliebtes Jagdrevier. Hier auf dem Weg Richtung Prerow gibt

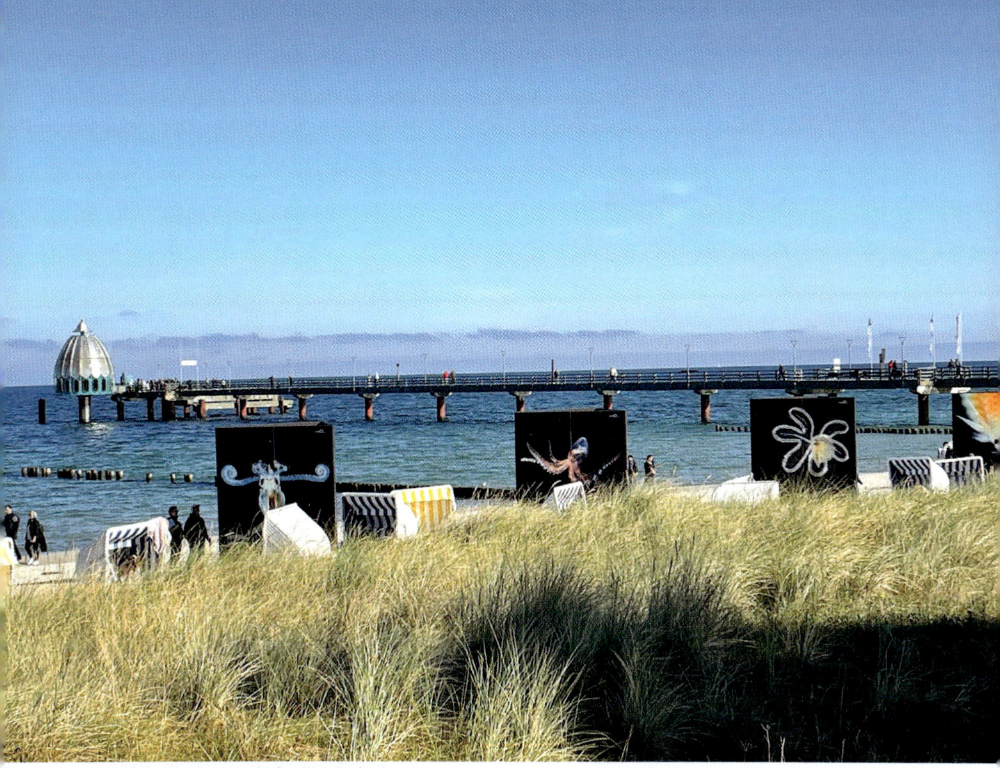

Die Seebrücke in Zingst mit der Tauchglocke

es auch keine öffentlichen Autostraßen, so bleiben Radfahrer und Wanderer unter sich. Auf der Fahrt durch den Wald Richtung Prerow könnte man links einen Abstecher zum Leuchtturm Darßer Ort machen. Der Leuchtturm wurde 1848 erbaut und ist heute noch in Betrieb. Für Besucher gibt es eine Ausstellung zur Natur und die Möglichkeit, die 126 Stufen ganz nach oben zu erklimmen und eine herrliche Aussicht auf die Küste zu erleben. Hier gibt es auch ein Museumscafé.

Danach führt die Reise weiter durch den Wald nun in östlicher Richtung bis Prerow, vorbei an der weitläufigen Campinganlage Regenbogen. Prerow selbst ist ein kleiner lebhafter Ort, der ganz vom Tourismus lebt. Zum bekannteren und größeren Seebad Zingst sind es rund fünf Kilometer auf dem Radweg entlang der Küste.

Die wohl bekannteste und fotogenste Attraktion in Zingst ist die 270 Meter lange Seebrücke mit der Tauchgondel an vorderster Stelle. Die Tauchgondel hat Platz für 30 Passagiere, die bis zu vier Meter unter Wasser eintauchen können. Ein beliebtes Lokal ist die Bar Zuckerhut direkt bei der Seebrücke. In der Fußgängerzone in der Strandstraße, die von der Seebrücke südwärts verläuft, gibt es auch etliche Gasthäuser und Restaurants.

Unsere Route führt vor Zingst, rechts an einem Campingplatz vorbei südwärts Richtung Barth. Wir fahren auf dem Radweg an einem Waldrand entlang und weiter auf der schmalen Landzunge zwischen Bodstedter und Barther Bodden bis nach Bresewitz. Parallel zu einer stillgelegten Bahnstrecke geht es an einer Kreuzung links auf der Zingster Straße nach Barth. Weiter Richtung Osten schlängelt sich der Weg auf den letzten 30 Kilometern über das flache Land von Dorf zu Dorf. Bald erreichen wir den Nordrand von Stralsund, unser Ziel, wo man einen ersten Ausblick auf die nahe Insel Rügen hat.

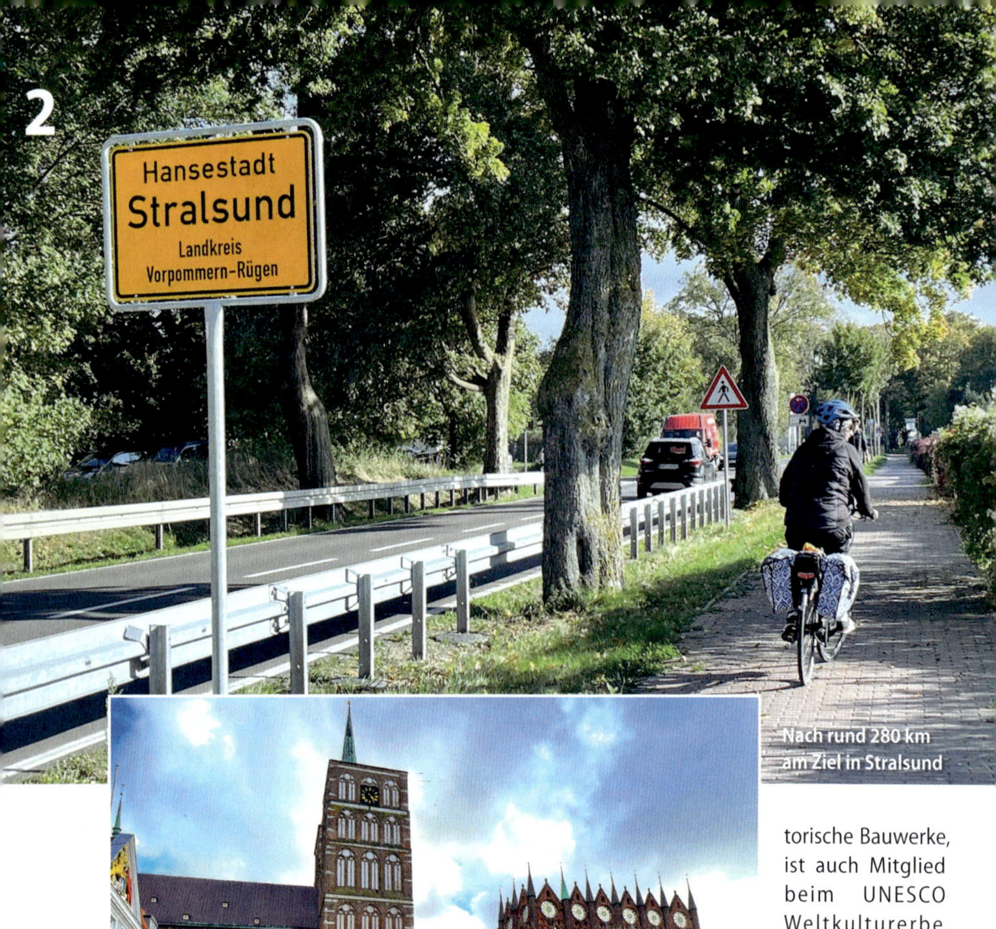

Nach rund 280 km am Ziel in Stralsund

Am Alten Markt in Stralsund mit Rathaus und Nikolaikirche

Die alte Hansestadt Stralsund ist das Ziel dieser langen Tour und die Zieleinfahrt auch passenderweise etwas dramatischer. Das historische Zentrum liegt fast wie eine Insel umrahmt vom Wasser der Ostsee sowie vom Frankenteich und vom Knieperteich. Durch das historische Kniepertor kommt man schließlich zum Alten Markt mit dem Rathaus und der Nikolaikirche. Als geschichtsträchtige Handelsstadt besitzt Stralsund viele historische Bauwerke, ist auch Mitglied beim UNESCO Weltkulturerbe. Sehenswert ist auch das Meeresmuseum im Katharinenkloster mit dem Ozeaneum, der Außenstelle am Hafen. Über das Hafengelände zu spazieren hat auch seinen Reiz: hier liegt das alte Segelschiff Gorch Fock I, das man besichtigen kann, und natürlich wegen der zahlreichen Kneipen und Geschäfte.

Tipp: Für die Rückreise gibt es Bahnverbindungen zwischen Stralsund und Lübeck. Die Fahrtzeit beträgt rund drei Stunden inklusive zwei Mal Umsteigen in Rostock und Bad Kleinen.

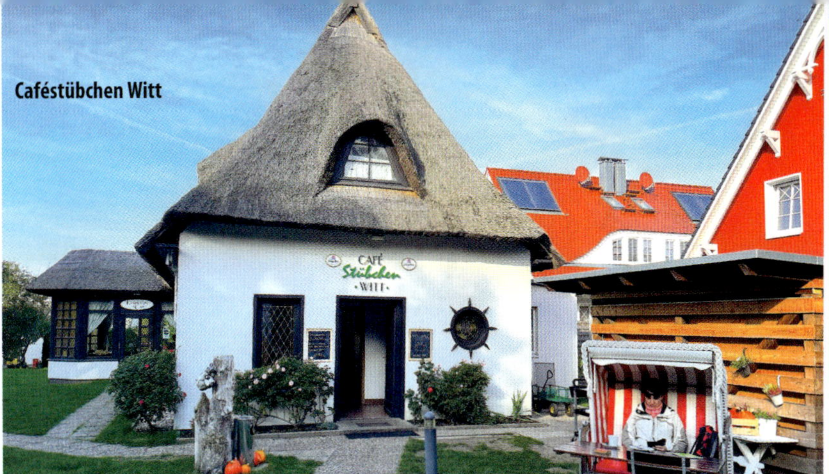

Einkehren

Fischkombüse, Travemünde
Kleines Fischrestaurant in zentraler Lage mit sehr gutem Angebot und aufmerksamem Service.
Tel. +49 (0)4502 / 7888968

Restaurant Hotel Wismar, Wismar
Klassisches Fischrestaurant, nicht weit vom Marktplatz entfernt. Historisches Ambiente und klassische Küche.
www.hotel-restaurant-wismar.de

Caféstübchen Witt, Graal-Müritz
Ein herrlich nostalgisches Kaffeehaus in einer Wohngegend von Graal-Müritz mit kleinem Garten samt Strandkörben. Gute hausgemachte Kuchen und als Spezialität Windbeutel. Es gibt auch Gästezimmer.
www.cafestuebchen-witt.de

Mühle Ahrenshoop, Ahrenshoop
Gemütliches Kaffeehaus in einer renovierten historischen Mühle abseits der Hauptstraße.
www.muehle-ahrenshoop.com

Hafenkneipe zur Fähre, Stralsund
Eine Stralsunder Institution ist diese urige Kneipe mit 700jähriger Historie. Ein kleines Lokal mit viel Nostalgie direkt am Hafen.
www.zurfaehre-kneipe.de

Übernachten

Villa Wellenrausch
Elegante Zimmer und Ferienwohnungen in einer geschmackvoll renovierten Villa in Strandnähe.
www.villa-wellenrausch.de

Vienna House, Wismar
Modernes Mittelklassehotel direkt am Marktplatz mit Restaurant mit österreichischer und deutscher Küche. Große Garage und Fahrradraum.
www.viennahouse.com

Jagdhaus Heiligendamm, Heiligendamm
Eine kleine feine Pension mit gediegenem Ambiente und gutem Restaurant etwas abseits der Strandpromenade am Waldrand.
www.jagdhaus-heiligendamm.de

Der Fischlaender, Ahrenshoop
Traditionelles Viersternehaus mit nostalgischem Ambiente direkt an der Dorfstraße in Ahrenshoop. Kleiner Spa-Bereich mit Whirlpool.
www.hotelderfischlaender.de

Romantik Hotel Scheelehof, Stralsund
Viersternehotel in der Altstadt von Stralsund in historischem Gemäuer mit aufwändig renoviertem Innenleben und stilvollen Zimmern.
www.scheelehof.de

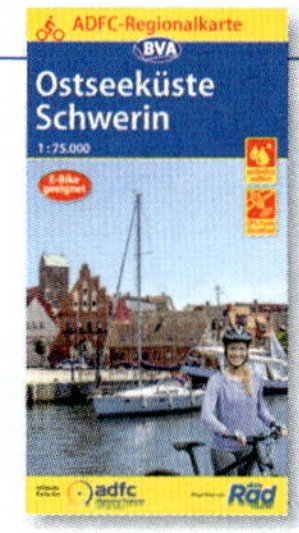

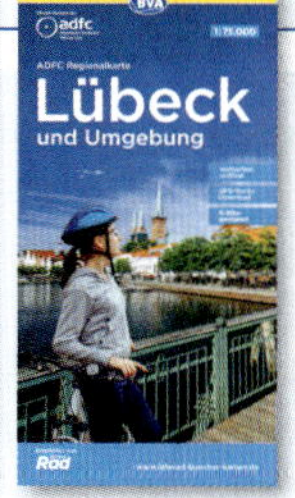

Kartentipp:
ADFC-Regionalkarte Ostseeküste/Schwerin, 1:75.000, ISBN 978-3-87073-974-4, € 9,95;
ADFC-Regionalkarte Lübeck u. Umgebung, 1:75.000, ISBN 978-3-96990-061-1, € 9,95
Digital für Smartphones und Tablets:
www.fahrrad-buecher-karten.de/rk-digital

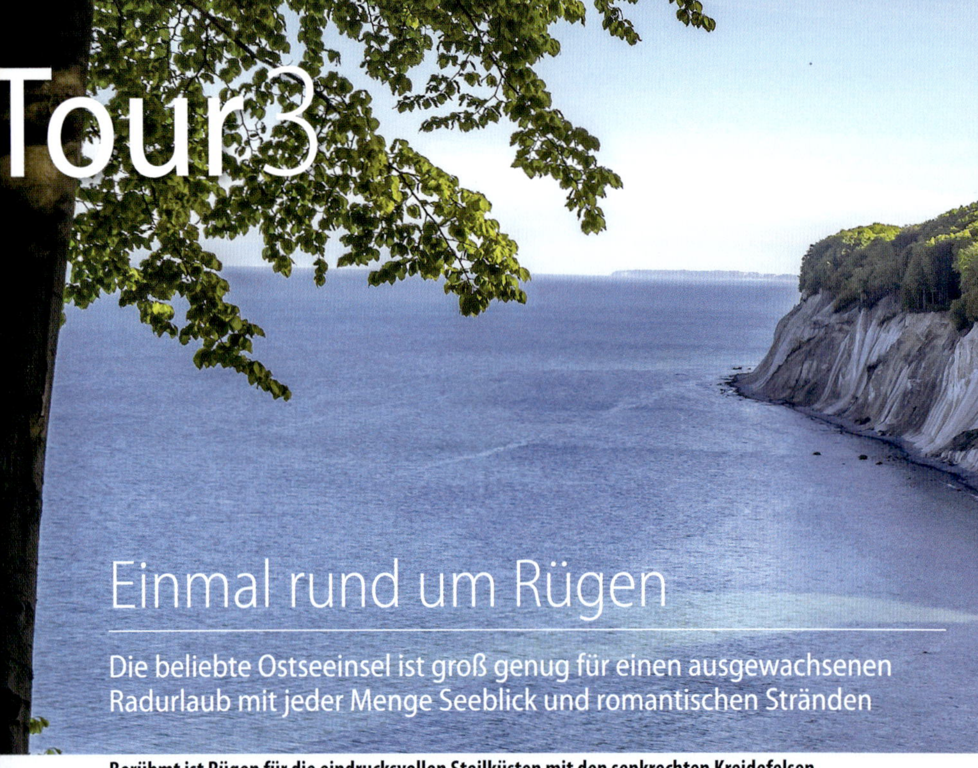

Tour 3

Einmal rund um Rügen

Die beliebte Ostseeinsel ist groß genug für einen ausgewachsenen Radurlaub mit jeder Menge Seeblick und romantischen Stränden

Berühmt ist Rügen für die eindrucksvollen Steilküsten mit den senkrechten Kreidefelsen

Die größte Insel Deutschlands ist mit einer Größe von über 900 Quadratkilometern und einem Durchmesser zwischen 40 und 50 km ein echtes Radlerparadies. Insgesamt gibt es auf Rügen ein Radwegenetz von etwa 275 km. Man kann hier von den Hauptorten Bergen, Binz oder Sassnitz schöne kurze und auch längere Rundfahrten machen. Rügen ist groß genug, um hier vielfältige Ausflüge zu ermöglichen. Man könnte sich aber auch einen richtigen Radurlaub auf Rügen gönnen und einmal um die ganze Insel fahren, dabei auch verschiedene Buchten und Halbinseln besuchen, je nach Lust und Zeit und Budget. Eine Runde mit stolzen 189 Kilometern. Damit ließe sich locker eine ganze Woche füllen, wenn man dazu auch noch diverse Badepausen an schönen Plätzen einlegen will. Und davon gibt es mehr als genug.

Als Startplatz bietet sich der Ort an, den praktisch jeder Rügenurlauber passiert. Die alte Hansestadt Stralsund liegt direkt am Rügendamm und der Rügenbrücke, die die Insel mit dem Festland verbinden. Vorher könnte man noch einen Abstecher in den Stralsunder Hafen machen und das Ozeaneum, das Meeresmuseum direkt bei der Ruhestätte der alten Gorch Fock, besuchen.

Von Stralsund aus queren wir also das Wasser der Strelasund auf dem Rügendamm und fahren vorbei an Altefähr und geradeaus zunächst auf einem straßenbegleitenden Radweg nach Rambin. Dort treffen wir auf den Ostseeküsten-Radweg. Diesem folgen wir, mit einer kleinen Abkürzung in Groß Kubitz, bis Ginst, einem recht gemütlichen ländlichen Ort mit gepflegten alten Wohnhäusern. Weiter geht es danach auf dem Ostseeküsten-Radweg bis Trent.

In Trent gibt es neben einer staatlichen Backsteinkirche aus dem 13. Jahrhundert noch einige recht eindrucksvoll Gutshöfe zu sehen.

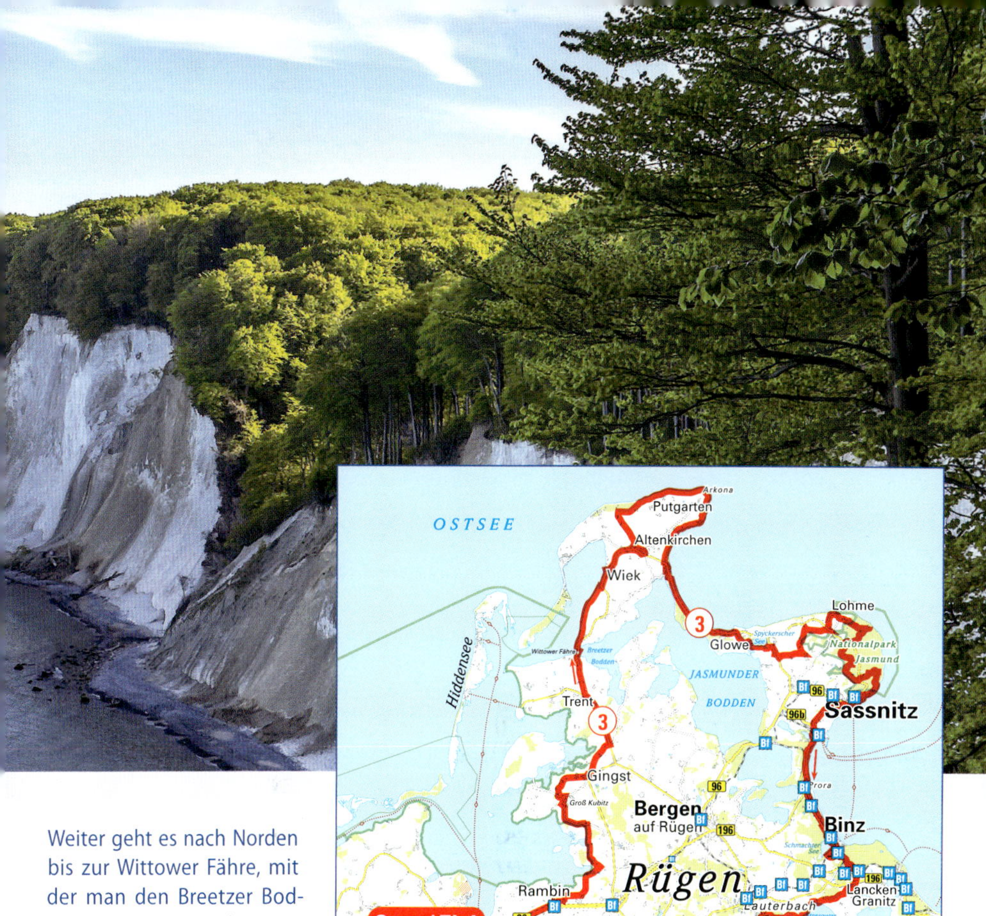

Weiter geht es nach Norden bis zur Wittower Fähre, mit der man den Breetzer Bodden überquert, und weiter nach Wiek.

Wiek ist ein beschauliches Dorf mit einem stattlichen Hafen, von dem aus man Ausflüge nach Hiddensee machen kann. Hier gibt es die Bäckerei Maltzahn, wo man sich mit Kaffee und Kuchen stärken kann, bevor es weitergeht Richtung Altenkirchen. Vorher sollte man vielleicht noch einen Besuch bei der eindrucksvollen gotischen Hallenkirche aus dem 15. Jahrhundert machen.

Rund fünf Kilometer sind es dann noch bis Altenkirchen.

Panorama-Tourinfo

Zum größten Teil ausgeschildert als Rügen-Rundweg oder Ostseeküsten-Radweg bietet diese Tour viele herrliche Aussichten und abwechslungsreiche Strecken. Man fährt auf Radwegen mit und ohne Asphalt, auch mal auf rustikalen Feldwegen und auf Hauptstraßen. Höhenmeter spielen eine Nebenrolle. Es kommen zwar gut 900 zusammen, die sind aber die Summe zahlreicher kleiner Steigungen. Man könnte die Tour an einem verlängerten Wochenende fahren, was aber angesichts der vielen Highlights fast eine Verschwendung wäre.

Start/Ziel: Stralsund

Länge: 189 km

Höhenunterschied: 840 m

Information: Tourismusverband Rügen, Tel. +49 (0)3838 / 807780, www.ruegen.de

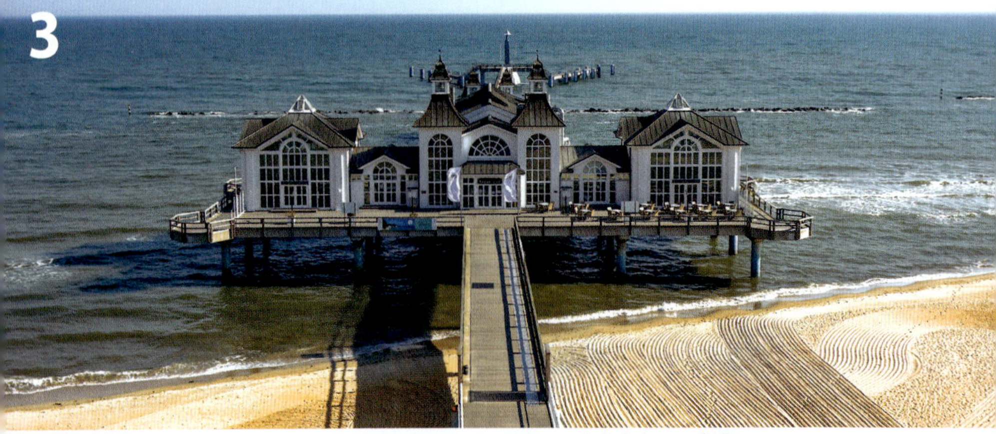

Die Seebrücke in Binz zählt zu den bekanntesten Sehenswürdigkeiten auf Rügen

Auch dort steht ein eindrucksvolles Gotteshaus, das bis auf das 12. Jahrhundert zurück geht und eines der ältesten auf der Insel ist.

In Altenkirchen haben wir die Wahl: links einen Abstecher Richtung Nonnevitz zum Strand oder zum Märchenwald machen und von dort weiter an der Steilküste entlang Richtung Kap Arkona – oder den kürzeren Weg rechts auf der Straße über Putgarten direkt nach Kap Arkona.

Die senkrechten, bis über 40 m hohen Kreidefelsen sind zusammen mit den drei Türmen (Schinkelturm, Leuchtfeuer, Peilturm) das wohl berühmteste Fotomotiv auf Rügen. Vom Peilturm hat man oben in der Glaskuppel eine schöne Aussicht. Es gibt bei Kap Arkona auch zwei ehemalige Bunker der Nationalen Volksarmee, die heute als Ausstellungsräume genutzt werden.

Nur einen Kilometer entfernt ist Vitt, ein kleines, direkt am Strand liegendes Fischerdorf mit reetgedeckten Häusern. Dort hat man auch einen sehr guten Ausblick zum Kap Arkona.

Wir fahren weiter an der Küste entlang und durch ein Waldstück nach Glowe, mit einem wunderschönen Sandstrand. Hinter dem Spycker See radelt man am Dinosaurierland vorbei, einem Themenpark mit entsprechenden Modellen und Freizeitangeboten. Bevor es weiter geht in den Nationalpark Jasmund und zur Küste zu den berühmten Kreidefelsen und zur Königsstuhl Aussichtsplattform, machen wir einen Abstecher zu dem kleinen Fischerdorf Lohme. Danach zieht die Tour hinein in die Buchenwälder des Nationalparks zu den berühmten Aussichtsplätzen und weiter zur Ernst-Moritz-Arndt Ansicht, einem exponierten Aussichtspunkt auf einem Kreidefelsen. Nächste Station ist Sassnitz.

Sassnitz ist ein wichtiger Hafen auf Rügen, von dem aus viele Fähren Richtung Dänemark, Schweden und Russland verkehren. Über eine Hängebrücke kommt man zum Hafen und zum berühmten U-Boot Museum und schließlich mit einigen Kopfsteinpflastern ins Zentrum.

Nach Sassnitz folgt wieder ein Abstecher weg von der Küste bis zu einer Landenge am Jasmunder Bodden. Danach führt der Weg direkt nach Süden am Wasser entlang über Prora nach Binz.

Dieser unfassbare große, 4,5 Kilometer lange Gebäudekomplex in Prora wurde in den dreißiger Jahren als Massendomizil für bis zu 20.000 Urlauber erbaut, aber nie genutzt. Allmählich beginnt man, diese Gebäude als Ferienwohnungen auszubauen. Die Fahrt entlang ist immer noch ein schauriges Erlebnis. Etwas außerhalb gibt es seit kurzem auch einen weitläufigen Baumwipfelpfad inklusive eines 82 Meter hohen Aussichtsturms aus Holz. Mal eine Abwechslung zum Blick aufs Meer und auf Kreidefelsen.

Ein weiteres traditionsreiches Seebad ist Binz, das für die alte Architektur und endlos lange Sandstrände bekannt ist. Die Seebrücke in Binz ist eines der beliebtesten Fotomotive auf der Insel. Sie wurde 1902 erbaut und in den neunziger Jahren wieder neu errichtet.

Von Binz geht es nun wieder zurück Richtung Festland. Am sehenswerten Schmachter See fahren wir in den Wald hinein und verlassen den Ostseeküsten-Radweg zu einem Abstecher zum Jagdschloss Granitz auf einer Anhöhe.

Das Schloss aus dem 19. Jahrhundert mit seinen markanten runden Türmen beherbergt heute ein Museum zu den Themen Jagd und Möbel.

Danach geht es über Lancken-Granitz zur Stresower Bucht und über Lauterbach und (z.T. auf etwas schlechteren Oberflächen, dafür öfter am Meer entlang) Puddeminer Wiek zum Puddeminer Hafen. Das letzte Stück läuft dann relativ direkt Richtung Rügendamm über Gustow mit einem Schlenker zur Grahlerfähre, wo man bei dem nostalgischen Gasthaus den Ausblick auf Stralsund genießen kann. Von dort ist es dann zum Rügendamm Richtung Stralsund nur noch ein Kilometer.

Tipp: Man kann diese recht lange Tour mit der Buslinie „RADzfatz über die Insel" abkürzen, die von Mai bis Oktober mit Fahrradanhängern unterwegs ist. www.rpnv.de

Einkehren

Hiddenseer Hafenkneipe, Stralsund
Typisches Gasthaus mit klassischen Fischspezialitäten direkt am Hafen im Hotel Hiddenseer.
www.hotel-hiddenseer.de

Hofcafé & Räucherei, Altenkirchen
Recht gemütliches und nostalgisches Lokal in Altenkirchen mit typischen Fischspezialitäten.

Restaurant am Meer, Lohme
Schöne Aussicht auf die Ostseeküste. Klassische Küche mit Fischspezialitäten.
www.restaurantammeer.de

Oma`s Küche, Binz
Gemütliches nostalgisches Lokal in Strandnähe mit traditionellen Gerichten.
www.omaskuechebinz.de

Übernachten

Romantik Hotel Scheelehof, Stralsund
Stilvolles Viersternehotel mit viel Nostalgie in der Altstadt, mit eigenem Radkeller.
www.scheelehof.de

Strandhotel Dünenhaus, Breege
Wie der Name schon andeutet, ein MIttelklassehotel mit schöner Lage direkt am Strand und am Radweg. Helle, dezent eingerichtete Zimmer. Restaurant mit Schwerpunkt Fisch im Haus.
www.strandhotel-duenenhaus.de

Aedenlife Hotel & Resort, Trent
Direkt am Wasser gelegenes Hotel der gehobenen Kategorie mit edlem Ambiente und gutem Angebot, inklusive gutem Wellnessangebot.
www.aedenlife-ruegen.com

Hotel Waterkant, Sassnitz
Stilvolles Hotel in schöner Lage nahe beim Fischerhafen in Sassnitz. Garni-Hotel der mittleren Preislage mit klassisch eingerichteten Zimmern größtenteils mit Seeblick, eigener Fahrradraum.
www.hotel-waterkant.de

Villa Salve, Binz
Elegantes Hotel direkt an der Promenade mit klassischer Architektur.
www.salve-binz.de

Kartentipp:
ADFC-Regionalkarte Rügen/Fischland-Darß,
1:75.000, ISBN 978-3-87073-915-7, € 8,95
Digital für Smartphones und Tablets: www.fahrrad buecher-karten.de/rk-digital

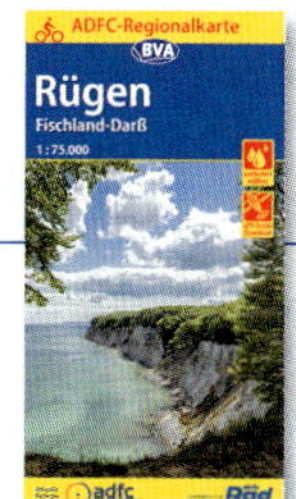

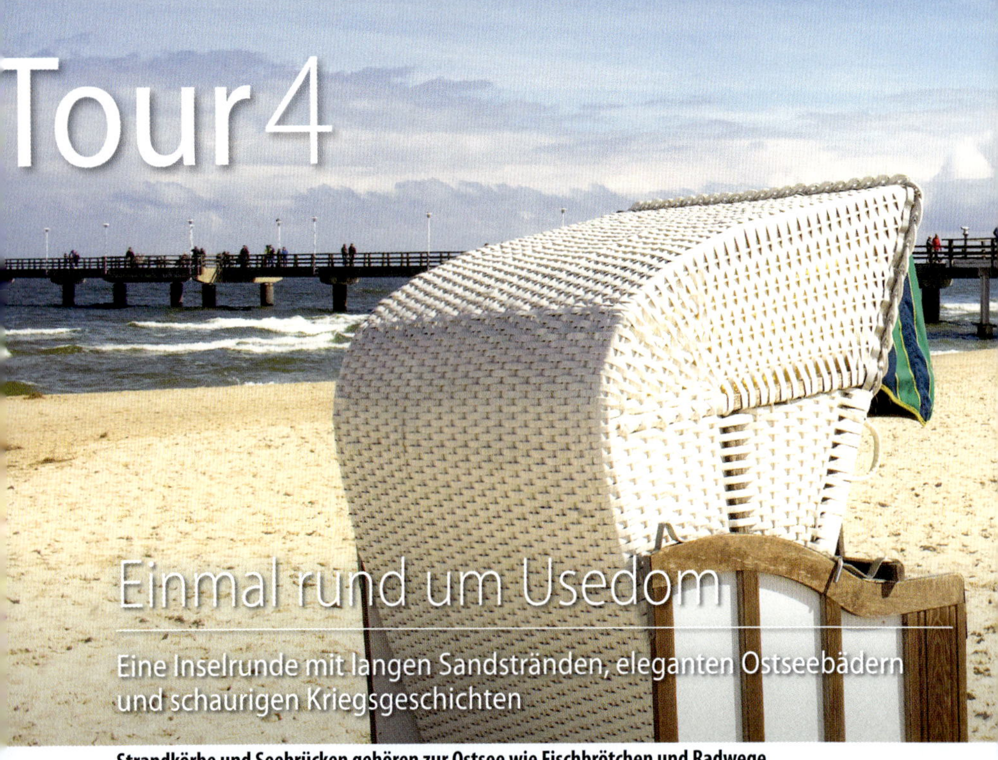

Tour 4

Einmal rund um Usedom

Eine Inselrunde mit langen Sandstränden, eleganten Ostseebädern und schaurigen Kriegsgeschichten

Strandkörbe und Seebrücken gehören zur Ostsee wie Fischbrötchen und Radwege

Es gibt viele gute Gründe, der Insel Usedom einen Besuch mit dem Rad abzustatten. Einmal bietet die östlichste und nach Rügen zweitgrößte Insel Deutschlands mit 445 Quadratkilometer Fläche viel Platz für ausgedehnte Touren. Ein anderes Argument ist, dass Usedom die sonnenreichste Region in ganz Deutschland ist mit durchschnittlich mehr als 1900 Sonnenstunden pro Jahr. Diese Tour macht eine Runde von Greifswald aus über Peenemünde, dann an der Küste entlang bis zur polnischen Grenze und wieder zurück.

Radfahrer erwartet auf Usedom ein umfangreiches Angebot. Das gesamte Radwegenetz ist rund 200 km lang und verteilt sich auf die gesamte Insel. Unsere Tour startet in der Stadt Greifswald, die den Vorteil hat, dass sie verkehrstechnisch gut erreichbar ist. Greifswald hat ein schönes historisches Zentrum, das in den neunziger Jahren umfassend renoviert worden ist. Zu dem Thema „wiederaufbereitete Historie" gehört auch das neue Museum zu Caspar David Friedrich. Der Maler der Romantik wurde 1774 in Greifswald geboren. Die Klosterruine Eldena, eines seiner bekannteren Motive, steht nur wenige Kilometer westlich vom Greifswalder Zentrum. Sie befindet sich ziemlich nah an der Radstrecke bei der Mündung der Ryck in die Ostsee.

Die erste Etappe dieser Tour verläuft von Greifswald auf dem Ostseeküsten-Radweg bis nach Freest, wo es eine Fährverbindung hinüber nach Peenemünde auf Usedom gibt. Zunächst radelt man an der Ryck entlang bis nach Wieck, wo die Attraktion die historische Klappbrücke ist. Hier zweigt der Radweg nun rechts ab, führt vorbei an der Klosterruine Eldena bis nach Kemnitz. Dort geht es links weiter Richtung Ludwigsburg mit dem bekannten Schloss und Schlosspark. Der Weg zieht nun z.T. an der Küste entlang bis nach Lubmin. Unterwegs hat man schöne

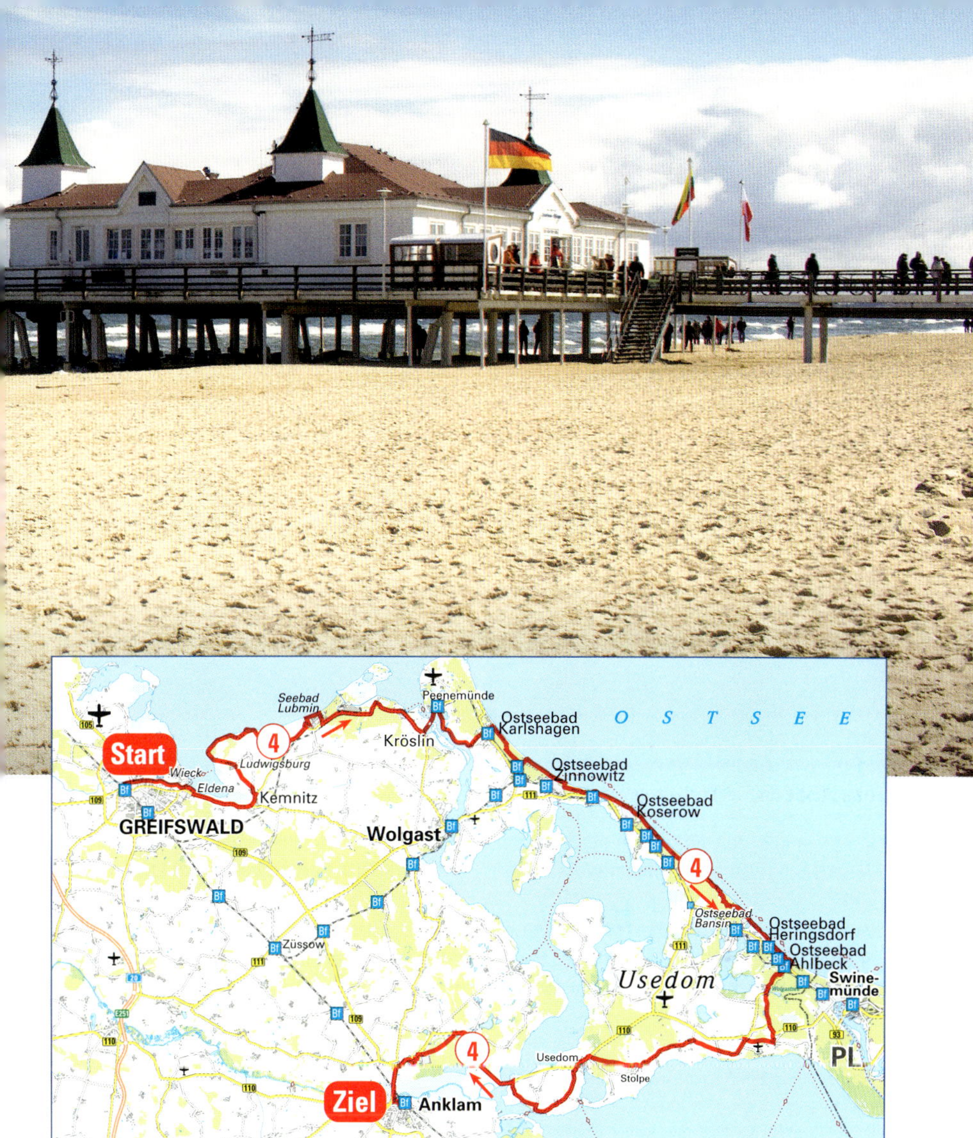

Panorama-Tourinfo

Eine 139 Kilometer lange Tour auf Radwegen und Nebenstraßen, die weder sportlich noch technisch große Ansprüche stellt. Bis auf einige kleine Hügel gibt es kaum Höhenunterschiede. Empfehlenswert ist jedoch, vor allem zur Hochsaison Quartiere vorab zu reservieren. Man kann die Tour in zwei bis drei Tagen fahren, sich aber auch mit einigen Badepausen Zeit lassen. Zurück geht es von Anklam bis Greifswald mit der Bahn.

Start/Ziel: Greifswald

Ziel: Anklam

Länge: 139 km

Höhenunterschied: 179 m

Information: Usedom Tourismus, Tel. +49 (0)38375 / 244 244, www.usedom.de

Ausblicke hinüber nach Rügen und kann in Lubmin ein paar Schritte auf schönen Sandstränden laufen. Nach Lubmin zieht der Radweg vorbei am stillgelegten Atomkraftwerk. Idyllisch wird es erst wieder in dem Fischerdorf Freest, wo die Fähre Apollo nach Peenemünde ablegt. Die Fähre verkehrt stündlich und bedient auch den Nachbarort Kröslin. In Peenemünde landet die Fähre direkt am Eingang des Hafens, der für sich eine besondere historische Sehenswürdigkeit ist.

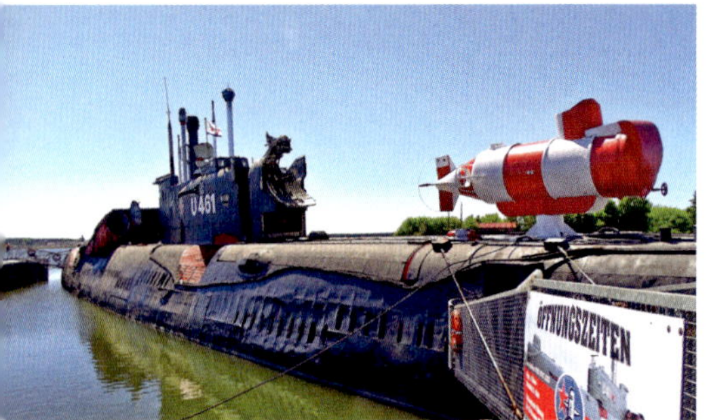

Das alte russische U-Boot in Peenemünde

Während der Nazizeit war der Ort Sitz der Heeresversuchsanstalt Peenemünde, wo an der Entwicklung von Raketen gearbeitet wurde. Dokumentiert ist diese Geschichte im Historisch-Technischen Museum direkt am Hafen. Gegenüber steht das Museumsschiff Hans Beimler, eine Corvette, die in den achtziger Jahren in der Ostsee eingesetzt wurde. Interessant ist auch das alte U-Boot am Hafeneingang. Die U-461 war ein russisches U-Boot, das in den sechziger Jahren gebaut wurde. Beide Schiffe kann man besichtigen. Maritimes Feeling bietet dazu die benachbarte Bar „Zum dünnen Hering".

Weitere Station kann man bei der Flugplatz-Ausstellung machen, wo Führungen angeboten werden, bei denen man mit einem alten Robur-Bus aus DDR-Zeiten chauffiert wird. Alternativ wartet auf der anderen Seite der Insel der endlos lange Strand in Karlshagen.

Von Karlshagen sind es rund fünf Kilometer bis Zinnowitz.

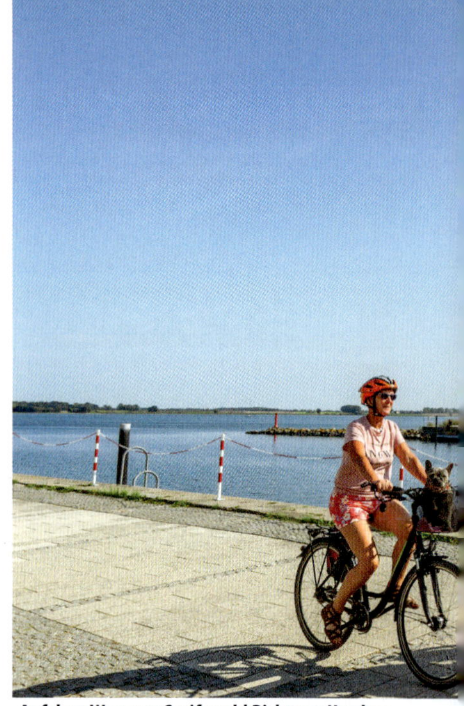

Auf dem Weg von Greifswald Richtung Usedom

Hier zeigt sich Usedom von seiner schöneren Seite. Das klassische Ostseebad gefällt mit schönen Häusern im sogenannten Bäderstil von Klassizismus bis Jugendstil, die vorzugsweise direkt an der Strandpromenade stehen.

Über Koserow verläuft die Tour schließlich zu den berühmten Kaiserbädern. Die drei Orte Bansin, Heringsdorf und Ahlbeck wurden 2005 zu den Dreikaiserbädern zusammengeschlossen.

Herrschaftliche Villen und elegante Hotels erinnern an die Zeit, als die drei Bäder im 19. und frühen 20. Jahrhundert en vogue waren und sich hier viel Prominenz erholte. Dazu gehörten unter anderem Heinrich und Thomas Mann, Theodor Fontane, Kurt Tucholsky, Maxim Gorki und Lionel Feininger, an den auch eine Radstrecke erinnert. Stattliche Seebrücken, von denen die in Ahlbeck die längste an der gesamten Ostseeküste ist, fügen sich in dieses elegante Arrangement. Und dazu passt auch die 12 Kilometer lange Europa-Promenade, die längste Strandpromenade

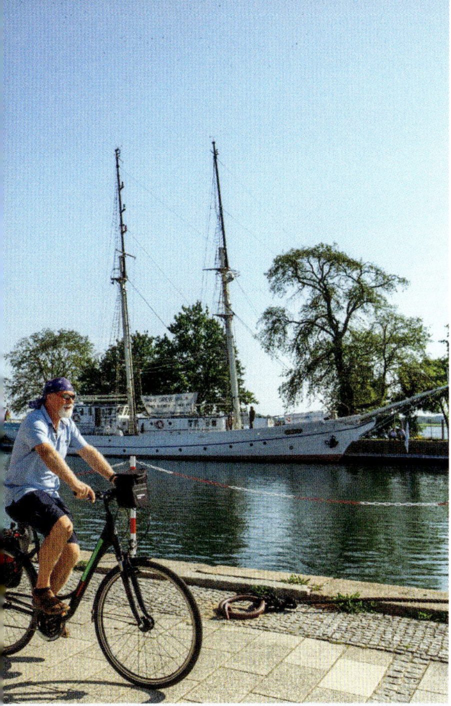

in Europa, die bis nach Swinemünde auf der polnischen Seite reicht. Swinemünde direkt an der Grenze ist auch ein beliebtes Ziel für Kurzausflüge inklusive Schnäppchenkäufe. Für Radreisende ist das Shopping eher ein nebensächliches Thema. Und dann wären da noch einige Attraktionen abseits der Strandpromenade wie der Tropenzoo in Bansin oder der Baumwipfelpfad in Heringsdorf.

Langsam nähert sich die Usedom Runde ihrem Ende. Wir fahren von Ahlbeck Richtung der Ortschaft Usedom über das flache Land vorbei am Wolgastsee, dem Wisentpark und dem schönen Renaissanceschloss Stolpe, das auch besichtigt werden kann. Eine letzte Kaffeepause noch in Usedom, dann geht es über die Zecheriner Brücke wieder auf das Festland. Die Radtour endet in Anklam.

Kartentipp:
ADFC-Regionalkarte Usedom/Stettiner Haff,
1:75.000, ISBN 978-3-96990-073-4, € 9,95
Digital für Smartphones und Tablets:
www.fahrrad-buecher-karten.de/rk-digital

Einkehren

Zum dünnen Hering, Peenemünde
Eine klassische Hafenbar in Peenemünde mit viel Seemannsromantik und üppigen Fischbrötchen.
www.halbinsel-peenemünde.de

Zum Smutje, Zinnowitz
Traditionelles Fischrestaurant mit klassischer Küche und dazu passendem Ambiente.
www.zum-smutje.de

Domkes Fischpavillon, Heringsdorf
Große Auswahl an Fisch und Meeresfrüchten sowie an warmen Gerichten. Mit Selbstbedienung.
www.fischdomke.de

Übernachten

Hotel Zur Brücke, Greifswald
Familiäres Mittelklassehotel in schöner Lage im Vorort Wieck direkt bei der alten Klappbrücke. Mit italienischem Ristorante im Haus.
www.zur-bruecke.de

Usedom Bike Hotel & Suites, Karlshagen
Mittelklassehotel mit Ferienhäusern und Suiten direkt am Strand. Fahrradabstellmöglichkeiten und Radverleih.
www.usedom-suites.de

Tipps:
Eine Rundfahrt mit dem Rad auf der Insel Usedom gibt es auch als organisierte Tour mit Übernachtung und Gepäckservice.
www.mecklenburger-radtour.de
Zwischen Anklam und Greifswald verkehrt ein Regionalexpress mit Verbindungen ohne Umsteigen. Fahrtzeit 30 Minuten.
www.bahn.de

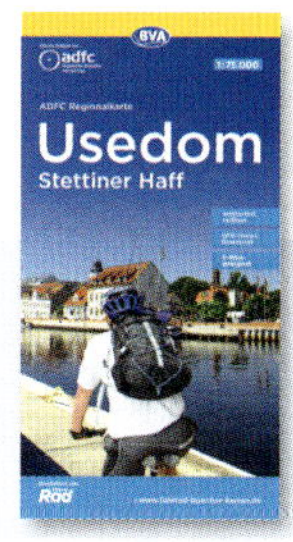

Tour 5

Rund um den Kummerower See

Viel Natur, dazu schöne Badeplätze, Schlösser und Gasthäuser am Seeufer bietet diese gemütliche Radtour in der Mecklenburgischen Seenplatte

Viel Natur bietet die 48 km lange Runde um den Kummerower See

Radreisen in der Mecklenburgischen Seenplatte sind mittlerweile ein Klassiker. Aus gutem Grund, denn die Gegend mit mehr als 1.000 natürlichen Seen verwöhnt mit herrlichen Naturlandschaften und erstaunlich viel Kultur. Das zeichnet auch den Kummerower See aus, der zu den größten seiner Art in der Region zählt.

Die mecklenburgische Seenplatte hat sich in den letzten Jahren zu einer der beliebtesten Feriendestinationen im Nordosten Deutschlands entwickelt. Da hat auch der Kummerower See einen gehörigen Anteil. Immerhin ist er mit einer Fläche von 33 Quadratkilometern der viertgrößte See in Mecklenburg-Vorpommern und der achtgrößte in ganz Deutschland. Man kann hier im Naturpark Mecklenburgische Schweiz und Kummerower See nicht nur baden, surfen, segeln und fischen, mit dem Schiff über den See fahren und ausgiebige Wanderungen am Ufer entlang machen, es ist auch ein sehr gutes Revier für Radtouren. Ein Klassiker, der nicht nur einen guten Eindruck von Kummerower See, sondern auch schöne Aussichten auf diese Naturlandschaft bietet, ist die Fahrt rund um den See mit einer Länge von knapp 50 Kilometern.

Namensgebend für den See ist die kleine Ortschaft Kummerow am Südostufer. Unser Standort ist allerdings die Ortschaft Malchin ein paar Kilometer weiter westlich und etwa zwei Kilometer vom See entfernt. Sie hat aber den Vorteil, dass die Verkehrsanbindung deutlich besser ist und man bequem mit der Bahn an- und abreisen kann. Außerdem hat man die Möglichkeit, von Malchin aus diese Tour mit einem Ausflug zum ebenfalls nahen Malchiner See zu kombinieren. Bevor man sich auf die Reise begibt und beim Bahnhof in Malchin startet, könnte man sich noch mit den bemerkenswerten historischen Bauwerken in diesem Ort beschäftigen. Dazu gehört zuerst der über 150 Jahre alte Bahnhof, der

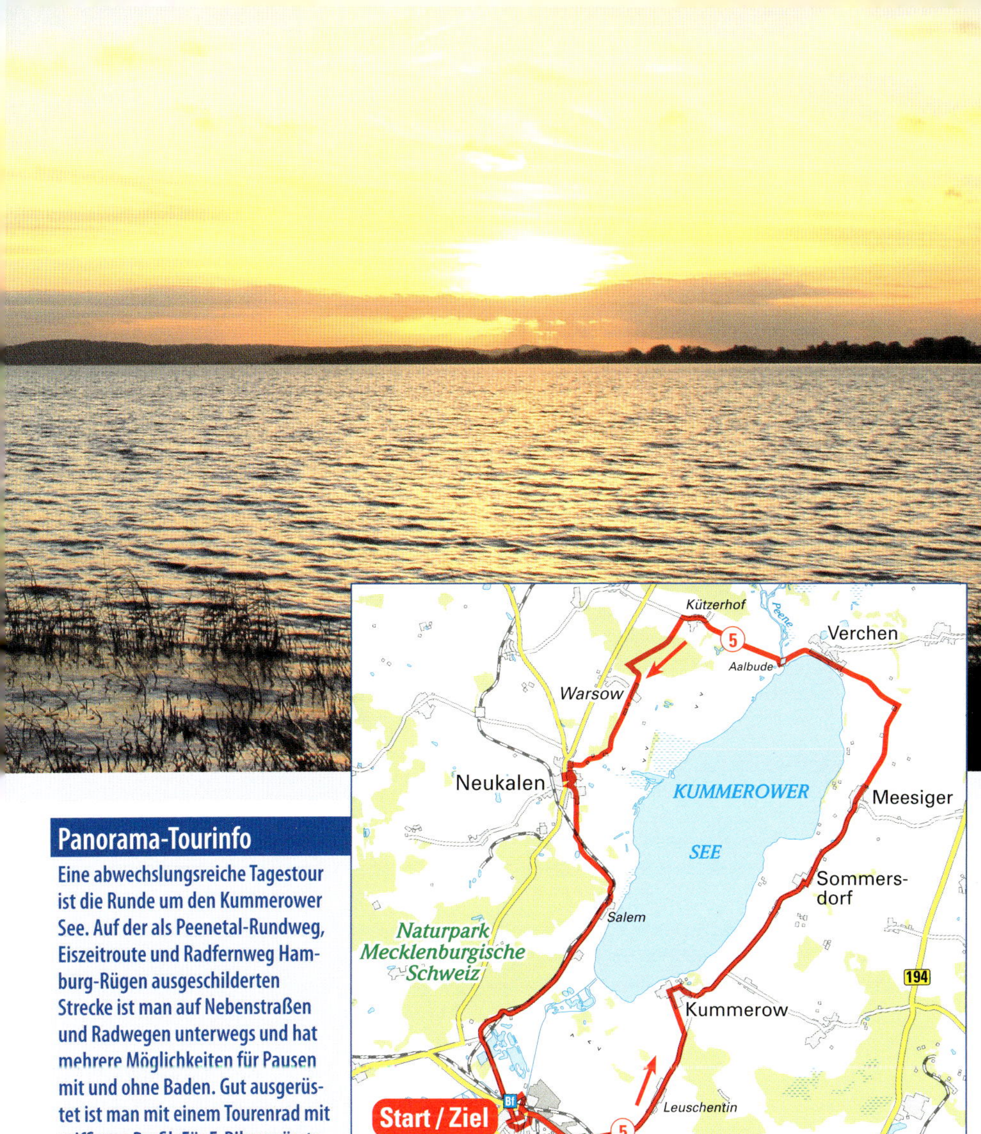

Panorama-Tourinfo

Eine abwechslungsreiche Tagestour ist die Runde um den Kummerower See. Auf der als Peenetal-Rundweg, Eiszeitroute und Radfernweg Hamburg-Rügen ausgeschilderten Strecke ist man auf Nebenstraßen und Radwegen unterwegs und hat mehrere Möglichkeiten für Pausen mit und ohne Baden. Gut ausgerüstet ist man mit einem Tourenrad mit griffigem Profil. Für E-Bikes müsste eine volle Batterie locker reichen.

Start/Ziel: Malchin

Länge: 48 km

Höhenunterschied: 200 m

Information: Tourismusverband Mecklenburgische Seenplatte, Tel: +49 (0)39931 / 5380, www.mecklenburgische-seenplatte.de

samt seiner stattlichen Seitenflügel im Stil der Gründerzeit erbaut worden ist. Eindrucksvoll ist auch der Wasserturm in der Basedower Straße, der 1902 erbaut, aber schon 1960 stillgelegt wurde. Das Steintor im Süden und das Kalensche Tor im Norden stammen beide aus dem 15. Jahrhundert und sind außergewöhnlich sehenswerte historische Bauwerke. Der gleich alte Fangelturm am Ostrand des Zentrums wurde früher als Gefängnis genutzt.

Doch nun zur Radtour. Wir starten am Bahnhof und fahren über die Karl-Dressel-Straße

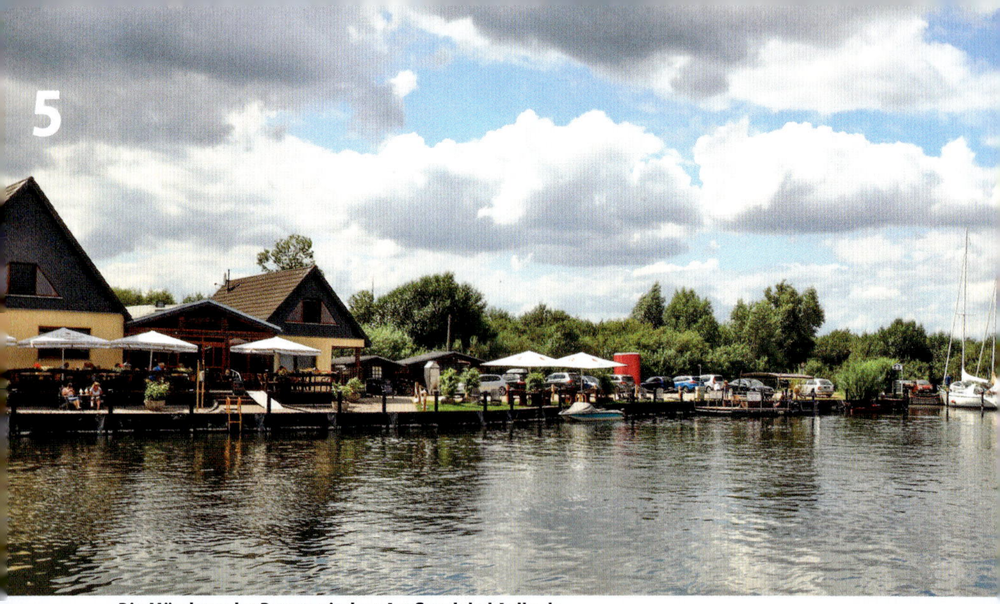

Die Mündung der Peene mit dem Ausflugslokal Aalbude

zum Marktplatz, vorbei an der stattlichen Stadtpfarrkirche, dann weiter durch den Volkspark ostwärts und schließlich entlang der Bundesstraße 104 Richtung Stavenhagen. Am Stadtrand von Malchin biegen wir dann aber links ab auf den Leuschentiner Damm und fahren dort bis zu dem kleinen Weiler Leuschentin und weiter teils am Waldrand entlang Richtung Kummerow. Dort halten wir uns links Richtung See, kommen direkt zum Schloss und von dort zum Hafen und zum Campingplatz, wo es auch eine Imbissbude gibt.

Die größte Attraktion in Kummerow ist neben dem Seeufer das Schloss aus dem Jahr 1730. Gebaut wurde es als Sitz der Familie von Maltzahn, hatte im 20. Jahrhundert häufig wechselnde Besitzer und gehört nun einem Berliner Kunstsammler, der hier eine beachtenswerte Fotosammlung eingerichtet hat, die auch öffentlich zugänglich ist.

An der Dorfkirche vorbei folgen wir der Beschilderung des Peenetal-Rundweges. Danach geht es am Ostufer entlang auf einem Radweg parallel zur Straße bis zur kleinen Siedlung Sommersdorf, das etwas landeinwärts liegt.

Direkt am See gibt es einen Campingplatz und die Bungalowsiedlung mit dem nostalgischen Namen Seeperle. Mitten in Sommersdorf steht ein stattlicher Gutshof, der auch gerne von den Einheimischen als Schloss bezeichnet wird und in dem private Wohnungen eingerichtet sind.

Der Radweg führt weiter nach Nordosten und erreicht nach drei Kilometern das kleine Dorf Meesiger. Nächste Station auf der Rundtour ist das Fischerdorf Verchen am Nordufer, die größte Ortschaft direkt am See.

Hier gibt es auch weitläufige touristische Angebote inklusive Badestrand, Bootsverleih sowie Ferienpark und einem hölzernen Aussichtsturm am Südrand.

Vom Weststrand von Verchen sind es nur ein paar hundert Meter bis zur Mündung der Peene in den See.

Die Siedlung dort heißt Aalbude und ist ein beliebtes Ziel für Wanderer, Radfahrer und Bootsfahrer. Über die Peene gibt es keine Brücke sondern nur eine Fähre während der Sommermonate. Der Name kommt daher, dass dort früher Aalfischer siedelten und ihrer

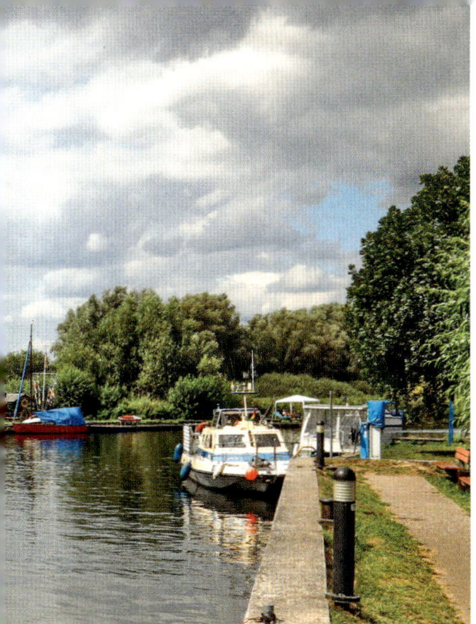

Einkehren

Gaststätte Aalbude, Dargun
Beliebtes Ausflugslokal an der Mündung der Peene in den Kummerower See. Regionale Küche, schöne Terrasse und auch Gästezimmer.
www.ausflugsrestaurant-aalbude.de

Gaststätte Moorbauer, Malchin
Feines Landgasthaus in idyllischer Lage zwischen Malchin und dem Kummerower See.
www.moorbauer.com

Peenecafé Koesters Eck, Malchin
Beliebtes Kaffeehaus in schöner Lage am Ufer der Westpeene am Ortsrand von Malchin.
www.peenecafe.de

Übernachten

Farmer Hotel Basedow
Komforthotel mit modernen Zimmern direkt beim romantischen Schloss Basedow, etwa sieben Kilometer westlich von Malchin Richtung Malchiner See.
www.farmerhotel.de

Arbeit nachdachten. Heute gibt es ein Ausflugslokal mit regionaler Küche, einer schönen Terrasse zum Wasser sowie Gästezimmern. Auf der Westseite steht ein Aussichtsturm, mit dem man einen schönen Blick auf das Große Rosin Moor hat und die Wasservögel beobachten kann.

Der Radweg folgt nun der Straße nordwärts nach Kützerhof und umgeht das Moor. Nächste Station ist die kleine Siedlung Warsow am Rande des Moores.

Hier gibt es wieder Einkehrmöglichkeiten mit dem Gasthaus Bei Molli mit Mecklenburgischer Küche. Etwas anders ist das Angebot in einem benachbarten und recht neuen Vegan Resort mit Ferienhäusern und entsprechenden kulinarischen Offerten. Weiter geht es dann nach Neukalen, das ein schönes Zentrum mit ringförmig angelegten Straßen hat und dazu einen Hafen, obwohl es nicht am See liegt. Für die notwendige Verbindung sorgt eine knapp zwei Kilometer lange Wasserstraße.

Von Neukalen führt der Radweg am Neukalener Wald vorbei zum See und zum kleinen Ort Salem mit Hafen und Ferienhaussiedlungen. Danach sind es nur noch acht Kilometer bis zu unserem Ausgangspunkt Malchin entlang des Seeufers.

Zu guter Letzt könnte man noch einen Zwischenstopp bei der schön an der Westpeene und nicht weit vom See gelegenen Gaststätte Moorbauer einlegen. Pure Landidylle und gute regionale Küche.

Kartentipp:
ADFC-Regionalkarte Mecklenburgische Schweiz/ Vorpommersche Seenplatte,
1:75.000, ISBN 978-3-87073-897-6, € 8,95
Digital für Smartphones und Tablets:
www.fahrrad-buecher-karten.de/rk-digital

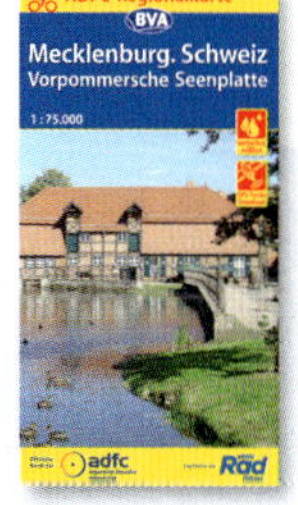

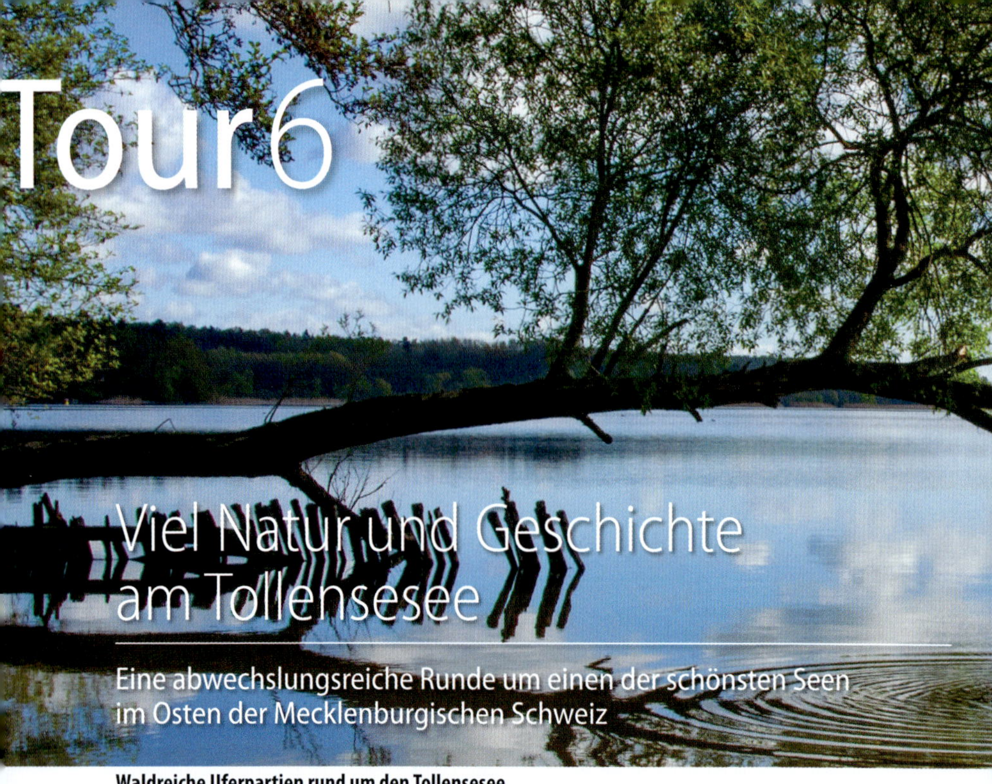

Tour 6

Viel Natur und Geschichte am Tollensesee

Eine abwechslungsreiche Runde um einen der schönsten Seen im Osten der Mecklenburgischen Schweiz

Waldreiche Uferpartien rund um den Tollensesee

Der Tollensesee gehört zu den größeren Seen in dem an Gewässern nicht gerade armen Mecklenburg-Vorpommern. Dabei ist der See eine beliebte Touristenattraktion, was an der eindrucksvollen Kombination aus viel Natur und einer umfangreichen touristischen Infrastruktur liegt. Das man hier auch noch ungewöhnlichen Geschichten begegnet, macht die Fahrt zusätzlich interessant.

An Seen mangelt es der Mecklenburgischen Schweiz wahrlich nicht. Unzählige kleine Gewässer verteilen sich auf dem Gebiet im Herzen Mecklenburg-Vorpommerns, die meisten davon sind relativ klein. Die Industriestadt Neubrandenburg liegt zwar nur am Rande dieser Region auf halbem Weg Richtung Uckermark, hat aber den Vorteil, dass sie direkt an der Stadtgrenze einen der größten Seen in Mecklenburg-Vorpommern hat. Der Tollensesee ist mit rund 18 Quadratkilometern nicht nur eines der größten Gewässer im Bundesland, er ist auch Dank seiner speziellen Lage und Umgebung ein reizvolles Ziel für Naturliebhaber. Eingerahmt von dichten Wäldern und Schilf entdeckt man hier eine sehr intakte und ursprüngliche Naturlandschaft und eine außergewöhnlich gute Wasserqualität. Der See ist dabei nicht nur bei Badegästen und Wassersportlern beliebt. Es ist übrigens auch ein gutes Tauchrevier. Und auch die Radfahrer zieht es zum Tollensesee. Das liegt vor allem an dem Radweg, der auf rund 39 Kilometern nicht nur den Tollensesee umrundet, sondern auch noch den kleinen Nachbarn im Süden, den Lieps See mit vereinnahmt.

Der Start zu unserer Tour befindet sich beim Bahnhof am Nordrand des Zentrums von Neubrandenburg. Interessant ist in dieser Stadt, dass das Zentrum mit seinen Straßen konsequent quadratisch angelegt ist. Und um die Stadtmitte, die am Ende des Zweiten Weltkriegs größtenteils abgebrannt ist, zieht

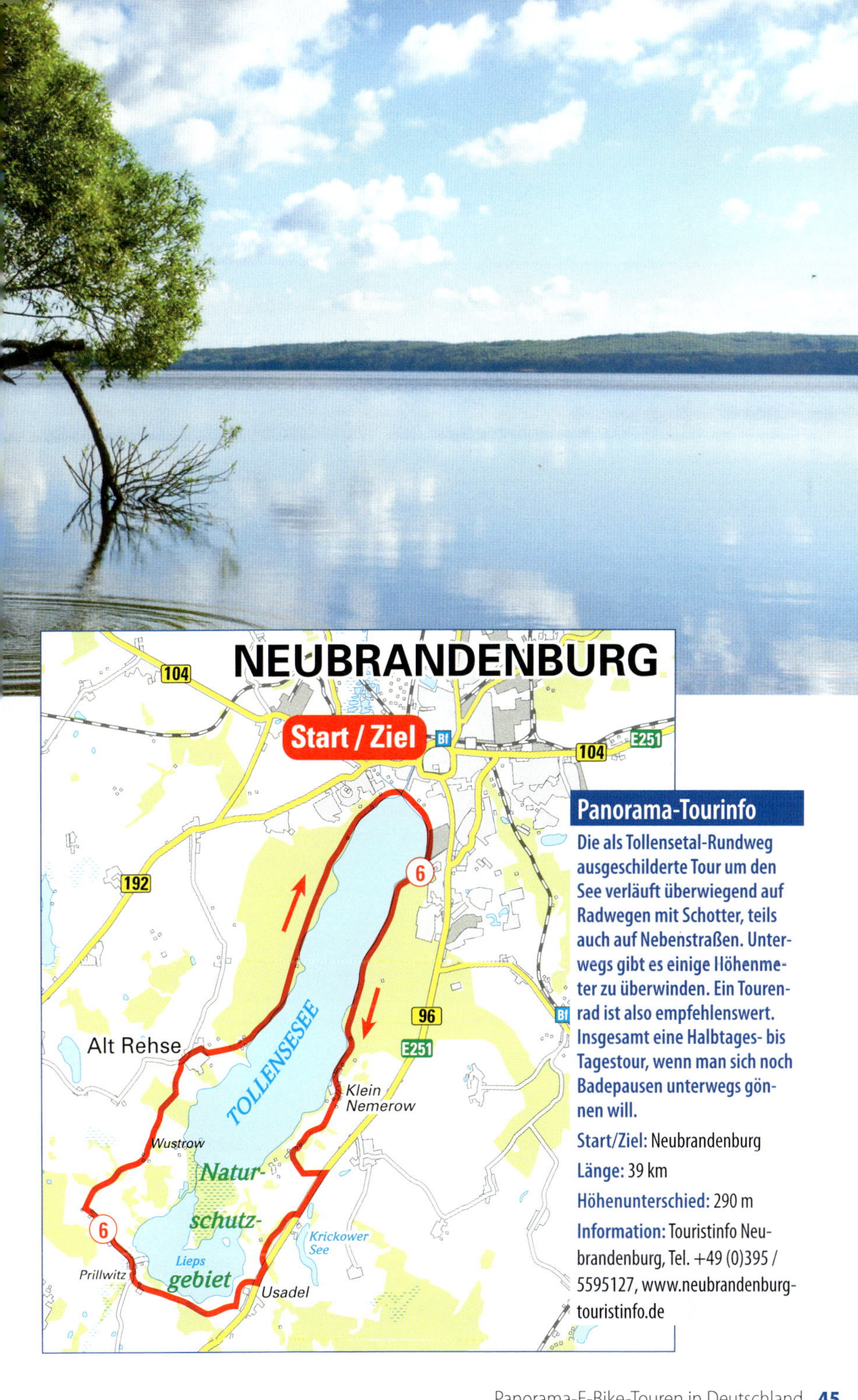

Panorama-Tourinfo

Die als Tollensetal-Rundweg ausgeschilderte Tour um den See verläuft überwiegend auf Radwegen mit Schotter, teils auch auf Nebenstraßen. Unterwegs gibt es einige Höhenmeter zu überwinden. Ein Tourenrad ist also empfehlenswert. Insgesamt eine Halbtages- bis Tagestour, wenn man sich noch Badepausen unterwegs gönnen will.

Start/Ziel: Neubrandenburg

Länge: 39 km

Höhenunterschied: 290 m

Information: Touristinfo Neubrandenburg, Tel. +49 (0)395 / 5595127, www.neubrandenburg-touristinfo.de

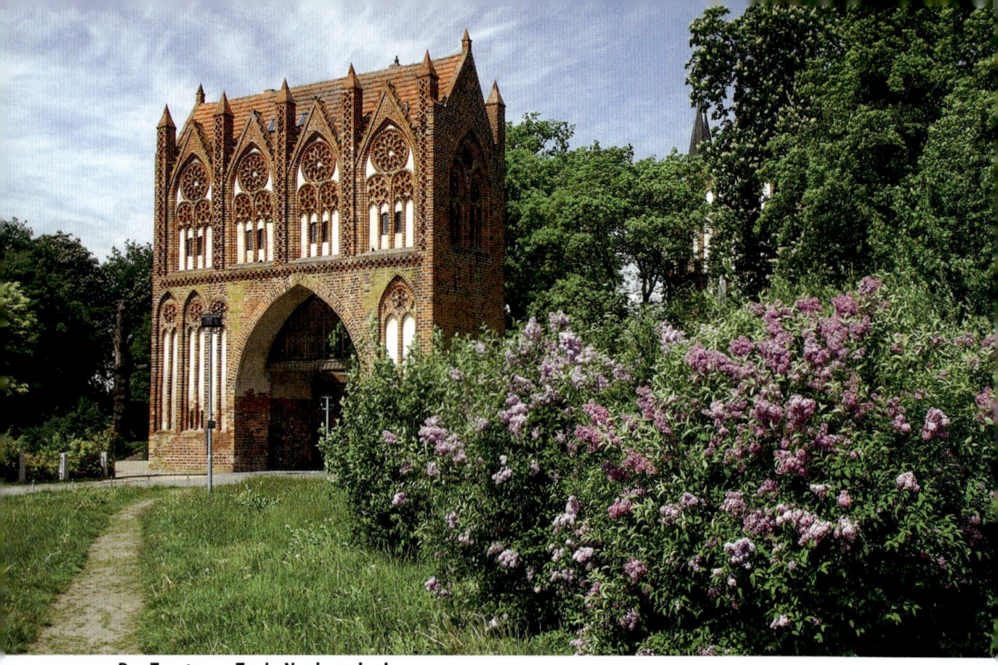

Das Treptower Tor in Neubrandenburg

sich die alte Stadtbefestigung, die etwa 2,3 km lang ist, mit einer bis zu sieben Meter hohen Mauer. Zu der Befestigung gehören auch noch vier Stadttore in gotischem Stil und mehrere Wachhäuser, so genannte Wiekhäuser. Bis zu dem großen Brand 1945 galt Neubrandenburg als Muster-Beispiel der Backsteingotik.

Die Radtour führt nun durch das Zentrum südwärts. Einen guten Kilometer von der südlichen Stadtmauer entfernt kommt man zum Tollensesee und zum Abfluss der Tollense, wo sich rechts das Strandbad Broda ausbreitet. Hier gibt es mehrere Spielplätze, einen Bootsverleih und einige Lokale. Der Radweg zieht hier nun nach Osten und folgt dem Seeufer. Vorbei am Segelverein, am Badehaus und an der Anlegestelle der Schifffahrt radelt man weiter südlich, passiert ein Gewerbegebiet und kommt schließlich nach etwas mehr als zwei Kilometern an eine Stelle, wo sich eine Pause anbietet.

Hier zweigt links ein Fußweg ab hinauf zum Aussichtsturm Behmshöhe. Vor rund 120 Jahren wurde der Turm gebaut, damals mit der Absicht, mit selbigem den Tourismus anzukurbeln. Während der Sommermonate ist der Turm tagsüber geöffnet, und man kann die 111 Stufen bis zur Aussichtsplattform hinaufsteigen. Die Mühe lohnt sich, denn der Blick über den See und die Umgebung ist sehr eindrucksvoll.

Zurück auf dem Radweg geht die Fahrt weiter Richtung Süden. Gute vier Kilometer geht es durch dichte Buchen- und Eichenwälder am Seeufer entlang bis zur ersten Lichtung direkt am See.

Klein Nemerow ist eine recht überschaubare Siedlung mit Hotels und Pensionen und zahlreichen Ferienhäusern. Und natürlich auch mit einem Badestrand und einer Anlegestelle der Schifffahrt.

Die waldreiche Passage ist vorerst zu Ende. Nun radelt man vom Südufer des Tollensesees weg über offene Wiesenflächen mit vereinzelten Waldabschnitten. Es geht vorbei an einem Golfplatz, dann ein Stück neben der Bundesstraße in Richtung Süden. Auf der anderen Seite der Bundesstraße liegt der kleine Krickower See. In Usadel zweigt der Radweg rechts ab und führt entlang des Südufers des Lieps Sees durch das Naturschutzgebiet Nonnenhof bis nach Prillwitz.

Das stattliche Jagdschloss Prillwitz ist ein Renaissancebau aus dem späten 19. Jahrhundert und kann als Ganzes für Feste oder Veranstaltungen sonstiger Art gemietet werden.

Danach fährt man am Westufer des Lieps Sees mit einigen Bergauf- und Bergabpassagen nach Norden und kommt wieder zum Tollensesee. Rechts abseits liegt am Seeufer die kleine Siedlung Wustrow mit vielen Ferienhäusern und einer neuen, ungewöhnlichen Ferienhaussiedlung mit Kugelhäusern. Nächste Ortschaft auf dem Radweg ist Alt Rehse, ein Ort mit einer ungewöhnlichen Geschichte.

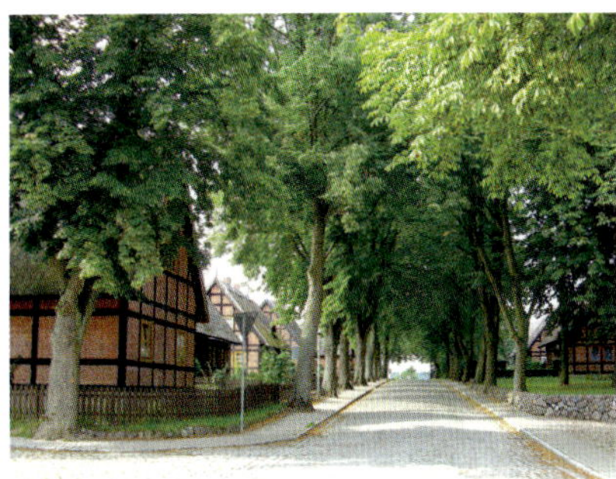

Alleen und Fachwerkhäuser in Alt Rehse

In den dreißiger Jahren entstand in Alt Rehse eine Führerschule der Deutschen Ärzteschaft, für die das alte Dorf zum Großteil abgerissen und nach damaligen, nationalsozialistisch geprägten Vorstellungen komplett neu aufgebaut wurde. Nach dem Krieg etablierten sich in dem Gelände inklusive Bunker die Nationale Volksarmee und später auch die Bundeswehr. Danach versuchten sich Investoren, die daraus eine touristische Attraktion machen wollten.

Einkehren

Wiekhaus 45, Neubrandenburg
Typisches Gasthaus mit regionaler Küche direkt an der alten Stadtmauer.
www.wiekhaus45.de

Augusta`s Seerestaurant
Direkt am See mit großer Terrasse liegt das beliebte Ausflugslokal unweit von Neubrandenburg.
www.augustas-nb.de

Bistro Alt Rehse, Alt Rehse
Gemütliches Lokal in der für den Ort typischen Architektur direkt neben der Dorfkirche, regionale Küche.
www.bistro-alt-rehse.de

Übernachten

Badehaus, Neubrandenburg
Mittelklassehotel mit Restaurant direkt am Seeufer beim Badestrand. Mit Einstellmöglichkeiten für Räder.
www.badehaus-am-See.de

Die letzten fünf Kilometer bis Neubrandenburg führt der Weg nun hinunter zum teils recht steilen Seeufer. Danach geht es vorbei am Campingplatz am Gatsch Eck, weiter direkt bis zum Strandbad Broda vor den Toren von Neubrandenburg und wieder zurück zum Bahnhof.

Tipp: Man kann die Radtour auch mit einer Schifffahrt kombinieren. Das Fahrgastschiff Mudder Schulten transportiert auch Fahrräder. Es gibt insgesamt vier Haltestellen am Seeufer. www.fahrgastschiff-mudderschulten.de

Kartentipp:
ADFC-Regionalkarte Mecklenburgische Seenplatte,
1:75.000, ISBN 978-3-87073-953-9, € 9,95
Digital für Smartphones und Tablets:
www.fahrrad-buecher-karten.de/rk-digital

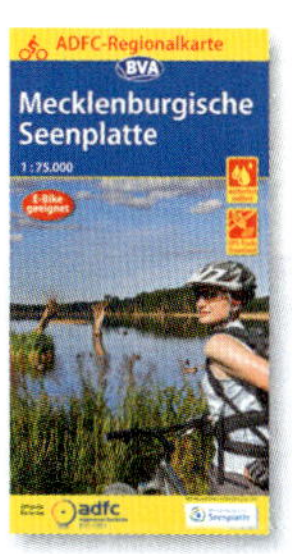

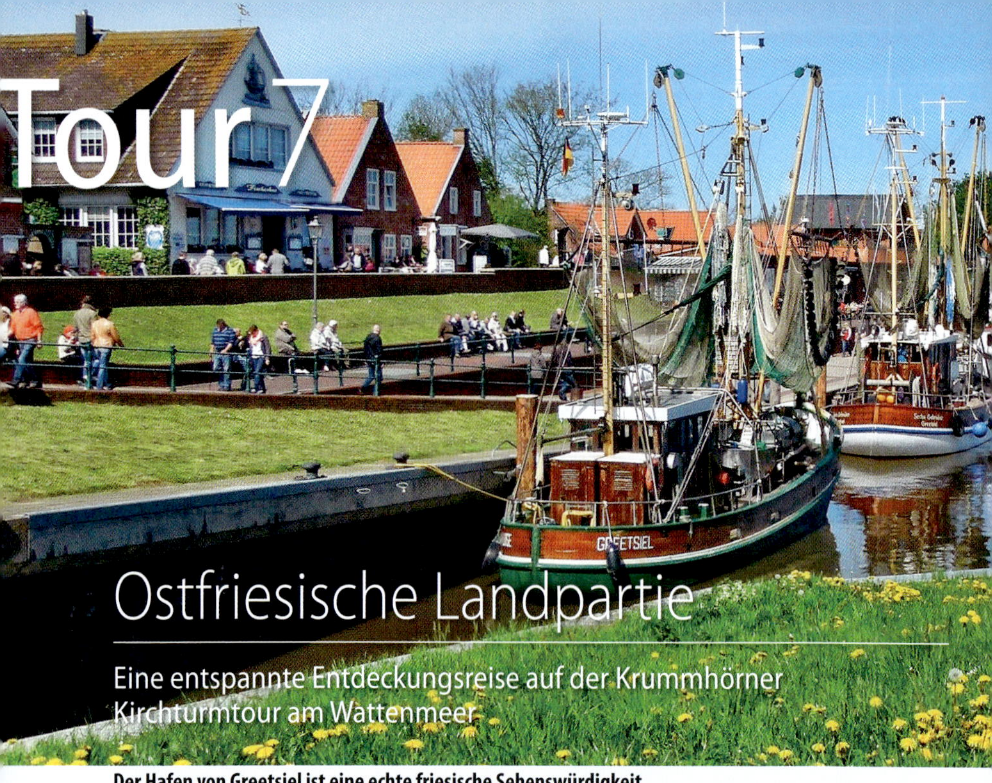

Tour 7

Ostfriesische Landpartie

Eine entspannte Entdeckungsreise auf der Krummhörner Kirchturmtour am Wattenmeer

Der Hafen von Greetsiel ist eine echte friesische Sehenswürdigkeit

Radfahren am Wattenmeer hat therapeutische Qualitäten. Die Natur mit weiten, flachen Wiesen, mit dicht bewachsenen Deichen und der Ruhe der Landschaft, dazu die kleinen Dörfer mit den reetgedeckten Häusern schaffen eine beruhigende Stimulation. Ideale Voraussetzungen für eine entspannte Radtour von Kirchturm zu Kirchturm, von Dorf zu Dorf.

Die Krummhörn ist der Landstrich am Wattenmeer nördlich von Emden. Der Name kommt aus der Umgangssprache und bedeutet so viel wie krumme Ecke. Von den zahlreichen Buchten, die für diese Namensgebung verantwortlich waren, sieht man heute nicht mehr viel. Bekannt ist die Krummhörn auch dafür, dass es hier in praktisch jedem Dorf eine eigene historische Kirche gibt, die bis zu 700 Jahre alt ist. Dazu passend ist der Umstand, dass die Gegend auch für den hohen Bestand an historischen Orgeln bekannt ist, die bis auf das 15. Jahrhundert zurück gehen. So viel also zu den Rahmenbedingungen für diese Radtour, die einen etwas ungewöhnlichen Hintergrund hat. Denn einmal pro Jahr veranstalten die Einheimischen eine Radtour, die ganz diesem Phänomen gewidmet ist. Die Krummhörner Kirchturmtour führt auf einer etwa 80 km langen Runde von Kirche zu Kirche, von Dorf zu Dorf. Und das sind immerhin 19 Dörfer mit 23 Kirchen. Natürlich werden dabei auch Kirchen besichtigt, finden Orgelkonzerte statt, aber es geht auch recht weltlich zu, werden unterwegs Getränke und kleine Imbisse konsumiert. Der Tag bei der Kirchturmtour ist also gut gefüllt. Man muss nun nicht auf den nächsten Termin warten, man kann sie auch ganz individuell machen und dann eben ohne Konzerte.

Wir starten unsere Kirchturmtour in Greetsiel, dem wohl bekanntesten Dorf in der Krummhörn. Greetsiel ist genauso, wie man sich als Urlaubsgast ein romantisches, ostfriesisches Fischerdorf vorstellen mag. Hier ist in dem Hafen die größte Krabbenkut-

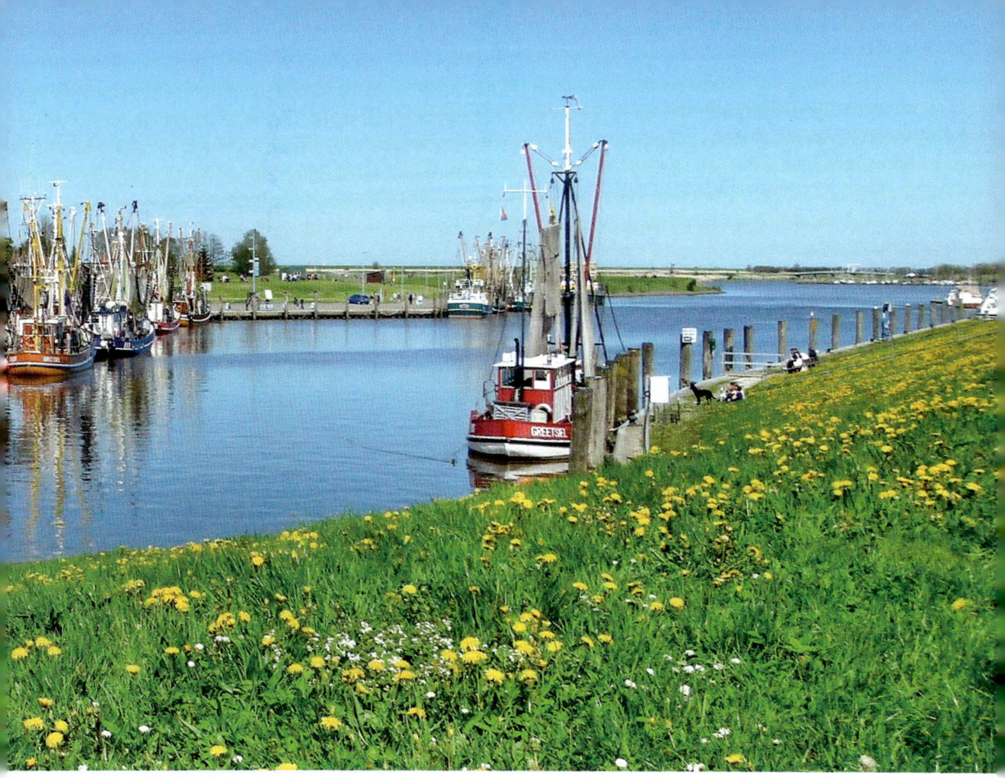

Panorama-Tourinfo

Eine klassische ostfriesische Landpartie von Dorf zu Dorf mit Abstechern zum Wattenmeer und zu berühmten Leuchttürmen. Eine gemütliche Tour ohne nennenswerte Höhenunterschiede auf Radwegen und Nebenstraßen.

Start/Ziel: Greetsiel

Länge: 80 km

Höhenunterschied: 66 m

Information:
Ostfriesland Tourismus,
Tel. +49 (0)491 / 91969660,
www.ostfriesland.de,
www.greetsiel.de

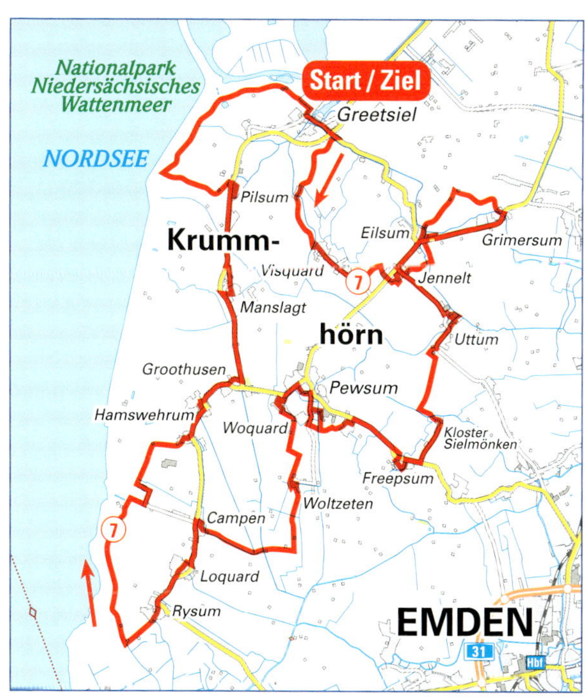

7

terflotte von ganz Ostfriesland zu Hause. Sie umfasst immerhin 27 Schiffe. Der spezielle Charme des Ortes kommt auch von den zahlreichen historischen Giebelhäusern aus dem 17. und 18. Jahrhundert. Nur wenige Meter vom Hafen entfernt steht das Nationalpark-Haus. Schließlich befinden wir uns hier im Nationalpark niedersächsisches Wattenmeer. Dazu findet man hier viele Informationen über die faszinierende Naturlandschaft am Wattenmeer. Aber wir sind ja auf einer Kirchturm-Tour. In Greetsiel hat die Kirche einen zwar nicht sehr hohen, dafür aber recht breiten Kirchturm, diese geht bis auf das späte 14. Jahrhundert zurück. Drinnen gibt es eine prachtvolle Orgel mit barocken Stilelementen, die allerdings erst in den sechziger Jahren erbaut worden ist.

Unsere Tour startet von Greetsiel nach Süden über Visquard nach Jennelt. Von dort macht der Weg über Eilsum einen Abstecher nach Grimersum und zur hiesigen Kirche aus dem 13. Jahrhundert mit dem Kirchturm aus dem 16. Jahrhundert. Danach geht es wieder zurück nach Eilsum und Jennelt, dort links ab nach Uttum.

Die Orgel in der Uttumer Kirche wurde 2021 zur Orgel des Jahres gekürt.

Von dort führt die Tour weiter nach Süden zum Kloster Sielmönken, das schon lange kein Kloster mehr ist.

Im 19. Jahrhundert wohnte hier der Gründer der Tabakfabrik Reemtsma. Heute ist es ein landwirtschaftliches Anwesen.

Weiter verläuft die Runde nach Freepsum, wo es wiederum eine Kirche mit Historie bis ins 13. Jahrhundert gibt. Nun geht es auf der Freepsumer Landstraße gut zwei Kilometer nach Nordwesten bis Pewsum und damit zu einer etwas größeren Ortschaft.

Dort gibt es die Nicolaikirche aus dem 14. oder 15. Jahrhundert samt einer stattlichen,

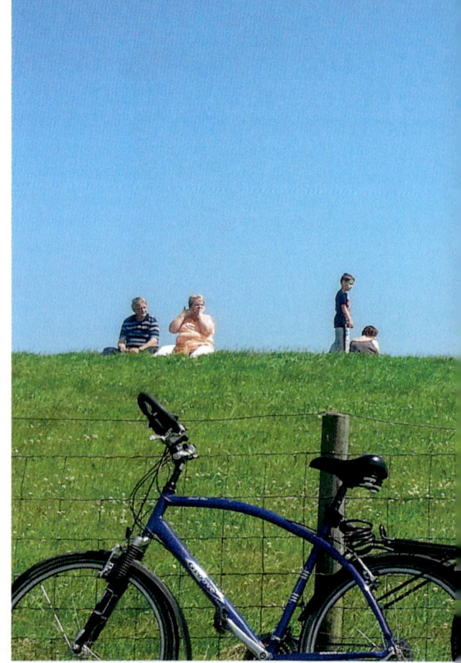

Nicht hoch aber trotzdem berühmt – der Pilsumer Leuchtturm

aber recht modernen Orgel. Es gibt auf dieser Landpartie natürlich noch andere Attraktionen. Im Pewsum wäre das das Mühlenmuseum, das in einer schönen alten Windmühle eingerichtet ist.

Von Pewsum führt die Tour nun über die Marienkirche in Woquard nach Süden, vorbei an der schönen, alten Kirche in Woltzeten und weiter übers Land nach Süden und dann nach Westen bis Campen, wo es wieder eine stattliche alte Kirche samt Orgel zu besichtigen gibt. Danach biegen wir links ab nach Loquard und Rysum, deren alte Kirchen sich in der Bauweise wie die meisten anderen sehr ähnlich sind. Weiter geht es Richtung Wattenmeer. Dort fahren wir dann gut drei Kilometer an der Küste entlang bis zum Campener Leuchtturm.

Der Leuchtturm ist Dank seiner stattlichen Höhe schon von weitem erkennbar. Er ist ja auch der höchste Leuchtturm Deutschlands mit 65 Metern. Weil er im selben Jahr erbaut wurde wie der Eiffelturm in Paris, nennt

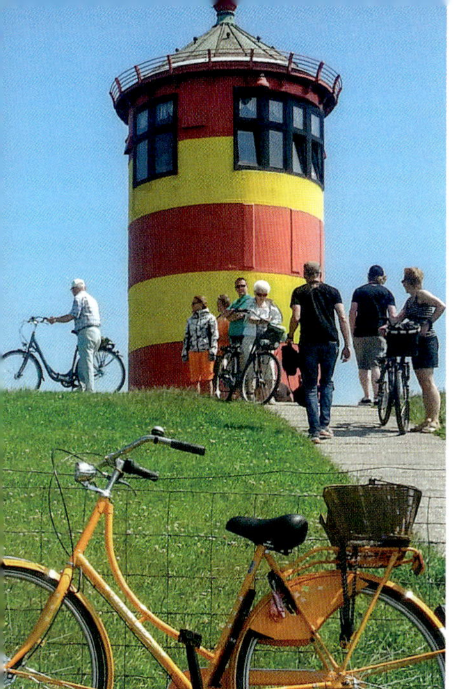

Einkehren

Captains Dinner am Sielgat, Greetsiel
Ein klassisches Fischrestaurant direkt am Hafen mit großer Terrasse. Und mit einer Küche, wie man sie an der ostfriesischen Küste gerne hat.
www.captains-dinner.com

Burgcafé, Groothusen
Direkt neben der Osterburg steht das Lokal mit stilvollem ostfriesischem Interieur und einer interessant aufbereiteten, friesischen Küche inklusive Ostfriesen-Bruschetta und Häuptlingsburger.
www.osterburg-groothusen.de

Übernachten

Hotel Friesenhuus, Greetsiel
Ein charmantes Privathotel der Dreisternekategorie mit stilgerechtem Interieur und schönem Garten.
www.hotel-friesenhuus-greetsiel.de

man ihn auch gerne den kleinen Bruder des berühmten Turms. Wirklich ähnlich sieht er ihm aber nicht.

Hamswehrum und Groothusen sind weitere, mit Kirchen ausgestattete Zwischenstationen auf dem Weg nach Norden Richtung Greetsiel.

Die Osterburg in Groothusen liegt in einer schönen Parkanlage und war ursprünglich eine friesische Häuptlingsburg. Sie wurde im 15. Jahrhundert zerstört und später neu aufgebaut. Sie ist seit rund 500 Jahren in Familienbesitz.

Über Manslagt radelt man dann direkt nach Norden bis nach Pilsum, dort vorbei an der mächtigen Kreuzkirche und biegt dann links ab Richtung Wattenmeer. Nun kommt man zu einem der bekanntesten Wahrzeichen Ostfrieslands: dem Pilsumer Leuchtturm.

Der Pilsumer Leuchtturm ist eine Attraktion, die zu jeder Radtour hier am Wattenmeer gehört. Er ist eine Berühmtheit, auch wenn er nur elf Meter hoch ist. Das Bauwerk mit seinen rotweißen Ringeln wurde mit dem Film „Otto – der Außerfriesische“ berühmt. Besichtigen kann man den Leuchtturm zusammen mit Führungen.

Der letzte Abschnitt der Runde verläuft dann am Siel entlang und vorbei an der Vogelbeobachtungsstation wieder zurück nach Greetsiel.

Kartentipp:
ADFC-Regionalkarte Ostfriesland,
1:75.000, ISBN 978-3-87073-963-8, € 9,95
Digital für Smartphones und Tablets:
www.fahrrad-buecher-karten.de/rk-digital

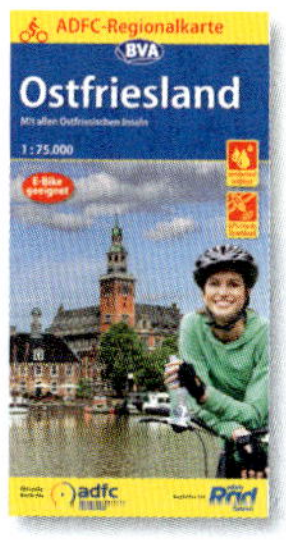

Tour 8

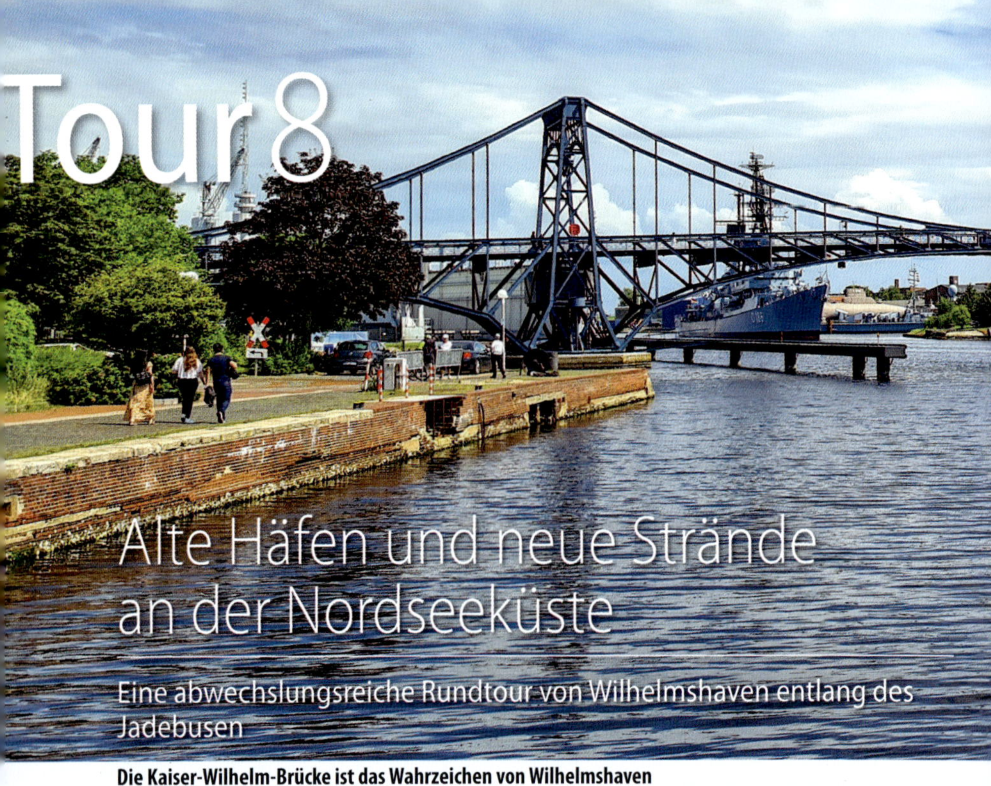

Alte Häfen und neue Strände an der Nordseeküste

Eine abwechslungsreiche Rundtour von Wilhelmshaven entlang des Jadebusen

Die Kaiser-Wilhelm-Brücke ist das Wahrzeichen von Wilhelmshaven

Alles was das Leben an der Nordsee interessant und reizvoll macht, kann man hier auf dieser Tagestour erleben. Eine Runde von Wilhelmshaven aus mit einem Streifzug durch die reizvolle Stadt mit reichlich Kultur, Tradition und Freizeitangeboten, eine Landpartie von Dorf zu Dorf und ein Ausflug ins herrlich nostalgische Hooksiel mit maritimer Romantik und ungewöhnlich vielen Freizeitangeboten.

Für Liebhaber der maritimen Kultur ist Wilhelmshaven ein ausgesprochen interessantes Ziel. Die Stadt am Jadebusen mit 76.000 Einwohnern ist nicht nur traditionsreicher Marinestützpunkt und wichtiger internationaler Handelshafen, hier gibt es auch entsprechende touristische Attraktionen zu entdecken. Dazu gehören das Marinemuseum, das Küstenmuseum und der Nationalpark Niedersächsisches Wattenmeer, der auch UNESCO Weltnaturerbe ist. Eine Wilhelmshavener Spezialität ist der Südstrand, der sich am Südrand der Stadt ausbreitet, als Deichschutz dient und als südwärts ausgerichteter Rasenstrand eine echte Rarität ist. Strände weisen an der Nordsee üblicherweise nach Norden. Kein Wunder, dass der Südstrand ein beliebtes Ausflugsziel im Sommer ist. All diese Besonderheiten lassen sich in einer gemütlichen Tagestour mit dem Rad erleben, die vom Zentrum in Wilhelmshaven ausgehend einen Ausflug nach Norden macht, quer durch die Stadt, vorbei am Kurpark, am Botanischen Garten und dann nach Norden bis Hooksiel und an der Küste wieder zurück nach Wilhelmshaven.

Start zu dieser Runde ist am Bahnhof, der auch für eine kurze Sightseeing-Tour recht zentral liegt. Zum Küstenmuseum, zum Marinemuseum, zum Südstrand und auch zur historischen, über 100 Jahre alten Kaiser-Wilhelm-Brücke, dem Wahrzeichen der Stadt, sind es jeweils nur ein paar hundert Meter.

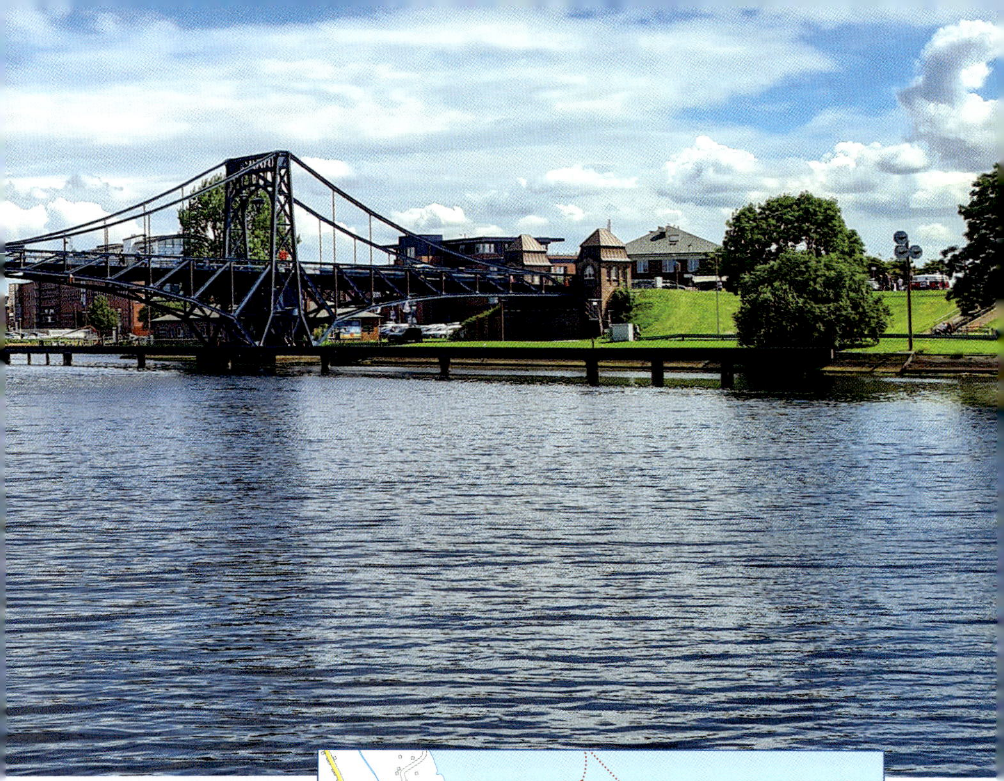

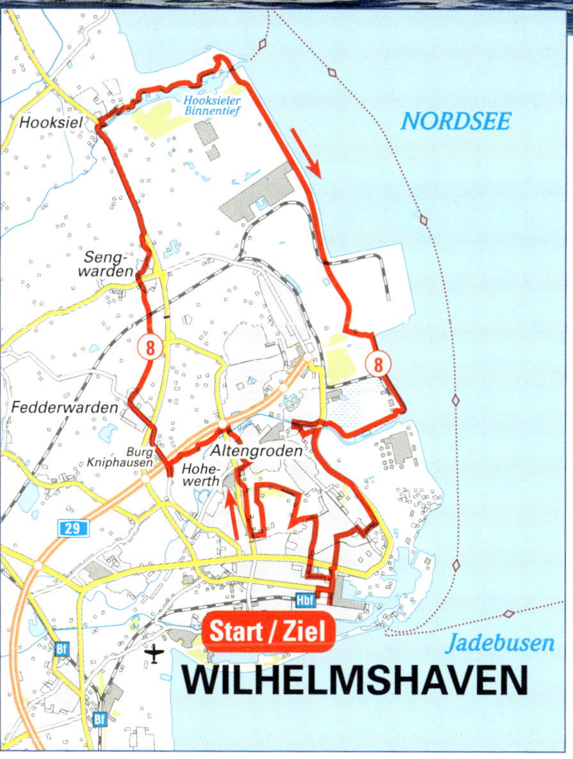

Panorama-Tourinfo

Es geht durch Wilhelmshaven auf Radwegen und durch Parks, dann über Land von Dorf zu Dorf und schließlich an die Küste des Jadebusens. Man fährt auf Radwegen, die meist asphaltiert sind, zwischendurch auch mit Schotter und mit einigen etwas rustikalen, aber sehr kurzen Abschnitten. Ausgeschildert ist die Route zum Teil mit dem Nordseeküstenradweg.

Start/Ziel: Wilhelmshaven

Länge: 49 km

Höhenunterschied: 16 m

Information:

Ostfriesland Tourismus,
Tel. +49 (0)491 / 91969660,
www.ostfriesland.de

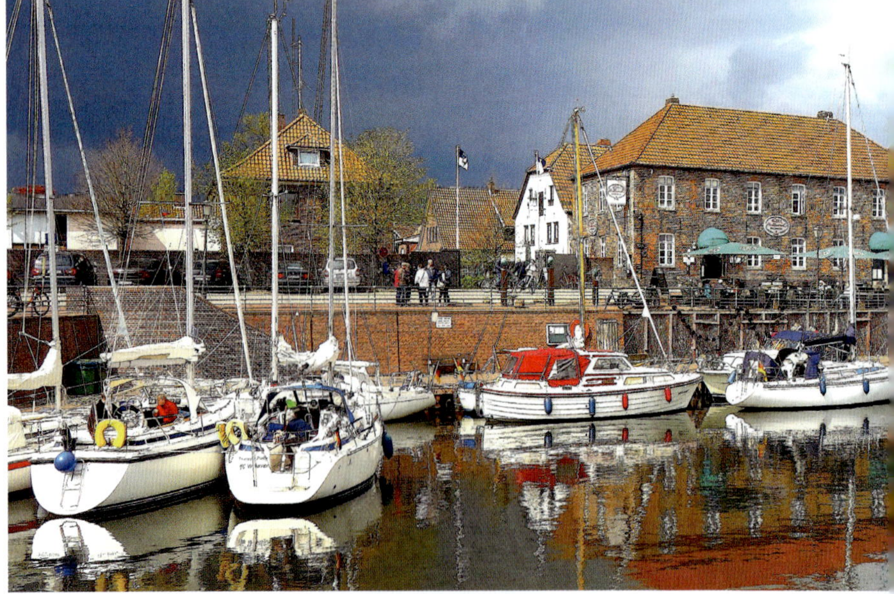

Der alte Hafen in Hooksiel bietet jede Menge Nordseeromantik

Vom Bahnhof geht es nordwärts zum Kurpark und weiter auf der Mozartstraße, Paul-Wulf-Weg und der Brommystraße zur Friedenstraße und dort links zum weitläufigen Stadtpark. Hier macht die Tour einen Abstecher am Neuengrodener Weg zum Botanischen Garten und zum Rosarium mit mehr als 5.000 Rosen aus 500 Sorten, zieht dann noch mit einem Schlenker zum Erlebnisbad und zur Nordfrost Sportarena. Danach geht es nordwärts an der Jade-Hochschule vorbei in den Stadtteil Altengroden und über die Maade raus aus Wilhelmshaven. Mit einem Schlenker über die Felder vorbei am Hohewerther Grashaus westwärts fährt man an der Autobahn entlang, dann auf die andere Seite der Schnellstraße zur Burg Kniphausen.

Die Burg steht recht malerisch in einem Park und ist Schauplatz regelmäßiger Kunstausstellungen. Sie stammt im Ursprung aus dem 15. Jahrhundert.

Danach führt der Weg direkt nach Norden, quert die Dörfer Fedderwarden und Sengwarden und kommt schließlich ins Wangerland. Bis nach Hooksiel sind es noch drei ziemlich gerade Kilometer.

Hooksiel ist ein traditionsreicher Sielort und bietet einen bezaubernden Eindruck der maritimen Tradition an der Nordsee. Sielorte sind Plätze, an denen das Wasser durch die Deiche ins Meer abgelassen wird, aber kein Wasser zurück fließen kann. In Hooksiel können Besucher Seefahrertradition, Fischerei und viele Freizeitangebote erleben. Eine sehr reizvolle Mischung also. Im Ortszentrum kann ein Muschelmuseum besucht werden. Nicht weit entfernt in einer ehemaligen Kirche gibt es ein Gruseleum, eine Art Gespensterhaus mit entsprechenden Aufführungen. Nur wenige Meter sind es dann zum Alten Hafen, der unter Denkmalschutz steht und mit alten Schiffen wie einem archaischen Wikingerschiff und den historischen Packhäusern eine echte Sehenswürdigkeit ist. Bei den Packhäusern handelt es sich um klassische Lagerhäuser. Am Ostrand des Ortes könnte man noch einen kurzen Abstecher zum Meerwasser Wellenhallenbad und zur gegenüber liegenden Pferderennbahn machen. Denn in Hooksiel finden regelmäßig hochkarätige Pferderennen statt.

Eine Spezialität von Hooksiel ist das Hooksieler Binnentief. Dabei handelt es sich um ein Binnengewässer direkt am Ortsrand mit rund 60 Hektar Fläche, das unabhängig von

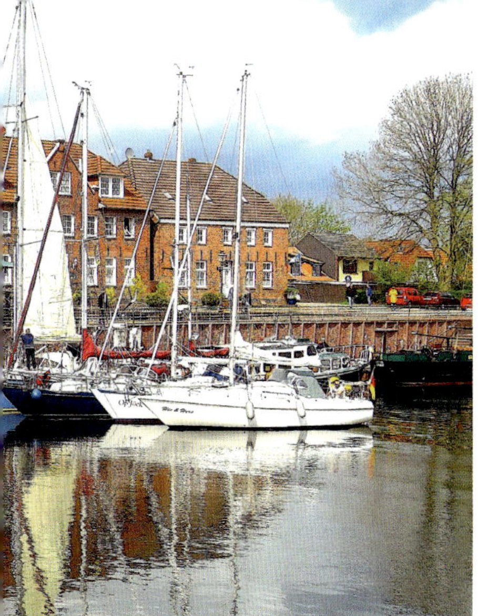

Ebbe und Flut ist und ein beliebtes Revier für Wassersportler.

An der Nordseite des Binnentiefs radeln wir weiter ostwärts bis zu den Hooksieler Skiterrassen, einem Freizeitgelände, bei dem es natürlich um Wasserski geht, aber nicht nur.

Hier kann man auch mit SUP oder Tretboot aufs Wasser gehen, Volleyball spielen und an Events teilnehmen. Danach sind es nur noch ein paar Meter zur Schleuse und zum dahinter liegenden Außenhafen. Hinter der Schleuse beginnt links der Hooksieler Strand, der auf gut vier Kilometer Länge feinsten Sandstrand bietet und sich dahinter ein weitläufiger Campingplatz direkt am Wasser anschließt.

Dieser Außenbereich hat auch seine speziellen Qualitäten: man kann vom Strand aus beobachten, wie Yachten, Segler und Containerschiffe vorbei ziehen, wie die Fischer am Außenhafen mit ihren Kuttern zurück kommen oder wie Kitesurfer bei passendem Wind auf den Wellen tanzen.

Einkehren

Bootshaus am Stadtpark, Wilhelmshaven
Schön gelegenes Lokal im Stadtpark mit Biergarten und gutbürgerlicher Küche. Ideal für ein Frühstück vor dem Start.
www.bootshaus-stadtpark.de

Zum Anker Fischgaststätte, Hooksiel
Klassisches Gasthaus mit großer Auswahl an Fischspezialitäten zu akzeptablen Preisen.
Tel. +49 (0)4425 / 991783

Restaurant Brücke, Hooksiel
Sehr aussichtsreich direkt bei der Schleuse gelegenes Fischrestaurant mit sehr nostalgischem Innenleben und klassischer Nordseeküche.
www.bruecke-hooksiel.de

Übernachten

Atlantic Hotel, Wilhelmshaven
Viersternehotel in bester Lage direkt am Hafen. Restaurant mit großer Terrasse und Hafenblick, Spa mit Hallenbad.
www.atlantic-hotels.de

Danach geht es wieder zurück nach Wilhelmshaven. Doch diesmal am Wasser entlang. Von der Schleuse führt die Bäderstraße nach Süden, heißt dann Am Tiefen Fahrwasser und führt vorbei an der Raffinerie und am JadeWeserPort bis zum Kraftwerk, hinter dem es rechts landeinwärts weiter geht auf der Straße Zum Kraftwerk. Nach dem Glockendenkmal geht es auf die andere Seite der Maade und zurück zum Friesendamm. Gute drei Kilometer führt die Tour entlang des Friesendamms, bis man dann rechts auf dem Mühlenweg, rechts-links Schellingstraße und links-rechts-links Gökerstraße wieder Richtung Zentrum und zum Ausgangspunkt beim Bahnhof kommt.

Kartentipp:
ADFC-Regionalkarte Ostfriesland,
1:75.000, ISBN 978-3-87073-963-8, € 9,95
Digital für Smartphones und Tablets:
www.fahrrad-buecher-karten.de/rk-digital

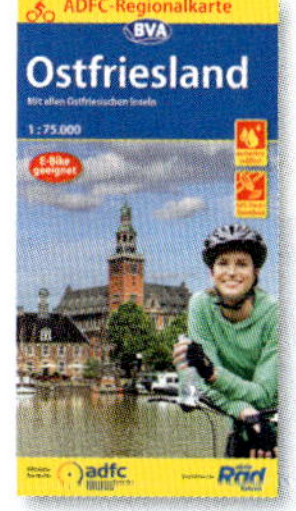

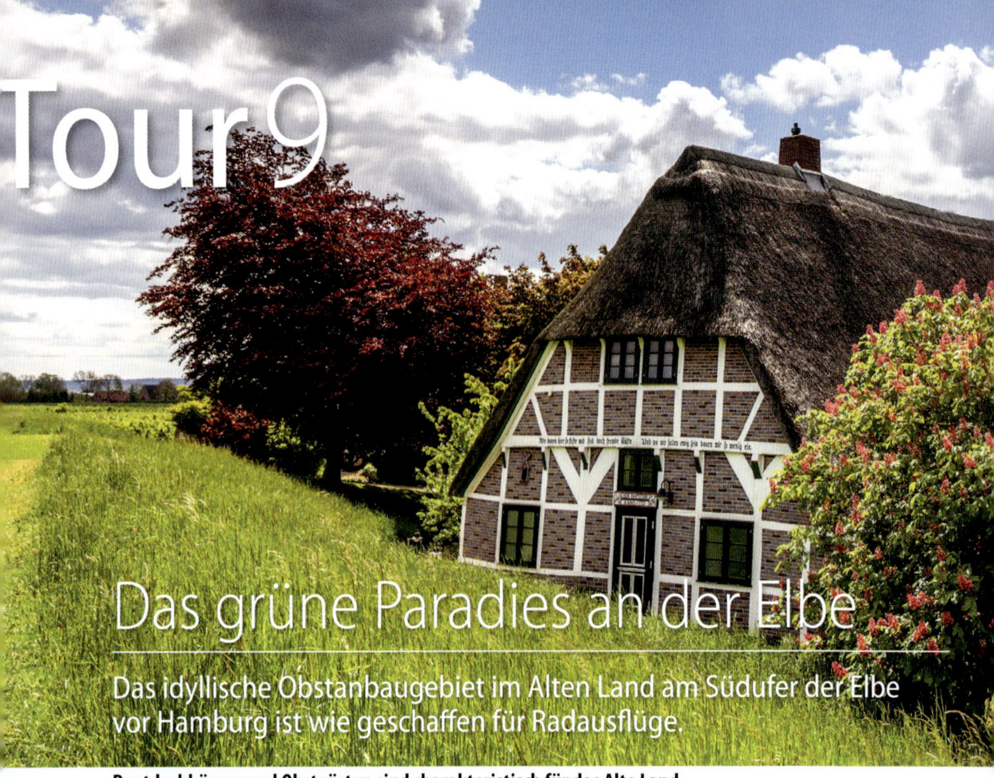

Tour 9

Das grüne Paradies an der Elbe

Das idyllische Obstanbaugebiet im Alten Land am Südufer der Elbe vor Hamburg ist wie geschaffen für Radausflüge.

Reetdachhäuser und Obstgärten sind charakteristisch für das Alte Land

Das Alte Land ist für die Hamburger, und nicht nur für die, eine kleine, feine Idylle vor den Toren der Großstadt. Die Gegend am Südufer der Elbe gilt als das größte geschlossene Obstanbaugebiet Europas. Das hat damit zu tun, dass die feuchten Marschböden nah an der Elbe immer schon sehr fruchtbar gewesen sind und sich so eine intensive Obstwirtschaft entwickeln konnte. Die muss früher auch sehr einträglich gewesen sein, was man an den prachtvollen Bauernhöfen mit dem eindrucksvollen Buntmauer-Fachwerk erkennen kann. Und man stößt hier immer wieder auf die Begriffe Erste Meile, Zweite Meile und Dritte Meile. Dabei handelt es sich um die verschiedenen Phasen der Eindeichung des Gebiets zwischen dem zwölften und 15. Jahrhundert. Lebensnotwendige Maßnahmen, um das Gebiet vor gefährlichen Sturmfluten zu schützen.

Diese Rundtour ist zwar mit 18 Kilometern ausgesprochen kurz, aber die Fülle an Sehenswürdigkeiten kompensiert das locker, sodass man daraus einen schönen Halbtages- bis Tagesausflug machen kann.

Um nach Jork zu gelangen, kann man von Hamburg aus an der Elbe entlang bis Teufelsbrück radeln, dort die Fähre hinüber nach Finkenwerder zum Airbus Werksgelände nehmen. Dort fährt man um Airbus auf dem Neßdeich herum, vorbei an der Start- und Landebahn und folgt dann dem Radweg entlang der Elbe. Vorbei an der Borsteler Binnenelbe geht es elbabwärts, bis man bei der Mühle links abbiegt und durch ein Wohngebiet ins Zentrum von Jork radelt. Man könnte natürlich auch mit dem Auto samt Fahrrädern bis Jork fahren, aber die gesündere und interessantere Variante ist die mit Rad und Fähre.

Für Jork sollte man sich am Beginn oder nach der Tour etwas mehr Zeit nehmen. Hier gibt es viel zu sehen. Ein besonders eindrucksvolles

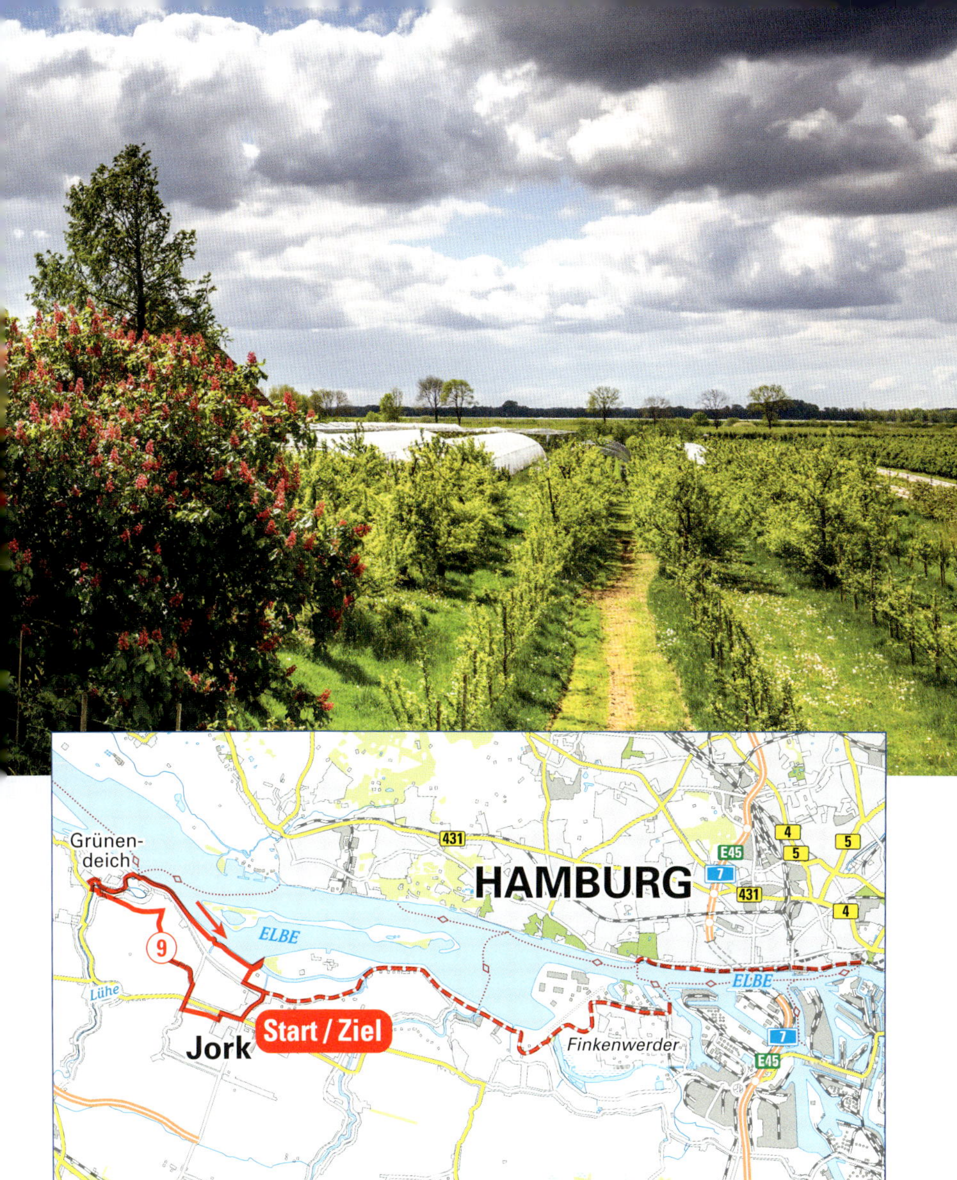

Panorama-Tourinfo

Eine gemütliche und recht kurze Rundtour rund um Jork, dem Hauptort im berühmten Alten Land an der Elbe. Die Tour, die man um eine Anfahrt von Hamburg inklusive Elbfähre etwas verlängern kann, verläuft auf ruhigen Landstraßen und Radwegen mit Asphalt und Schotter. Höhenunterschiede gibt es praktisch nicht.

Start/Ziel: Jork

Länge: 18 km

Höhenunterschied: 20 m

Information: Tourist Information Jork, Tel. +49 (0)4162 / 914755, www.tourismus-altesland.de

9

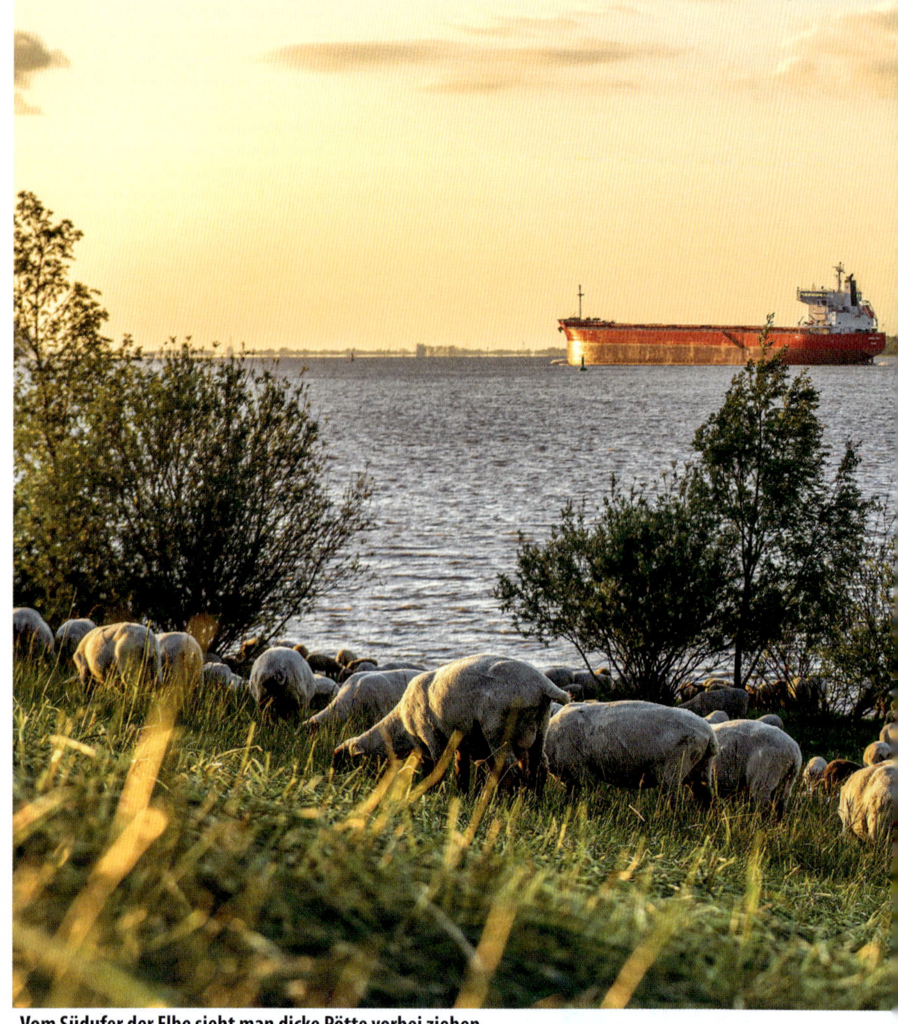

Vom Südufer der Elbe sieht man dicke Pötte vorbei ziehen

Bauwerk ist das alte Zigarrenmacherhaus aus dem 19. Jahrhundert mit seiner altehrwürdigen bunten Architektur. Wo früher Zigarren gedreht wurden, finden heute Ausstellungen und Veranstaltungen statt. Viel Interessantes über das Alte Land erfährt man im Museum Estebrügge im Ortsteil Estebrügge zwei Kilometer weiter östlich.

In dem typischen reetgedeckten Haus ist eine interessante Ausstellung über die Geschichte der Gegend, über den Kampf der Menschen gegen Hochwasser und Sturmfluten, die Entwicklung der Landwirtschaft und speziell des Obstbaus. Dazu gibt es auch einen nostalgischen kleinen Kolonialwarenladen.

Doch nun zur Radtour. Erste Station ist das Museum Altes Land ein paar hundert Meter weiter westlich am Westerjork, der Hauptstraße quer durch Jork.

Beim Museum führt die Tour dann links in den Kastanienweg und bis zur Querstraße, dem Westerminnenweg, wo links der 1,5 Kilometer lange Obstlehrpfad beginnt.

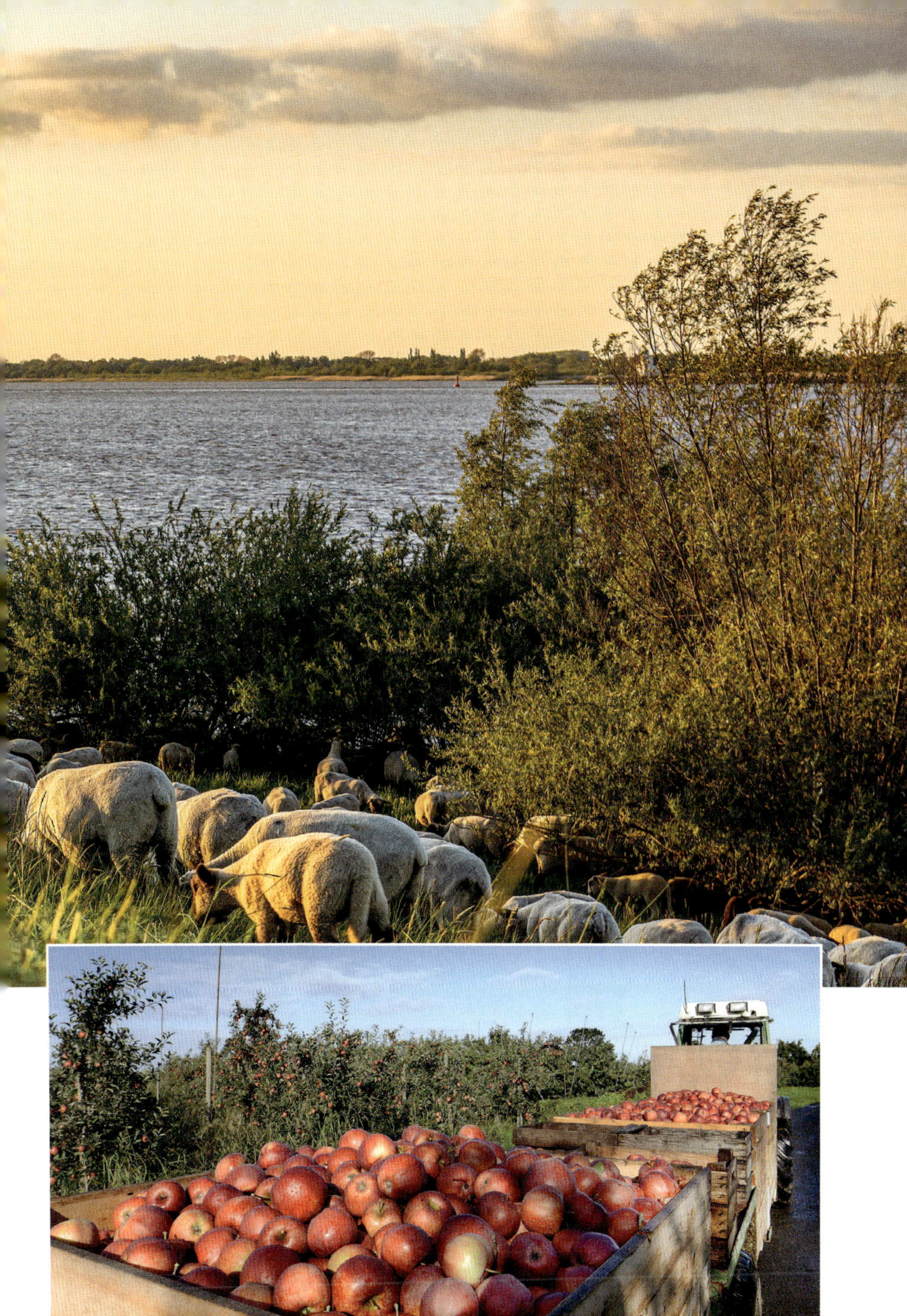

Obst ist die Haupteinnahmequelle im Alten Land

9

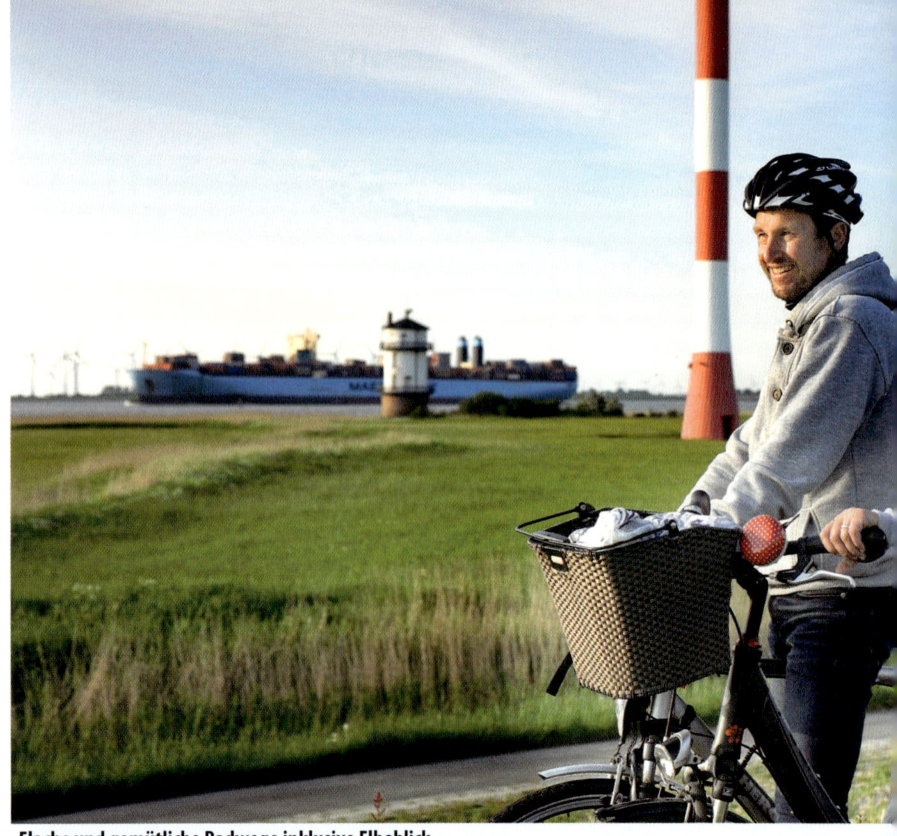

Flache und gemütliche Radwege inklusive Elbeblick

Hier könnte man sich zwischen Apfel- und Kirschbäumen die Beine vertreten und sein Allgemeinwissen über Obst und seine Verarbeitung vertiefen – dazu den Bauern bei der Arbeit zuschauen.

Weiter geht es geradeaus bis zum Apfelpatenhof, dann rechts, über den Kreisverkehr in die Yachthafen Straße und links zur Siedlung Gehrden.

Über die Obstgärten fährt man auf einem Wirtschaftsweg, dann weiter bei einer Gabelung links, dann bei einer Hütte links zum Flusslauf der Lühe, die später in die Elbe mündet.

Die Hogendiekbrücke ist zwar kein Museumsstück, aber trotz ihres jungen Alters eine Kuriosität. Es handelt sich hier um eine Klappbrücke, die nur 1,50 Meter breit ist, also nur für Fußgänger und Räder geeignet. Die Brücke ist ein sehr beliebtes Fotomotiv.

Die Radtour geht nun weiter auf der anderen Uferseite rechts am Deich entlang bis Grünendeich und weiter bis zur Schiffsanlegestelle bei der Mündung der Lühe in die Elbe. Ein schöner Platz mit guter Aussicht, wo man sich beim Fischhus auch mit Getränken und Fischbrötchen stärken kann. Danach quert man die Lühe über die Brücke und folgt dem Radweg Richtung Osten.

Nun geht es ein längeres Stück an der Elbe entlang bis zum Yachthafen und weiter bis zum Ende des Radwegs. Dort führt die Tour rechts über den Deich zur Straße Am Elbdeich und links wieder zum Ortsrand von Jork.

Beim Borsteler Museumshafen kurz vor der Borsteler Mühle, die man (vielleicht) schon bei der Hinfahrt passiert hat, folgt man rechts der Straße Große Seite, die bald einen Wasserlauf kreuzt und uns wieder zurück ins Zentrum von Jork bringt.

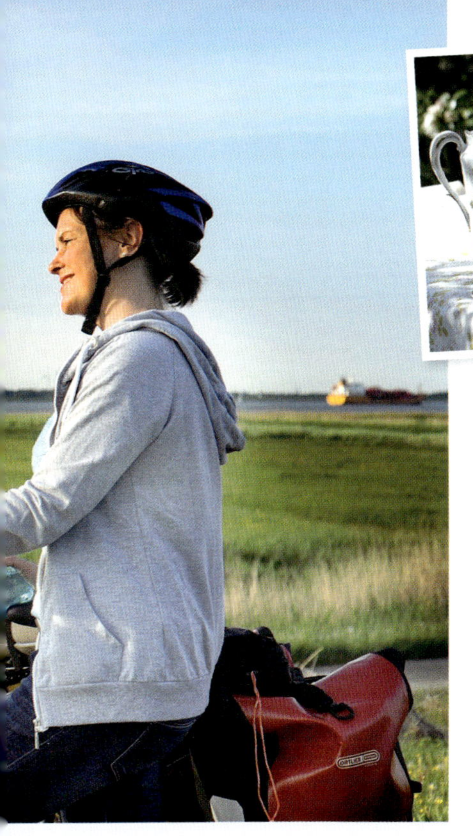

Vorher lohnt sich aber noch ein Zwischenstopp beim Museumshafen und bei der Borsteler Mühle. Im Museumshafen steht die Tjalk „Annemarie", ein gut hundert Jahre altes Schiff, mit dem früher das Obst aus dem Alten Land über die Lühe und die Elbe nach Hamburg zu den Märkten transportiert wurde. Die historische Borsteler Mühle wurde 1856 erbaut, löste eine ältere Mühle ab und ist heute eine gefragte Sehenswürdigkeit, zu der auch ein Restaurant gehört. 1991 wurde die Mühle still gelegt. Heute wird dort auf drei verschiedenen Ebenen gegessen und getrunken.

Einkehren

Borsteler Mühle, Jork
Das nostalgische Ambiente der alten Borsteler Mühle und dazu eine gehobene regionale und mediterrane Küche. Das Restaurant ist an Wochenenden auch mittags geöffnet, sonst nur abends.
www.diemuehlejork.de

Café Möwen Nest, Borstel
Direkt an der Elbe mit bestem Blick aufs Wasser steht das Kaffeehaus. Hier gibt es hausgemachte Kuchen mit der Hausspezialität Flammkuchen. Bis 17 Uhr geöffnet.
www.cafe-altes-land.de

Übernachten

Hotel Altes Land, Jork
Gemütliches Mittelklassehotel im klassischen Fachwerkstil in zentraler Lage in Jork. Zimmer im klassischen Landhausstil. Restaurant mit regionaler Küche.
www.hotel-altes-land.de

Hotel Villa Altes Land, Jork
Elegantes Hotel am westlichen Ortsrand von Jork. Sehr puristisches und in hellen Farben gestaltetes Interieur. Im dazu gehörigen Jagdhaus ist es vornehm rustikal.
www.hotel-villa-altes-land.de

Kartentipp:
ADFC-Regionalkarte Hamburg u. Umgebung,
1:75.000, ISBN 978-3- 87073-968-3, € 9,95
Digital für Smartphones und Tablets:
www.fahrrad-buecher-karten.de/rk-digital

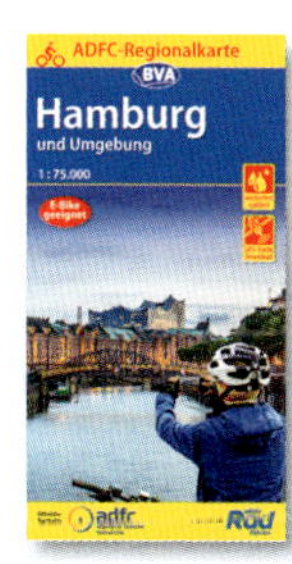

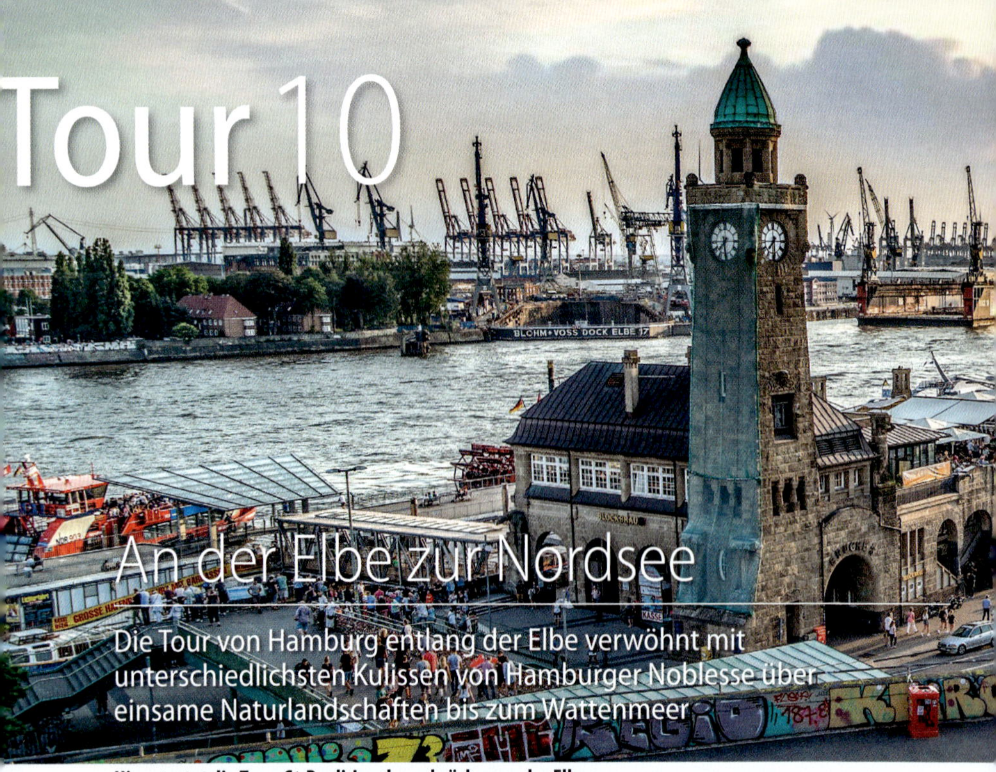

Tour 10

An der Elbe zur Nordsee

Die Tour von Hamburg entlang der Elbe verwöhnt mit unterschiedlichsten Kulissen von Hamburger Noblesse über einsame Naturlandschaften bis zum Wattenmeer

Hier startet die Tour: St.Pauli-Landungsbrücken an der Elbe

Dass Hamburg nicht an der Nordsee liegt, mag für Einheimische selbstverständlich sein. Aber so mancher Urlaubsgast erkennt das erst auf den zweiten Blick. Dabei ist der weltberühmte Seehafen am Binnenfluss für eine entsprechende Radtour geradezu ideal. Von Hamburg ans Meer ist ein ebenso ungewöhnlicher wie faszinierender Ausflug, der von Großstadtfeeling bis zu archaischer Einsamkeit hinter dem Deich wirklich viel zu bieten hat. Ideal als Drei- bis Viertagestour, bei der man auf der Südseite der Elbe via Cuxhaven wieder zurück radeln oder mit der Bahn fahren kann.

Zu unserem Startort Hamburg zieht es Millionen von Touristen – und das aus gutem Grund. Denn bei den Landungsbrücken an der Elbe direkt vor der mächtigen Elbphilharmonie, jenem spektakulären Konzerthaus, das nach langwierigen Bauphasen und immens hohen Kosten im Jahr 2017 eröffnet wurde, erlebt man Hamburg Feeling pur. Der Blick auf den Hafen, die Kulisse der Speicherstadt im Hintergrund, das alles mit einer vielfältigen Mischung aus Tradition und Moderne, ist für sich alleine schon ein Erlebnis. Die 110 Meter hohe Elbphilharmonie wurde mit rund sechs Jahren Verspätung und dem Elffachen an Baukosten im Vergleich zum Plan eröffnet. Heute ist sie aber als neues Wahrzeichen der Stadt unumstritten. Ein schönes Bildmotiv wäre noch bei den Landungsbrücken das Segelschiff Rickmer Rickmers, das heute als Museums- und Denkmalschiff im Hamburger Hafen bei den St. Pauli-Landungsbrücken liegt, mit der Elbphilharmonie im Hintergrund. Und nun zur Radtour.

Wir starten also bei den Landungsbrücken vor der Elbphilharmonie, müssen aber dabei darauf verzichten, oben mit Elbblick zu radeln. Das bleibt den Fußgängern vorbehalten. Vorbei am alten Elbtunnel links geht es weiter auf der St. Pauli Hafenstraße zum berühmten

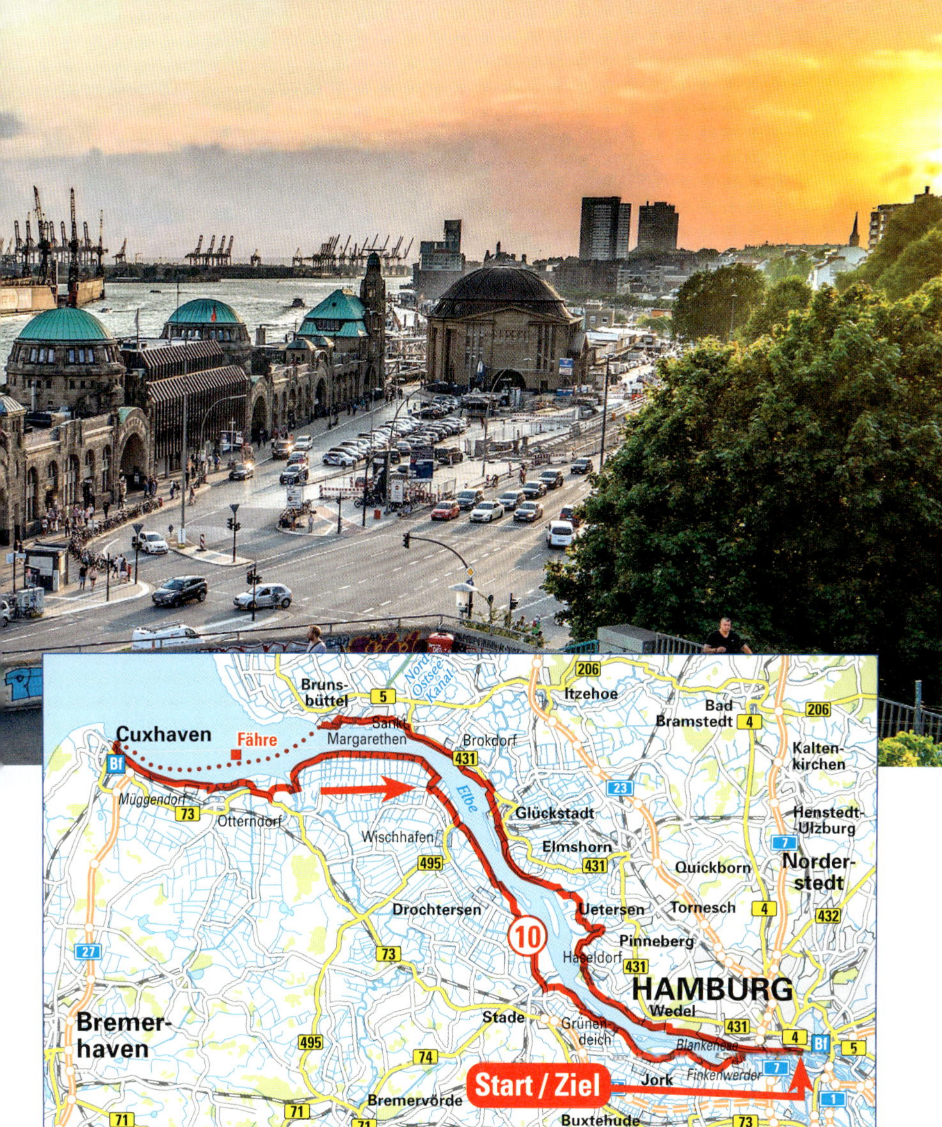

Panorama-Tourinfo

Eine leichte Tour ohne technische Ansprüche auf Radwegen, mal mit Schotter, mal mit Asphalt und auf Nebenstraßen. Unterwegs gibt es mehrere Fähren zu absolvieren. Die längste Passage von Brunsbüttel bis Cuxhaven dauert eine Stunde.

Start/Ziel: Hamburg Landungsbrücken

Länge: 242 km (Hamburg-Brunsbüttel 90 km, Cuxhaven-Finkenwerder 115 km)

Höhenunterschied: zu vernachlässigen

Information: Hamburg, Tel. +49 (0)40 / 30051701, www.hamburg-tourism.de; Schleswig-Holstein, Tel. +49 (0)431 / 600583, www.sh-tourismus.de; Niedersachsen, Tel. +49 (0)511 / 2704880, www.reiseland-niedersachsen.de

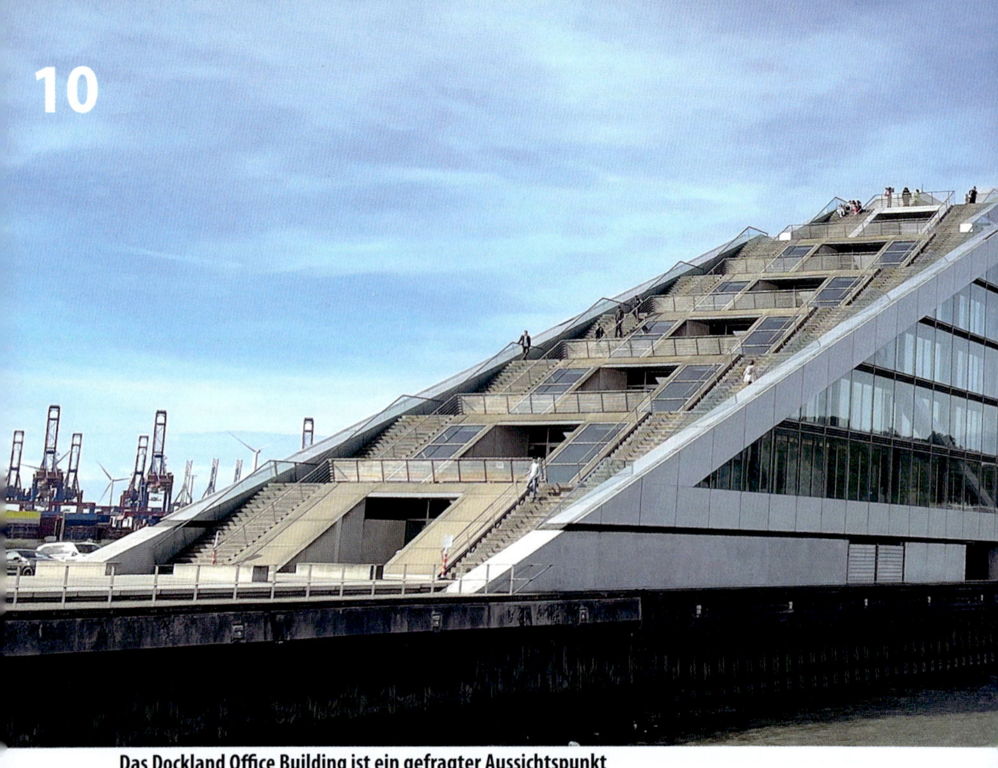

Das Dockland Office Building ist ein gefragter Aussichtspunkt

Fischmarkt und hinein in das alte Hafenviertel mit vielen Kuriositäten und Attraktionen.

Da wechseln sich alte Fischlokale und Kneipen mit modernen Designläden ab. Eine offensichtlich recht gefragte Wohngegend. Auf der Großen Elbstraße kommen wir beim Schellfischposten vorbei, einem nostalgischen Lokal rechts an einem Seitenplatz, das Schauplatz einer beliebten TV-Serie ist. Daneben findet man mit der Deutschen Seemannsmission und der legendären Seemannskneipe Haifischbar zwei Hamburger Institutionen. Die Fahrt geht weiter durch den Hafenbereich vorbei an vielen Fischläden und Kneipen, die mal rustikal, mal modern gestylt sind. Eine eher hochpreisige Institution ist das Fischereihafen Restaurant an der Ecke zur Van-der-Smissen-Straße. Ein erstklassiger Aussichtspunkt direkt an der Elbe ist das hypermoderne Dockland Office Building, das man auch mit dem Rad ansteuern kann. Kurz danach passiert man die mächtige Augustinum Seniorenresidenz mit ihrer klassischen Backsteinfassade. Die Atmosphäre ändert sich bald.

Im Stadtteil Övelgönne beginnt nun der Elbstrand direkt am Wasser, der aber mit dem Rad nicht befahrbar ist. Der Radweg begleitet die Elbe bald mit etwas Abstand aber in Sichtkontakt.

Sehenswert sind etwas weiter oben die alten Lotsenhäuser, wo man aber nicht Radfahren darf, also auf dem engen Weg zwischen Elbe und der mondänen Elbchaussee ganz oben schieben muss. Einkehrmöglichkeiten gibt es hier entlang der Strecke genug. Auch die Hamburger lieben es, hier zu radeln oder zu laufen.

Nun fährt man entspannt weiter an der Elbe entlang bis Teufelsbrück und bis Blankenese, dem etwa acht Kilometer von Altona entfernten Nobelvorort.

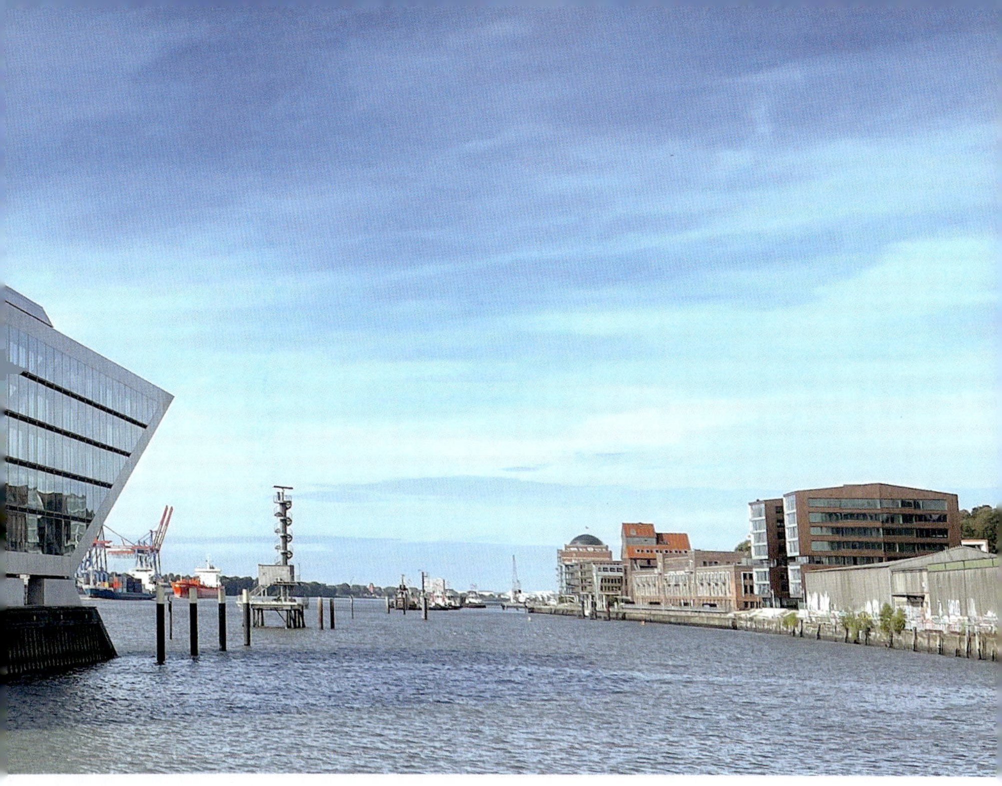

Hier findet man die typischen alten Villen, die am steilen Hang in dem sogenannten Treppenviertel gebaut wurden. Unterwegs sieht man immer wieder mächtige Frachtschiffe vorbei ziehen. Beim Fährterminal Blankenese könnte man eine Pause einlegen, zum Beispiel beim Fischclub direkt am Wasser. Typisch für den kleinen, feinen Ort ist auch das elegant-nostalgische Strandhotel Blankenese, wenige Meter vom Strand entfernt.

Der Radweg führt weiter am Ufer entlang, am westlichen Ende von Blankenese folgen zahlreiche luxuriöse Villen mit Elbblick, dann das Wrack eines gut hundert Jahre alten finnischen Motorseglers und bald danach ein schattiger Campingplatz, bevor die Szenerie wieder mehr von der Natur bestimmt und ruhiger wird. Nächste Station ist die Stadt Wedel, wo ein Abstecher weg von der Elbe ins Stadtgebiet auf dem Programm steht. Danach wird es recht ländlich und der Radweg verläuft direkt an der Elbe entlang und über grüne Wiesen, wo man immer wieder Schafherden begegnet. Eine typische Szenerie für die untere Elbe, die einem immer wieder begegnen wird. Kurz nach Haseldorf passiert man das Sperrwerk Pinnau und fährt weiter am Deich entlang bis zum Sperrwerk Krückau. Danach sind es noch gut fünf Kilometer bis Glückstadt.

Der kleine Ort an der Elbe ist die inoffizielle Hauptstadt des Matjes. Der Glückstädter Matjes gilt jedenfalls als besondere Delikatesse. Der in Glückstadt produzierte Matjes hat sein eigenes Markenzeichen und eine geschützte Herkunftsbezeichnung. Im Mai und Juni wird der Hering für den Matjes traditionell gefangen und im Juni wird zwei Wochen lang der Matjes gefeiert. Der erste Eindruck in der Stadt wird jedoch geprägt von der weitläufigen Papierfabrik. Wesentlich schöner ist es da am Marktplatz mit seinen historischen Stadthäusern und dem Palais. In den Lokalen am

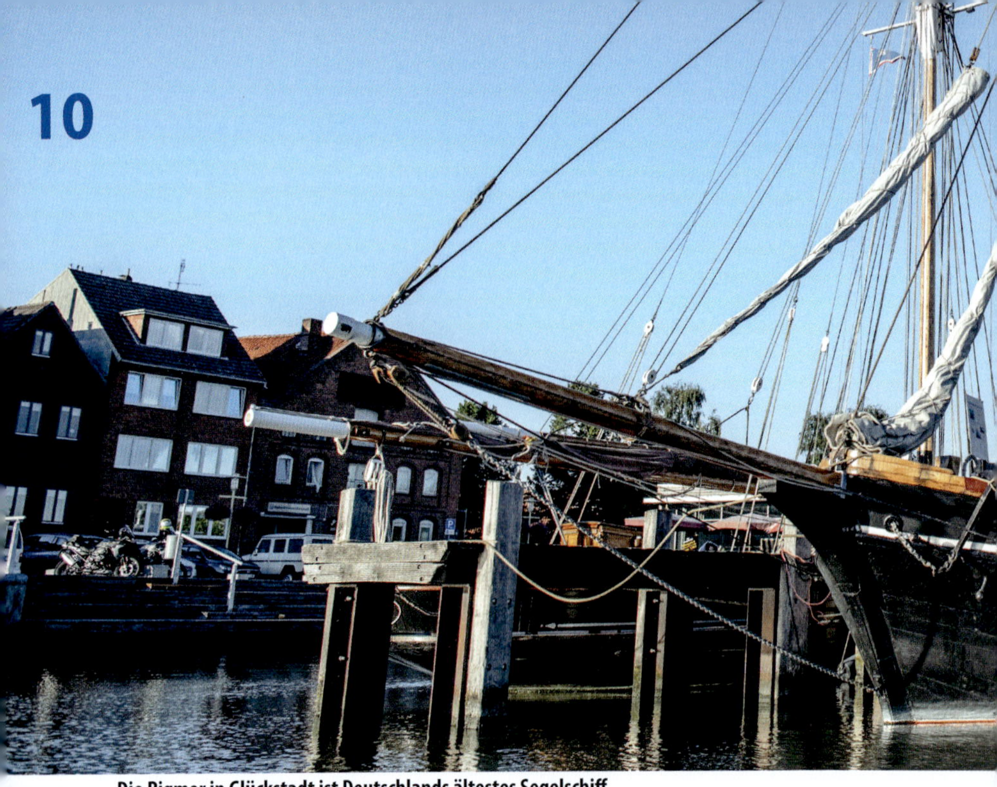

Die Rigmor in Glückstadt ist Deutschlands ältestes Segelschiff

Marktplatz kann man den Glückstädter Matjes verkosten. Eine Kuriosität ist der „Kleine Heinrich", ein nostalgisches Gasthaus mit viel maritimer Atmosphäre und typischer Küche inklusive Matjes, Scholle und Krabben. Glückstadt wäre auch ein guter Platz, um den ersten Tag der Tour zu beschließen und hier zu übernachten. Im Hotel Anno 1618 am Marktplatz gibt es schöne nostalgische Zimmer mit Seemannsambiente und klassischen Fischspezialitäten.

Nächste Station nach Glückstadt ist Brunsbüttel. Dazu radeln wir zunächst weiter an der Elbe entlang, müssen jedoch einen kurzen Abstecher am Stadtrand von Glückstadt bis zum Störsperrwerk machen. Der Name kommt nicht vom Fisch sondern vom gleichnamigen Fluss, der hier in die Elbe mündet. Danach zieht der Radweg elbnah weiter. Von weitem sieht man schon das Kernkraftwerk Brokdorf, das seit 1986 hier in Betrieb ist und Schauplatz zahlreicher Proteste war. Der Radweg führt direkt am Kraftwerk vorbei, ebenso am Ort Brokdorf und begleitet weiter die Elbe am Deich entlang. Der Weg macht vor St. Margarethen einen Schlenker nach rechts und zielt direkt nach Brunsbüttel. Es geht entlang eines stillgelegten Kernkraftwerks und zahlreicher anderer Industriebetriebe. Um ins Zentrum zu gelangen, muss man die Fähre über den Nord-Ostsee-Kanal nehmen, die gratis ist.

Auch die Schifffahrt spielt hier eine wichtige Rolle am Kreuzungspunkt vom Nord-Ostsee-Kanal mit der Elbe bzw. der Nordsee. Im Museum an der Schleuse kann man sich über die Geschichte des bedeutenden Kanals informieren. Sehenswert ist das alte Zentrum von Brunsbüttel im Westen rund um die Jakobuskirche und das Heimatmuseum.

Von Brunsbüttel geht es nun weiter mit dem Schiff nach Cuxhaven. Dafür müssen wir allerdings etwas ortsauswärts entlang der Elbe

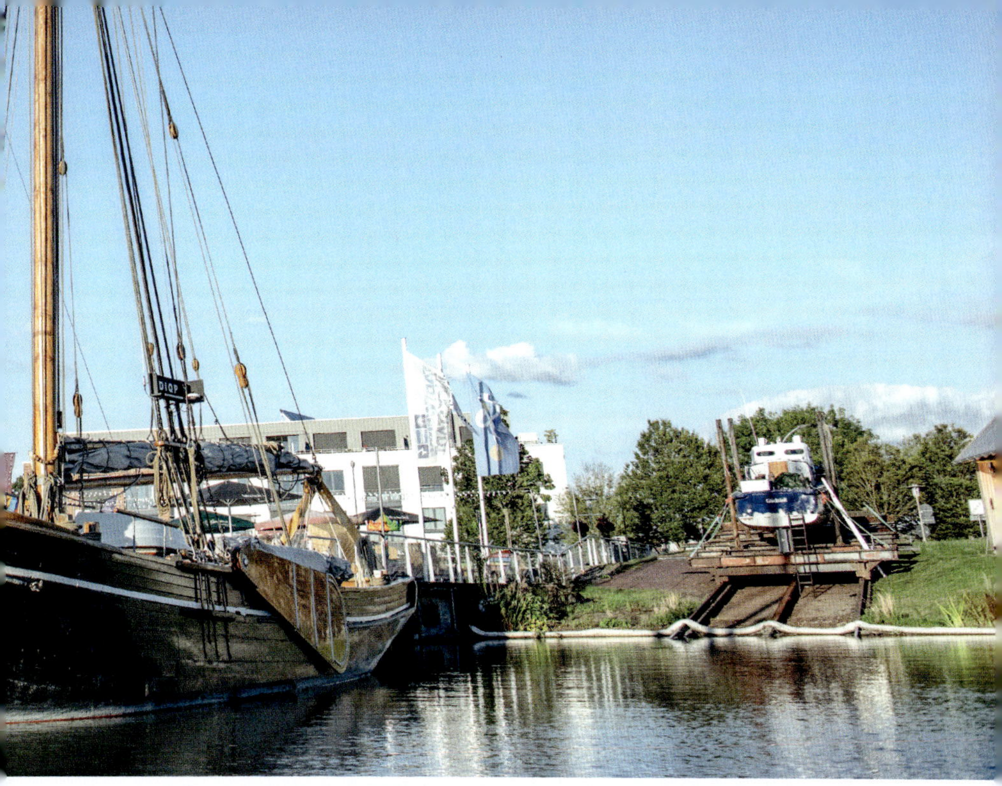

radeln. Die Anlegestelle der Elbferry ist elbabwärts etwa einen Kilometer entfernt. Dazu fährt man entweder auf der Deichstraße oder auf dem Radweg direkt zur Anlegestelle. Die Kassen sind hinter dem Deich.

Die Fahrt mit der Fähre quer über die Elbmündung nach Cuxhaven dauert eine gute Stunde. Dann landet man direkt im Hafen von Cuxhaven. Eine breite Straße führt dort direkt Richtung Zentrum, dann weiter auf der Deichstraße und vorbei an zahlreichen Fischlokalen.

Das hat etwas verlockend Nostalgisches an sich. Wer Cuxhaven näher kennen lernen will, hält sich dann geradeaus Richtung Holstenplatz. Cuxhaven hat nicht nur einen der wichtigsten Fischereihäfen, es besitzt auch ein Nordseeheilbad. Kulturell spielt die Seefahrt eine ganz wichtige Rolle. Dazu gehören das Wrack- und Fischereimuseum Windstärke 10, die historische Marinefestung Fort Kugelbake, das Deutsche U-Boot Museum oder das kleine, sympathische Pinguinmuseum. Eindrucksvoll sind auch die historischen Hapag-Hallen, wo viele Jahrzehnte die Auswanderer Richtung Amerika abgefertigt wurden. Dazu gibt es die Ausstellung „Abschied nach Amerika".

Weiter geht die Reise nun zurück Richtung Hamburg auf der Südseite der Elbe. Praktisch ist hier nun, dass es parallel zur Radroute auch eine Bahnlinie gibt, man also auch bei Schlechtwetter oder Müdigkeit abkürzen kann. Der Radweg verlässt Cuxhaven nun am Hafen vorbei ostwärts, quert zuerst ein nostalgisches Gewerbeviertel mit kleinen Fischläden und Lokalen. Dann werden die Betriebe größer und anonymer, bis man dann bei der Fischmehlfabrik mit entsprechenden Düften vorbei kommt. Nach dem großen Siemensgebäude wird es bald grüner und ruhiger und man radelt wieder am Deich entlang wenige Meter von der Elbe entfernt, aber nur mit gelegentlichem Sicht-

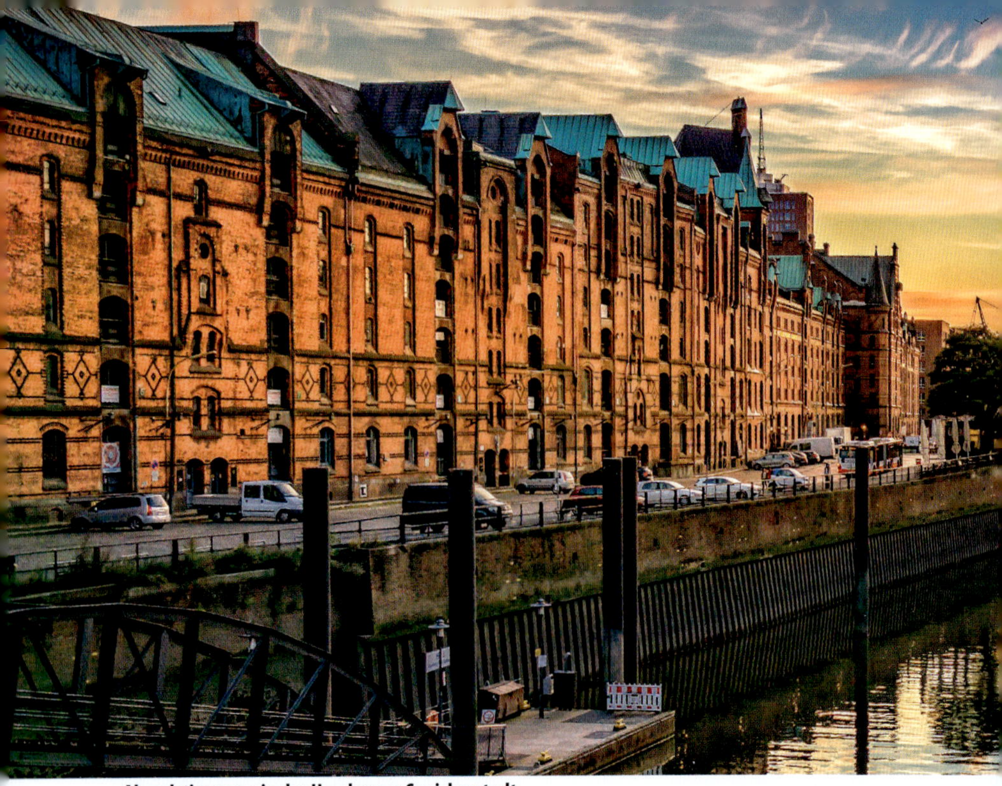

Abendstimmung in der Hamburger Speicherstadt

kontakt zum Wasser. An der Dicken Berta, einem über 120 Jahre alten Leuchtturm geht es vorbei auf dem flachen Weg, der ab und zu die Seite wechselt, mal rechts und mal links vom Damm. Nächstes Ziel ist das gut 15 Kilometer entfernte Otterndorf. Vorbei an Müggendorf verläuft der Weg nun zu einem Strandbad mit Campingplatz.

Direkt am Jachthafen Otterndorf befindet sich auch eines der zahlreichen Lokale des bekannten Hamburger TV-Kochs Steffen Henssler. Hinter dem Damm kommt man ins Zentrum von Otterndorf, einem gemütlichen kleinen Ort mit einem historischen Stadtkern und zahlreichen Restaurants und Hotels.

Hinter Otterndorf verlässt der Radweg die Elbe und führt über Wischhafen und vorbei an Drochtersen bis nach Stade, dann weiter vorbei an Grünendeich und Jork am Ufer der Elbe entlang.

Das Alte Land mit seinen fruchtbaren Marschböden ist nicht nur als großes Obstanbaugebiet bekannt, sondern auch für seine nostalgischen Bauernhäuser. Für die Hamburger ist es ein beliebtes Ziel für Ausflüge mit dem Rad oder zu Spaziergängen.

Von Finkenwerder aus kann man schließlich mit der Fähre auf die andere Seite der Elbe übersetzen und dort auf demselben Weg wie beim Start zurück Richtung Landungsbrücken radeln.

Tipp: Auf welcher Seite der Elbe man die Tour beginnt, ist eine Geschmacksfrage. Bei unsicherer Wetterlage sollte man diese Tage auf die Südseite verlegen, wo man bequem auch auf die Bahnverbindung zwischen Cuxhaven und Hamburg wechseln kann.

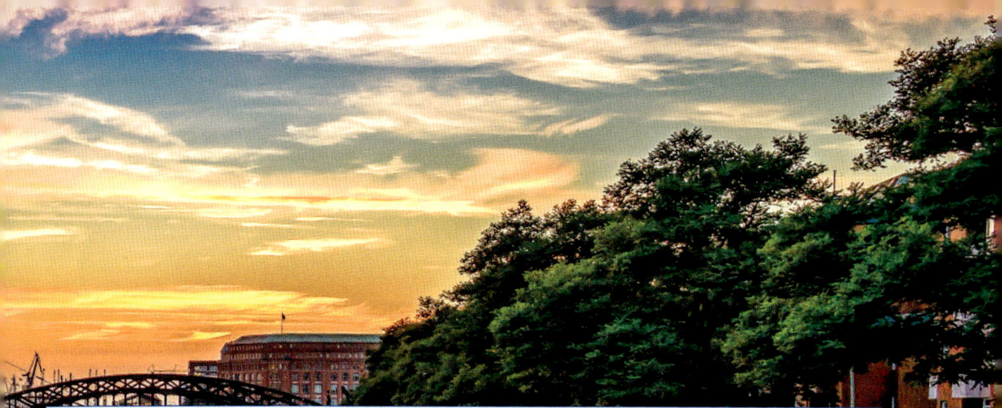

Einkehren

Hummer Pedersen, Hamburg
Modernes Interieur und jede Menge Fischspezialitäten. Das Bistro des etablierten Fischhändlers in der Großen Elbstraße ist ganz auf Fisch und Meeresfrüchte ausgerichtet.
www.hummer-pedersen.de

Brücke 10, Hamburg
Schlichtes Lokal direkt an der Elbe und am Radweg mit guten Fischbrötchen und Tischen am Uferbereich.
www.bruecke10-im-strandhaus.com

Fischclub Blankenese, Blankenese
Näher an der Elbe kann man nicht speisen als im Fischclub in Blankenese, direkt an der Anlegestelle. Klassische hanseatische Küche und schöner Ausblick.
www.restaurant-fischclub.de

Der kleine Heinrich, Glückstadt
Ein Traditionsgasthaus mit viel Seemannsnostalgie am Marktplatz in Glückstadt. Gute Fischspezialitäten und natürlich Glückstädter Matjes.
www.der-kleine-heinrich.de

Ahoi Steffen Henssler, Otterndorf
Direkt an der Elbe gelegenes Restaurant des bekannten TV-Kochs mit großer Terrasse mit bestem Elbblick. Klassisch hanseatische Küche im Henssler-Style.
www.ahoisteffenhenssler.de

Übernachten

Hotel Reichshof, Hamburg
Klassisches Viersternehotel direkt am Hauptbahnhof mit eindrucksvollem, historischen Interieur im Art-déco-Stil. Guter Service, komfortable Zimmer.
www.reichshof-hotel-hamburg.de

Hotel 25 Hours, Hamburg
Cooles Hotel direkt in der Hafencity nahe Elbphilharmonie mit kreativem Ambiente und großer Tiefgarage.
www.25hours-hotels.com

Hotel Anno 1617, Glückstadt
Historisches Hotel direkt am Marktplatz mit passendem Ambiente und klassischer hanseatischer Küche.
www.anno1617.de

Hotel am Medemufer, Otterndorf
Elegantes Mittelklassehotel in ruhiger Lage mitten in Otterndorf. Gute Küche, eigener Räderschuppen.
www.hotel-am-medemufer.de

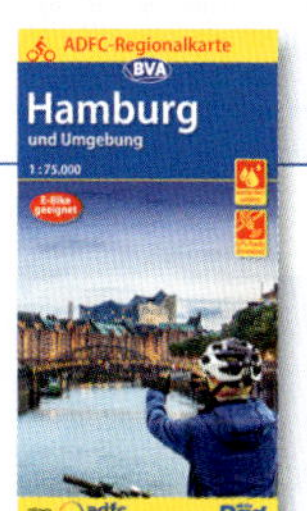

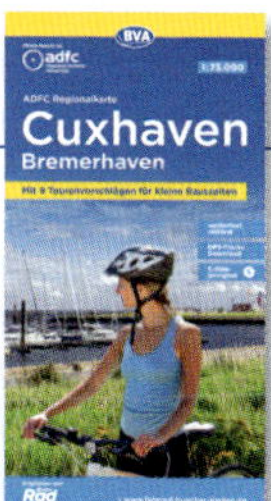

Kartentipp:
ADFC-Regionalkarte Hamburg u. Umgebung, 1:75.000, ISBN 978-3-87073-968-3, € 9,95;
ADFC-Regionalkarte Cuxhaven/Bremerhaven, 1:75.000, ISBN 978-3-96990-085-7, € 9,95
Digital für Smartphones und Tablets: www.fahrrad-buecher-karten.de/rk-digital

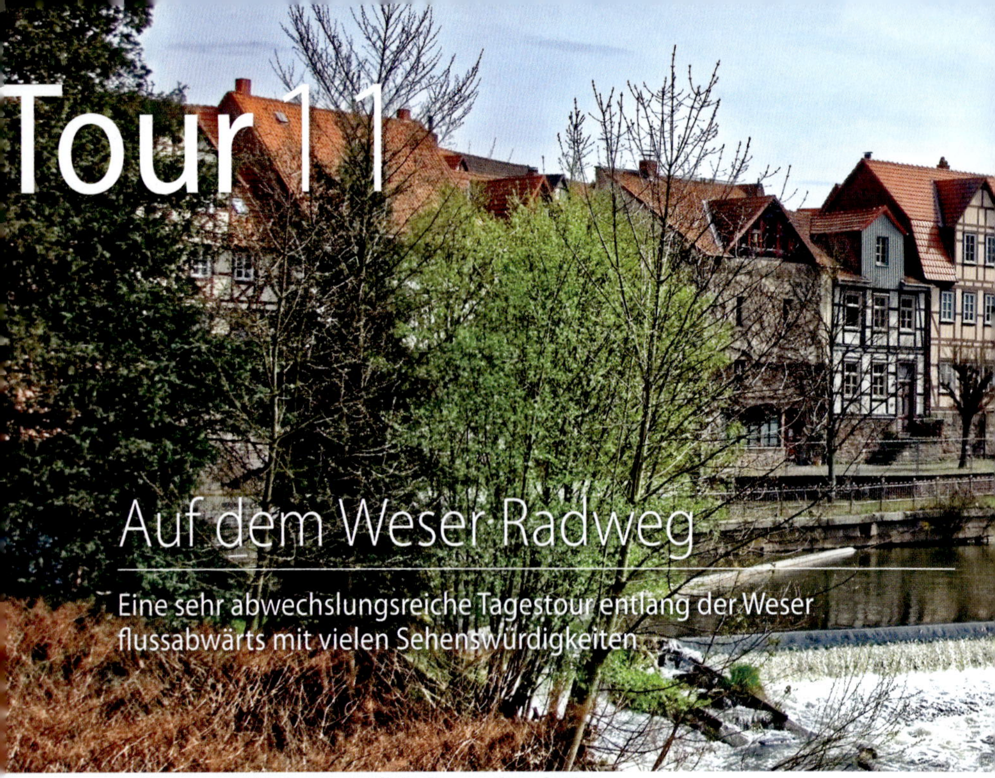

Tour 11

Auf dem Weser Radweg

Eine sehr abwechslungsreiche Tagestour entlang der Weser flussabwärts mit vielen Sehenswürdigkeiten

In Hannoversch Münden startet die Radtour entlang der Weser

Die Weser kurvt gemütlich durch das Dreiländergebiet zwischen Hessen, Niedersachsen und Nordrhein-Westfalen. Auf dem Weg flussabwärts sind zwar einige Steigungen, aber insgesamt geht es recht gemütlich zu. Man kann öfters die Seite wechseln und sich die schönsten Punkte auswählen – vom alten Kloster bis zum vornehmen Fürstenberg Schloss.

Von den Mittelgebirgen geht es bis zur Nordsee. Die Weser zählt zu den großen Flüssen im nord- und westdeutschen Raum. Offiziell gibt es die Weser erst ab Hannoversch Münden, wo die beiden Quellflüsse Fulda und Werra zusammen fließen. Insgesamt 400 Kilometer absolviert die Weser, bis sie bei Bremerhaven in die Nordsee mündet. Unterwegs sucht sie relativ geradlinig ihren Weg, besucht dabei inklusive der Quellflüsse die vier Bundesländer Hessen, Niedersachsen, Nordrhein-Westfalen und Bremen und absolviert dabei nur sehr dezente Höhenunterschiede. Das mag ein Grund sein, warum der Weserradweg zu den populärsten Fernradwegen in Deutschland gehört. Diese Tour konzentriert sich auf die Etappe von Hannoversch Münden bis Holzminden entlang der noch jungen Weser. Auf diesem Weg zeigt sich die Weser recht abwechslungsreich mit einer wechselhaften Topographie, begleitet von vielen kulturellen Attraktionen. In Hannoversch Münden startet nicht nur der Radweg, hier beginnt auch der offizielle Schiffsverkehr mit der entsprechenden Kilometrierung entlang der Strecke. Was ja auch für Radfahrer manchmal ganz praktisch ist.

Es ist kein Fehler, sich vor dem Start noch die Kleinstadt Hannoversch Münden etwas anzuschauen. Es gibt hier ein sehr schönes historisches Stadtzentrum mit einem Rathaus, dessen Geschichte bis auf das 14. Jahrhundert zurückgeht, das seine aktuelle Fassade im frühen 17. Jahrhundert bekommen hatte. Umgeben ist das Rathaus von vielen, fein herausgeputzten Fachwerkhäusern und etlichen stattli-

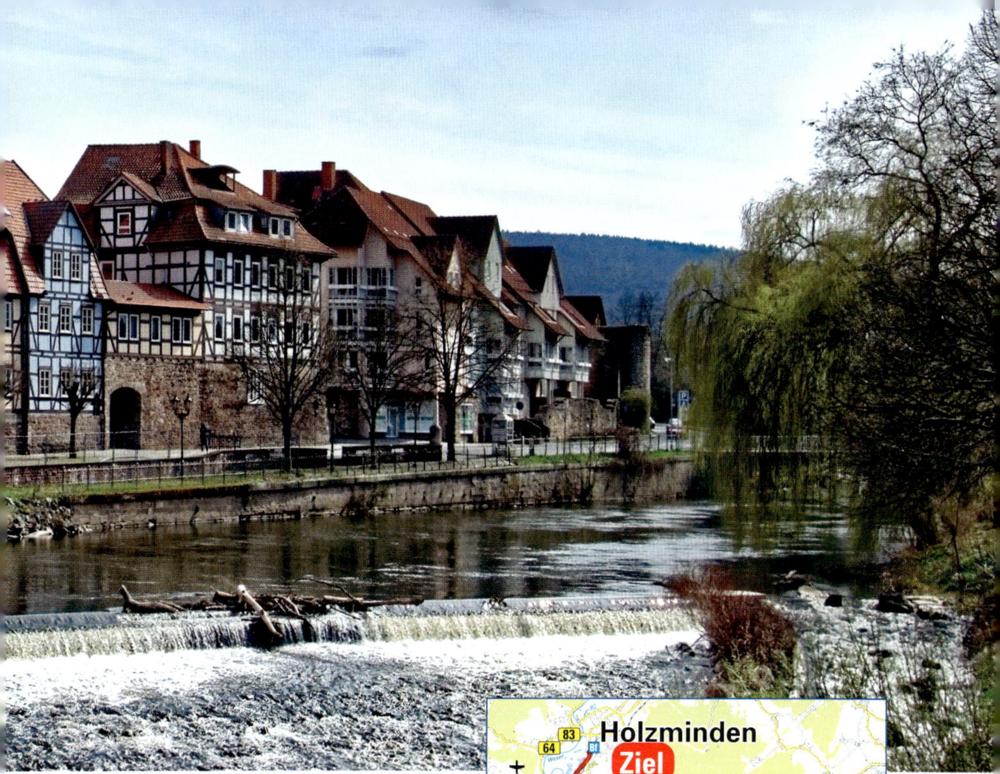

Panorama-Tourinfo

Entlang von Flüssen zu radeln, lässt auf entspannte Touren schließen. Das ist auch hier so. Die meiste Zeit geht es am Weserufer entlang, es gibt unterwegs viele Attraktionen und kaum anstrengende Passagen. Eine solide Tagestour, die mit Sightseeing auch gerne zwei Tage in Anspruch nehmen kann und keine besonderen technischen Ansprüche stellt.

Start: Hannoversch Münden

Ziel: Holzminden

Länge: 80 km

Höhenmeter: 480 m

Information: Weser-Radweg Infozentrale, Tel. +49 (0)5151/ 930039, www.weserradweg-info.de

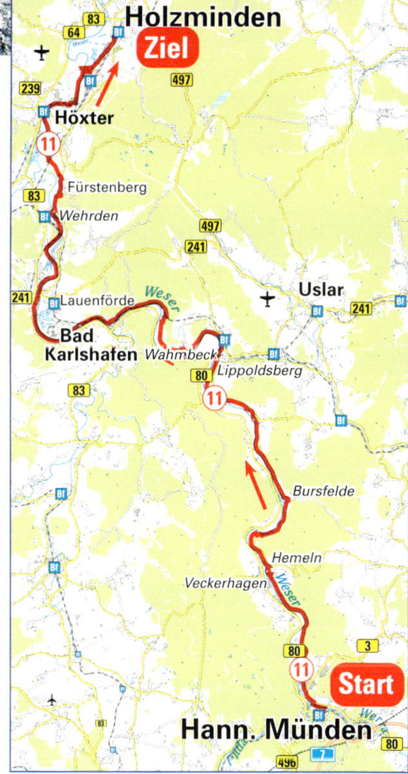

chen Kirchen. Das berühmteste und historisch vielleicht auch bedeutendste Bauwerk ist das Welfenschloss Münden. Das Schloss hat seine Ursprünge im frühen 16. Jahrhundert und erlebte in den folgenden Jahrhunderten eine sehr wechselhafte Geschichte. Während des 30-jährigen Krieges wurde es schwer verwüs-

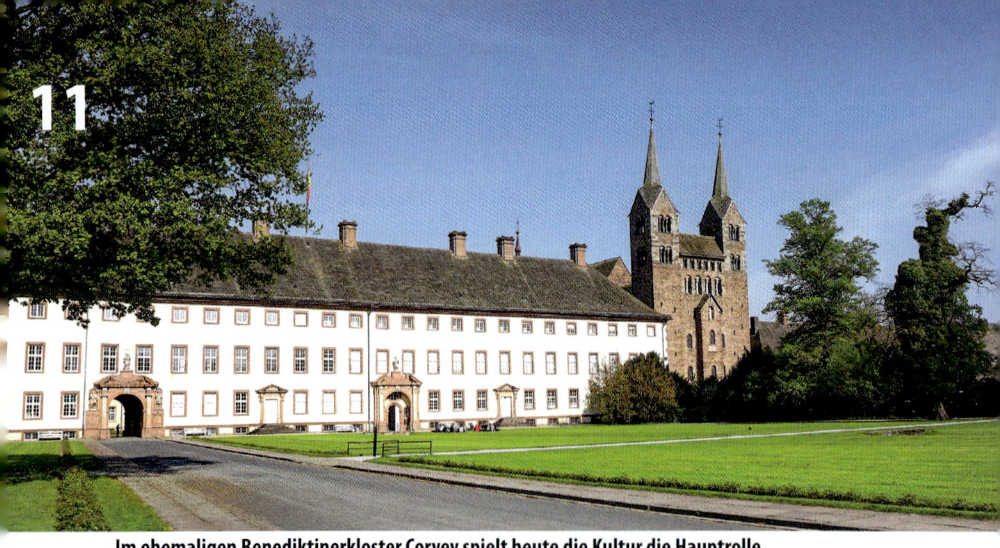

Im ehemaligen Benediktinerkloster Corvey spielt heute die Kultur die Hauptrolle

tet. Heute ist das Schloss, das dem Land Niedersachsen gehört, Sitz des Amtsgerichts, der Stadtbücherei und eines Museums. An den Dreißigjährigen Krieg erinnert auch die Tillyschanze mit dem alten Turm, ein Relikt der blutigen Erstürmung der Stadt 1626 durch den Feldherrn Tilly. Der Hügel am Stadtrand ist heute ein beliebtes Ausflugsziel.

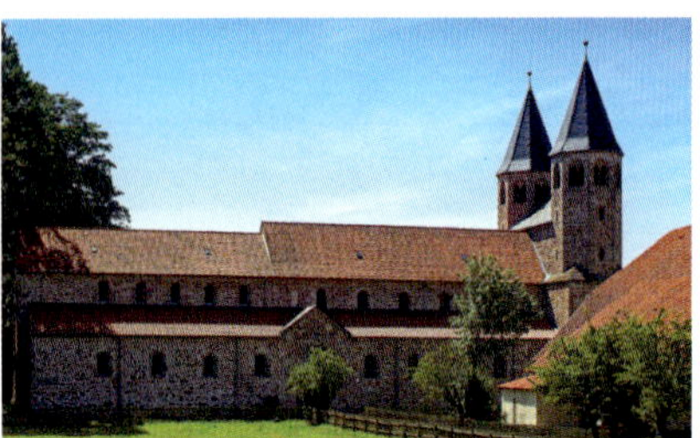

Kloster Bursfeld liegt direkt am Radweg

Doch nun zum Radweg. Der Weg folgt dem Fluss auf der rechten Uferseite. Unterwegs kommen einige Steigungen. Es gibt auf der linken Uferseite auch eine leichtere Alternativroute. Die Weser absolviert hier etliche Kurven, passiert kleine Orte wie rechts Hemeln und links Veckerhagen und streift flache Wiesen. Nach etwa 14 Kilometern passiert der Weg die Burgruine Bramburg, die hoch über der Weser steht, bei der aber im Inneren nicht mehr viel zu sehen ist. Dort wo die Weser unterhalb der Burgruine eine scharfe Rechtskurve absolviert, sind es noch drei Kilometer bis zum Kloster Bursfelde.

Die ehemalige Benediktinerabtei wurde 1093 von einem Grafen gegründet, der Henricus Crassus hieß, wobei man heute nicht weiß, ob das mit Heinrich der Reiche oder Heinrich der Fette zu übersetzen ist. Unbestritten ist aber, dass das Kloster heute eine bedeutende Stätte des geistlichen Lebens ist, bei der man das religiöse Leben bei Seminaren und Gottesdiensten entdecken und erleben kann. Die idyllische Lage an der Weser umgeben von Wiesen und Wäldern hat sicher auch eine besinnliche Qualität.

Die Weser schlängelt sich weiter durchs Land. Eben noch an der hessischen Grenze, dann steuert sie auf die Grenzlinie zwischen Nordrhein-Westfalen und Niedersachsen zu, kommt bei Lippoldsberg mit der erhabenen Klosterkirche St. Georg und Maria aus dem 12. Jahrhundert vorbei. Nächster Ort ist Wahmbeck, wo es eine kleine Fähre über den Fluss gibt, die nach dem Prinzip der Gierseilfähre arbeitet, also von der Strömung bewegt wird.

Man könnte ja die Seite wechseln und auf der anderen Uferseite bis Bad Karlshafen weiter radeln. Hier fährt man allerdings parallel zur B80 auf einem separaten Radweg. Aber möglich ist beides.

Bad Karlshafen ist ein interessanter kleiner Ort nicht nur wegen der zahlreichen historischen Barockgebäude, sondern auch weil es hier in einer ehemaligen Tabakfabrik das Deutsche Hugenottenmuseum gibt. Bad Karlshafen ist die deutsche Hugenottenstadt. Sie waren hier die ersten Einwohner, die damals aus Frankreich wegen ihres Glaubens vertrieben wurden. Daran erinnert auch noch der Hugenottenturm. Bad Karlshafen ist auch Kurort, in dem das Thermal-Sole-Wasser zum Einsatz kommt und in dem es auch eine moderne Therme, die Weser Therme, gibt. Etwas außerhalb des Ortes, auf der anderen Seite der Weser, kann man zur Krukenburg hoch radeln. Die gut erhaltene Ruine der Burg aus dem 12. Jahrhundert ist sehenswert nicht nur wegen der Aussicht oben.

In Lauenförde gibt es für Liebhaber hochwertiger Möbel eine interessante Adresse. Das Unternehmen Tecta ist nicht nur für klassisches Bauhausmobiliar bekannt. Es gibt hier auch ein Museum mit interessanten Objekten, darunter die Kragstühle, für die Tecta berühmt ist.

Hinter Bad Karlshafen wechseln wir in Würgassen die Weserseite und erreichen nur zehn Kilometer später Wehrden. Hier lohnt es sich auf jeden Fall, wieder auf die rechte Uferseite zu wechseln.

Denn dort steht das Schloss Fürstenberg, das zur berühmten Porzellanmanufaktur gehört. In dem vornehmen Renaissanceschloss direkt oberhalb der Weser gibt es ein Porzellanmuseum, eine Besucherwerkstatt, einen Werksverkauf und ein Bistro.

Von Fürstenberg sind es nur noch vier Kilometer bis nach Höxter.

Kartentipp:
ADFC-Regionalkarte Göttingen,
1:75.000, ISBN 978-3-96990-060-4, € 9,95
Digital für Smartphones und Tablets:
www.fahrrad-buecher-karten.de/rk-digital

Einkehren

Zum Fürstenkrug, Bad Karlshafen
Solides Steakhaus in einem historischen Gebäude aus dem frühen 18. Jahrhundert nah beim Rathaus.
www.fuerstenkrug.de

Restaurant Burg Beverungen, Beverungen
Gehobene Küche in geschmackvoll aufbereitetem, historischem Ambiente.
www.burg-beverungen.de

Übernachten

Weserhotel Schwager, Holzminden
Dreisternehotel mit modernisierten Zimmern in historischem Gemäuer direkt an der Weser und am Radweg.
www.weserhotel-schwager.de

Die Stadt ist bekannt für seine schönen Fachwerkhäuser – nicht umsonst trägt sie den Beinamen Fachwerkstadt. Eine Berühmtheit ist das ehemalige Benediktinerkloster Corvey aus dem 9. Jahrhundert. Der barocke Prachtbau am östlichen Stadtrand direkt am Weserufer beherbergt heute eine große Bibliothek und ist Schauplatz für kulturelle Veranstaltungen.

Fast fließend ist der Übergang nach Holzminden, dem Ziel unseres Ausflugs.

Die Kreisstadt Holzminden ist bekannt für seine historische Hafen- und Werftanlage von 1837 und für einen der ältesten Marktplätze Deutschlands.

Tipp: Es gibt Zugverbindungen zwischen Holzminden und Hannoversch Münden mit Umsteigen u.a. in Kassel. Fahrtzeit zwischen zwei und 2,5 Stunden.
www.bahn.de

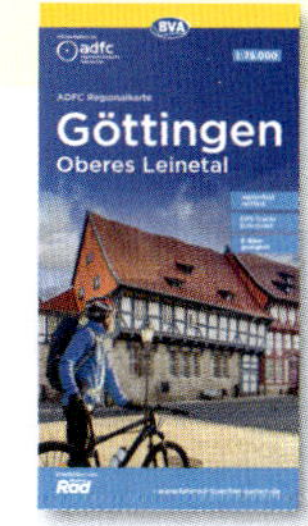

Tour 12

Auf den höchsten Berg Norddeutschlands

Das Ziel dieser Tour ist der Brocken, der wahrscheinlich beste Aussichtspunkt im Norden Deutschlands

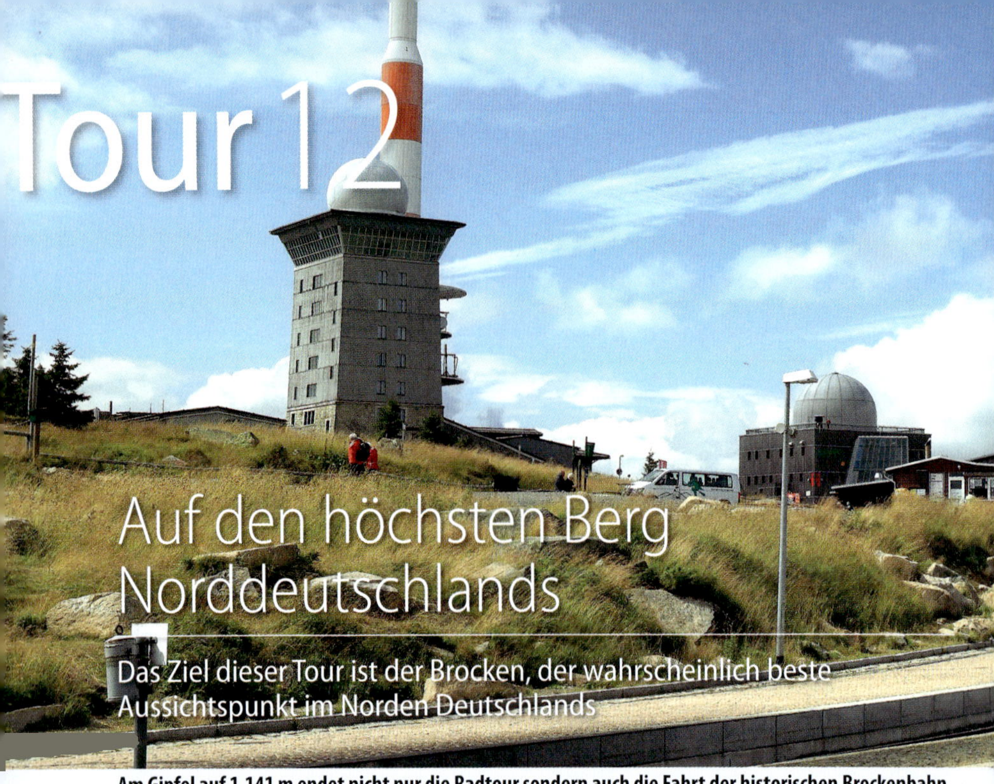

Am Gipfel auf 1.141 m endet nicht nur die Radtour sondern auch die Fahrt der historischen Brockenbahn

Wenn es um Panoramatouren geht, dann darf der Brocken im Harz nicht fehlen. Die Fahrt von Wernigerode hinauf zum kahlen Gipfel des Brocken ist zwar mit 30 Kilometern nicht sehr lang, aber es sind einige Höhenmeter zu überwinden. Die ausgewählte Strecke kombiniert einen Teil auf Forstwegen durch den Wald (mit schönen Aussichtspunkten) mit der klassischen, asphaltierten Brockenstraße hinauf zum Gipfel.

Ein kahler runder Gipfel mit einer großen Antenne – verwechseln kann man den Brocken kaum. Das Profil ist eindeutig und die Höhe mit 1.141 Metern ohnehin konkurrenzlos weit und breit. Der höchste Gipfel Norddeutschland ist ein grandioser Aussichtspunkt, und das macht ihn als Ziel einer Radtour so begehrenswert. Man könnte ihn natürlich auch mit der Brockenbahn bezwingen, einer Schmalspurbahn, die seit 1899 im Einsatz ist. Aber mit dem Rad hat man ganz andere Erfolgserlebnisse. Außerdem ist die breite und asphaltierte Brockenstraße ab dem Bahnhof Schierke für Autos gesperrt. Mit E-Bike also ein Kinderspiel. Bergab sollte man natürlich vorsichtig sein. Als Ausgangspunkt haben wir Wernigerode ausgewählt,

Panorama-Tourinfo

Die Fahrt von Wernigerode hinauf zum Brocken ist relativ sportlich mit 30 Kilometern und über 1.000 Höhenmetern. Bis Schierke fährt man durch Waldgebiete, anfangs auf Asphalt, dann auf Forstwegen. Die gut zehn Kilometer auf der Brockenstraße sind wieder Asphalt aber durchgehend bergauf mit mehr als 500 Höhenmetern. Crossbike oder Mountainbike – vielleicht sogar mit „E" – wären die beste Gerätschaft.

Start: Wernigerode

Ziel: Brocken

Länge: 30 km (60 km inkl. Rückfahrt)

Höhenunterschied: 1.080 m

Information: Harz Tourismusverband, Tel. +49 (0)5321 / 34040, www.harzinfo.de

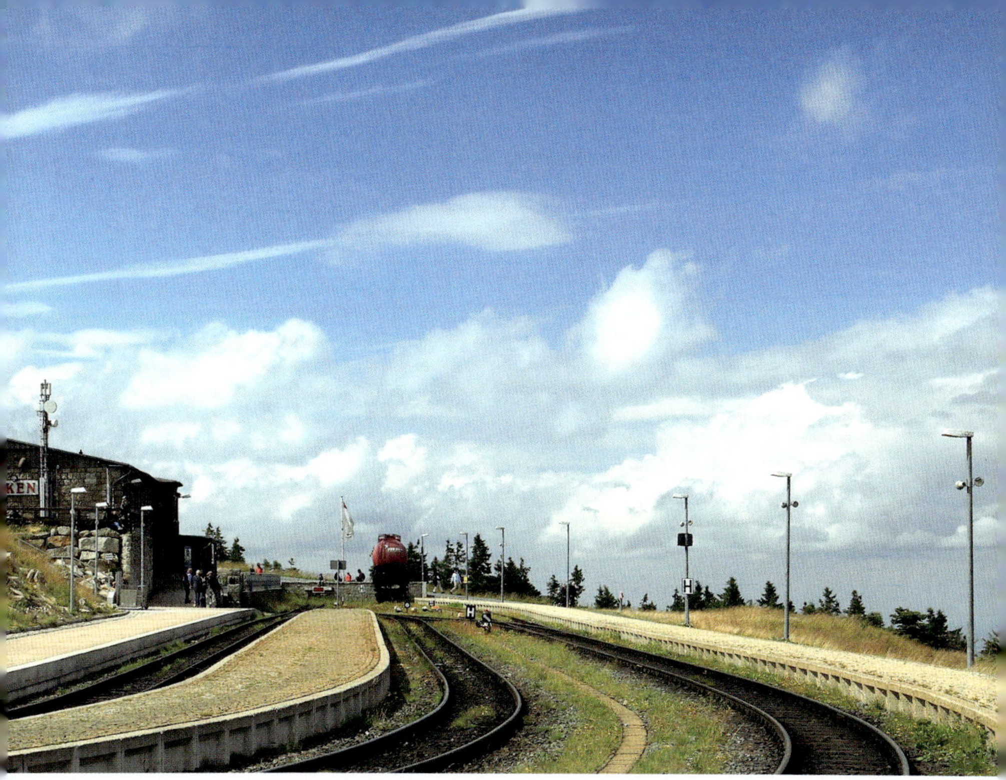

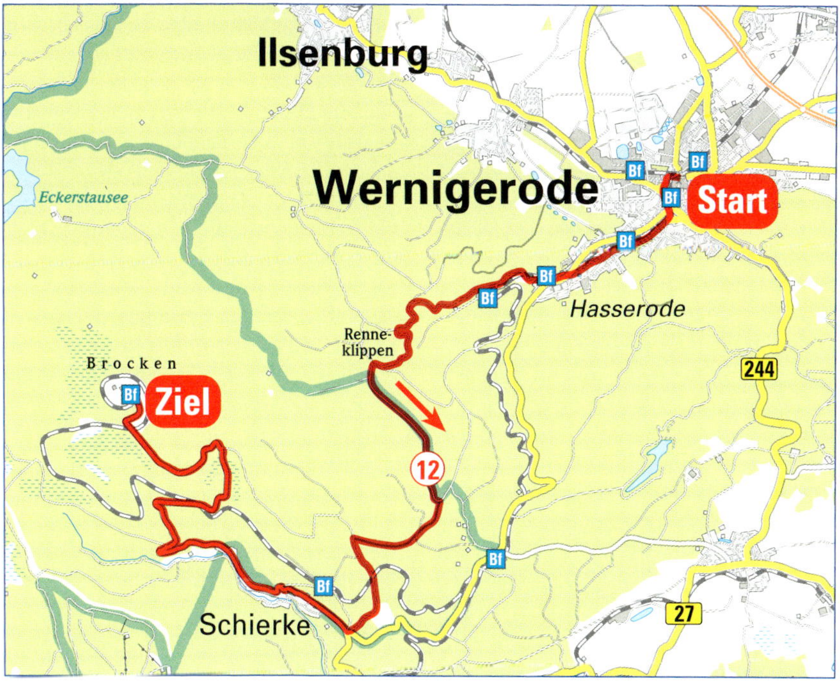

Ilsenburg
Wernigerode
Start
Eckerstausee
Hasserode
Renne-
klippen
Brocken
Ziel
12
244
Schierke
27
Bf

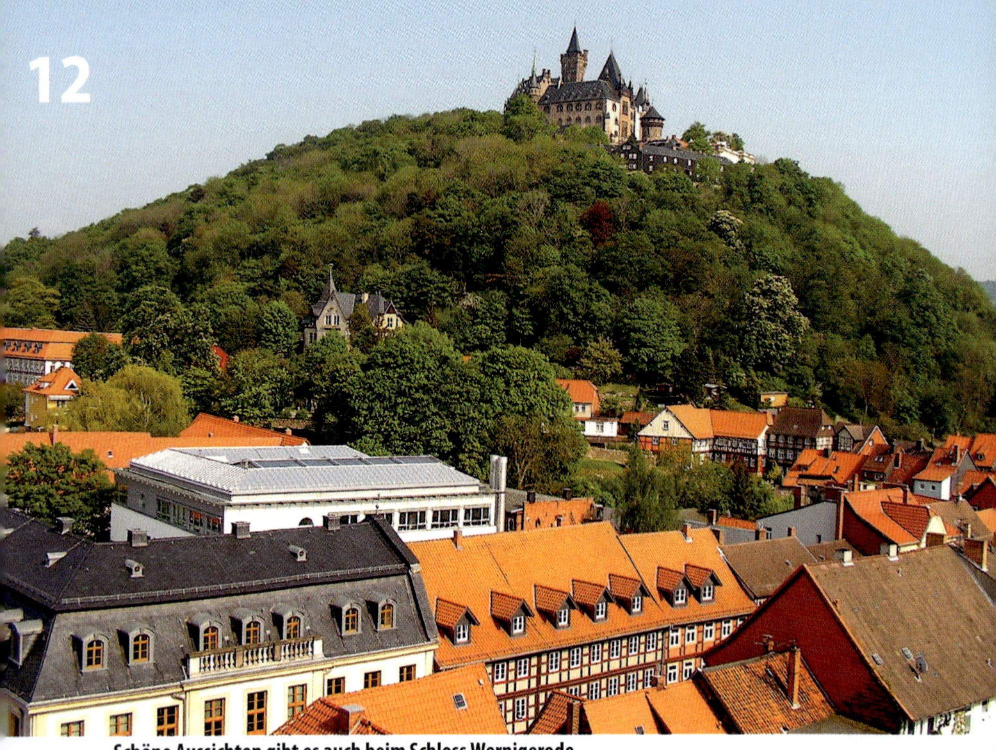

Schöne Aussichten gibt es auch beim Schloss Wernigerode

weil es eine gute Verkehrsanbindung hat und man von dort auch auf breiten Forstwegen Richtung Brocken und Brockenstraße radeln kann. Außerdem hat Wernigerode einiges an Sehenswürdigkeiten zu bieten, von dem prachtvollen Schloss, das ein Kunst- und Kulturzentrum ist und besichtigt werden kann, bis zum Luftfahrtmuseum am westlichen Stadtrand.

Start ist am Bahnhof in Wernigerode. Dort fährt man über den Bahnhofsplatz Richtung Süden, beim Kreisverkehr geradeaus weiter in die Rudolf-Breitscheid-Straße, dann rechts in die Breite Straße.

Da kann man sich einen Abstecher in die Altstadt von Wernigerode gönnen, vorbei am Nicolaiplatz, am Markt mit schönen Fachwerkhäusern, dem alten Wohltäterbrunnen und über das Rathaus mit den beiden spitzen Türmchen und dem Harzmuseum weiter stadtauswärts nach Westen.

Anschließend kommt man zu einer großen Kreuzung beim Westerntor, trifft auf die Harzquerbahn, hält sich dann schräg links und folgt der Straße An der Malzmühle. Der Weg begleitet nun die Bahnlinie, kreuzt mit ihr die breite Friedrichstraße und verläuft weiter Richtung Bahnhof Hasserode, kreuzt zwei Mal die Gleise, bis es dann in der Bielsteinchaussee weiter geht. Nun führt der Weg raus aus der Stadt, vorbei an einem Gewerbebau und weiter bergauf mit einigen Kurven auf einer Schotterstraße bis zum Aussichtspunkt Renneklippen und zum Hotel Steinerne Renne, wo ganz in der Nähe der gleichnamige Wasserfall ist.

Das historische Lokal liegt sehr idyllisch und bietet eine bodenständige Küche, für den Fall, dass man einkehren will. Denn danach kommt längere Zeit kein Lokal mehr.

Etwa 500 Meter nach dem Hotel kommt rechts das Forsthaus Hanneckenbruch, dann nach weiteren 300 Metern eine T-Kreuzung, wo es rechts weiter geht. Auf dem Glashüttenweg fährt man weiter nach Süden, vorbei an den wuchtigen Hohnsteinklippen bis zum Aussichtspunkt Trudenstein und kurz danach zu einer Kreuzung, die den Namen Spinne hat. Hier könnte man rechts durch den Wald Richtung Brocken bergauf radeln. Wir wählen aber die komfortablere Version und fahren nach links auf den Ackerweg hoch auf die Hagenstraße und hinein in den Ort Schierke. Hier könnte man sich noch einmal bei einer Pause stärken, denn nun folgt der anstrengendste Teil der Tour. Durch Schierke radelt man zur Brockenstraße, dort rechts weiter vorbei an Hotels und einer Jugendherberge und raus aus dem Ort. Bald kommt man am Nationalparkhaus vorbei.

Hier kann man sich über die Natur am Brocken und über die Geschichte schlau machen. Zu DDR-Zeiten war der Brocken militärisches Sperrgebiet.

Die Straße hinauf zum Gipfel auf 1.141 Metern ist für Autos und Motorräder gesperrt. Ideal also für Radfahrer und Fußgänger. Nach wenigen hundert Metern kommt eine erste scharfe Rechtskurve, dann wieder eine Linkskurve und noch eine Rechtskurve, bis dann die Bahnlinie gekreuzt wird. Danach folgt ein längeres, gerades Stück, bis die Bahn wieder gekreuzt wird und rechts die ziemlich enge und sogenannte Knochenbrecherkurve kommt. Der Name betrifft aber eher solche, die hier bergab unterwegs sind. Nun ist es nur noch ein kurzes Stück bis zum Ziel, dem flachen Gipfelbereich mit dem Brockenhaus und den Antennenanlagen.

Zuerst genießt man üblicherweise das grandiose 360 Grad Panorama. Im Brockenhaus gibt es noch eine Ausstellung zur Natur am Brocken. Einkehren kann man in dem hohen Bau des Brockenhotels. Übernachten wäre hier oben natürlich auch reizvoll samt Sonnenuntergang und Sonnenaufgang. Vor allem an schönen Wochenenden ist hier natürlich viel los. Als Radfahrer muss man vor allem bei der Bergabfahrt auf die vielen Fußgänger achten, die teils den ganzen Weg für sich in Anspruch nehmen. Ein moderater, vorsichtiger Fahrstil ist also unbedingt empfehlenswert.

Für den Rückweg gibt es verschiedene Möglichkeiten. Dieselbe Tour wie bei der Hinfahrt oder komplett auf öffentlichen Straßen über Schierke oder nach Norden über verschiedene eher rustikale Routen Richtung Ilsetal oder Eckertalsperre.

Kartentipp:
ADFC-Regionalkarte Harz,
1:75.000, ISBN 978-3-87073-846-4, € 8,95
Digital für Smartphones und Tablets:
www.fahrrad-buecher-karten.de/rk-digital

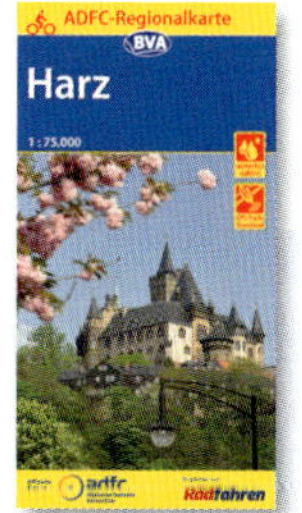

Einkehren

Altwernigeroder Kartoffelhaus, Wernigerode
Das Lokal im Zentrum von Wernigerode klingt nach Hausmannskost. Und das steht auch auf der Karte, dazu auch internationale Kartoffelgerichte. Deftige Küche und solide Portionen.
www.kartoffelhaus-wernigerode.de

Brockenhotel, Brocken
Oben auf dem flachen Gipfel kann man sich beim Brockenhotel mit rustikalen Gerichten stärken und auch übernachten, wenn man die Aussicht länger genießen will.
www.brockenhotel.de

Übernachten

Erbprinzenpalais, Wernigerode
Historisches Hotel mit stilvollen Zimmern unterhalb des Schlosses Wernigerode und nur wenige hundert Meter vom Stadtzentrum entfernt, mittlere Preislage.
www.erbprinzenpalais.de

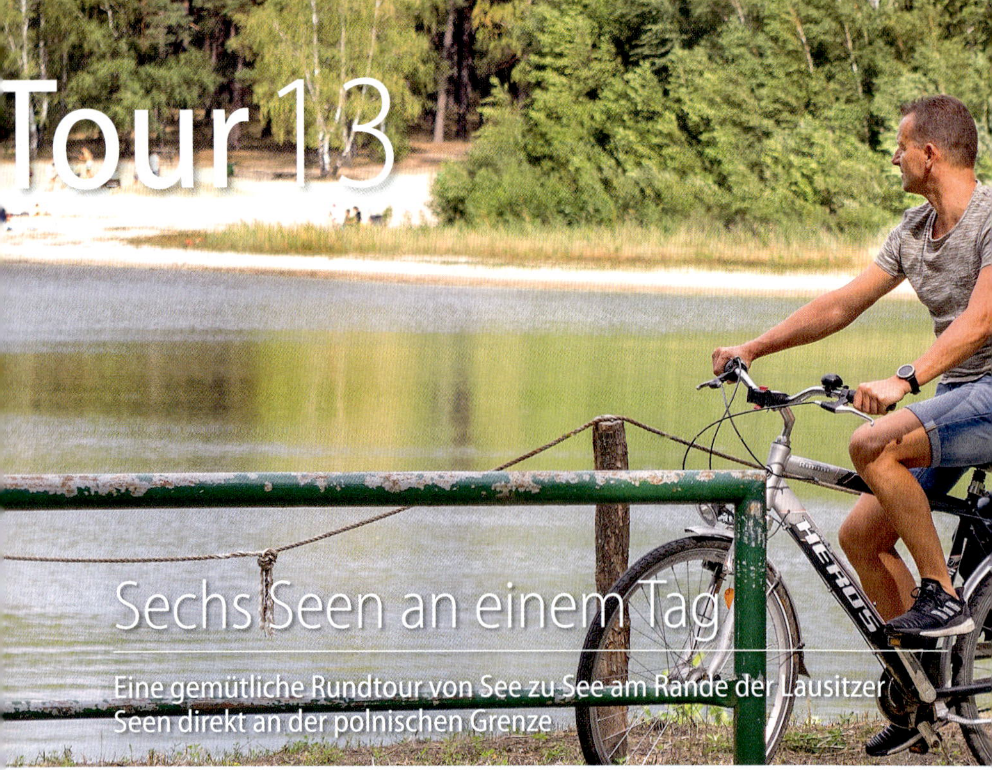

Tour 13

Sechs Seen an einem Tag

Eine gemütliche Rundtour von See zu See am Rande der Lausitzer Seen direkt an der polnischen Grenze

Eine Tagestour von See zu See in der Naturlandschaft nahe der polnischen Grenze

Diese Radtour spricht Naturliebhaber genauso an wie Wasserratten. Von Gubin aus an der polnischen Grenze in der Niederlausitz macht diese Tagestour eine Runde von See zu See. Kleine Naturseen, die mal ruhig und unberührt sind, mal beliebte Badeseen mit Freizeitangeboten. Man fährt übers flache Land auf Radwegen und Nebenstraßen mit vielen Waldpassagen und kann dabei etliche erfrischende Pausen einlegen.

Durch einen ungewöhnlichen Wandlungsprozess hat sich etwa eine Autostunde südöstlich von Berlin eine wenig einladende Industrielandschaft in eine Freizeitregion verwandelt. Die Lausitzer Seen sind ein ehemaliges Braunkohlerevier, wo nach Stilllegung der Kohleförderung die Löcher aus dem Tagebau nach und nach geflutet wurden. Entstanden ist eine künstlich geschaffene Wasserlandschaft mit rund zwei Dutzend gefluteten Seen und zahlreichen Kanälen, mit denen diese Landschaft auch schiffbar gemacht worden ist. Die Lausitzer Seen zählen damit zu den größten Seengebieten Deutschlands.

Das flache Land mit den vielen Gewässern, mit Naturschutzgebieten, kleinen Häfen und Dörfern ist ein ideales Terrain für Radausflüge. Heute gibt es zahlreiche beschilderte Radwege für gemütliche Ausflüge, bei denen man das Radfahren mit Badepausen und Besichtigungen verbinden kann. Eine der

Panorama-Tourinfo

Eine leichte Rundtour auf flachen Radwegen und Nebenstraßen mit vielen Waldpassagen, die in Teilen auf dem Oder-Neiße-Radweg, der Niederlausitzer Bergbautour und der Tour Brandenburg verläuft. Mit gut 60 Kilometern Länge eine solide Tagestour, bei der man diverse Badepausen einlegen kann.

Start/Ziel: Guben

Länge: 62 km

Höhenunterschied: 143 m

Information: Lausitzer Seenland, Tel. +49 (0)3573 / 7253000, www.lausitzerseenland.de

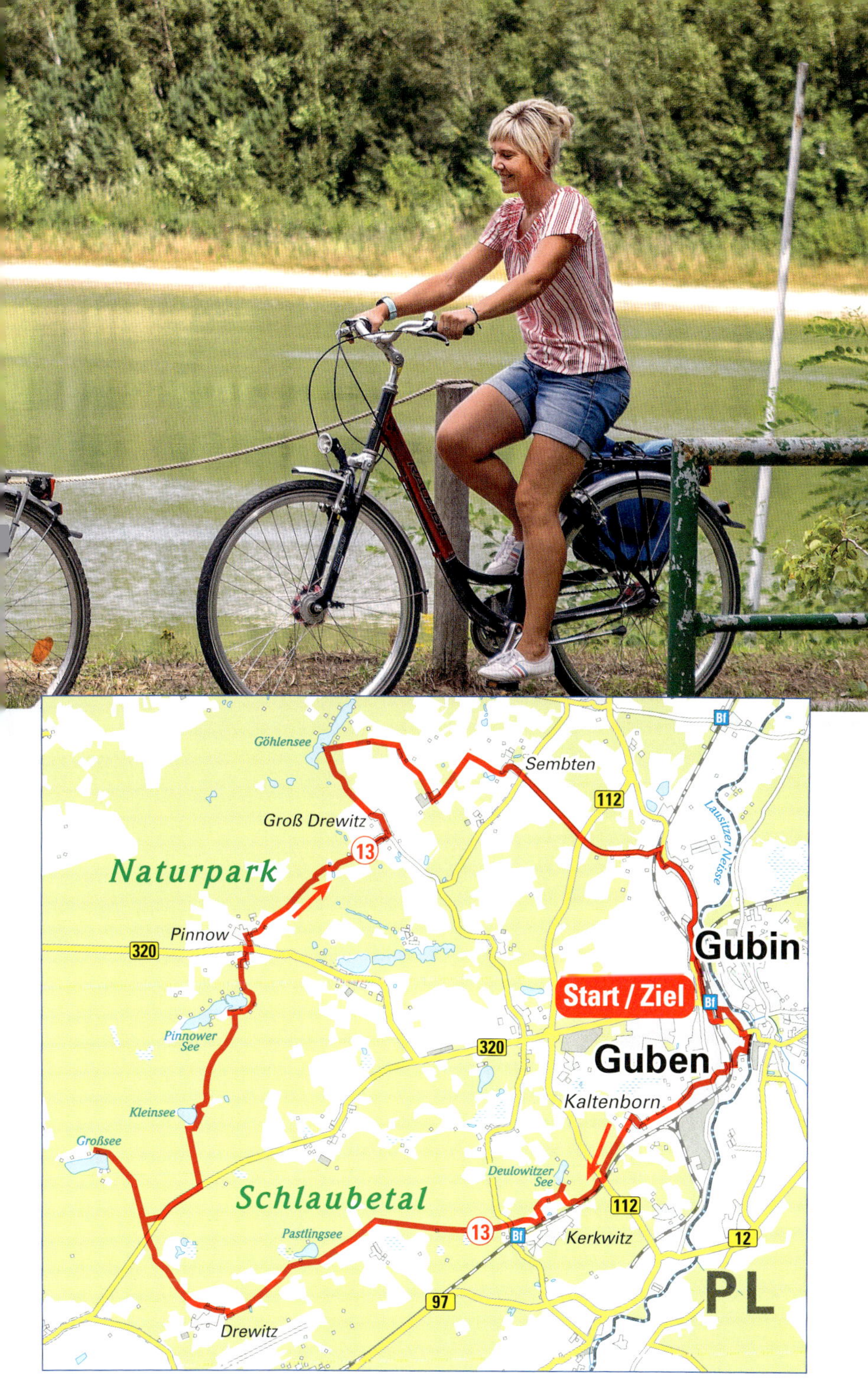
Göhlensee
Sembten
112
Groß Drewitz
13
Naturpark
Lausitzer Neisse
Pinnow
320
Gubin
Start / Ziel
Bf
Pinnower See
320
Guben
Kaltenborn
Kleinsee
Großsee
Deulowitzer See
Schlaubetal
112
Pastlingsee
13
Bf
Kerkwitz
12
97
PL
Drewitz

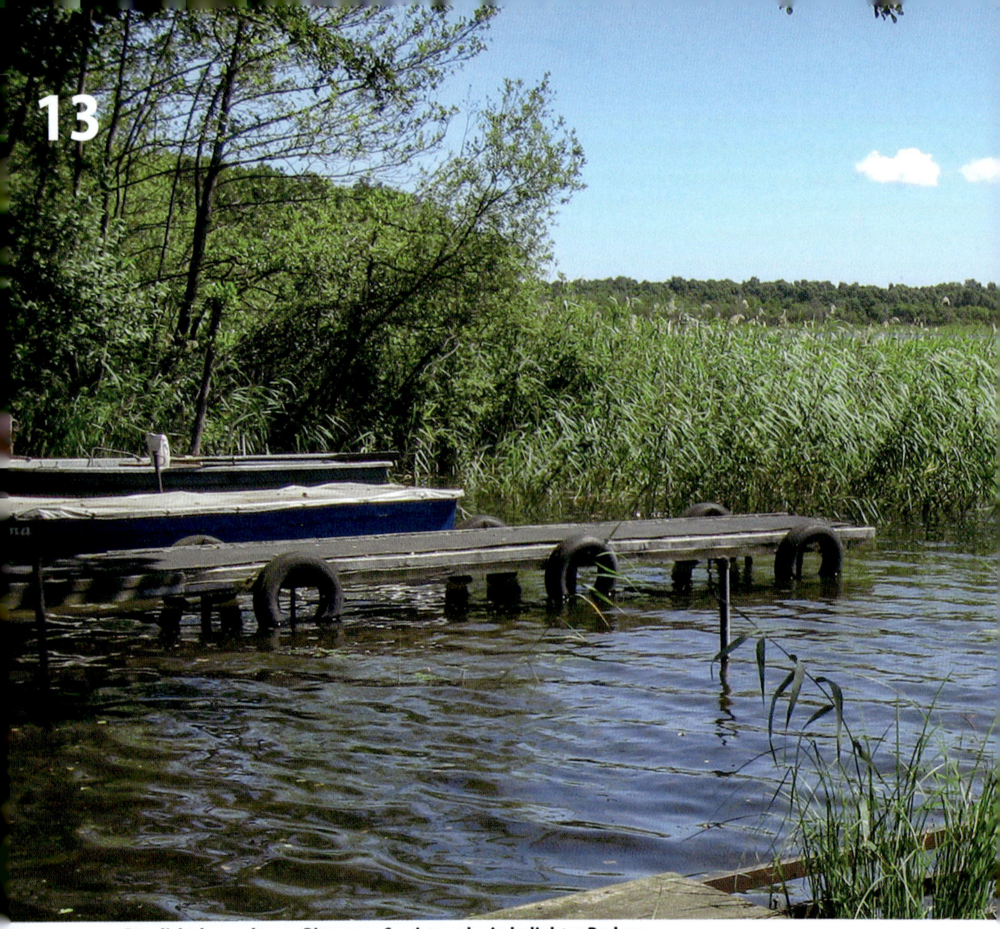

Der dicht bewachsene Pinnower See ist auch ein beliebter Badesee

bekanntesten und besonders sehenswerten Touren ist die Runde von Guben aus, bei der man sechs Seen an einem Tag besuchen kann. Diese sechs Seen liegen am Rand des Lausitzer Seengebiets und sind allesamt noch Naturseen.

Start- und Zielort der Runde ist Guben direkt an der polnischen Grenze. Eigentlich ist es eine Doppelstadt Guben-Gubin zusammen mit den polnischen Nachbarn. Bis 1945 war es eine eigenständige Stadt, die durch die neue Grenzziehung getrennt wurde in einen deutschen und einen polnischen Teil.

Die erste Etappe führt vom Bahnhof in Guben zur Lausitzer Neiße, am Stadtpark vorbei und weiter Richtung Süd-Westen bis zum Freizeitbad Guben.

Hier könnte man schon eine ersten Badepause einlegen. Das Bad bietet neben einem 25-Meter-Sportbecken, einen Strömungskanal, eine Elefantenrutsche für Kinder und mehrere Saunen. Doch an Bademöglichkeiten mangelt es auf der gesamten Runde nicht.

Vom Freizeitbad geht es weiter an der Kaltenborner Straße bis zum Vorort Kaltenborn. Danach folgt eine längere Passage geradeaus durch den Wald bis zur Bundesstraße 112. Wir fahren weiter geradeaus, biegen an einer T-Kreuzung rechts ab und erreichen nach den ersten sechs Kilometern den ersten See.

Der Deulowitzer See ist ein kleiner Natursee mit acht Hektar Fläche mit waldreichem Ufer

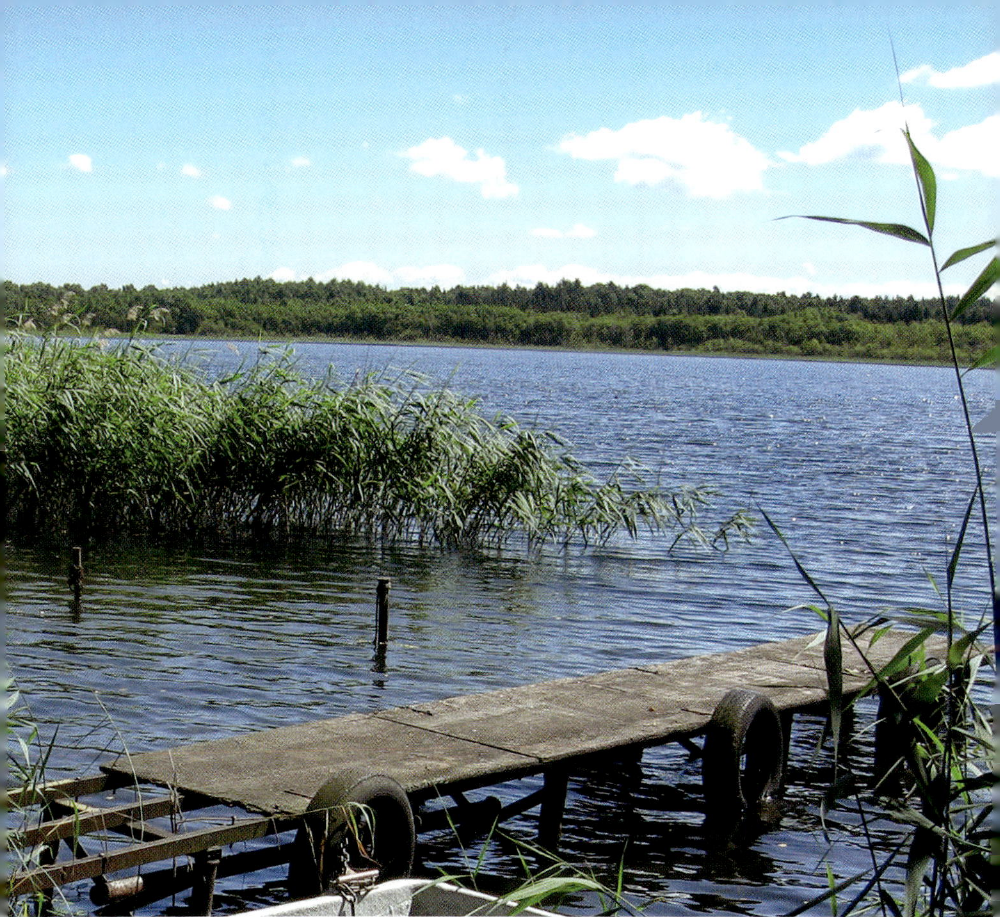

und einem Campingplatz mit Badestrand und einem Gasthaus.

Vom Deulowitzer See führt die Route nun zu der kleinen Siedlung Kerkwitz, dort dann vor der Bahnlinie am Dorf vorbei und durch den Wald bis zum Pastlingsee.

Der ebenfalls nur acht Hektar große See ist Teil eines Naturschutzgebiets und rundherum von Wald und Schilf umgeben – und er ist kein Badesee.

Danach radelt man weiter durch den Wald westwärts, streift das Dorf Drewitz, wo es dann nach Norden über die Landstraße und weiter durch den Wald bis zum Großsee geht.

Der gut 31 Hektar große See ist Dank des Sandstrandes und des Campingplatzes mit einem Imbiss ein beliebtes Ausflugsziel. Es gibt auch einen Wanderweg rund um den See.

Unsere Tour führt dann wieder zurück zur Landstraße, dort einen guten Kilometer links Richtung Guben und biegt dann links ab Richtung Norden bis zum Kleinsee, der nach weiteren zwei Kilometern erreicht wird.

Der Kleinsee ist ebenfalls von Wald umgeben. Es gibt hier eine Waldschule, in der Kindern und Jugendlichen viel über das Naturschutzgebiet rund um den See erklärt und gezeigt wird. Ansonsten ist der See ein beliebtes Anglerrevier.

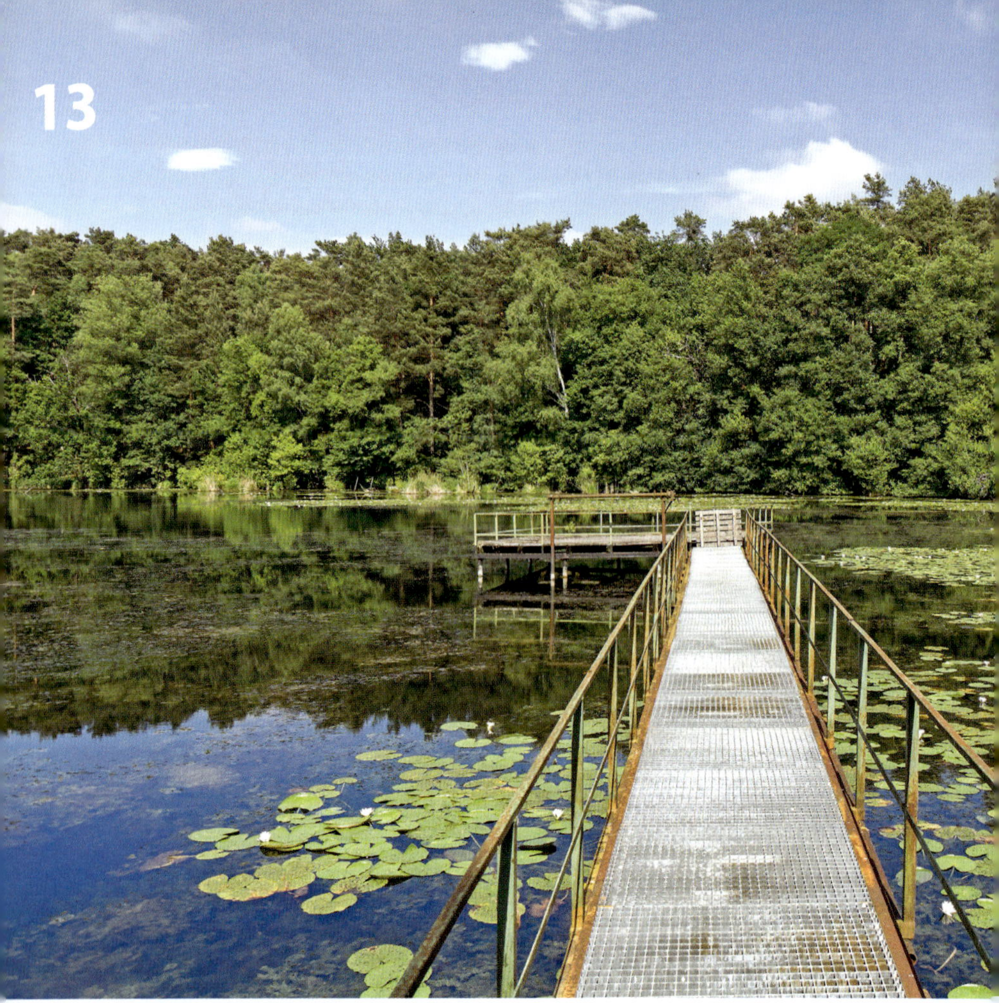

Der Göhlen See im Naturpark Schlaubetal

Bis zum nächsten – dem Pinnower – See sind es nur knapp drei Kilometer weiter.

Der Pinnower See mit seinen Sandstränden ist ein klassischer Badesee. Zum Angebot gehören ein Campingplatz mit Spielplatz, Grillplatz und Volleyballplatz, das Hotel Karpfenschänke mit Restaurant und ein Imbiss. Auch für Liebhaber textilfreien Badens ist ein Badebereich vorhanden.

Nun bleibt nur noch ein Badesee übrig. Dazu fahren wir vom Pinnower See ein kurzes Stück auf der Seestraße durch den Wald nach Norden zur Ortschaft Pinnow. Gut fünf Kilometer sind es dann Richtung Nordosten bis nach Groß Drewitz. Dort geht es links weiter über die Wiesen und wieder in den Wald hinein bis zum Göhlen See im Naturpark Schlaubetal.

Der 45 Hektar große See ist ein kleines Freizeitparadies. Hier gibt es Badestrände, einen Rundwanderweg und einen Landgasthof etwas abseits des Ostufers, der auch Floßfahrten auf dem See anbietet.

Für den Rückweg nach Guben macht unsere Tour noch einen kleinen Abstecher nach Sembten.

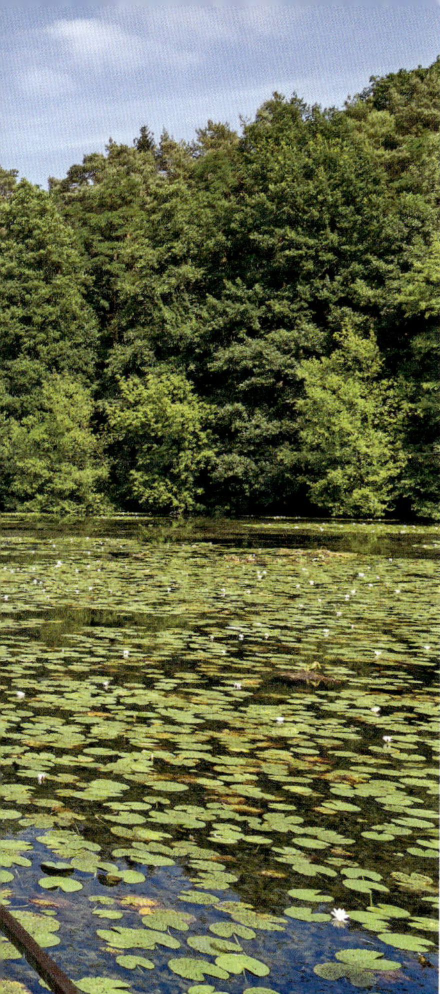

Ein kleines Dorf mit viel Geschichte, einem ehemaligen Gutshof, der ganz früher ein Rittergut war, und einem kleinen Gasthaus.

Die Sembtener Straße führt dann auf den letzten Kilometern direkt nach Guben, wo es auf dem Oder-Neiße-Radweg wieder zurück zum Bahnhof von Guben geht.

Einkehren

Hotel Karpfenschänke, Pinnower See
Gutbürgerliches Restaurant im Hotel Karpfenschänke mit regionaler Küche und Schwerpunkt Wildspezialitäten. Direkt am Pinnower See.
www.hotel-karpfenschaenke.de

Restaurant Flemming`s, Deulowitzer See
Das ländliche Restaurant am Deulowitzer See gehört zum Campingplatz. Bodenständige Küche.
www.campdeulo.de

Übernachten

Hermanns Stilhotel, Guben
Kleines Hotel mit Komfortzimmern in einem historischen, denkmalgeschützten Stadthaus in Guben.
www.hermanns-stilhotel.de

Hostel Guben
Preisgünstiges Haus direkt am Bahnhof mit sehr unterschiedlichen Zimmern von Einbett- bis zu 12-Personen-Mehrbettzimmern. Kostenloser Fahrradraum.
www.hostel-guben.de

In unmittelbarer Nachbarschaft auf der anderen Seite des Bahnhofs gibt es dann noch eine ganz spezielle Attraktion. Das Plastinarium befindet sich in einer ehemaligen Tuchmacherei und ist die Produktionsstätte der Exponate von Gunther von Hagens, der mit seinen präparierten und als Ausstellungsobjekte aufbereiteten menschlichen Körpern berühmt wurde. Hier werden solche Exponate auf 3.000 Quadratmetern Ausstellungsfläche gezeigt. Die Präparate werden auch zur Ausbildung von Ärzten eingesetzt.

Kartentipp:
ADFC-Regionalkarte Spreewald/Berliner Seengebiet, 1:75.000, ISBN 978-3-96990-094-9, € 9,95
Digital für Smartphones und Tablets:
www.fahrrad-buecher-karten.de/rk-digital

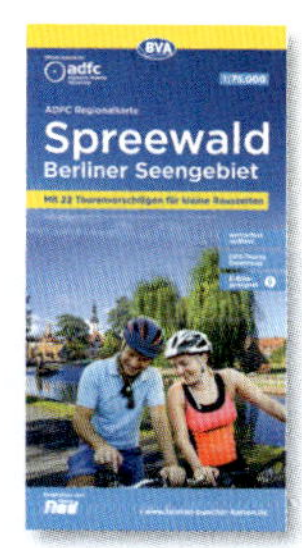

Tour 14

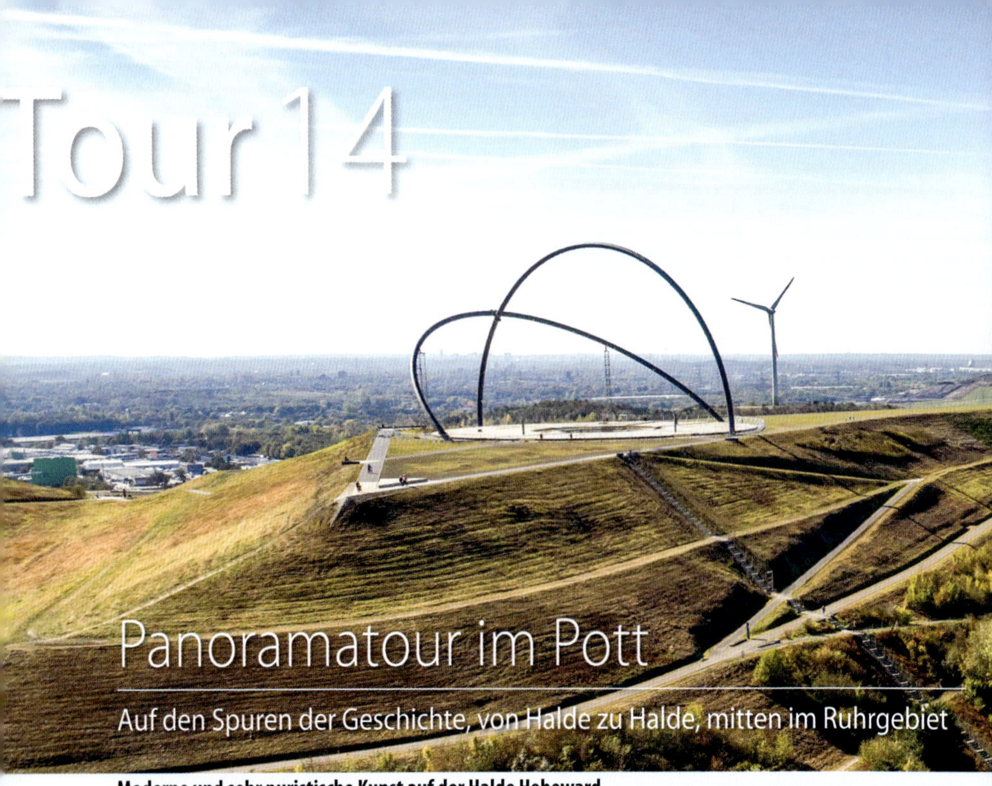

Panoramatour im Pott

Auf den Spuren der Geschichte, von Halde zu Halde, mitten im Ruhrgebiet

Moderne und sehr puristische Kunst auf der Halde Hoheward

Das Ruhrgebiet ist ein Phänomen, eine eigene und sehr vielseitige Welt. Der Pott oder Kohlenpott, wie man ihn auch gerne nennt, hat eine lange und große Geschichte als Industrieregion. Der Bergbau ist heute weitgehend Geschichte. Dafür sind die Relikte dieser Zeit zu Sehenswürdigkeiten geworden. Um die zu entdecken und zu erleben, gibt es nichts Besseres als eine Tour mit dem Rad über die alten Halden. Eine Panoramatour der speziellen Art.

Kleine Berge und große Aussichten. Das mögen Ortsfremde dem Ruhrpott nicht zutrauen. Aber die ehemaligen Halden aus der Zeit des Kohlebergbaus sind heute gefragte Ziele für Radausflüge. Auf den ersten Blick mag unsere Tour dem einen oder anderen harmlos vorkommen. 38 bis maximal 46 Kilometer an einem Tag ist ja nichts Besonderes. Ist es doch. Die RevierRoute Haldenglück hat es in sich. Und zwar in mehrfacher Hinsicht. Eine Reise vom Essener Hauptbahnhof quer oder besser längs durch den Pott bis Recklinghausen auf den Spuren der alten Zeiten, als die Gegend noch nach schwerer Arbeit roch und die Luft voller Kohlestaub war. Das hat sich bis heute sehr viel gebessert, aber der Mythos des Kohlenpotts ist den Menschen in

Panorama-Tourinfo

Bis auf einige spezielle Halden für Endurofans sind viele Strecken auch mit dem Tourenrad machbar. Rauf kann man auch zu Fuß laufen. Zum Teil ausgeschildert als Route der Industriekultur geht es am Anfang und am Ende auf Nebenstraßen und Fahrradstraßen durch Stadtgebiete. Sonst ist es etwas ruhiger und grüner, man fährt teils auf alten Bahntrassen. Die Strecke ist gut für eine schöne, abwechslungsreiche Tagestour.

Start: Essen, Hauptbahnhof

Ziel: Recklinghausen

Länge: 39/46 km

Höhenunterschied: 190/340 m

Information: Ruhr Tourismus, Tel. +49 (0)1806 / 181630, www.ruhr-tourismus.de; www.radtourenplaner.ruhr; Baustellenseite: www.ruhr-tourismus.de/de/radrevierruhr/aktuelle-streckeninformationen.html

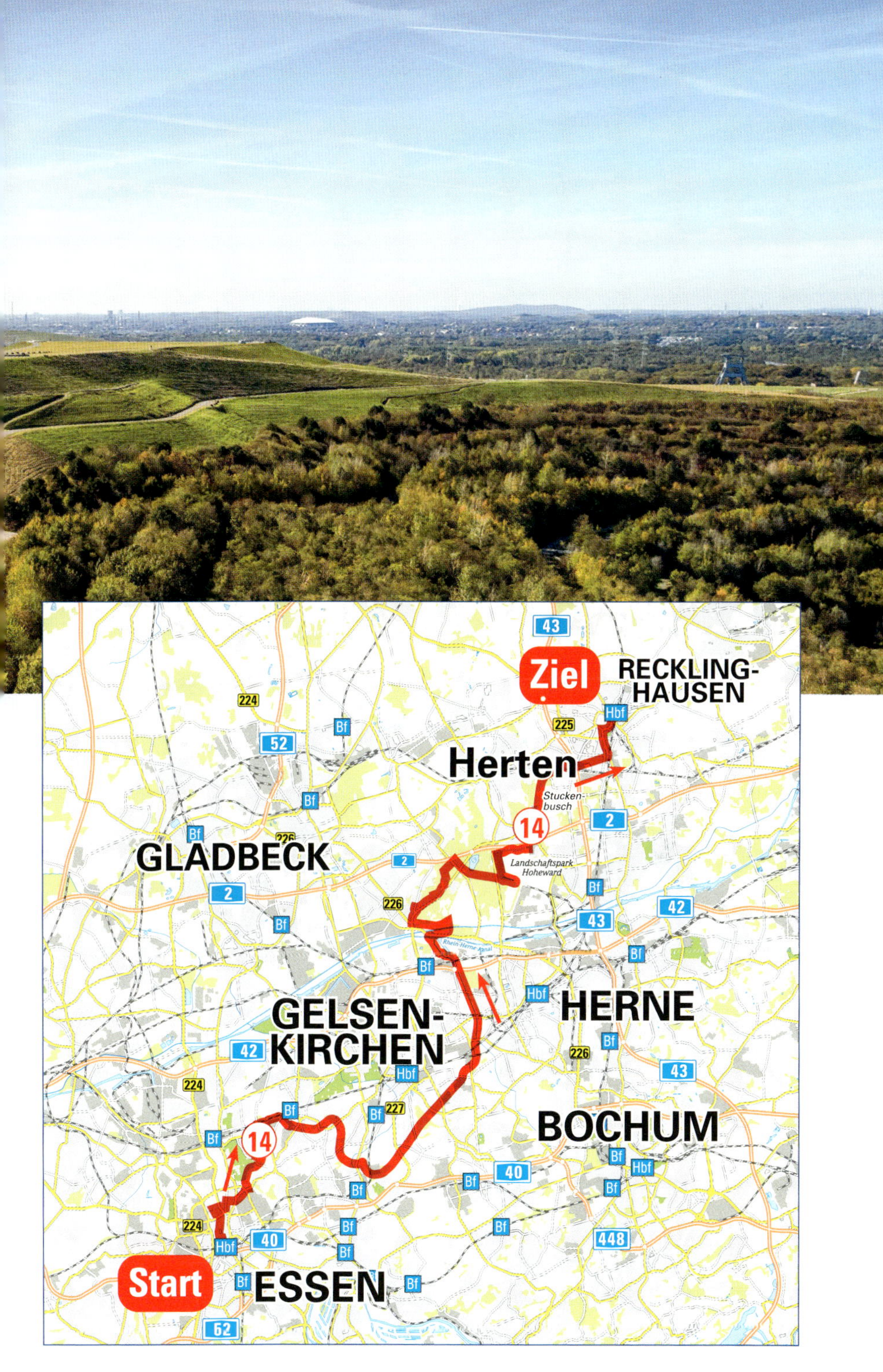
Ziel
RECKLING-
HAUSEN
Herten
Stucken-
busch
14
Landschaftspark
Hoheward
GLADBECK
GELSEN-
KIRCHEN
HERNE
BOCHUM
Start
ESSEN
Hbf
Bf
43
52
2
42
40
62
448
224
225
226
227

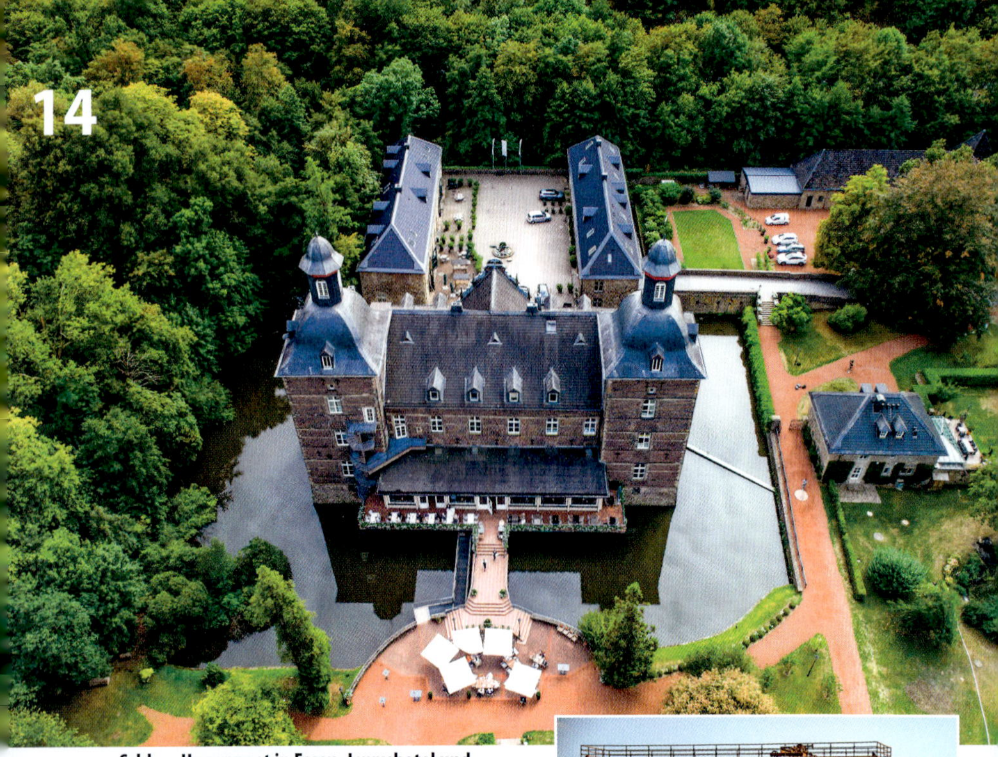

Schloss Hugenpoet in Essen, Luxushotel und eines der berühmtesten Bauwerke im Pott

der Region heilig, Teil ihrer Identität. Nicht umsonst sind die Überreste der Wirtschaftswunderjahre heute Objekte von Museen und Ausstellungen. Und die alten Halden, wo einst Abraum, Bauschutt und Schlacke aufgeschüttet wurden, werden heute für allerlei sportliche Aktivitäten genutzt. So ist auch die Revier-Route Haldenglück entstanden. Eine ziemlich abwechslungsreiche Radtour bergauf und bergab auf den Spuren der Geschichte.

Wir starten also am Essener Hauptbahnhof (Knotenpunkt 58) und fahren durch die Innenstadt zuerst in Richtung Norden über den Kennedyplatz und die Weberstraße ins Universitätsviertel (KP 57) und weiter nach Nordosten zum UNESCO Welterbe Zollverein.

Das einstmals weltweit größte Steinkohlebergwerk ist heute ein Architektur- und Industriedenkmal auf 100 Hektar Fläche mit Kultur, Gastronomie, einem Designmuseum und dem Ruhrmuseum, in dem man viel über

Der alte Bergbauturm beim UNESCO-Welterbe Zollverein in Essen

die Geschichte dieses außergewöhnlichen Ortes erfährt. Man könnte locker einen ganzen Tag hier verbringen, aber die Tour hat ja erst begonnen.

Über den Zollvereinweg (bei KP 60) geht es ostwärts bis zur ersten Erhebung, der Halde Rheinelbe zwischen Knotenpunkt 49 + 48.

Die mächtige und teils begrünte Halde wurde schon vor rund 100 Jahren stillgelegt. Heute steht oben die 10 Meter hohe Himmelsleiter, ein Kunstwerk aus Betonquadern, hier genießt man einen herrlichen Ausblick auf Essen und Gelsenkirchen.

Danach führt die Tour weiter nach Norden über die Kray-Wanner-Bahn und weiter bis etwa einen Kilometer südlich des Rhein-Herne-Kamals (beim KP 45) zur alten Zeche Pluto und zur Halde Pluto.

Oben von der Halde hat man einen guten Überblick über die zahlreichen benachbarten Zechen Consol im Westen, Unser Fritz und Ewald im Norden. Ganz in der Nähe ist auch das Heimatmuseum „Unser Fritz" (in der Unser Fritz Straße) mit einer faszinierenden Zeitreise in die fünfziger und sechziger Jahre im Revier.

Auf der Erzbahntrasse geht es zum Rhein-Herne-Kanal, dort auf der filigranen und geschwungenen Brücke „Grimberger Sichel" über den Kanal. Auf der Revierroute fährt man dann durch die Grünanlagen des Emscher Bruch bis zur Zeche Ewald.

Der Emscher Bruch war früher ein Sumpfgebiet, das nach der Stilllegung der Zechen kultiviert wurde. Der Landschaftspark Hoheward ist mittlerweile ein beliebter Bikepark und ein Revier für Mountainbiker und die größte Haldenlandschaft in Europa. Die Halde Hoheward ist eine echte Attraktion mit zwei Plateaus, auf denen die weithin sichtbaren Bögen des Observatoriums und eine Sonnenuhr installiert sind. Der Weg dort hinauf ist zwar etwas schweißtreibend, die tolle Aussicht ist die Mühe allemal wert. Auch die benachbarte Halde Hoppenbruch ist ein gefragtes Terrain für Biker mit Enduroambitionen.

Der letzte Abschnitt kreuzt nun die Autobahn A2 nach Norden und führt Richtung Recklinghausen.

Kartentipp:
ADFC-Regionalkarte radrevier.ruhr West,
1:50.000, ISBN 978-3- 96990-043-7, € 9,95
Digital für Smartphones und Tablets:
www.fahrrad-buecher-karten.de/rk-digital

Einkehren

Mezzo Mezzo am Zollverein, Essen
Ein klassisches italienisches Ristorante beim Zollverein mit schlicht elegantem Ambiente und erschwinglicher mediterraner Küche.
www.mezzomezzo.de

Leither Backcafe, Gelsenkirchen
Beliebte Bäckerei mit kleinem Café etwas südlich der Halde Rheinelbe in der Kraystraße.
www.leither-backcafe.de

Ewald Café, Herten
In dem Kaffeehaus im Glaspavillon direkt bei der Zeche Ewald und der Halde Hoheward gibt es hausgemachte Kuchen und deutsche Hausmannskost.
www.ewald-cafe.de

Übernachten

VCH-Hotel Essener Hof, Essen
Bett+Bike Hotel nur wenige Meter vom Hauptbahnhof entfernt. Traditionsreiches Viersternehotel mit Fitnessstudio im Haus.
www.essener-hof.com

Ein echtes Kontrastprogramm zu den Halden und der Bikeszene wäre ein Abstecher zum nahen Schloss Herten mit seinem schön angelegten und weitläufigen Park im englischen Stil. Das Schloss geht bis auf das 14. Jahrhundert zurück, brannte im 18. Jahrhundert ab und wurde wieder neu aufgebaut. Heutzutage ist es eine gefragte Location für Feiern und Veranstaltungen.

Vorbei am Stadtteil Stuckenbusch und durch das Paulusviertel kommt man schließlich zum Kaiserwall, der Ringstraße um das Recklinghauser Zentrum. Zum Hauptbahnhof radelt man dann noch ein Stück rechts herum – dort gibt es gute Verbindungen zurück nach Essen.

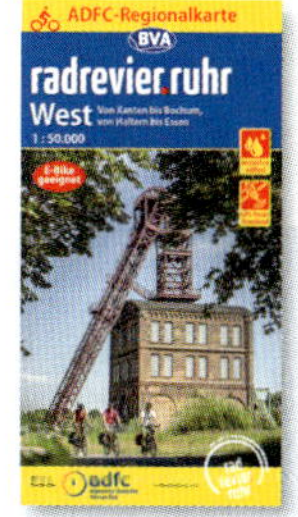

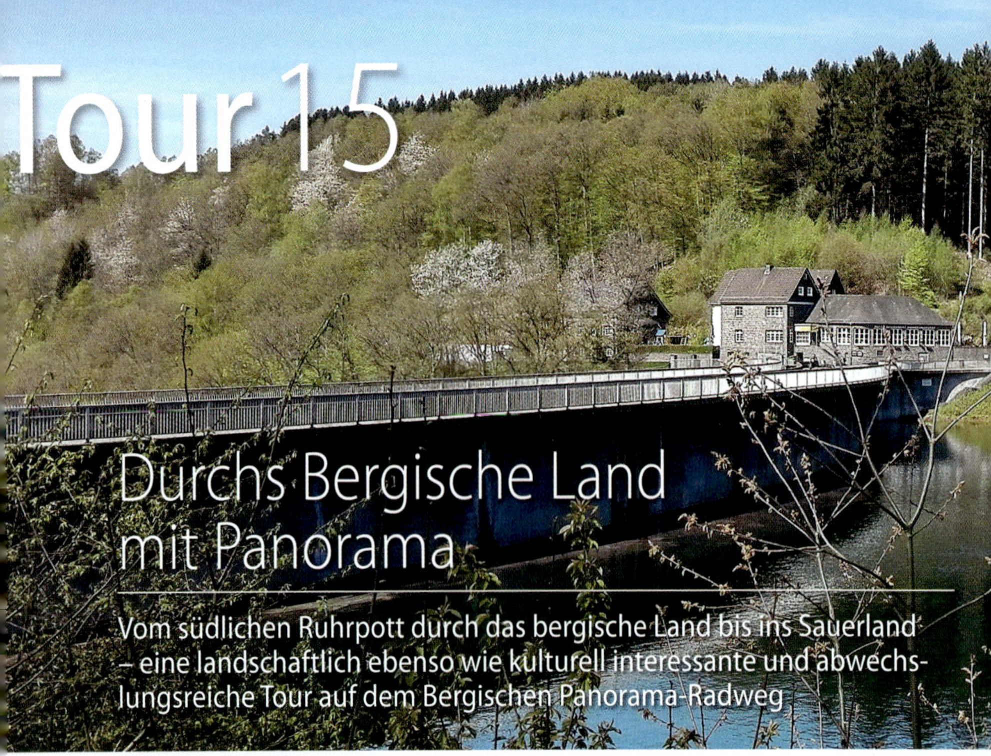

Tour 15

Durchs Bergische Land mit Panorama

Vom südlichen Ruhrpott durch das bergische Land bis ins Sauerland – eine landschaftlich ebenso wie kulturell interessante und abwechslungsreiche Tour auf dem Bergischen Panorama-Radweg

Blick auf die Aggertalsperre

Der Bergische Panorama-Radweg macht seinem Namen alle Ehre. Auf der 133 Kilometer langen Tour vom Ruhrgebiet Richtung Südosten durch das Bergische Land entlang der Wupper und vorbei an etlichen Stauseen warten viele Attraktionen und Sehenswürdigkeiten. Ein Teil der Strecke verläuft geradeaus auf ehemaligen Bahntrassen, sonst auf Radwegen und Nebenstraßen. Zwei Tage sollte man wenigstens einplanen.

Hattingen ist eine Stadt mit rund 50.000 Einwohnern am Südrand des Ruhrgebiets mit einigen ungewöhnlichen Qualitäten. Es war eine der ersten Städte deutschlandweit mit einer autofreien Fußgängerzone und es gibt hier den einzigen Skilift im Ruhrgebiet außerhalb von Skihallen. Radfahrer kennen den Ort Dank des Bergischen Panorama-Radwegs. Wie der Name schon andeutet, handelt es sich hier um eine eher hügelige Strecke, die aber Dank eines besonderen Umstands nicht annähernd so strapaziös ist. Denn der 133 Kilometer lange Radweg Richtung Südosten bis nach Olpe im Sauerland verläuft zum großen Teil auf ehemaligen Bahntrassen, was bedeutet, dass ein Großteil der Höhenunterschiede mit Tunnels und Viadukten kompensiert worden ist. Und das schafft unterwegs auch schöne Aussichten auf die Umgebung – eben ein Panorama-Radweg. Insgesamt 14 Tunnels, zahlreiche Brücken und bis zu 40 Meter hohe Viadukte sorgen für Abwechslung und eindrucksvolle Fotomotive.

Start ist direkt am Bahnhof Hattingen. Von dort geht es über die Nierenhofer Straße Richtung Süden und dann nach links auf den Bergischen Panorama-Radweg. Schon nach wenigen Metern durchfahren wir den Schulenbergtunnel. Vorbei an Oberbredenscheid und Sprockhövel kommt man in das Naturschutzgebiet Oberes Sprockhöveler Bachtal und passiert auf dem Weg Richtung Wuppertal weitere Natur-

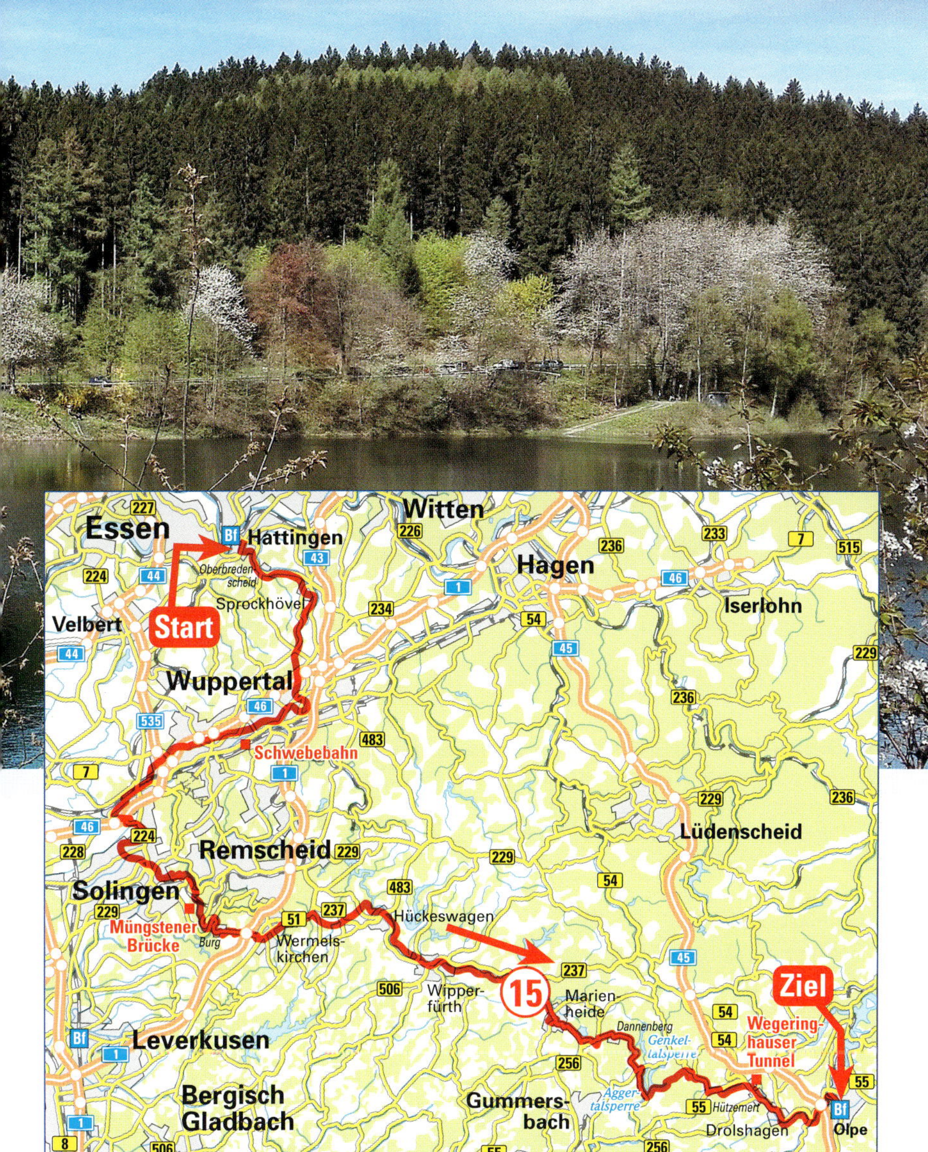

Panorama-Tourinfo

Eine sehr abwechslungsreiche Radtour mit gemütlichen Passagen auf ehemaligen Bahntrassen, zwischendurch auch mit etlichen Steigungen und Abfahrten. Ausgeschildert als „Bergischer Panorama-Radweg" fährt man auf Radwegen mit und ohne Asphalt sowie auf Nebenstraßen. Unterwegs hat man mehrere Stadtdurchfahrten. Ideal für zwei bis gemütliche drei Tage.

Start: Hattingen

Ziel: Olpe

Länge: 133 km

Höhenunterschied: 1.254 m

Information: NRW Tourismus, Tel. +49 (0)211 / 91320 500, www.nrw-tourismus.de

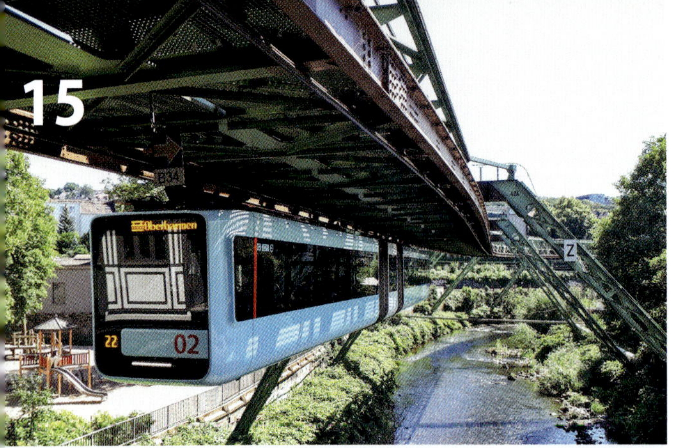

In der berühmten Wuppertaler Schwebebahn kann man auch mit Rad mitfahren

schutzgebiete. Der Radweg verläuft dabei auf der Trasse der sogenannten Kohlenbahn.

Auf dem Weg durch Wuppertal bietet sich natürlich ein Stopp an, um eine Fahrt mit der berühmten Schwebebahn zu machen. Die Bahn, die bereits vor 120 Jahren erbaut worden ist, verkehrt auf rund 13 Kilometern. Fahrräder können in der Bahn mitgenommen werden. Eine inzwischen fast schon genauso berühmte Wuppertaler Attraktion aber ist der Radweg, auf dem wir die Stadt durchqueren: die Nordbahntrasse. Hier warten besonders viele Tunnel und Viadukte auf uns.

Danach zieht der Radweg einige weite Bögen und geht über in den nächsten Bahntrassenradweg: die Korkenziehertrasse. Auf dieser erreichen wir die nächste größere Station, die Stadt Solingen.

Sie ist bekannt als Klingenstadt wegen ihrer traditionsreichen Produktion von Klingen und Besteck. Dazu gibt es hier auch einige Museen und Industriedenkmäler wie das Schleifermuseum. Kuriositäten sind das Museum Plagiarius zum Thema Produktpiraterie und ein privat betriebenes Laurel&Hardy-Museum im Walderkotten zu Ehren der beiden legendären Komiker.

In Solingen verlassen wir die Korkenziehertrasse und biegen nach Passieren eines Aussichtspunkts auf die Bergbahntrasse ein. Diese führt uns hinunter zur Wupper und kurz darauf zur Müngstener Brücke – die höchste Eisenbahnbrücke Deutschlands, die es auf stolze 107 Meter Höhe bringt und Ende des 19. Jahrhunderts erbaut worden ist. Mithilfe einer Schwebefähre gelangen wir über die Wupper und weiter nach Schloss Burg.

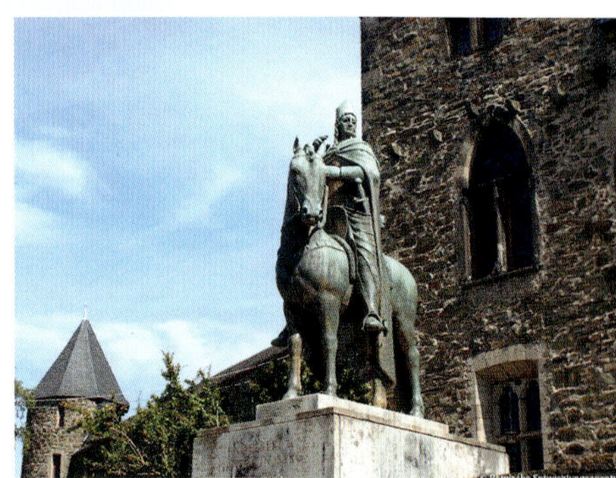

Eine Zeitreise ins Mittelalter im Schloss Burg bei Solingen

Eine der größten Burganlagen Deutschlands bietet hier interessante Eindrücke aus dem Mittelalter. Die Burg, die im 12. Jahrhundert erbaut und Ende des 19. Jahrhunderts wieder errichtet wurde, ist eine der beliebtesten Freizeitattraktionen in Nordrhein-Westfalen. Es gibt ein Museum inklusive Shop und mehrere Lokale rundherum zum Einkehren. Um von der Unterburg zur Oberburg zu gelangen, kann man auch mit einer Seilbahn fahren, die auch Fahrräder transportiert.

Weiter geht die Reise ostwärts bis Wermelskirchen.

Die Stadt ist bekannt für schöne alte Fachwerkhäuser und für einen knapp 30 Meter hohen Mammutbaum.

Ab hier ist wieder Bahntrassenradeln angesagt – rund sechs auto- und steigungsfreie Kilometer sind es dann noch bis Hückeswagen.

Die Kleinstadt ist auch bekannt als Schloss-Stadt wegen ihrer Altstadt mit zahlreichen historischen Bauten. Der Blickfänger ist das Schloss Hückeswagen aus dem 12. Jahrhundert inklusive Heimatmuseum und Schlosspark.

Nach Hückeswagen begleitet der Radweg die Wupper Richtung Osten über Wipperfürth.

Die Stadt hat einen sehenswerten Marktplatz und als Kuriosität im Ortsteil Ohl ein Schwarzpulvermuseum in einer eleganten alten Villa. Die gehörte den einstigen Inhabern der Fabrik.

Bis Marienheide folgt noch ein längerer Abschnitt auf dem Bahntrassenradweg mit mehreren Tunnels. Hinter Marienheide führt der Weg stetig leicht bergauf vorbei an der Brucher Talsperre und schlängelt sich über Dannenberg vorbei an der Genkeltalsperre bis zur Aggertalsperre. Dort kommt eine gut drei Kilometer lange, fast durchgehende Abfahrt, der Weg begleitet das Ufer in südlicher und später nordöstlicher Richtung.

Ein besonderes Erlebnis ist dann noch die Fahrt durch den Wegeringhauser Tunnel, der über 700 Meter lang ist und wo im Winter, wenn er gesperrt ist, die Fledermäuse nisten. Danach geht es am Bahnhof in Hützemert vorbei und bis Drolshagen. Der letzte Abschnitt verläuft dann auf dem asphaltierten Radweg bis Olpe, am Brachtpe-Ufer entlang und unter der Autobahn A45 hindurch bis zum Stadtrand und weiter bis zum Bahnhof Olpe.

Kartentipp:

ADFC-Regionalkarte radrevier.ruhr Ost, 1:50.000, ISBN 978-3-96990-044-4, € 9,95

ADFC-Regionalkarte Bergisches Land, 1:75.000, ISBN 978-3-87073-950-8, € 9,95

Digital für Smartphones und Tablets:
www.fahrrad-buecher-karten.de/rk-digital

Einkehren

Neye.Café, Wipperfürth
Direkt an der Bahntrasse befindet sich das modernisierte Kaffeehaus mit einer großzügigen Terrasse. Hier gibt es Getränke und kleine Imbisse.
www.neye.cafe

Jause Hützemert, Hützemert
Im ehemaligen Bahnhof gibt es dieses Imbisslokal, das für Radler ideal liegt, aber nur an Wochenenden und Feiertagen offen ist.
www.huetzemert.de

Übernachten

Ruhr Inn Hotel, Hattingen
Komfortables und modern eingerichtetes Mittelklassehotel in einem ehemaligen Bürogebäude im zentrumsnahen Gewerbegebiet. Angebote inklusive E-Bike-Verleih für Radler.
www.ruhr-inn.de

Haus am Markt, Wipperfürth
Elegantes Hotel in Wipperfürth direkt am Marktplatz, mit gutbürgerlicher Küche.
www.hausammarktwipp.de

Tipp: Wem die Strecke zu lang wird, kann mit dem Bergischen Fahrradbus abkürzen. Der verkehrt zwischen Leverkusen-Opladen und Marienheide und bedient dabei die Stationen Hückeswagen, Wipperfürth und Marienheide entlang des Radwegs. Der Bus ist im Sommer bis Ende Oktober im Einsatz. Auch sinnvoll ist der Bus für die Rückfahrt nach Hattingen. Man fährt von Marienheide bis Leverkusen und dann ab Leverkusen-Mitte mit der Bahn bis Hattingen. Mehr Infos dazu gibt es bei www.bergischer-fahrradbus.de

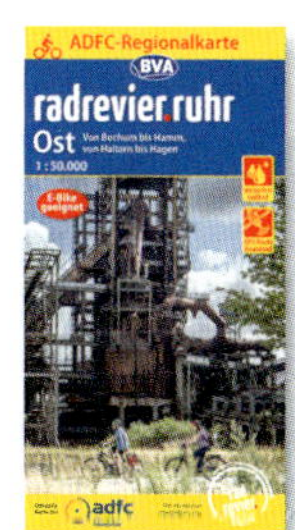

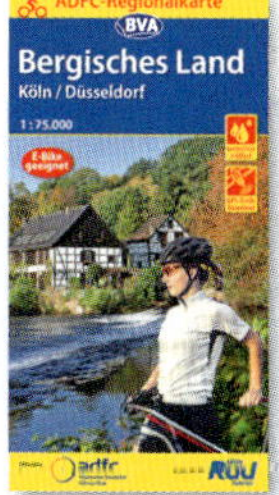

Tour 16

Kleine Berge und große Seen

Eine lange Runde auf der Georadroute Ruhr Eder durch das Sauerland

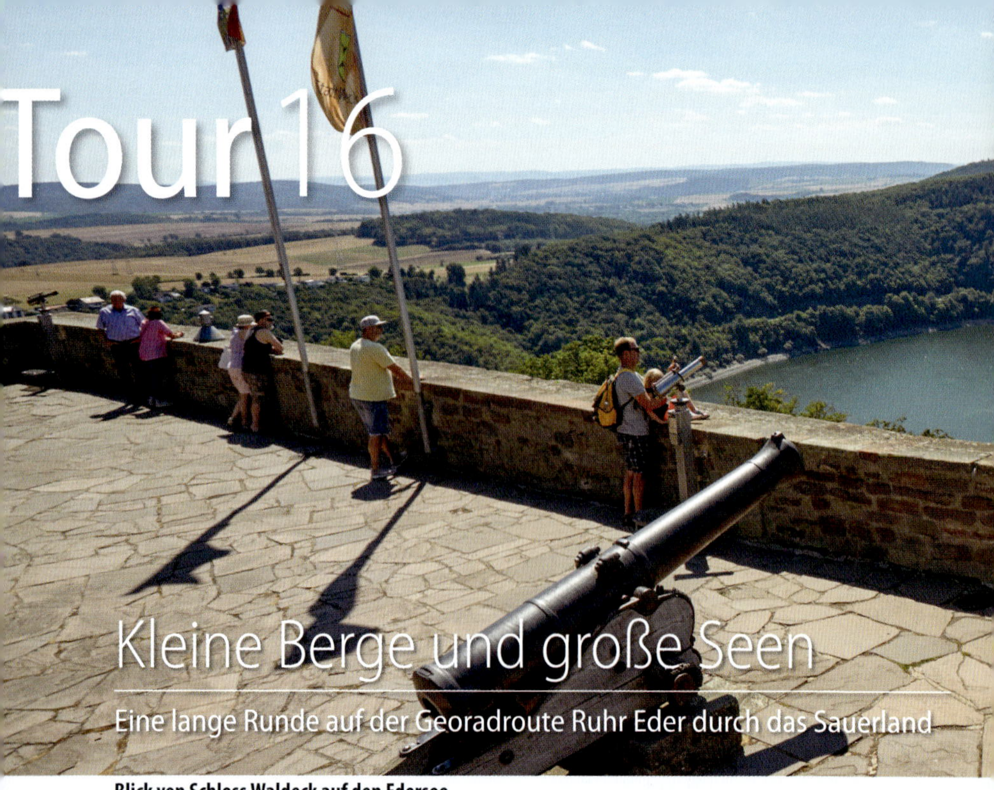

Blick von Schloss Waldeck auf den Edersee

Auch das Mittelgebirge hat spektakuläre Naturschönheiten. Das zeigt diese Rundtour durch das Sauerland inklusive Edersee auf der Georadroute Ruhr Eder. Die Wegweisung erkennt man übrigens an dem Symbol des Korbacher Dackels, einem urzeitlichen Tier, das irgendwie an einen Dackel erinnert.

Als Startort bieten sich vor allem die bekannten Urlaubsorte Willingen, Winterberg oder Brilon an. Wir haben uns für Willingen entschieden. Es liegt auf knapp 600 Metern Höhe und bietet natürlich eine sehr gute touristische Infrastruktur, ist auch mit öffentlichen Verkehrsmitteln recht gut erreichbar. Das Wahrzeichen der Stadt ist ein alter Viadukt, der auch heutzutage noch von der Bahn befahren wird. Bekanntestes Bauwerk ist aber die Mühlenkopfschanze. Sie wurde vor über 70 Jahren erbaut, oft renoviert und ist heute die größte Schanze der Welt – kurioserweise aber keine Skiflugschanze. Wintersport ist hier für Mittelgebirgsverhältnisse ein großes Thema mit der Biathlon Arena und einem ziemlich stattlichen Skigebiet.

Panorama-Tourinfo

Die Tour ist als Georadroute Ruhr Eder ausgeschildert. Man fährt auf gut ausgebauten Radwegen, auf alten Bahntrassen, Wirtschaftswegen und Nebenstraßen. Unterwegs gibt es etliche Bergauf- und Bergabpassagen und eine kurze Fahrt mit der Fähre auf dem Edersee. Es ist also etwas Kondition gefragt oder wenigstens ein E-Bike. Eine Strecke für drei bis fünf Tage.

Start/Ziel: Willingen

Länge: 202 km

Höhenunterschied: 2.340 m

Information: Sauerland Tourismus,
Tel. +49 (0)2974 / 96980, www.sauerland.com

Von Willingen geht es dann raus ins Grüne über sanft geschwungene Wiesen auf gut ausgebauten, meist asphaltierten Radwegen und mit etlichen Bergabpassagen.

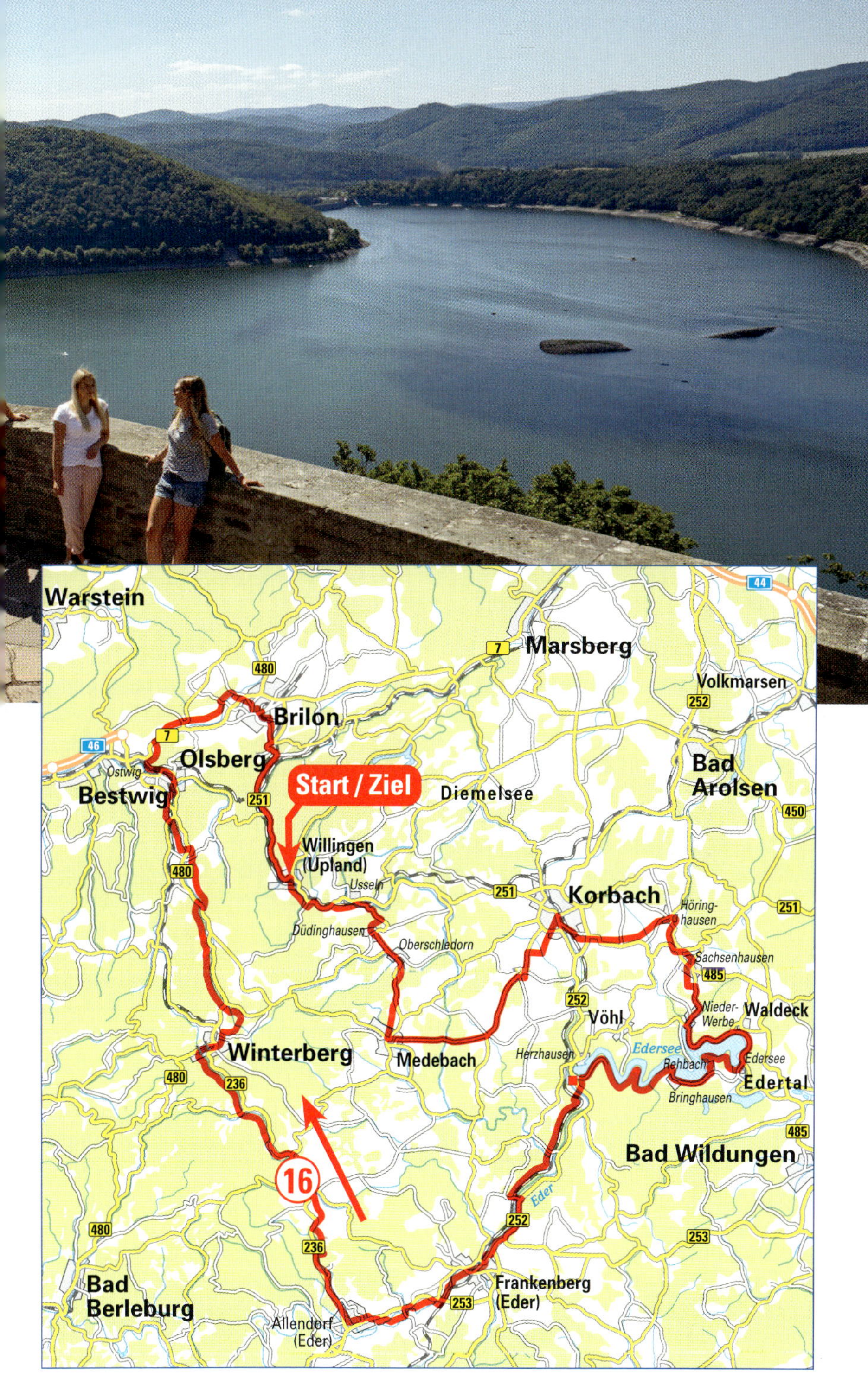
Warstein
Marsberg
Volkmarsen
Brilon
Olsberg
Bestwig
Ostwig
Start / Ziel
Diemelsee
Bad
Arolsen
Willingen
(Upland)
Usseln
Korbach
Höring-
hausen
Düdinghausen
Oberschledorn
Sachsenhausen
Vöhl
Nieder-
Werbe
Waldeck
Winterberg
Medebach
Herzhausen
Edersee
Rehbach
Edertal
Bringhausen
Bad Wildungen
16
Eder
Bad
Berleburg
Allendorf
(Eder)
Frankenberg
(Eder)

16

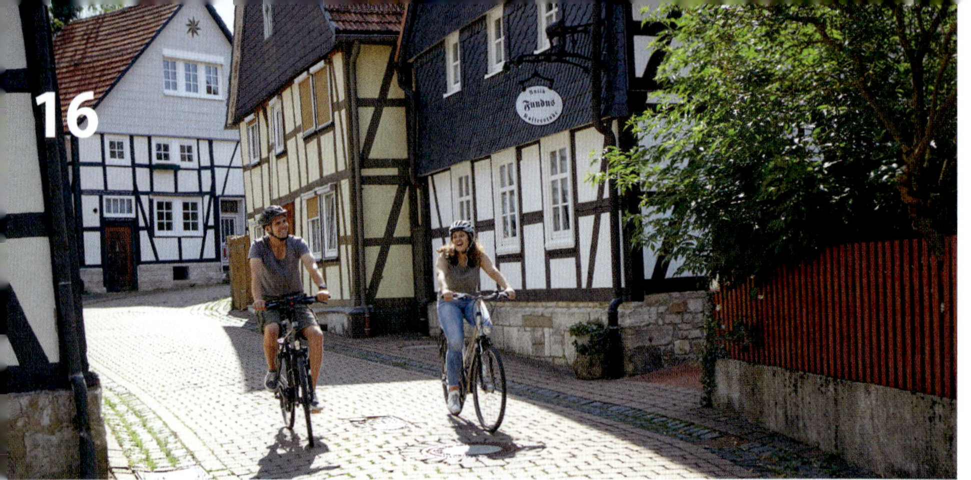

Schöne Fachwerkhäuser begleiten die Fahrt durch Korbach

Auf dem Weg durch den nächsten Ort Usseln könnte man am östlichen Ortsrand einen Stopp beim Kurioseum in der Düdinghauser Straße machen, einer reizvollen Sammlung alter Autos, Motorräder und Kuriositäten.

Düdinghausen und Oberschledorn sind Zwischenstationen auf dem Weg nach Süden bis nach Medebach.

In Oberschledorn, das Teil von Medebach ist, obwohl es noch fünf Kilometer entfernt ist, gibt es ein interessantes Kunst- und Malzentrum. In Medebach locken schließlich veritable Freizeitangebote wie der Aventura SpielBerg oder das Erlebnisbad Aqua Mundo.

Von Medebach führt die Tour nun direkt nach Osten Richtung Korbach und Edersee. Der Streckenverlauf ist mit kürzeren Anstiegen und längeren Bergabfahrten recht abwechslungsreich.

Korbach war einst die südlichste Hansestadt. Von ihrer bedeutenden Geschichte zeugen noch Reste der Stadtmauer, die stattlichen Kirchen, das ehemalige Kloster und die zahlreichen gut erhaltenen Fachwerkhäuser sowie ein nachgebauter Pranger in der Altstadt. Da wir auf einer Georadroute unterwegs sind, könnte man noch dem Naturkundemuseum Korbacher Spalte einen Besuch abstatten. Die ist benannt nach einem Fundort mit vielen prähistorischen Objekten. Im Museum am Südrand der Stadt begegnet man auch dem Procynosuchus, dem „Korbacher Dackel", der eigentlich ein Reptil war.

Nun geht es weiter auf der Trasse der ehemaligen Ederbahn Richtung Waldeck. Die Fahrt bis zum Edersee verläuft nun mehr als entspannt, da es über Höringhausen und Sachsenhausen überwiegend bergab geht bis kurz vor den See – nach Nieder-Werbe. Von dort sind es nur noch wenige Kilometer bis nach Waldeck und zum Edersee selbst.

In Nieder-Werbe gibt es nicht nur eine stattliche Sommerrodelbahn sondern eine ungewöhnliche Historie. Als die Edertalsperre ab 1908 erbaut wurde, musste dafür ein Teil des Ortes geflutet werden. Deshalb ragt aus dem Reiherbach-Vorstaubecken noch die Spitze des Kirchturms aus dem Wasser. Ganz so wie das berühmte Pendant am Reschensee in Südtirol.

An prominenten Bauwerken mangelt es Waldeck nicht. Da ist vor allem das mächtige Schloss Waldeck, das den Ort überragt und das im zwölften Jahrhundert erbaut worden ist. Heute beherbergt es ein Museum, ein Hotel und ein Restaurant. Direkt unter dem Schloss befinden sich das Strandbad und die Anlegestelle der Personenschiffe. Vom Schloss aus hat man auch einen perfekten Blick hinüber zur großen Edertalsperre. Hinauf kommt man übrigens auch mit einer Gondelbahn. Der Edersee rund um Waldeck ist heute eine gut entwickelte Urlaubsdestination, die man mit dem Rad gut „erradeln" kann.

Der Radweg folgt nun dem Ufer des Edersees bis zur Talsperre inklusive Fähre und weiter über Rehbach bis nach Bringhausen, von dem beim Bau der Sperre ebenfalls ein Teil des Ortes versenkt wurde. Vor Bringhausen gibt es die kleine Liebesinsel, auf der die Reste einer alten Burg stehen. 15 Kilometer sind es von Waldeck bis Bringhausen, weitere 15 Kilometer, bis sich der Weg links nach Süden wendet und dem Lauf der Eder folgt.

Im Nationalparkzentrum Kellerwald (in Vöhl-Herzhausen) könnte man sich eine interessante Ausstellung zum Thema Wildnis inklusive 4D-SinneKino anschauen.

Gut 20 Kilometer sind es nun bis nach Frankenberg. Nach weiteren zehn Kilometern biegt man in Allendorf rechts ab. Nun führt der Weg für gut 30 Kilometer bis Winterberg auf einer alten Bahntrasse stetig bergauf und erreicht dort den höchsten Punkt der Tour auf 674 Metern.

Winterberg ist wie Willingen ein etablierter Wintersportort. Im Sommer tummeln sich Radler im Bikepark.

Bis Ostwig hat man nun 20 entspannte Kilometer vor sich. Es geht von 674 auf gut 300 Meter runter. Bei den folgenden 14 Kilometern bis Brilon muss man wieder rauf auf 500 Meter Höhe.

Kartentipp:
ADFC-Regionalkarte Sauerland, 1:75.000, ISBN 978-3-87073-930-0, € 8,95;
ADFC-Regionalkarte Lahntal, 1:75.000, ISBN 978-3-96990-027-7, € 9,95;
ADFC-Regionalkarte Kassel/Nordhessen, 1:75.000, ISBN 978-3-87073-888-4, € 8,95
Digital für Smartphones und Tablets:
www.fahrrad-buecher-karten.de/rk-digital

Einkehren

Troll`s Brauhaus, Medelbach
Erlebnisgastronomie auf Sauerländer Art. Ein Braugasthof im Zentrum von Medelbach mit hausgemachten Bieren und herzhafter Küche.
www.trolls-brauhaus.de

Restaurant-Café zum Kanapee, Willingen
Klassische Hausmannskost in nostalgischer Wohnzimmergemütlichkeit.
www.zuraltenpost-willingen.de

Übernachten

Hotel Schloss Waldeck, Waldeck
Kein billiges Vergnügen, aber die Lage und das historische Gemäuer des Viersternehotels hoch über dem Edersee sind ein unvergessliches Erlebnis.
www.hotel-schloss-waldeck.de

Rüters Parkhotel, Willingen
Elegantes Viersternehotel in zentraler Lage in Willingen. Gutes Wellnessangebot, Bett und Bike Hotel.
www.parkhotel-willingen.de

Oversum Vital Resort, Winterberg
Hotel mit ungewöhnlicher eiförmiger Architektur im Kurpark von Winterberg. Bett und Bike Hotel. Gutes Wellnessangebot.
www.oversum-vitalresort.de

Dafür empfängt uns Brilon mit schöner alter Fachwerkarchitektur.

Auch beim Schlussspurt bis Willingen geht es noch ein wenig bergauf auf ruhigen Wirtschaftswegen und am Schluss vorbei an der Sommerrodelbahn ins Zentrum von Willingen.

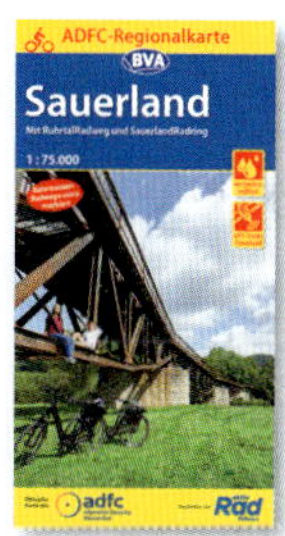

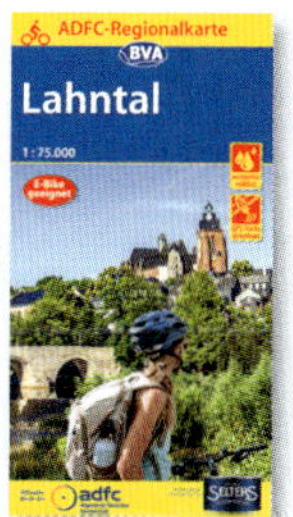

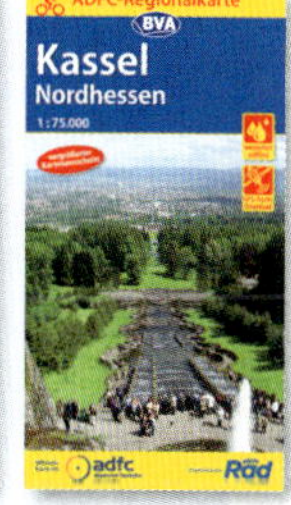

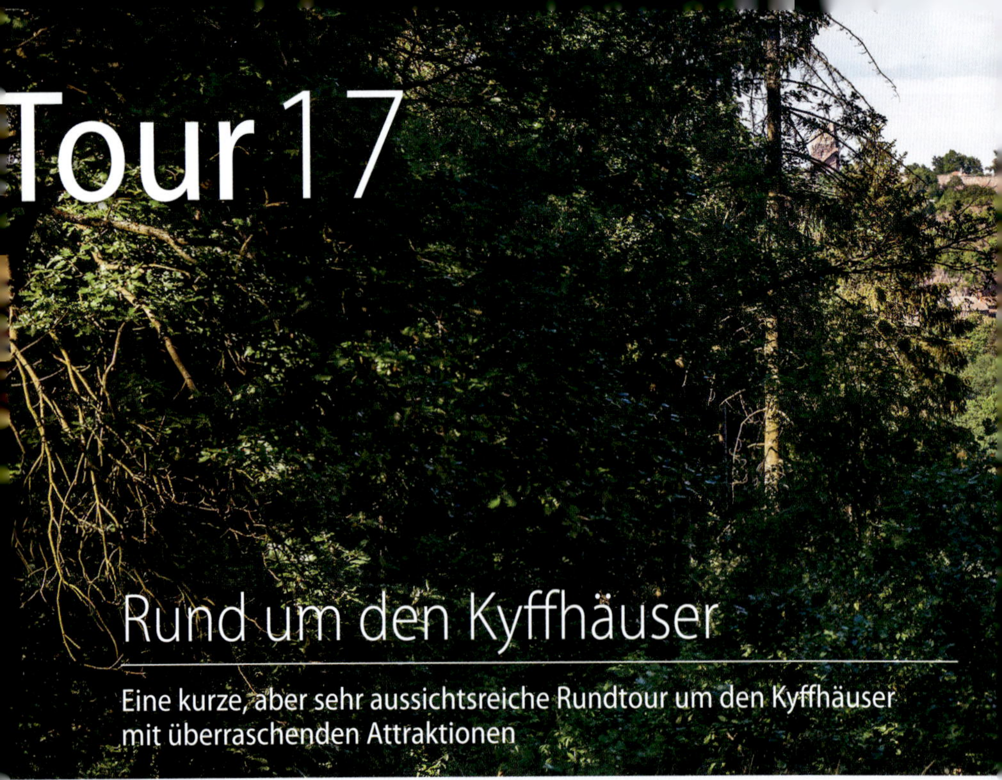

Tour 17

Rund um den Kyffhäuser

Eine kurze, aber sehr aussichtsreiche Rundtour um den Kyffhäuser mit überraschenden Attraktionen

In doppelter Hinsicht der Höhepunkt der Tour – das Kyffhäuser Denkmal

Der Kyffhäuser ist zwar ein kleines Mittelgebirge. Die 73 Kilometer lange Fahrt rundherum bietet aber so viele Sehenswürdigkeiten, dass man damit auch zwei Tage füllen könnte. Gemütliche Radwege und Nebenstraßen, die meist asphaltiert sind, ein Badesee und ein Ausflug hinauf zu Kaiser Barbarossa sorgen für reichlich Abwechslung.

Es gibt größere und spektakulärere Gebirge als den Kyffhäuser. Es ist ein kleines Mittelgebirge, das nur wenige Kilometer südlich des Harzes auf Thüringer Gebiet liegt und überwiegend dicht bewaldet ist. Mit einer Gesamtfläche von rund 70 Quadratkilometer ist es sehr überschaubar und damit auch ideal für eine Rundtour mit dem Rad. Diese Radrunde ist etwa 73 km lang und mit knapp 500 Höhenmetern auch sportlich nicht sehr anspruchsvoll. Allerdings ist ein kurzer steiler Anstieg dabei, mit dem es viel zu sehen gibt. Viel Natur, jede Menge Historie und Mythen und dazu auch moderne Attraktionen.

Wir starten dazu in Heldrungen, einem kleinen Ort nahe der Grenze von Thüringen zu Sachsen-Anhalt. Dort beim Bahnhof ist der ideale Ausgangspunkt gerade für Radler, die mit öffentlichen Verkehrsmitteln anreisen wollen.

Der Bahnhof befindet sich am westlichen Ortsrand ein paar Meter vom Ufer der Unstrut entfernt. Hier beginnt die Tour und führt nach wenigen hundert Metern zum Nachbarort Oldisleben.

Der Ort hat eine lange, aber längst vergangene Bergbautradition und vor allem eine Zuckerfabrik, die über 100 Jahre im Betrieb war und in derem historischen Gebäude heute ein Zuckermuseum eingerichtet ist. Süße Sachen stehen hier in Oldisleben hoch im Kurs. Am anderen Ende des Ortes begegnen wir der Goethe Chocolaterie. Hier wer-

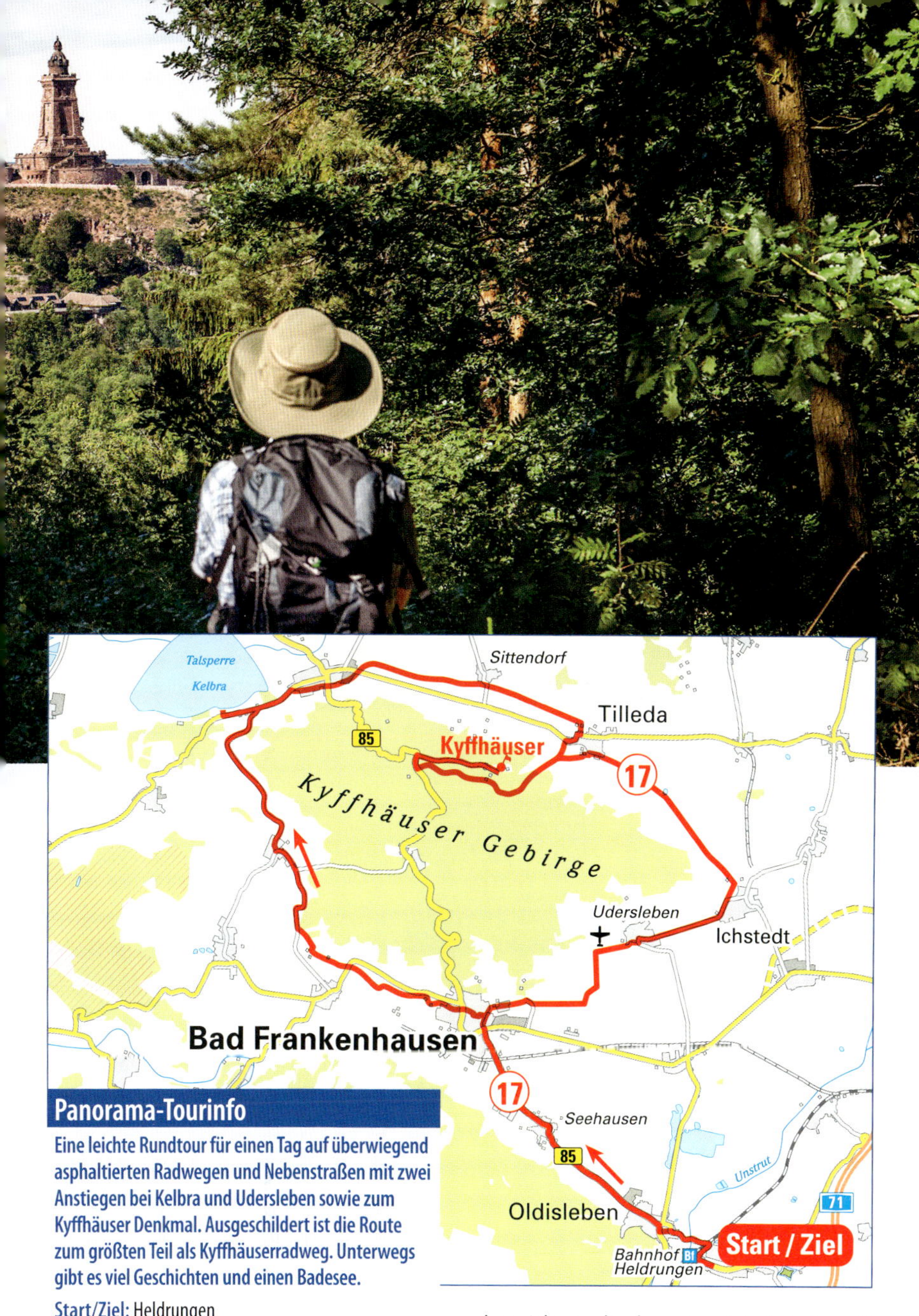

Panorama-Tourinfo

Eine leichte Rundtour für einen Tag auf überwiegend asphaltierten Radwegen und Nebenstraßen mit zwei Anstiegen bei Kelbra und Udersleben sowie zum Kyffhäuser Denkmal. Ausgeschildert ist die Route zum größten Teil als Kyffhäuserradweg. Unterwegs gibt es viel Geschichten und einen Badesee.

Start/Ziel: Heldrungen

Länge: 73 km

Höhenunterschied: 497 m

Information: Tourismusverband Kyffhäuser, Tel. +49 (0)3632 / 741317, www.region-suedharz-kyffhaeuser.de

den nicht nur hochwertige Schokolade, Trüffel, Aufstriche und Marmeladen produziert, hier kann man auch fein Kaffee trinken und verführerische Süßigkeiten kosten. Aber eigentlich ist es ja noch etwas früh für eine Pause.

17

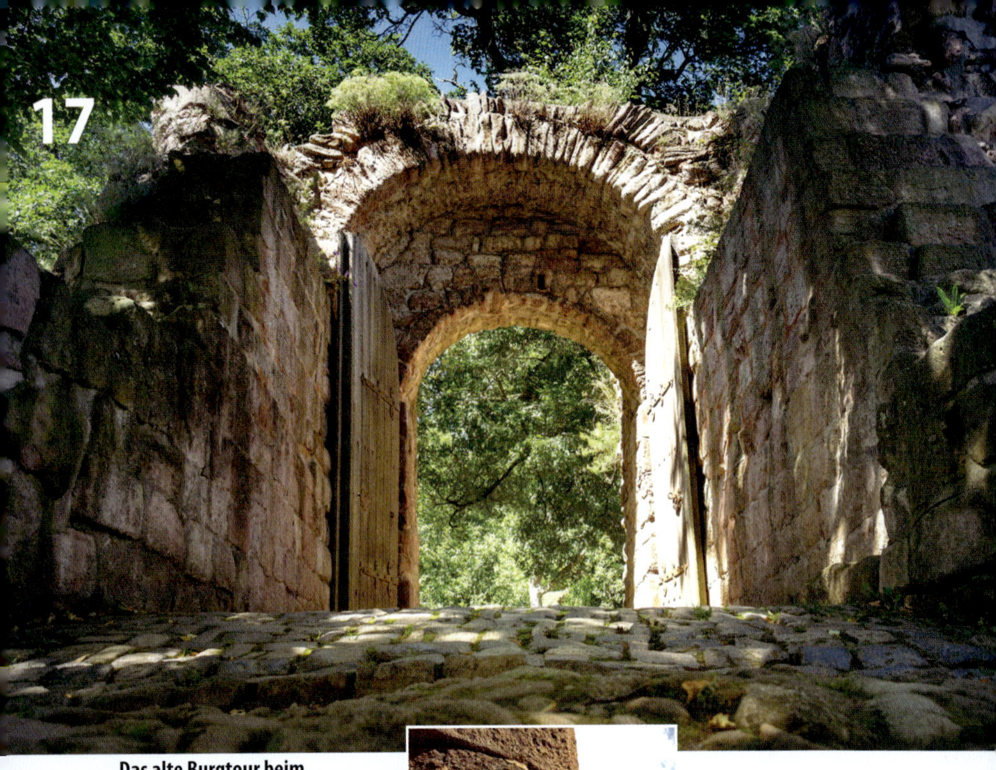

Das alte Burgtour beim Kyffhäuser Denkmal

Die Tour führt weiter über Seehausen Richtung Bad Frankenhausen an der Bundesstraße 85 entlang.

Bad Frankenhausen ist eine traditionsreiche Kurstadt, in der es früher eine bedeutende Knopfindustrie gab. Heute spielt der Tourismus eine wichtige Rolle dank Kyffhäuser und einigen besonderen Attraktionen. Dazu gehört vor allem die Barbarossahöhle nordwestlich des Ortes. Diese 15.000 Quadratmeter große Höhle wurde 1865 entdeckt und ist eine berühmte Schauhöhle. Glaubt man der Sage, dann soll dort Kaiser Friedrich Barbarossa schlafen, bis sein Bart drei Mal um den runden Tisch gewachsen ist. Dann soll das Ende der Welt anstehen. Wesentlich realistischer ist da das moderne Panorama Museum am Nordrand, in dem ein Panoramabild des Bauernkriegs im 16. Jahrhundert ausgestellt ist. Was aber in Bad Frankenhausen ganz besonders ins Auge fällt, das ist der auffallend schiefe Turm der Oberkirche. An der obersten Spitze hat der Turm eine Fehlneigung von 4,60 Metern. Wer mehr über die Region erfahren will, kann das Regionalmuseum im Schloss Frankenhausen besuchen, dass sich nah am Zentrum bei der Bundesstraße befindet.

Am Kurpark in Bad Frankenhausen treffen wir auf den Kyffhäuserradweg. Die Radtour führt zunächst etwas Richtung Nordwesten, verlässt dann die Straße und führt über die Wiesen vorbei an den waldreichen und mit Gipsfelsen durchsetzten Hängen direkt zur Barbarossahöhle und weiter am Rand des Kyffhäusers stetig bergauf bis zur Talsperre Kelbra.

Die Talsperre wurde für den Hochwasserschutz als Staubecken in den sechziger Jahren angelegt und ist heute ein beliebtes Freizeitzentrum für Wassersportler. Dazu gehören das Strandbad, ein großer Campingplatz, die Möglichkeiten zum Surfen und Segeln und ein eigener FKK-Bereich. Hier kann man im Frühjahr und im Herbst auch viele Zugvögel beobachten.

Nach dem Anstieg folgt auch eine längere Bergabstrecke. Hinter der Talsperre verlassen wir die Landstraße und es geht recht flach auf einem ehemaligen Bahndamm vorbei an Obstwiesen weiter bis Sittendorf und Tilleda. Dort bietet sich rechts der Abstecher hinauf zum berühmten Kyffhäuser Denkmal an. Hier hat man die Wahl, die ca. 200 Höhenmeter auf nur 2 km Länge, dafür aber z.T. zu Fuß, oder über einen ca. 8 km langen Schlenker nach Westen zu absolvieren.

Stolze 81 Meter ist das monumentale Bauwerk hoch, das auf den Ruinen einer ehemaligen Reichsburg erbaut worden ist. Gestaltet hatte es Bruno Schmitz, der auch für das Völkerschlachtdenkmal in Leipzig verantwortlich war. Man kann dies auch verbinden mit einem kurzen Spaziergang durch die Überreste der alten Reichsburg (mit dem 176 Meter tiefen Burgbrunnen) bis zum Barbarossaturm. Auch wenn man sich nicht für Geschichte interessiert, ist der kurze Ausflug dort hinauf wegen der schönen Aussicht über die Region rund um den Kyffhäuser lohnenswert.

Zurück in Tilleda gibt es wieder einiges zu entdecken. Zum Beispiel das Freilichtmuseum Königspfalz, an deren Stelle sich im Frühmittelalter, also ab dem achten Jahrhundert, eine Herrschaftsresidenz befand. Mit originalen Ausgrabungen und Rekonstruktionen wurde eine solche Pfalz, wie das früher hieß, wieder aufbereitet, inklusive Repräsentationsgebäude, Wehranlagen, Wohnhäuser und Werkstätten.

Kartentipp:
ADFC-Regionalkarte Harz,
1:75.000, ISBN 978-3-87073-846-4, € 8,95
Digital für Smartphones und Tablets:
www.fahrrad-buecher-karten.de/rk digital

Einkehren

Goethe Chocolaterie, Oldisleben
Viele köstliche Süßigkeiten, Kaffee, Kuchen und Torten gibt es in der alten Villa am Ortsrand.
www.goethe-chocolaterie.de

Restaurant Seeblick, Kelbra
Äußerlich ein eher schlichtes Restaurant in schöner Lage direkt am See. Gutbürgerliche Küche.
www.seeblick-kelbra.de

Übernachten

Burghof Kyffhäuser, Tilleda
Direkt beim Kyffhäuser Denkmal oberhalb von Tilleda steht das Mittelklassehotel, in dem man in historischen Räumlichkeiten speisen kann. Schöne Aussicht auf die Umgebung.
www.burghof-kyffhaeuser.de

Hotel Residenz, Bad Frankenhausen
Viersternehotel in schöner Aussichtslage oberhalb von Bad Frankenhausen. Sehr traditionell eingerichtete Zimmer, kleiner Wellnessbereich.
www.residenz-frankenhausen.de

Von Tilleda sind es dann rund drei Kilometer zuerst leicht bergauf und dann sanft bergab bis nach Ichstedt.

Dort gibt es mit der alten romanischen Wehrkirche aus dem 12. Jahrhundert eine historische Rarität.

In Ichstedt hält man sich rechts und fährt geradeaus weiter bis Udersleben, dann vorbei am Flugplatz des Aero Clubs und rechts bis nach Bad Frankenhausen. Die letzten zehn Kilometer zum Ausgangspunkt beim Bahnhof Heldrungen sind identisch mit dem Hinweg.

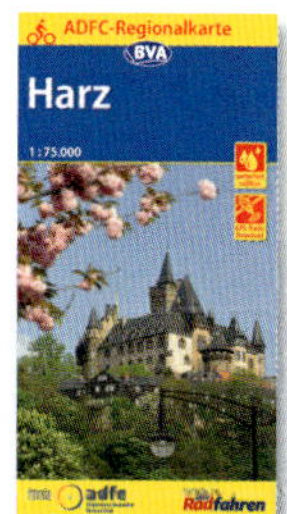

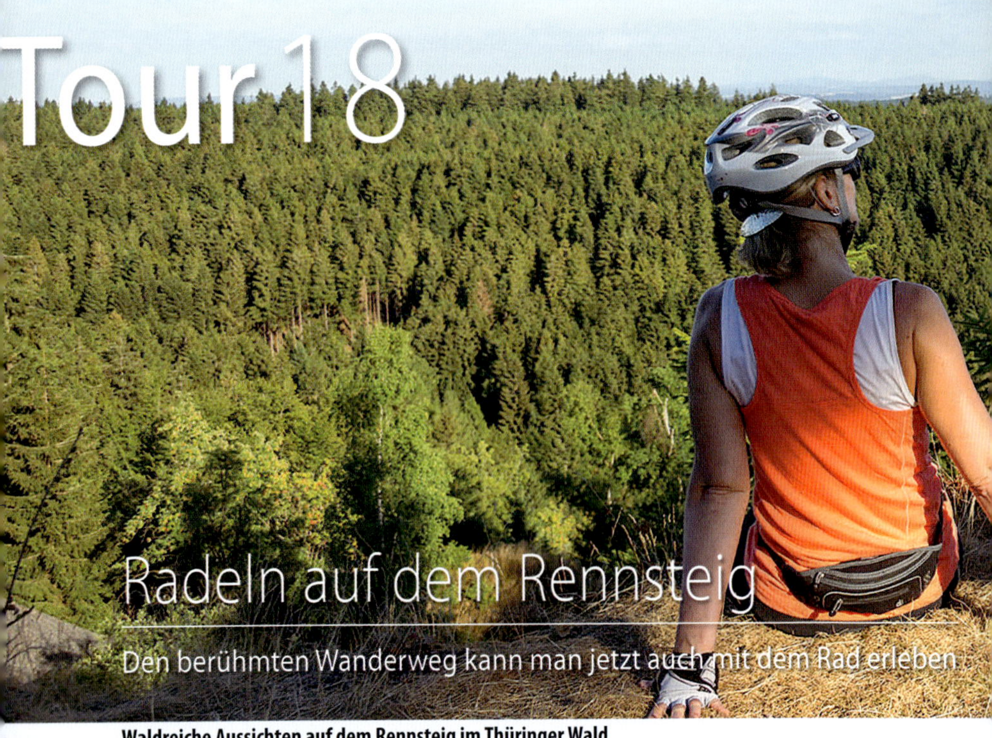

Tour 18

Radeln auf dem Rennsteig

Den berühmten Wanderweg kann man jetzt auch mit dem Rad erleben

Waldreiche Aussichten auf dem Rennsteig im Thüringer Wald

Der Rennsteig, der aussichtsreiche Fernwanderweg auf dem Kamm des Thüringer Waldes ist neuerdings auch ein langer und teils recht sportlicher Radwanderweg. Unterwegs begegnen einem nicht nur schöne Aussichtspunkte sondern auch sportliche Highlights und interessante Geschichten. Die gut 200 Kilometer sind ein reizvolles Programm für vier bis fünf Tage.

Man sollte den Namen nicht zu ernst nehmen. Dies ist keine Rennstrecke sondern ein ziemlich langer Radweg, der auf 200 Kilometern von Hörschel bei Eisenach quer durch Thüringen und den Thüringer Wald sowie Frankenwald in südöstlicher Richtung bis nach Blankenstein verläuft. Der Radweg führt dabei nicht durchgehend auf dem Rennsteig, er macht diverse Ausflüge. Der Rennsteig hat ja als Weitwanderweg eine lange Tradition und zählt zu den beliebtesten Wanderstrecken in Deutschland. Dies ist nun die Variante für Radfahrer. Man könnte den ganzen Weg durchaus als Programm für eine ganze Woche planen. Die ersten Passagen und das Schlussstück sind relativ sportlich mit allerhand Höhenmetern. Und dann gibt es viele Sehenswürdigkeiten entlang der Strecke – und das beginnt schon beim Start. Denn das nahe Eisenach hat mit der berühmten Wartburg, mit dem Bachhaus (Geburtsort von Johann Sebastian Bach) und dem Automobilmuseum sehr prominente Sehenswürdigkeiten.

Die erste Etappe führt auf 80 Kilometern bis zum bekannten Wintersportort Oberhof. Es ist ein ziemlich sportlicher Auftakt mit allerhand Anstiegen auf den ersten 30 Kilometern und insgesamt rund 2.300 Höhenmetern. Mit reichlich Waldpassagen geht es über Clausberg bis kurz vor Ruhla, dann über die Schlauchentalwiesen weiter bis zum Nordrand von Brotterrode.

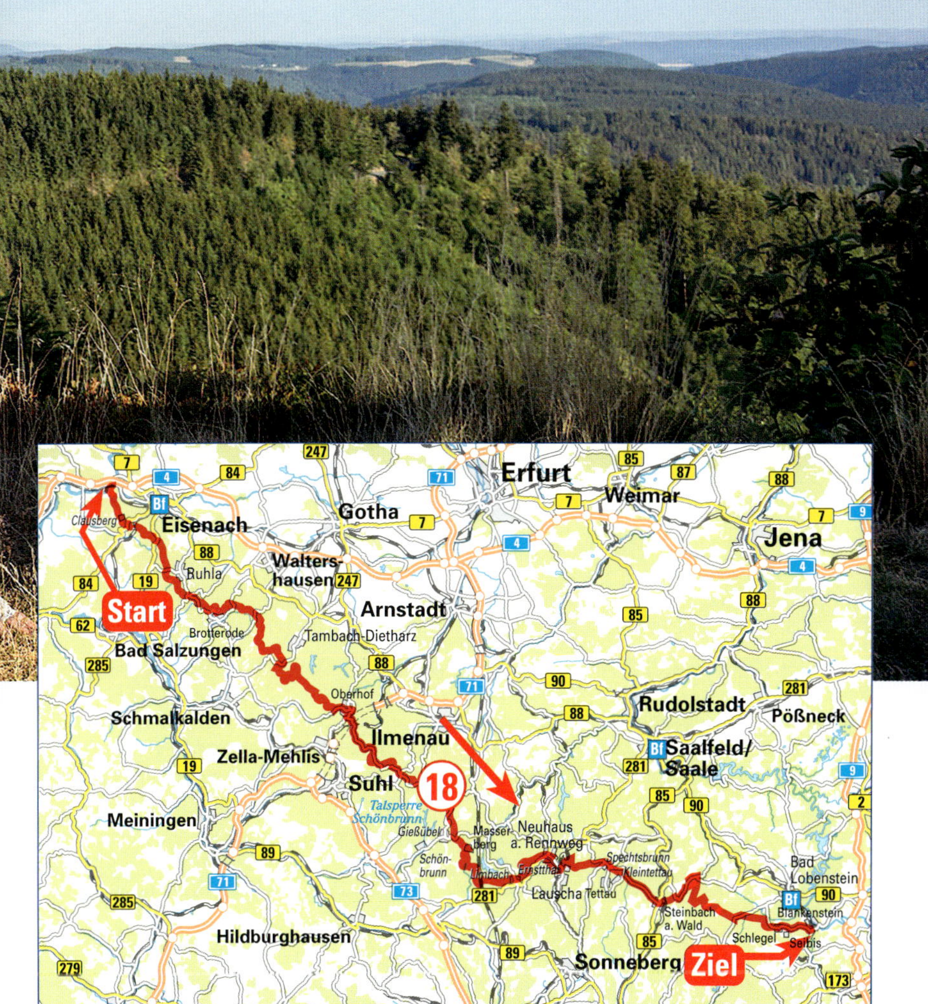

Panorama-Tourinfo

Die Radtour auf dem Rennsteig verläuft nicht durchgehend aber überwiegend auf dem berühmten Wanderweg. Etwa zwei Drittel der Strecke befinden sich auf Waldwegen bzw. Forststraßen und ein Drittel auf asphaltierten Straßen. Man orientiert sich dabei am Symbol R mit dem schwarzen Radfahrer. Es ist eine vor allem am Anfang und am Ende recht anspruchsvolle Strecke mit soliden Höhenunterschieden. Die drei vorgeschlagenen Etappen kann man auch auf vier oder fünf Tage ausweiten, wenn man sich zu große Strapazen ersparen will. Geländegängige Räder sind empfehlenswert.

Start: Eisenach

Ziel: Blankenstein

Länge: 200 km

Höhenunterschied: 2.870 m

Information: Thüringen Tourismus, Tel. +49 (0) 361 / 37420, www.thueringen-entdecken.de

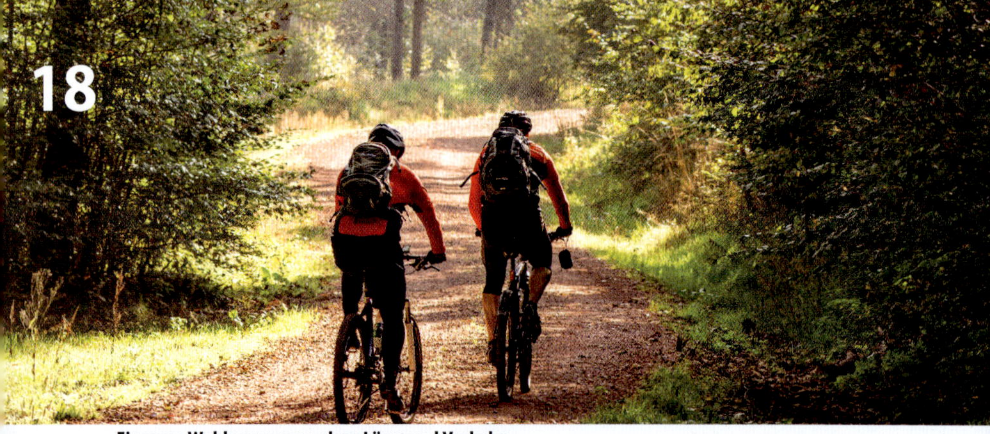

Einsame Waldwege ganz ohne Lärm und Verkehr

Die Inselbergschanze am Südrand des Ortes ist seit vielen Jahren eine der prominentesten Sprungschanzen und Schauplatz großer Wettkämpfe. Entsprechend kommen viele erfolgreiche Skispringer aus Brotterode.

Nun schlängelt sich die Route auf rund 800 Metern Höhe durch das waldreiche Gebiet und streift den traditionsreichen Kur-Ort Tambach-Dietharz. Die Fahrt auf dem Rennsteig ist nun deutlich entspannter, sind die Höhenunterschiede nicht mehr so sportlich wie auf den ersten 30 km. So geht es weiter bis nach Oberhof, wo man zunächst beim Bikepark vorbei kommt und dann einen knappen Kilometer noch bis ins Zentrum hat.

Oberhof ist eine Institution in Sachen nordischem Wintersport, Austragungsort internationaler Wettkämpfe. Einen Besuch wert ist hier auch das neue Wellnessbad H2Oberhof.

Die zweite Etappe von Oberhof bis nach Neuhaus fährt sich über ca. 64 Kilometern Länge und 1.100 Höhenmeter deutlich entspannter. Viel Natur steht auf dem Programm. Der Radweg schlängelt sich wieder durch den Thüringer Wald und macht einen Ausflug in das Biosphärenreservat Vessertal-Thüringer Wald.

Sehenswert wäre hier noch die Talsperre Schönbrunn, für die man bei Gießübel einen kurzen Abstecher über Schönbrunn machen müsste.

Über Masserberg und Limbach führt die Tour mit vielen Kurven weiter durch den Thüringer Wald bis zum Etappenziel Neuhaus am Rennsteig.

Nur zwei Kilometer entfernt ist die traditionsreiche Glasstadt Lauscha. Die ersten Glasbläser gab es hier schon im 16. Jahrhundert. Heute ist der Ort vor allem bekannt für die Produktion von Christbaumschmuck. Mehr dazu gibt es im Museum für Glaskunst. In Lauscha gibt es auch mehrere Geschäfte, die Weihnachtsartikel verkaufen. Aber auch in Neuhaus findet sich eine Glasbläsertradition und außerdem eine schöne alte Holzkirche.

Die dritte Etappe von Neuhaus am Rennsteig bis nach Blankenstein ist die kürzeste und leichteste: 57 Kilometer und 880 Höhenmeter stehen auf dem Programm. Der Radweg folgt erst einmal der Eisenbahn bis Ernstthal und zieht dann weiter durch den Wald Richtung Osten bis Spechtsbrunn. Kurz danach bei Tettau macht der Weg einen Ausflug über die Grenze nach Bayern in den Frankenwald.

In Kleintettau befindet sich ein ungewöhnliches Museum, ein Ableger der Glasbläsertradition in der Gegend. Im Flakonglasmuseum kann man rund 7.000 Parfumflacons aus Glas in allen Variationen bewundern. Dazu gibt es ein Sonderprojekt, das sich mit der Geschichte der Parfum- und Kosmetikkultur in der DDR beschäftigt.

Weiter geht es durch das bayerische Gebiet bis Steinbach, wo man sich bei der Confiserie Burg Lauenstein mit allerhand süßen Verführungen belohnen kann. Kurz nach Steinbach kehrt der Weg wieder nach Thüringen zurück. Nun quert man das Naturschutzgebiet mit dem umständlichen Namen Jägersruh-Gemäßgrund-Mulschwitzen.

In Seibis, das nur noch wenige Kilometer vom Ziel in Blankenburg entfernt ist, steht ein wilder Apfelbaum, der wegen seines biblischen Alters von 400 Jahren eine Berühmtheit geworden ist. Kurz vor dem Ende bietet sich noch ein Abstecher nach Bad Lobenstein an, das von Schlegel nur acht Kilometer in nördlicher Richtung entfernt ist. Dort gibt es die Burgruine Lobenstein und nebenan das Neue Schloss, das heute für Ausstellungen und Seminare genutzt wird.

Von Schlegel sind es dann nur noch sechs Kilometer bis nach Blankenstein, unserem Zielort auf der Rennsteigreise.

Tipp: Für die Rückfahrt bietet sich eine Verbindung mit Bus und Bahn an. Bis Bad Lobenstein fährt man mit dem Bus (begrenzte Radmitnahme) und weiter mit der Regionalbahn über Saalfeld bis Eisenach. Fahrtzeit zwischen drei und vier Stunden. www.bahn.de

Einkehren

Kartoffelhaus, Eisenach
Originelles Gasthaus mit kreativem Innenleben und vielseitiger Küche rund um die Kartoffel.
www.kartoffelhaus-eisenach.de

Gaststätte Waldschlösschen, Oberhof
Schön am Waldrand gelegenes Gasthaus mit Pension mit rustikalem Innenleben und Thüringer Küche.
www.waldschloesschen-oberhof.de

Gasthaus Possecker, Tettau
Äußerlich recht schlichtes, aber innen modern eingerichtetes Gasthaus mit regionaler Küche und einfachen Gästezimmern.
www.rennsteig.de

Fichtenstube, Steinbach
Gasthaus mit gutbürgerlicher regionaler Küche zu akzeptablen Preisen.
www.fichtenstube.de

Übernachten

Gasthaus und Pension Tor zum Rennsteig, Hörschel
Einfache Pension mit Zimmern und Ferienwohnungen und einem Gasthaus direkt beim Start in Hörschel.
www.rennsteig-beginn.de

Hotel Villa Anna, Eisenach
Stilvolles Boutiquehotel in einer alten Jugendstilvilla unweit der Wartburg.
www.hotel-villa-anna.de

Hotel Traumblick, Oberhof
Mittelklassehotel in schöner aussichtsreicher Lage am Ortsrand. Geräumige Zimmer, Wellness mit Sauna und ein Restaurant mit regionaler und internationaler Küche.
www.pension-traumblick.de

Rennsteighotel Herrnbergerhof, Neuhaus am Rennsteig
Mittelklassehotel in zentraler Lage mit geräumigen Zimmern und Sauna, nur Frühstück.
www.rennsteighotel.de

Gasthof Blankenberg, Blankenberg
Landgasthaus mit einfachen Zimmern zu günstigen Preisen in der Nähe der Burgruine.
www.kriegels-gasthaus.de

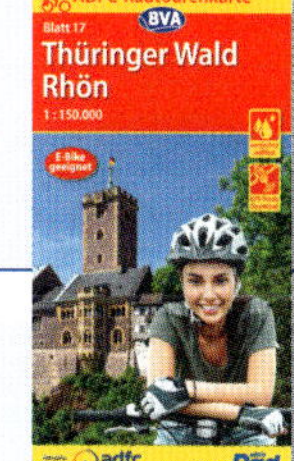

Kartentipp:
ADFC-Radtourenkarte Blatt 17 Thüringer Wald/Rhön,
1:150.000, ISBN 978-3-87073-949-2, € 9,95

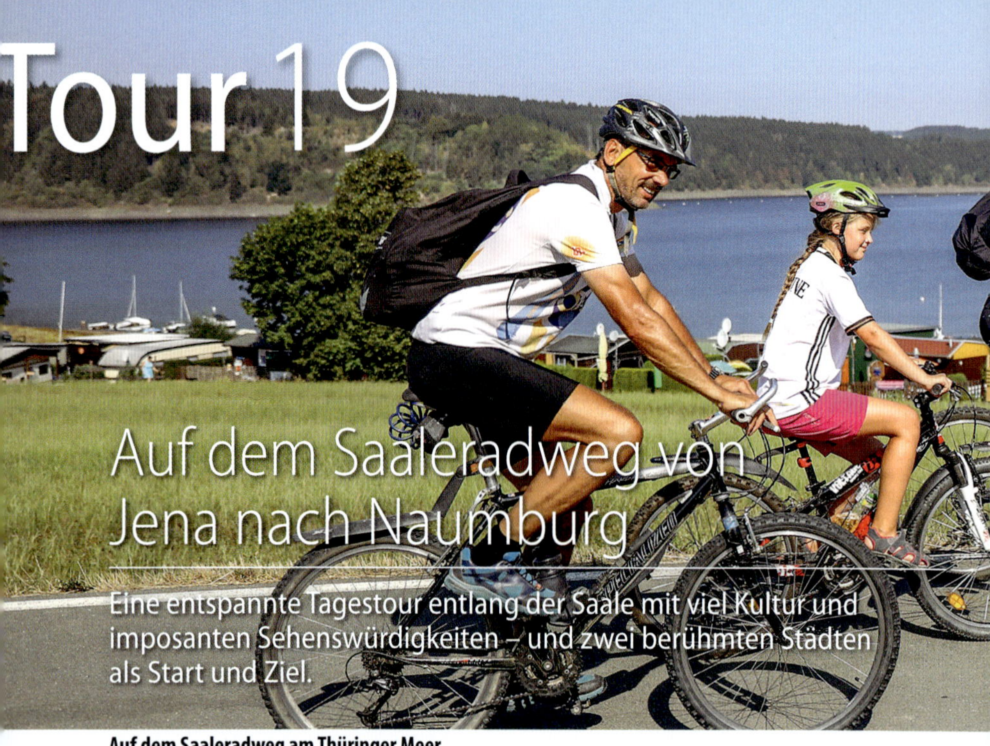

Tour 19

Auf dem Saaleradweg von Jena nach Naumburg

Eine entspannte Tagestour entlang der Saale mit viel Kultur und imposanten Sehenswürdigkeiten – und zwei berühmten Städten als Start und Ziel.

Auf dem Saaleradweg am Thüringer Meer

Man könnte es als Kulturausflug sehen oder auch als lockere Genusstour. Dafür sprechen einerseits die zahlreichen Burgen und Schlösser unterwegs mit dem Naumburger Dom als Ziel, andererseits quert man auch das Weinanbaugebiet Saale-Unstrut und begegnet etlichen verlockenden Weingütern. So gesehen ließe sich die Tour auch ohne Probleme auf einen zweiten oder dritten Tag ausweiten.

An Flüssen entlang zu fahren, birgt oft das Risiko einer gewissen Monotonie. In diesem Fall ist das unbegründet. Start ist in Jena. Bevor man die Stadt verlässt, könnte man noch das Stadtmuseum besichtigen, wo man auch interessante Geschichten zu den sieben Wundern von Jena findet. Sehenswert sind auch das Schott-Museum des berühmten Glasproduzenten und das Romantikerhaus, in dem einst der Dichter Johann Gottlieb Fichte wohnte und das heute eine Literaturausstellung beherbergt.

Der Radweg folgt dem Westufer der Saale Richtung Norden bis Kunitz und wechselt dann auf die andere Seite. An der Saale entlang radelt man vorbei an der Kunitzburg, wechselt dann wieder ans Westufer, um dann bei Dorndorf-Steudnitz wieder ans Ostufer zu fahren. Erstes wichtiges Zwischenziel ist Dornburg, wo sich die Schlösser, die auf mächtigen Muschelkalkfelsen thronen, schon von weitem ankündigen.

Gleich drei Schlösser residieren in prominenter Lage über der Saale, wurden früher als Balkon Thüringens gelobt. Das Alte Schloss umfasst Reste einer mittelalterlichen Burg. Das Rokokoschloss ist ein opulentes Lustschloss aus dem 18. Jahrhundert mit einer umfassenden Porzellansammlung und das Renaissanceschloss ist umgeben von akkurat gepflegten Gärten mit Rosenbeeten. Gleich

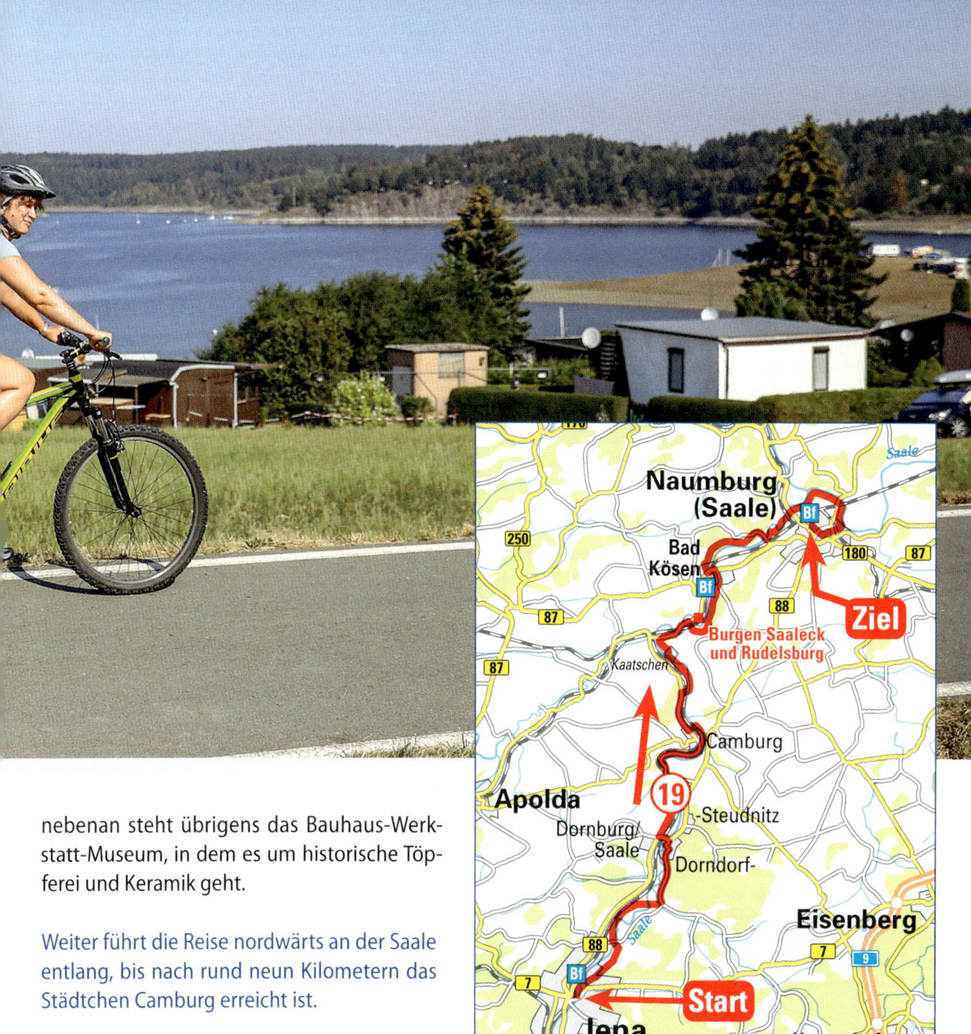

nebenan steht übrigens das Bauhaus-Werkstatt-Museum, in dem es um historische Töpferei und Keramik geht.

Weiter führt die Reise nordwärts an der Saale entlang, bis nach rund neun Kilometern das Städtchen Camburg erreicht ist.

Auf der rechten Seite sieht man die Überreste der Burg Camburg mit dem Bergfried, wo heute ein Museum eingerichtet ist. Den Turm kann man übrigens auch besteigen, was oben mit einer schönen Aussicht belohnt wird.

Weiter geht die Reise am linken Saaleufer entlang mit kleinen Abstechern über die Wiesen bis nach Kaatschen. Den kleinen Weinort erkennt man schon bald mit den terrassenförmig angelegten Weingärten. Hier fährt man wieder über die Saale und kommt gleich am Weingut Zahn vorbei, zu dem auch ein Restaurant mit Thüringer Weinstube gehört. Ein guter Anlass für eine Pause.

Panorama-Tourinfo

Eine relativ kurze Tour auf Radwegen und Nebenstraßen mit einigen überschaubaren Anstiegen und vielen Sehenswürdigkeiten neben der Strecke.

Start: Jena

Ziel: Naumburg

Länge: 54 km

Höhenunterschied: 350 m

Information: Jena Tourist Information, www.visit-jena.de; Saale Unstrut Tourismus, www.saale-unstrut-tourismus.de

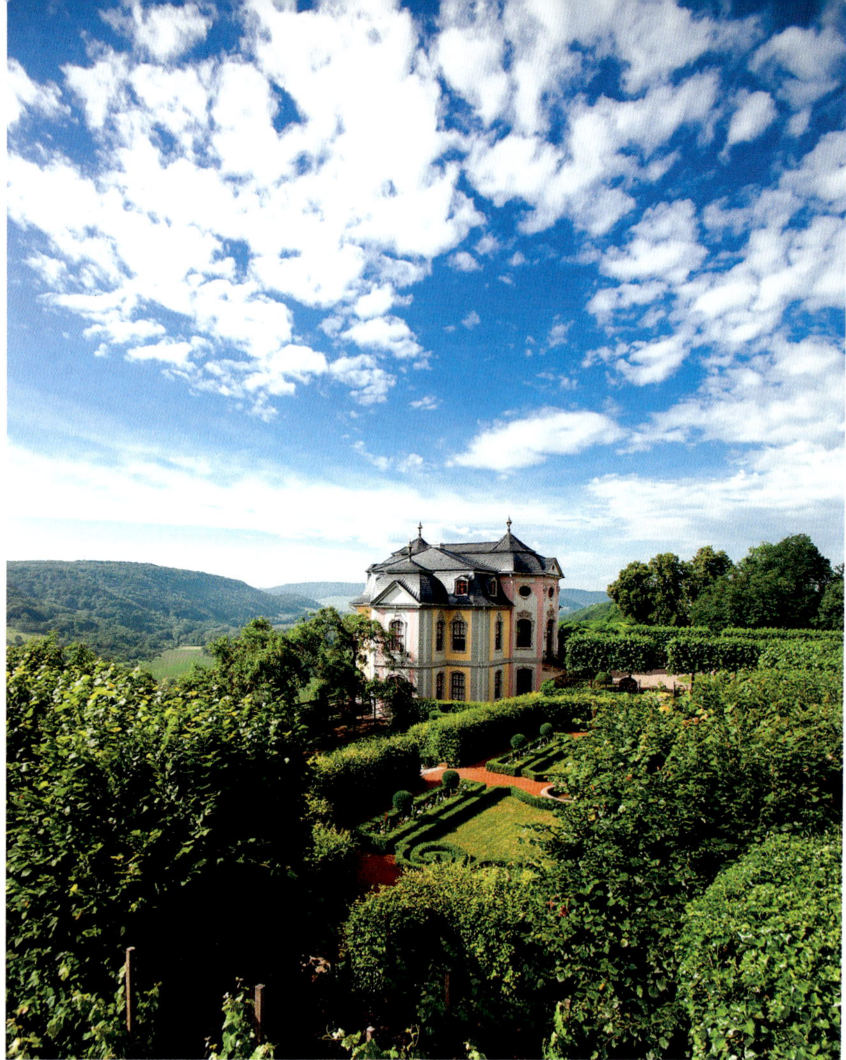

Das Rokokoschloss in Dornburg bietet herrliche Aussichten auf den Lauf der Saale

Danach absolviert die Saale einige weite Bögen, die unser Weg zum Teil abkürzt und direkt auf die beiden Burgen Saaleck und Rudelsburg zusteuert.

Die beiden Burgen stehen sich in kurzem Abstand von rund 300 Metern direkt auf jeweils einer Anhöhe gegenüber. Die linke Burg Saaleck mit den beiden runden Türmen hat eine knapp 1.000jährige Geschichte. Die Ruine wurde umfangreich instandgesetzt und hat heute im Westturm eine Ausstellung zur Geschichte der Anlage. Die Rudelsburg ist ähnlich alt und residiert auf einem Hang mit steilen Felswänden. Hier gibt es ein Restaurant mit etlichen Tischen im Burginnenhof. Eine stilvolle Umgebung für eine Einkehr und passend auch zur Umgebung mit den zahlreichen Weingärten.

Nach Bad Kösen, der nächsten Station, sind es nur wenige Minuten mit dem Rad.

Bad Kösen ist ein traditionsreiches Heilbad, was auch das stolze Berghotel Wilhelmsburg dokumentiert, das über dem Ort residiert und vor gut 150 Jahren zu Ehren Kaiser Wilhelm I. im gotischen Stil erbaut wurde. Wir sind nun im Weinanbaugebiet Saale-Unstrut, einer der nördlichsten Weinregionen Deutschlands. Der Wein hat hier eine lange, über 1.000 Jahre währende Tradition. Vor allem Weißweine werden hier angebaut, dabei die Sorten Bacchus, Riesling, Müller-Thurgau, Weiß- und Grauburgunder. Bei den Rotweinen sind es insbesondere Blauer Zweigelt, Dornfelder, Portugieser und Spätburgunder. Wer sich mehr für den Wein interessiert, ist in dem Landesweingut Kloster Pforta kurz nach Bad Kösen direkt an der Saale genau richtig. Hier gibt es in dem ehemaligen Zisterzienserkloster zum Wein auch eine Vinothek, ein Gutsrestaurant und Übernachtungsmöglichkeiten.

Von Bad Kösen aus sind es dann nur noch ein paar Kilometer entlang der Saale, die hier noch ein paar Kurven hinlegt, bis zum Ziel in Naumburg.

Natürlich sollte man hier in Naumburg dem berühmten Dom St. Peter und St. Paul einen Besuch abstatten, der zum UNESCO Weltkulturerbe gehört. Die mächtige Kathedrale im gotisch-romanischen Stil wurde im 13. Jahrhundert erbaut und immer wieder erweitert. Berühmt sind die 12 Stifterfiguren im Westchor, darunter die aus Kreuzworträtseln bekannte Uta. Man sollte sich aber auch Zeit nehmen für das historische Zentrum der Stadt mit dem Marktplatz, dem im Renaissancestil gebauten Rathaus und dem Nietzsche-Haus, wo der Philosoph seine Jugend verbrachte und in dem es auch ein Dokumentationszentrum zu seinem Werk gibt.

Tipp: Von Naumburg nach Jena gibt es eine gute Bahnverbindung. Die Regionalbahn braucht dafür etwa eine halbe Stunde ohne Umsteigen. www.bahn.de

Kartentipp:
ADFC-Regionalkarte Saale-Unstrut, 1:75.000, ISBN 978-3-96990-093-2, € 9,95
Digital für Smartphones und Tablets:
www.fahrrad-buecher-karten.de/rk-digital

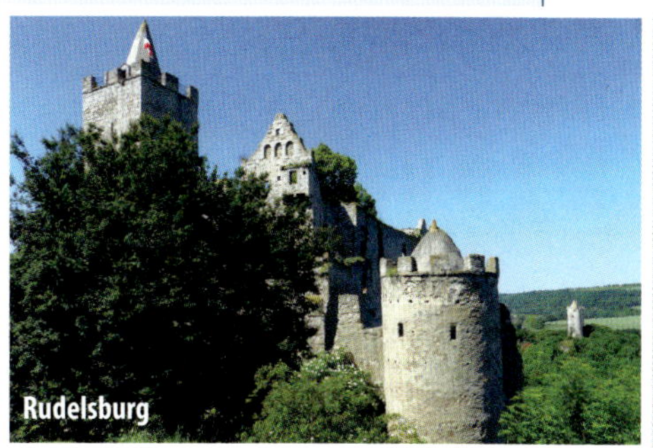
Rudelsburg

Einkehren

Weingut & Restaurant Zahn, Großheringen
Direkt beim Radweg ist das bekannte Weingut, zu dem auch ein Restaurant mit klassisch regionaler Küche gehört.
www.restaurant.erlebnisweingut.de

Restaurant Rudelsburg, Bad Kösen
In historischem Gemäuer kann man hier speisen. Dafür muss man aber ein paar Meter bergauf radeln. Die Küche ist gutbürgerlich und regional.
www.rudelsburg.info

Landesweingut Kloster Pforta
Inmitten der Weinlagen rund um das ehemalige Zisterzienserkloster kann man im Gutsrestaurant auch standesgemäß einkehren und Wein verkosten.
www.kloster-pforta.de

Übernachten

Zur Noll, Jena
Gutbürgerliches Hotel mit schön renovierten Zimmern im Zentrum von Jena. Spezielle Angebote für Radfahrer. Restaurant mit Thüringer Küche.
www.zurnoll.de

Pension typisch Naumburg, Naumburg
Sympathische Privatpension in einem Fachwerkbau mitten in der Altstadt mit kreativ renovierten Zimmern.
www.typisch-naumburg.de

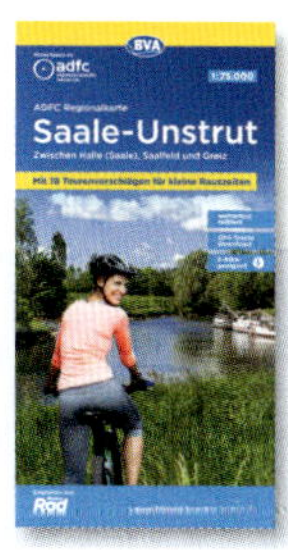

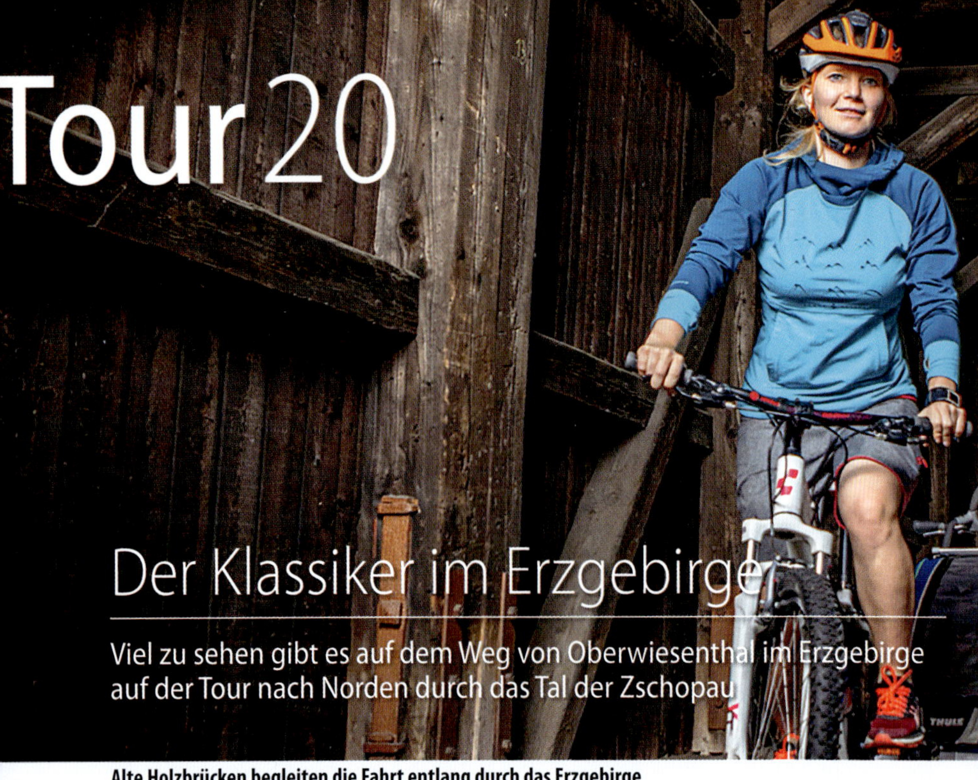

Tour 20

Der Klassiker im Erzgebirge

Viel zu sehen gibt es auf dem Weg von Oberwiesenthal im Erzgebirge auf der Tour nach Norden durch das Tal der Zschopau

Alte Holzbrücken begleiten die Fahrt entlang durch das Erzgebirge

Wer das Erzgebirge kennen lernen will, ist auf diesem Radweg genau richtig. Vom traditionsreichen Wintersportort Oberwiesenthal im Quellgebiet der Zschopau und nahe beim Fichtelberg, dem höchsten Gipfel im Erzgebirge, radelt man flussabwärts ziemlich geradewegs nach Norden und genießt herrliche Aussichten, alte Burgen und Schaubergwerke und kreuzt gemütliche Bergdörfer. Eine entspannte Tour, die zwei bis drei Tage gut füllt.

Die Zschopau ist ein interessanter und gemeinhin auch unterschätzter Fluss. Sie entspringt an der Nordseite des Fichtelbergs mitten im Erzgebirge bei Oberwiesenthal. Ihr Name soll aus dem Slawischen kommen und so viel wie die Rauschende heißen. Nach wenigen Kilometern bekommt sie Verstärkung durch einen Fluss mit dem netten Namen „Die Rote Pfütze", und schließlich mündet sie nach 130 Kilometern bei Döbeln in die Freiberger Mulde. In Sachsen ist sie auch Radfahrern ein Begriff, denn ihr folgt einer der schönsten Radwege in dem ganzen Bundesland.

Die Reise auf zwei Rädern durch das Erzgebirge beginnt mit einigen Superlativen, zumindest für sächsische Verhältnisse. Der Startort Oberwiesenthal liegt auf 914 Metern Höhe und ist damit Deutschlands höchstgelegene Stadt. Bis zum 19. Jahrhundert spielte der Bergbau eine Hauptrolle. Heute ist der Tourismus eine dominante Erwerbsquelle. Sechs Skisprungschanzen gibt es in Oberwiesenthal, wo der ehemalige Skispringer und dreifache Olympiasieger Jens Weißflog zuhause ist und ein Appartementhotel besitzt. Bevor die Fahrt beginnt, könnte man noch einen kurzen Ausflug zum 1.215 Meter hohen Fichtelberg und zum mächtigen Fichtelberghaus machen, wo man auf dem Aussichtsturm sich schon mal einen Überblick über die Tour verschaffen kann. Die Seilbahn auf den Fichtelberg ist die älteste ihrer Art in Deutschland, wurde bereits 1924 erbaut und in den sechziger und achtziger Jahren modernisiert.

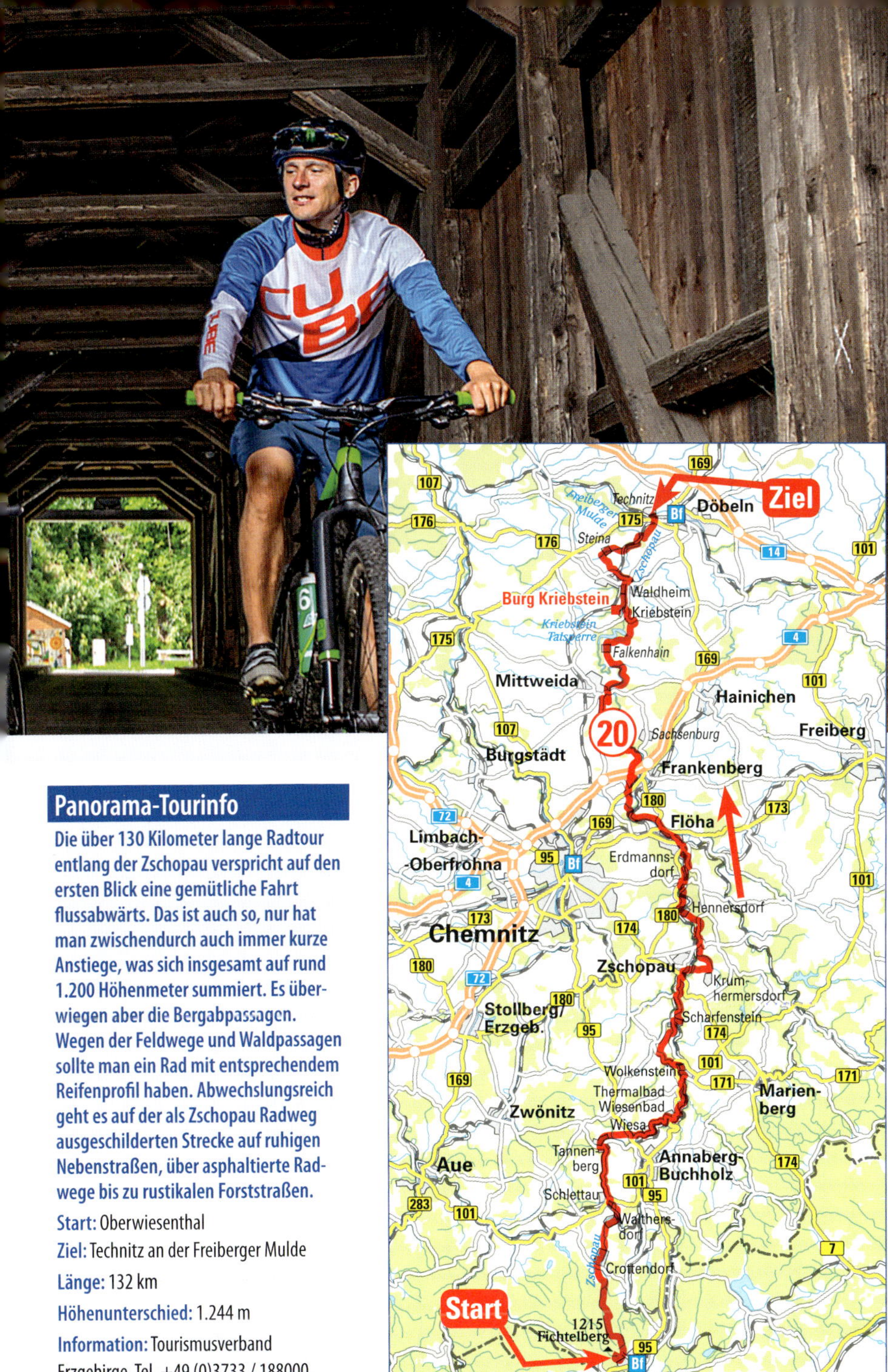

Panorama-Tourinfo

Die über 130 Kilometer lange Radtour entlang der Zschopau verspricht auf den ersten Blick eine gemütliche Fahrt flussabwärts. Das ist auch so, nur hat man zwischendurch auch immer kurze Anstiege, was sich insgesamt auf rund 1.200 Höhenmeter summiert. Es überwiegen aber die Bergabpassagen. Wegen der Feldwege und Waldpassagen sollte man ein Rad mit entsprechendem Reifenprofil haben. Abwechslungsreich geht es auf der als Zschopau Radweg ausgeschilderten Strecke auf ruhigen Nebenstraßen, über asphaltierte Radwege bis zu rustikalen Forststraßen.

Start: Oberwiesenthal

Ziel: Technitz an der Freiberger Mulde

Länge: 132 km

Höhenunterschied: 1.244 m

Information: Tourismusverband Erzgebirge, Tel. +49 (0)3733 / 188000, www.erzgebirge-tourismus.de

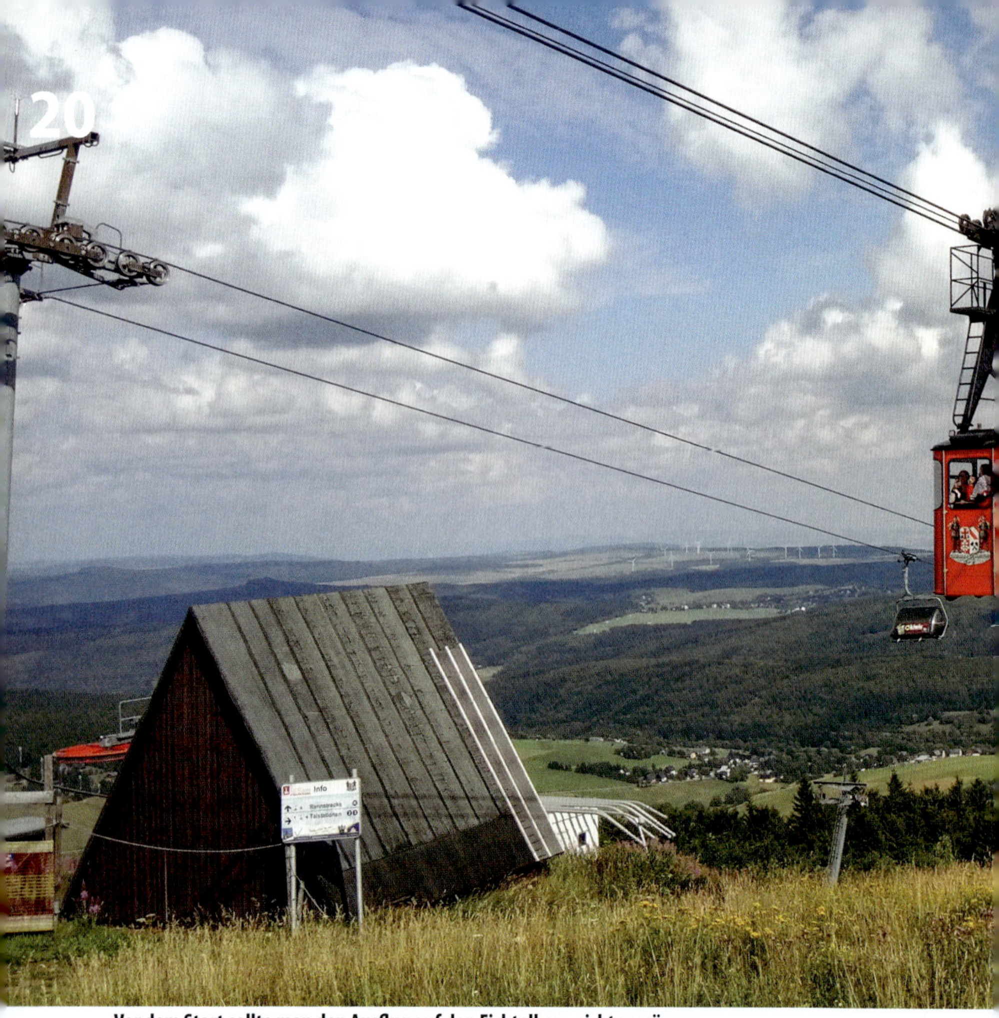

Vor dem Start sollte man den Ausflug auf den Fichtelberg nicht versäumen

Doch nun zur Tour. Offiziell startet der Zschopau-Radweg auf dem Fichtelberg. Alternativ fahren wir Richtung Norden am Speichersee vorbei auf der Vierenstraße aus der Stadt heraus, die dann links über den Ausrückeweg auf unseren Zschopau-Radweg trifft. Es geht auf rund 12 Kilometern durch das Naturschutzgebiet bis nach Crottendorf.

Der Ort, der mit 650 Metern gut 260 Meter tiefer liegt als Oberwiesenthal, hat eine lange Tradition in Sachen Likörproduktion. Speziell der Kräuterlikör ist recht populär, was auch im hiesigen Schnapsmuseum gut nachvollziehbar ist. Dort gibt es eine Schauproduktion mit Verkauf. Bekannt sind auch die Crottendorfer Räucherkerzen.

Weiter geht die Reise nach Norden entlang der Annaberger Straße auf weitgehend offenem Gelände über Walthersdorf bis Schlettau.

Die Sehenswürdigkeit des Ortes ist das Schloss, das im Mittelalter Jagdschloss der sächsischen Kurfürsten war und heute ein Museum mit Posamentenausstellung und Kulturzentrum ist. Auch in Schlettau ist ein bekannter Kräuterlikör zuhause, der hier im Schloss produziert wird.

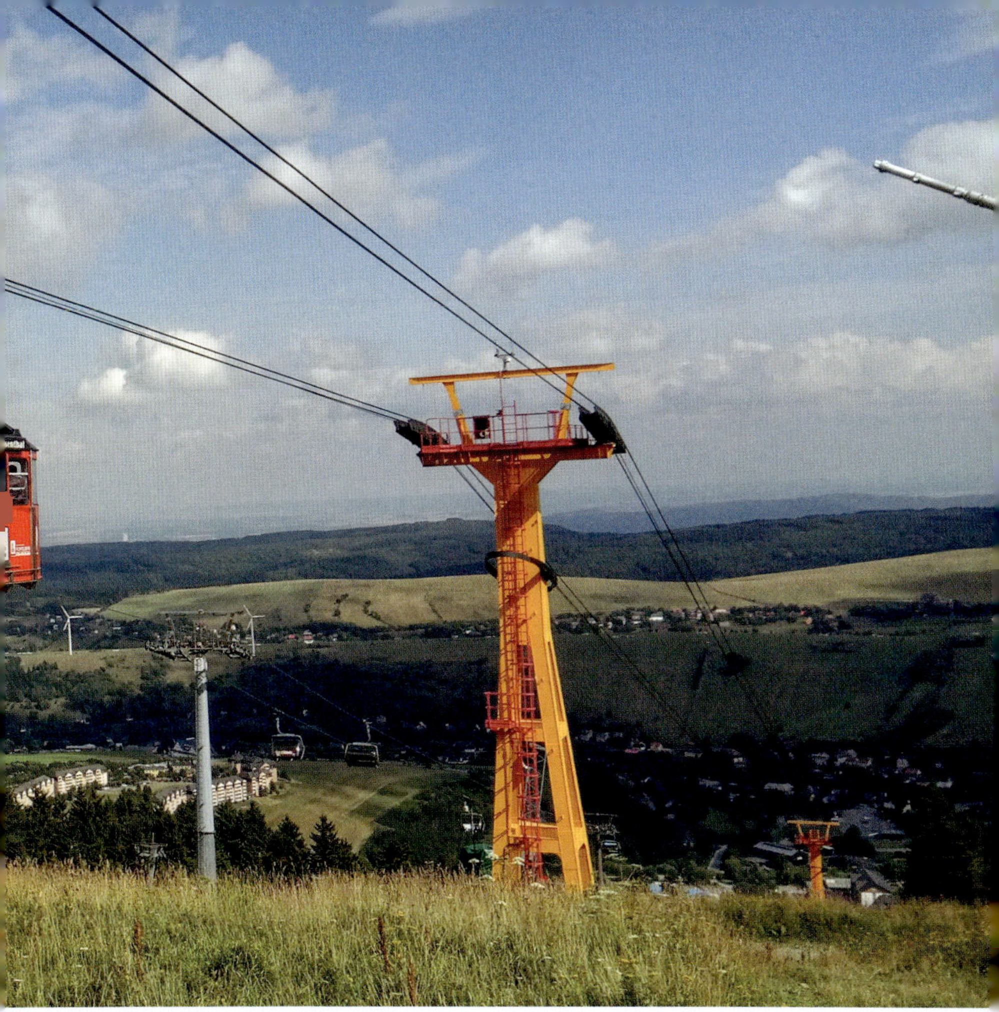

Weiter geht die Tour nach Norden entlang der Straße bis ins sechs Kilometer entfernte Tannenberg. Dort dreht die Zschopau nach Osten und fließt zunächst recht gerade bis Wiesa und dann mit einigen Schlingen bis zum Thermalbad Wiesenbad.

Das Thermalbad gibt es seit dem 16. Jahrhundert. Heute gibt es dort neben einer Kurklinik auch das öffentliche Thermalbad Miriquidi. Vom Thermalwasser heißt es, dass es fluorid- und kohlensäurehaltig sei und entzündungshemmend und entspannend wirken soll, dazu das Immunsystem stärkt. Miriquidi ist eine mittelalterliche Bezeichnung für das Erzgebirge und heißt so viel wie Dunkelwald.

Auf rund elf Kilometern folgt der Radweg der Zschopau weiter, kreuzt den Fluss zwei Mal, bevor dann mit einer längeren Bergaufpassage die Stadt Wolkenstein erreicht wird, die rechts oberhalb des Zschopautals liegt.

Wolkenstein hat die älteste Thermalquelle im Erzgebirge und ein stattliches Renaissanceschloss mit dem Heimatmuseum und einem Erlebnisgasthaus im Erdgeschoss mit historischem Unterhaltungsprogramm. Etwas außerhalb im Osten befindet sich das Heilbad.

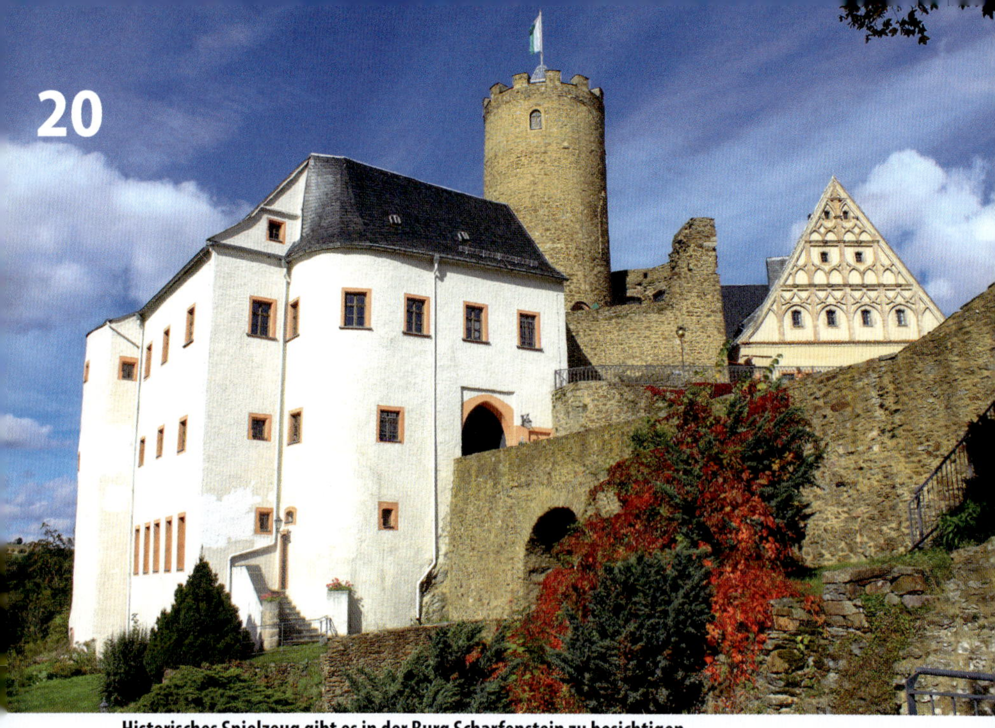

Historisches Spielzeug gibt es in der Burg Scharfenstein zu besichtigen

Der Radweg folgt weiter der Zschopau auf dem rechten Ufer, wechselt nach einem Kilometer auf die andere Seite und macht dann einen Abstecher abseits des Flusses. Nach acht Kilometern bergauf und bergab erreicht man Scharfenstein und nach weiteren sieben Kilometern auf der rechten Uferseite kommt der Radweg zur Stadt Zschopau.

In der Burg Scharfenstein aus dem 13. Jh. gibt es ein Weihnachts- und Spielzeugmuseum. In Zschopau lohnt es sich, eine Pause einzulegen. Allein das Schloss Wildeck mit dem „Dicken Heinrich" – einem alten Aussichtsturm – ist einen Besuch wert. Dazu befindet sich im Schloss ein Motorradmuseum. Zschopau ist bekannt als Motorradstadt. Hier sind die einst berühmten Marken DKW und MZ zuhause.

Von Zschopau aus macht der Radweg rechts einen Umweg vorbei an Krumhermersdorf und folgt dann wieder dem rechten Flussufer nordwärts über Hennersdorf nach Erdmannsdorf. Wir radeln nun mit einigen Kilometern Abstand an Chemnitz vorbei weiter nach Norden über Flöha bis zur Autobahn A4, die wir bei Frankenberg kreuzen.

Bevor wir links zur Autobahn abbiegen kommen wir rechts auf der anderen Seite der Zschopau an dem neuen Museum Zeit-WerkStadt vorbei, in dem sächsische Erfindungen interessant dokumentiert sind. Hinter der Autobahn in einer Linkskurve lohnt ein Abstecher nach Sachsenburg. Über die Hängebrücke kommt man zur anderen Uferseite und zum Schloss, das man nur von außen besichtigen kann, sowie zur KZ-Gedenkstätte.

Unser Weg verlässt das Ufer - bis Mittweida. Hier geht es dann auf der Neudörfchen Brücke wieder auf das Ostufer und weiter über Falkenstein zur Kriebstein Talsperre.

Kurz danach bietet sich ein Abstecher zur mächtigen Burg Kriebstein an, die man über eine schmale Brücke erreicht und wo auch Führungen angeboten werden.

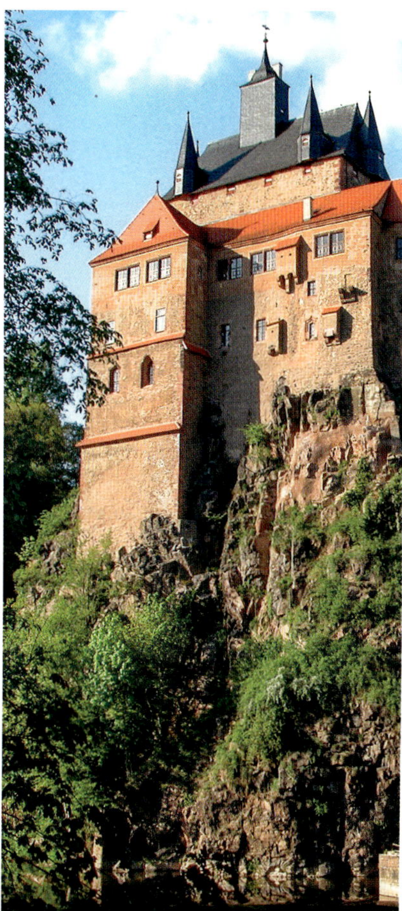
Die alte Ritterburg Kriebstein direkt über dem Ufer der Zschopau

Rund elf Kilometer sind es dann noch über Waldheim und mit einem kurzen Umweg über Steina bis zum Ziel bei der Mündung der Zschopau in die Freiberger Mulde westlich von Döblin.

Kartentipp:
ADFC E-Bike-Karte Erzgebirge,
1:75.000, ISBN 978-3-96990-103-8, € 9,95;
ADFC-Regionalkarte Leipzig u. Umgebung,
1:75.000, ISBN 978-3-87073-833-46, € 8,95
Digital für Smartphones und Tablets:
www.fahrrad-buecher-karten.de/rk-digital

Einkehren

Restaurant Schloss Schlettau, Schlettau
Im Schloss inmitten eines schönen Parks kann man stilgerecht einkehren mit herzhaften, regionalen Spezialitäten oder zu Kaffee und Kuchen.
www.schloss-schlettau.de

Gaststätte Moritzburg, Mittweida
Klassisches Landgasthaus mit Biergarten und gutbürgerlicher Küche. Mit Übernachtungsmöglichkeit.
www.gaststaette-pension-moritzburg.de

Übernachten

Hotel Sachsenbaude, Oberwiesenthal
Herrliche Aussichten hat man von dem altehrwürdigen Hotel am Fichtelberg auf 1.152 Metern Höhe. Restaurant mit internationaler Küche.
www.sachsenbaude.de

Wolkensteiner Zughotel, Wolkenstein
Nostalgie der ganz speziellen Art. Nächtigen in ehemaligen Bahnwaggons aus DDR-Zeiten im Schlafabteil Erster Klasse oder in der Suite. Es gibt sogar einen ehemaligen Salonwagen der DDR-Regierung. Im alten Bahnhofsgebäude ist das Nostalgiecafé „Alter Bahnmeister".
www.wolkensteiner-zughotel.de

Tipp: Es gibt eine Verbindung von Döbeln über Chemnitz bis Oberwiesenthal für die Rückfahrt. Dabei fährt man mit Regionalbahn und Bus, man muss mehrfach umsteigen und es gibt begrenzte Fahrradtransportmöglichkeiten. Fahrtzeit knapp über vier Stunden. www.bahn.de

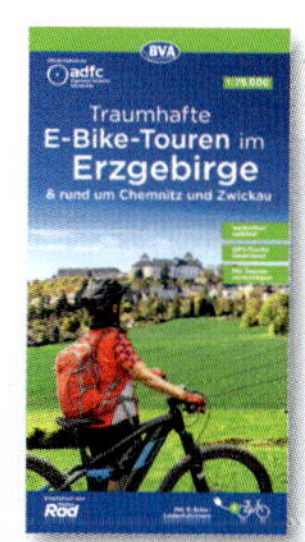

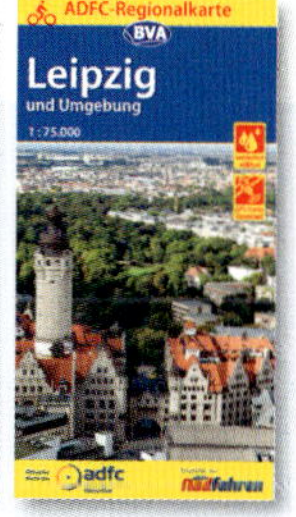

Tour 21

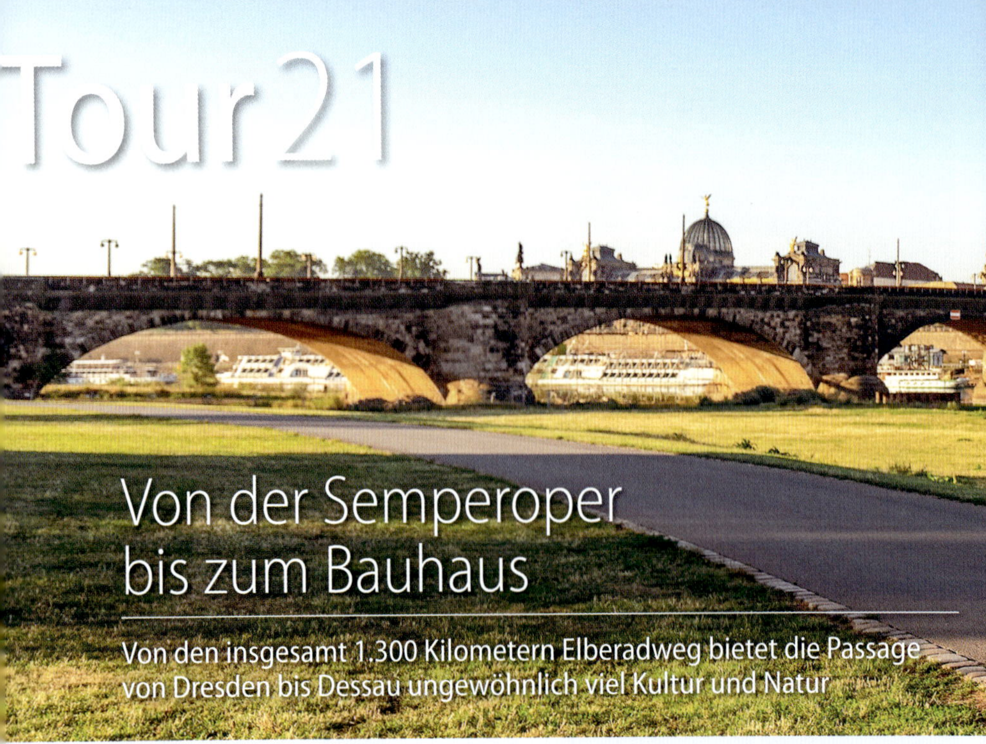

Von der Semperoper bis zum Bauhaus

Von den insgesamt 1.300 Kilometern Elberadweg bietet die Passage von Dresden bis Dessau ungewöhnlich viel Kultur und Natur

Start vor der Skyline von Dresden

Eine kulturelle Radreise? Die Fahrt auf dem Elberadweg flussabwärts von Dresden bis Dessau hat dazu beste Voraussetzungen. Der Fluss gibt die Richtung vor. An welchen der zahllosen Sehenswürdigkeiten und reizvollen Plätzen man Halt macht, entscheidet man selbst. Zu sehen und zu genießen gibt es genug. Ebenso kann man wählen, auf welcher Uferseite man fährt. Radwege gibt es auf beiden Seiten. So kann aus gemütlichen Kilometern auf dem Radweg eine ausgiebige Urlaubsreise werden.

Es gibt wahrscheinlich wenige Radwege, auf denen man so viel über Deutschland erfahren kann wie auf dem Elberadweg. Gut, er startet in Tschechien beim bekannten Wintersportort Spindlermühle, Aber den Großteil der insgesamt 1.300 Kilometer verbringt der Elberadweg in Deutschland, passiert dabei die Bundesländer Sachsen, Sachsen-Anhalt, Brandenburg und Schleswig-Holstein und natürlich Hamburg. Der letzte Abschnitt bis zur Mündung bei Cuxhaven bildet er die Grenzlinie zwischen Schleswig-Holstein und Niedersachsen. Die Faszination dieses Radwegs kommt vor allem aus der Vielseitigkeit der Landschaft und

Panorama-Tourinfo

Eine Mehrtagestour entlang der Elbe auf teils gut ausgebauten und asphaltierten Radwegen und Nebenstraßen. Es gibt kaum Höhenunterschiede – schließlich fährt man „flussabwärts". Den Elberadweg kann man auf beiden Seiten des Flusses befahren. Wegen des sehr umfangreichen kulturellen Angebots entlang der Strecke sollte man speziell um Dresden und Meisen sowie Wittenberg und Dessau keine zu langen Tagesetappen einplanen.

Start: Dresden

Ziel: Dessau

Länge: 203 km

Höhenunterschied: 450 m

Information: Koordinierungsstelle Elberadweg Süd, c/o Tourismusverband Sächsische Schweiz e.V., Tel. +49 (0)3501 / 470141, www.elberadweg.de

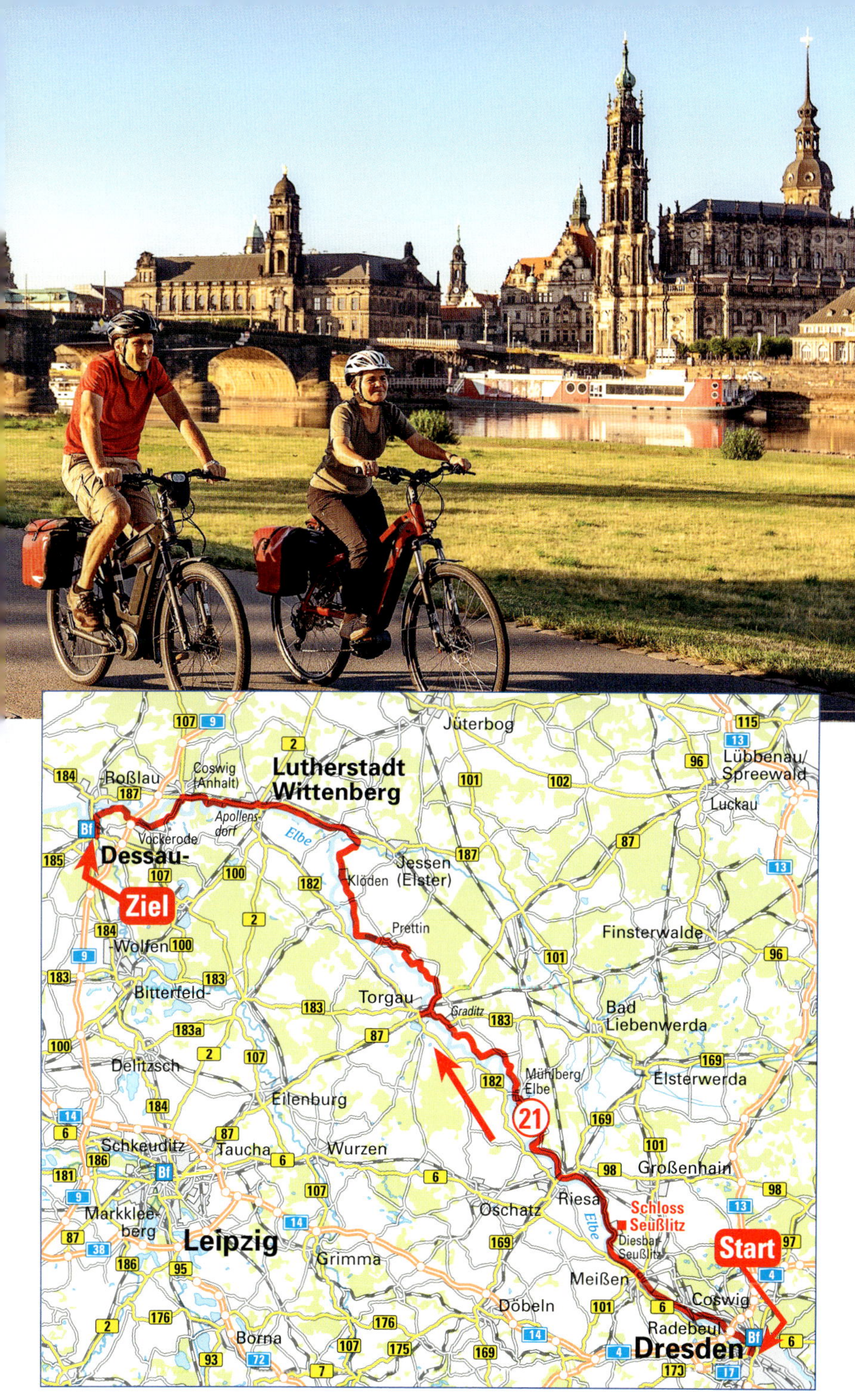
Jüterbog
Lübbenau/
Spreewald
Luckau
Roßlau
Coswig
(Anhalt)
Lutherstadt
Wittenberg
Apollens-
dorf
Elbe
Vockerode
Dessau-
Ziel
Klöden
Jessen
(Elster)
Prettin
Finsterwalde
Wolfen
Bitterfeld-
Torgau
Gräditz
Bad
Liebenwerda
Delitzsch
Mühlberg/
Elbe
Elsterwerda
Eilenburg
21
Schkeuditz
Taucha
Wurzen
Großenhain
Riesa
Schloss
Seußlitz
Diesbar-
Seußlitz
Oschatz
Markklee-
berg
Leipzig
Grimma
Start
Meißen
Coswig
Döbeln
Radebeul
Borna
Dresden
Bf

21

aus dem enormen kulturellen Angebot, das diese Reise begleitet. Der gesamte Radweg würde übliche Urlaubszeiten übertreffen. Deshalb haben wir diesen Abschnitt von Dresden bis Dessau ausgewählt, der mit gut 200 Kilometern wie geschaffen für einen faszinierenden Kurzurlaub auf zwei Rädern ist.

Die Tour beginnt also in Dresden. Es wäre schon ein arges Versäumnis, sich nicht ausreichend Zeit zu nehmen für die großen Sehenswürdigkeiten, für die Semperoper, die um 1840 vom Architekten Gottfried Semper erbaut und immer wieder schwer beschädigt wurde, zuletzt vor dem Ende des Zweiten Weltkriegs. Dann das Wahrzeichen Dresdens, die barocke Frauenkirche, die ebenfalls im Krieg schwer beschädigt und bis 2005 aufwändig neu aufgebaut wurde. Berühmt ist auch der Zwinger, der historische Gebäudekomplex mit Pavillons, Galerien und Gärten. Gerade mit dem Rad ist es ideal, entspannt durch die Altstadt zu streifen und spontan nach schönen Ecken Ausschau zu halten, die man mit dem Auto nie entdecken würde.

Doch nun geht es los zum Elbufer. Dazu radelt man vorbei am Residenzschloss und über den Schlossplatz zur historischen Augustusbrücke auf die andere Flussseite. Die Tour führt vorbei am Augustusgarten und am Palaisgarten flussabwärts. Unterwegs kommt der Radlerstop, ein beliebter Imbissstand direkt am Weg und am Ufer. Die Elbe macht hier eine lange S-Kurve, wir halten uns aber rechts, folgen dem ausgeschilderten Elberadweg und erreichen dann Radebeul.

Die Stadt grenzt praktisch an Dresden an. Radebeul als Nobelort zu bezeichnen, ist keine Übertreibung. Die Stadt ist bekannt für ihre eleganten Villen und feinen Wohngebiete. Die Lage an der Elbe und umgeben von Weingärten unterstreicht diese Qualitäten. Aber wir radeln ja auch an der Sächsischen Weinstraße, die uns noch eine Weile begleiten wird. Bekannt ist Radebeul aber auch für einen prominenten Bewohner, der hier viele Jahre bis zu seinem Tod 1912 lebte. Karl May wohnte zusammen mit seiner Frau Klara in einer Villa, in der heute das Karl May Museum eingerichtet ist. Eigentlich sind es zwei Gebäude, die Vila Shatterhand, das alte Wohngebäude, und das Blockhaus Villa Bärenfett. Die Adresse ist, wie soll es auch anders sein, in der Karl-May-Straße.

Der Radweg zieht nun weiter am rechten Elbufer entlang bis nach Meißen. Unterwegs passiert man etliche Weingüter und das beliebte Ausflugslokal Neumanns Dampfschiff, in dem gutbürgerlich aufgetischt wird.

Meißen kennt man als Stadt des Porzellans. Die Marke mit den gekreuzten Schwertern entstand im frühen 18. Jahrhundert als „Königlich-Polnische und Kurfürstlich-Sächsische Porzellan-Manufaktur" auf Geheiß von August dem Starken. Heute ist die Manufaktur im Besitz des Freistaats Sachsen. Die Altstadt von Meißen mit dem Dom und der Albrechtsburg befindet sich zusammen mit zahlreichen gotischen Bürgerhäusern auf der linken Uferseite der Elbe. Prägend für das Stadtbild ist auch das mächtige Bischofsschloss, in dem früher der Bischof logierte und wo heute das Amtsgericht residiert, sowie die ebenfalls unübersehbare Albrechtsburg aus dem zehnten Jahrhundert.

Die Reise führt nun weiter auf dem rechten Elbufer, wo der Radweg größtenteils recht nah am Ufer verläuft. Nur wenige Kilometer sind es bis zum nächsten interessanten Ort, dem Schloss Seußlitz.

Das stattliche Barockschloss mit seinem weitläufigen Park lockt für einen Spaziergang. Nebenan residiert eine ehemalige Weinkönigin. Katharina Lai chauffiert heute mit ihrem Oldtimerbus der Marke Robur Weinliebhaber zu verschiedenen Produzenten, hat in ihrem historischen Gemäuer aber auch ökologische Spezialitäten aus der Region zu bieten, darunter vor allem Riesling, Müller-Thurgau, Spätburgunder und Dornfelder. Die Elbregion ist eine Weißweingegend, der Anteil beträgt 80 Prozent.

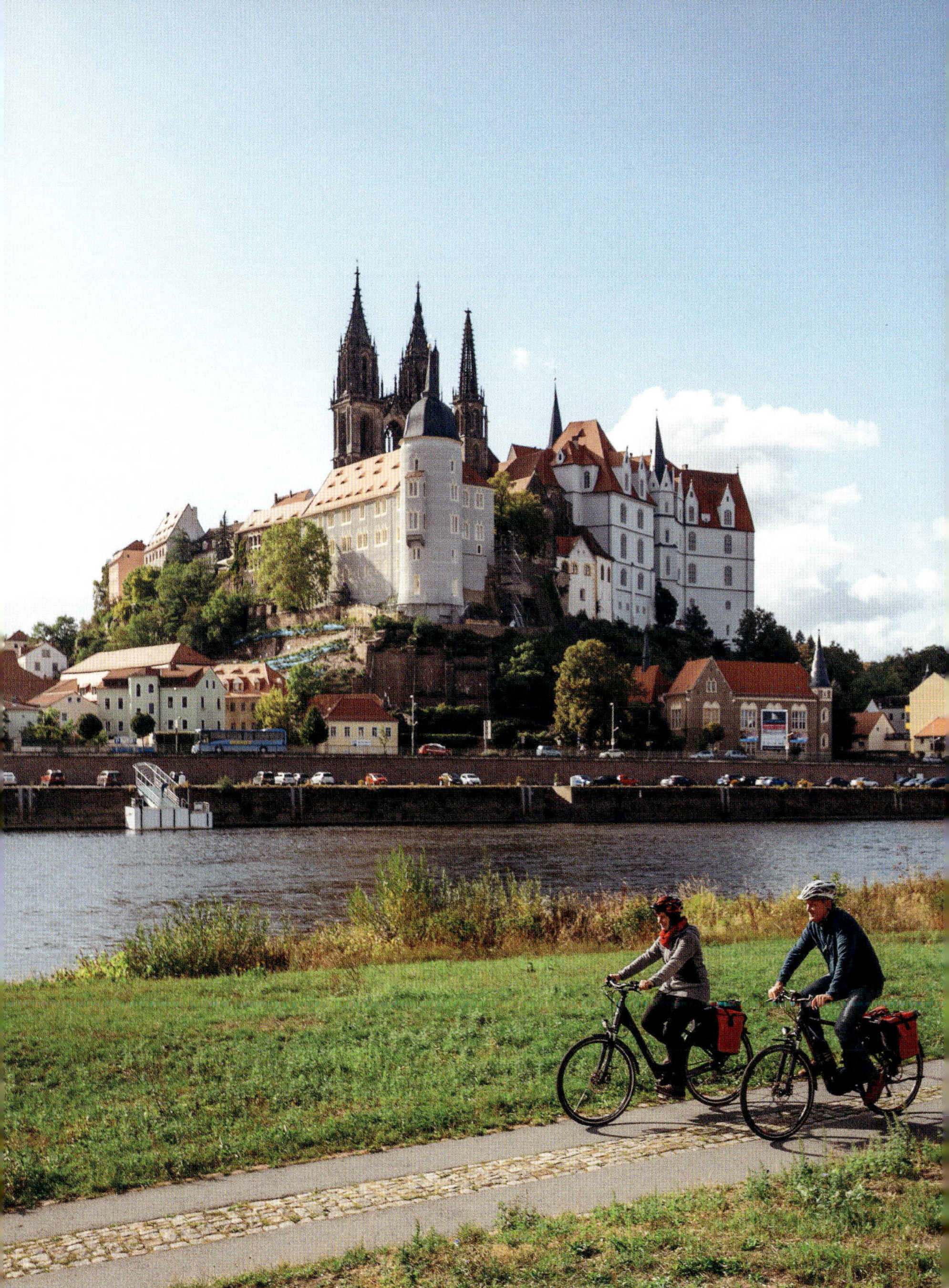

Wie eine Festung wirkt die Altstadt von Meissen

Wenig malerisch ist dann die Passage vorbei am großen Werk von Wacker Chemie. Danach wird es wieder deutlich ruhiger und ländlicher, kommt man am schönen Landhotel Moritz vorbei und fährt weiter elbabwärts Richtung Riesa.

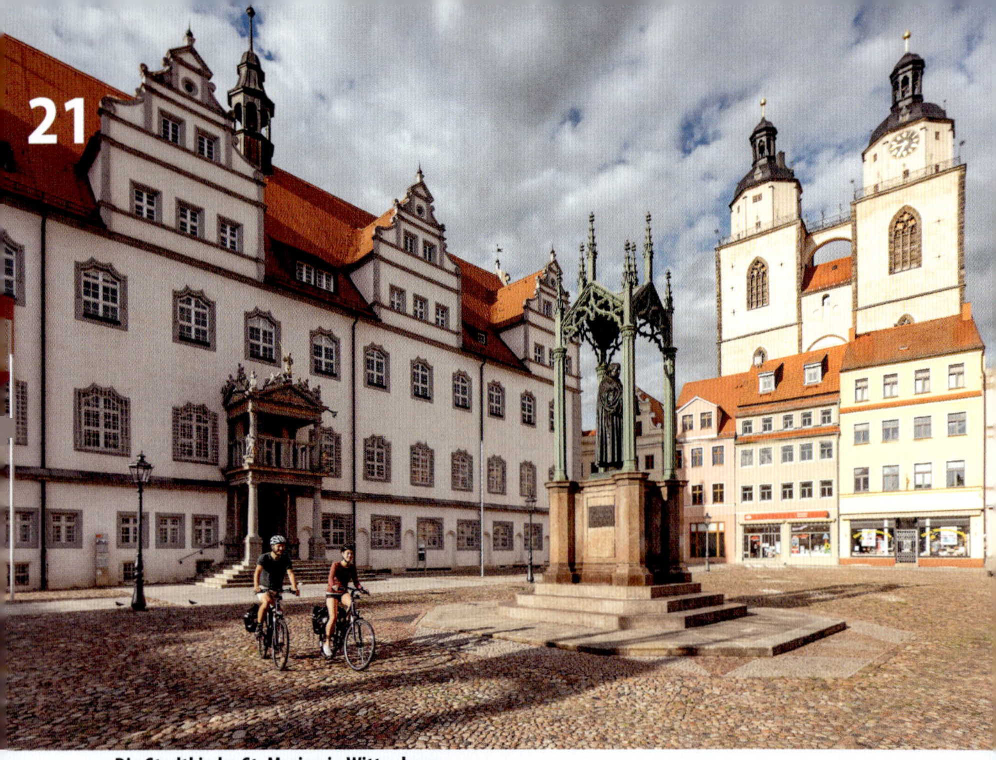

Die Stadtkirche St. Marien in Wittenberg

In Riesa, am linken Ufer, könnte man einen Abstecher in das traditionsreiche Nudelwerk machen, wo seit über 100 Jahren Nudeln gefertigt werden und wo es nicht nur ein Nudelrestaurant sondern auch ein Nudelmuseum gibt.

Die Radtour folgt dann weiter der Elbe vorbei an weiten flachen Auwiesen. Der Radweg schlängelt sich weiter bis zum 20 Kilometer entfernten Mühlberg, durch Martinskirchen bis nach Graditz.

Mühlberg ist von mehreren Seen umgeben ist. Das ziemlich betagte Schloss Mühlberg (linkerhand) gehört seit einigen Jahren einer mexikanischen Firma. Kurz danach kommt man am Barockschloss Martinskirchen vorbei. In Graditz bietet sich ein Stopp bei dem sehr feudalen Gestüt Graditz an, das einst von August dem Starken gegründet wurde. Auf der anderen Seite der Elbe steht in Torgau das Renaissanceschloss Hartenfels, in dem es zahlreiche Ausstellungen gibt.

Über Prettin, dort vorbei am Campingplatz, folgt der Radweg dem kurvigen Lauf der Elbe bis Klöden mit seiner gleichnamigen Burg und erreicht nach weiteren 25 Kilometern die Lutherstadt Wittenberg.

Über die Elstervorstadt erreicht der Weg direkt die Altstadt, den Park mit der Luthereiche und das Lutherhaus im ehemaligen Augustinerkloster, wo Luther wohnte und seine 95 Thesen verfasste. Man kann sich hier viel mit dem Reformator beschäftigen wie etwa im Melanchthonhaus, wo sein Weggefährte Philipp Melanchthon wohnte. Beide Gebäude sind heute Museen. Spektakulär ist das 360 Grad Gemälde Luther 1517 von Yadegar Asisi, wenige Meter vom Lutherhaus entfernt.

Rund 35 Kilometer trennen uns noch vom Ziel in Dessau. Für eine Tagesetappe nicht viel, aber es gibt unterwegs jede Menge zu sehen. Zunächst radelt man an der Schlosskirche vorbei Richtung Elbufer und folgt dann der Dessauer Straße ein Stück, radelt dann links über die Wiesen bis Apollensdorf und weiter elbnah bis Coswig. Dort hält man sich links und fährt zur Gierfähre, die uns auf die andere Seite der Elbe bringt. Danach geht es weiter Richtung Süden auf der Coswiger Allee bis zum Wörlitzer Park und treffen bei Vockerode wieder auf die Elbe. Hinter der Autobahn A9 führt der Weg in einem Linksbogen durch waldreiches Gelände direkt zum Forsthaus Leiner Berg am Leiner See und danach weiter zu unserem Ziel: Dessau.

Das Bauhaus Dessau und das Dessau-Wörlitzer Gartenreich mit Parkanlagen nach englischem Vorbild zählen zum UNESCO-Welterbe. Das Bauhaus spielt hier eine absolute Hauptrolle. In Dessau gründete Walter Gropius eine Hochschule, die bis 1932 ihre erfolgreichste Phase hatte. Die drei Bauhausdirektoren waren Walter Gropius, Hannes Meyer und Ludwig Mies van der Rohe. Die Bauhaus-Gebäude sind heute Ikonen der modernen Architektur. Mehr dazu erfährt man im Bauhaus Museum, das erst 2019 eröffnet wurde. Interessant ist auch das Technikmuseum Hugo Junkers mit den Junkers Flugzeugen, darunter die legendäre Ju 52.

Tipp: Zur Rückfahrt gibt es eine Bahnverbindung von Dessau über Leipzig bis Dresden. Fahrtzeit etwa 2,5 Stunden. www.bahn.de
Für die Fahrt bzw. Rückfahrt bietet die Corso Reiseagentur in Meißen auch Gepäcktransfer und Shuttleservice an. www.corso-reisen.de

Kartentipp:
ADFC-Regionalkarte WelterbeRegion Anhalt/Dessau/Wittenberg, 1:75.000, ISBN 978-3-87073-806-8, € 8,95;
ADFC-Regionalkarte Dresden, 1:75.000, ISBN 978-3-96990-095-6, € 9,95
Digital für Smartphones und Tablets: www.fahrrad-buecher-karten.de/rk-digital
ADFC-Radreiseführer Elberadweg Süd, 1:75.000, spiralgebunden, ISBN 978-3-87073-789-4, € 14,95

Einkehren

Restaurant Dampfschiff, Radebeul
Ein originelles Ausflugslokal vor den Toren von Meißen nahe des Elbufers und des Radwegs. Traditionelle regionale Küche.
www.dampfschiff-radebeul.de

Brauhaus Alter Elbehof, Torgau
Stattlicher Brauereigasthof nah an der Elbe, direkt am Radweg mit eigenem Bier und guter regionaler Küche. Schöner Biergarten und gepflegte Gästezimmer.
www.elbehof.eu

Café-Bistro im Bauhaus, Dessau
Sympathisches Kaffeehaus mit kleiner Speisekarte im Bauhaus in Dessau.
www.klubimbauhaus.de

Übernachten

Dorint Parkhotel, Meißen
Elegantes Viersternehotel in historischem Gemäuer. Direkt an der Elbe mit teils gutem Ausblick und Panoramasauna.
www.dorint.com

Landidyll Hotel Moritz an der Elbe
Schön gelegenes Mittelklassehotel in Alleinlage, nur wenige Meter vom Ufer entfernt.
www.hotel-moritz.de

Luther Hotel, Wittenberg
Mittelklassehotel in der Altstadt und recht zentral gelegen, nur wenige Gehminuten von den Sehenswürdigkeiten. Bett + Bike Hotel
www.luther-hotel-wittenberg.de

Dormero Hotel, Dessau-Rosslau
Zentral gelegenes modernes Viersternehotel mit komfortablen Zimmern und Fitness- und Wellnessangeboten.
www.dormero.de

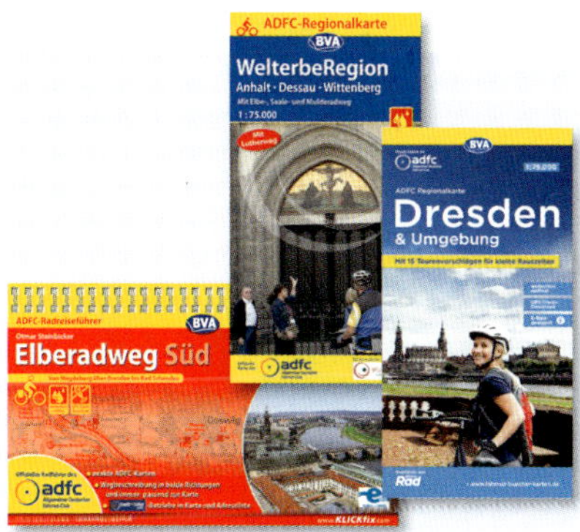

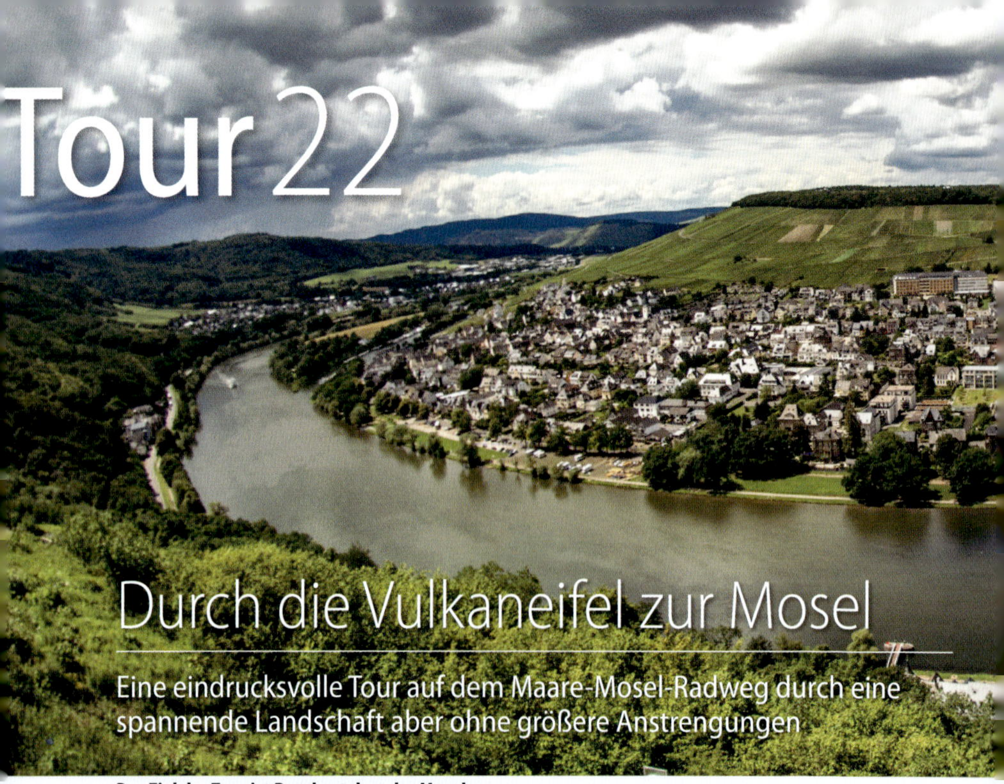

Tour 22

Durch die Vulkaneifel zur Mosel

Eine eindrucksvolle Tour auf dem Maare-Mosel-Radweg durch eine spannende Landschaft aber ohne größere Anstrengungen

Das Ziel der Tour ist Bernkastel an der Mosel

Der Name klingt vielversprechend. Die Vulkaneifel ist eine hochinteressante Landschaft in Rheinland-Pfalz mit einer bewegenden Vergangenheit. Vor etwa einer halben bis dreiviertel Million Jahren entstand hier eine rege Vulkantätigkeit, die heute aber erloschen ist. Zu sehen gibt es dennoch viel, wie diese Radtour auf einer ehemaligen Bahntrasse von Daun bis nach Bernkastel an der Mosel zeigt. Wir befinden uns dabei im Natur- und Geopark Vulkaneifel rund um Daun, der stolze 1.068 qkm groß ist. Erst 2015 erhielt der Geopark Vulkaneifel den Titel UNESCO Global Geoparc.

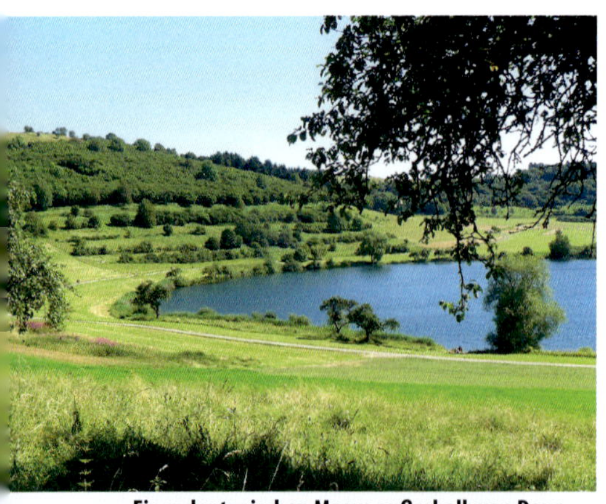

Einer der typischen Maare außerhalb von Daun

In Daun befinden sich gleich drei sogenannte Maare. Das sind trichter- oder kegelförmige Gewässer, die vulkanischen Ursprungs und sehr typisch für die Vulkaneifel sind. Hier in Daun liegen sie praktischerweise auch sehr nah nebeneinander.

Doch zunächst geht es von unserem Startpunkt am ehemaligen Dauner Bahnhof am Ortsrand etwas bergauf zum Dauner Viadukt, der 28 Meter hoch und 103 Meter lang ist. Kurz danach kommt mit dem Schlitzohr ein weiteres Highlight.

Ein 560 Meter langer ehemaliger Eisenbahntunnel, der auch von Fledermäusen bewohnt

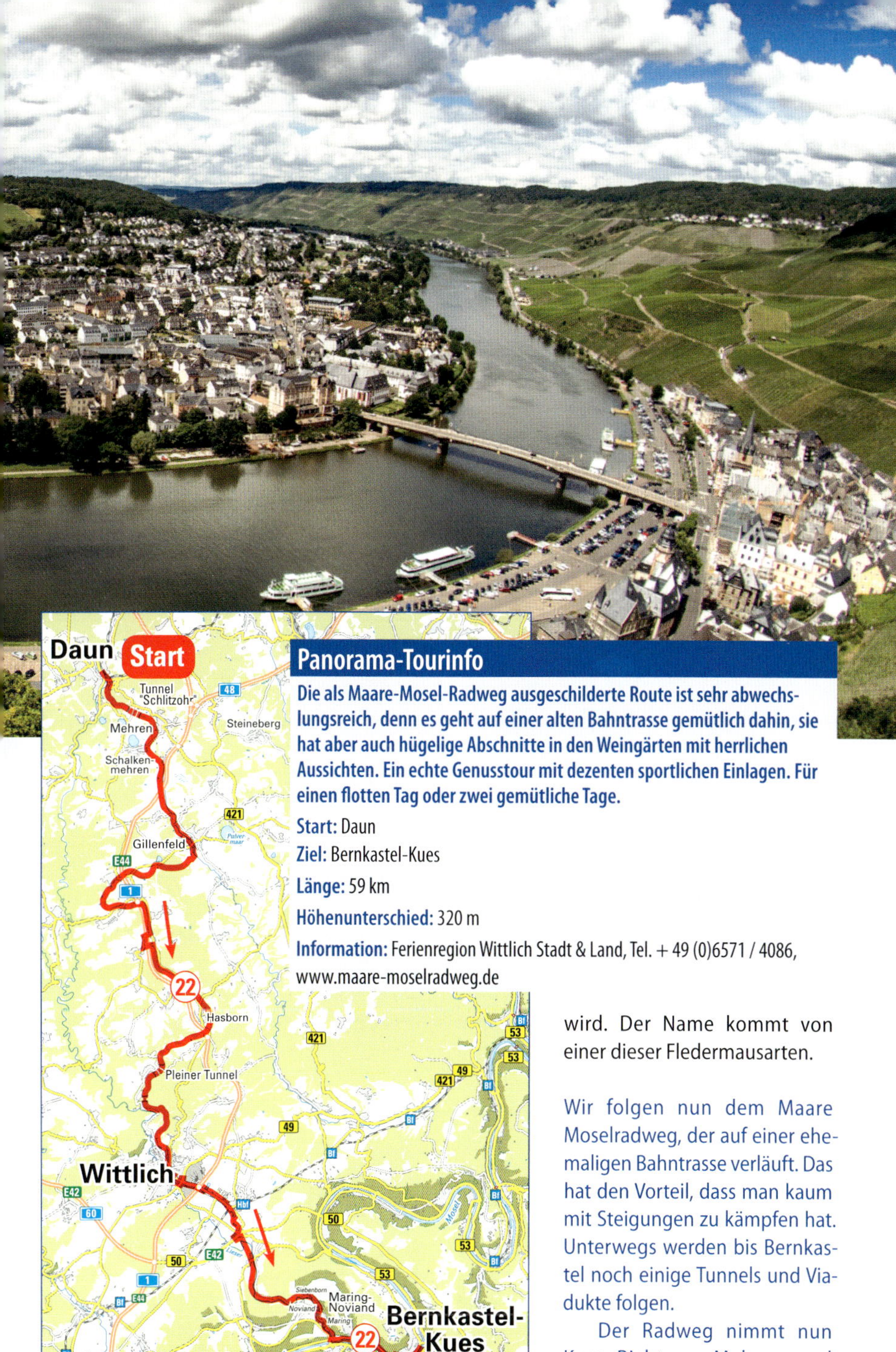

Panorama-Tourinfo

Die als Maare-Mosel-Radweg ausgeschilderte Route ist sehr abwechslungsreich, denn es geht auf einer alten Bahntrasse gemütlich dahin, sie hat aber auch hügelige Abschnitte in den Weingärten mit herrlichen Aussichten. Ein echte Genusstour mit dezenten sportlichen Einlagen. Für einen flotten Tag oder zwei gemütliche Tage.

Start: Daun

Ziel: Bernkastel-Kues

Länge: 59 km

Höhenunterschied: 320 m

Information: Ferienregion Wittlich Stadt & Land, Tel. + 49 (0)6571 / 4086, www.maare-moselradweg.de

wird. Der Name kommt von einer dieser Fledermausarten.

Wir folgen nun dem Maare Moselradweg, der auf einer ehemaligen Bahntrasse verläuft. Das hat den Vorteil, dass man kaum mit Steigungen zu kämpfen hat. Unterwegs werden bis Bernkastel noch einige Tunnels und Viadukte folgen.

Der Radweg nimmt nun Kurs Richtung Mehren und Schalkenmehren, dann weiter bis Gillenfeld.

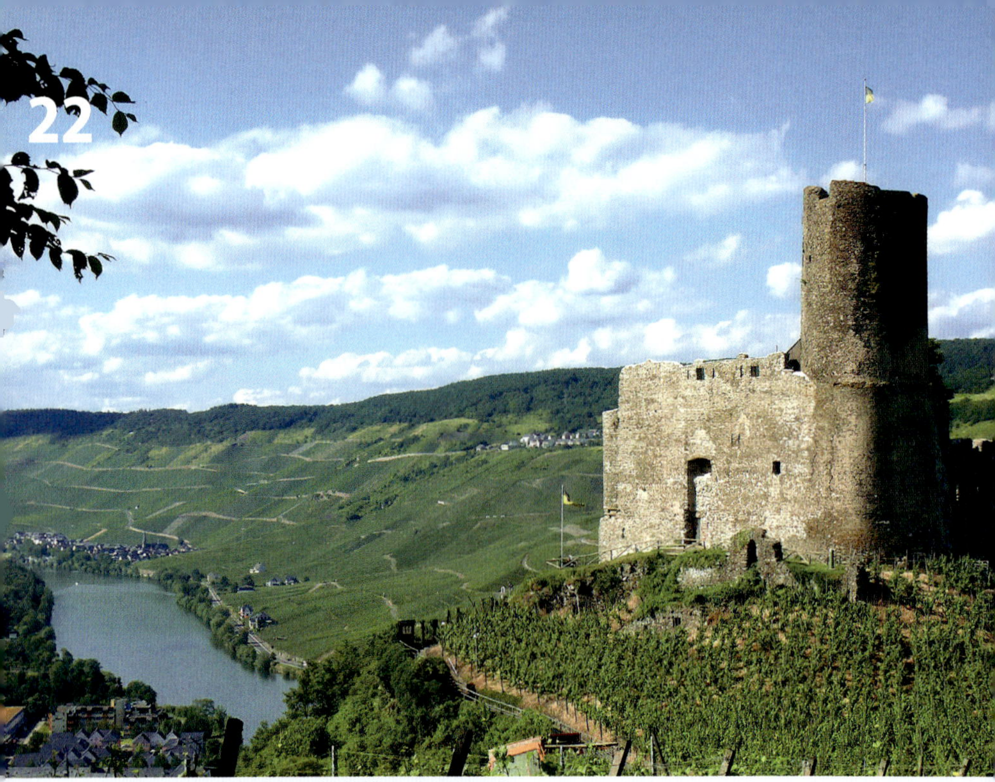

Die Burgruine Landshut oberhalb von Bernkastel

Unterwegs begegnet man fünf sogenannter Raderlebnisschleifen. Kleine Rundtouren mit speziellen Sehenswürdigkeiten, die wieder viel mit Vulkanen zu tun haben. Es sind die Schleifen „Mehren", die Schleife „Vulcano Infoplattform Steineberg", „Mürmes-Saxler-Ellscheid",„Brockscheid–Holzmaar" und„Strohn–Mückeln". Vulkantechnisch besonders interessant ist die Schleife „Vulcano Infoplattform Steineberg", die auf insgesamt 16 Kilometern eine Runde nach Steineberg zur 28 Meter hohen Vulcano Infoplattform macht. Dort hat man einen herrlichen Panoramablick über die Vulkaneifel.

Die große Attraktion in Gillenfeld ist hier der Pulvermaar. Ein kreisrunder Maar, der als einer der wenigen noch mit Wasser gefüllt und nicht verlandet ist. Mit 74 Metern zählt er zu den tiefsten Seen in ganz Deutschland. Und er ist eine Freizeitattraktion mit Freibad, Campingplatz und Bootsverleih. Ganz in der Nähe am Ortsrand von Gillenfeld ist die Vulkanhof-Ziegenkäserei. Hier kann man Ziegenkäse kaufen, verkosten, Hofführungen machen oder mit Ziegen einen Spaziergang machen, was wohl ohne Rad besser funktionieren dürfte.

Nach Gillenfeld geht es weiter bis nach Hasborn. Eine 16 Kilometer lange Strecke, die anfangs noch leicht bergauf verläuft, dann aber stetig bergab.

Das Wahrzeichen von Hasborn ist ein dicht bewachsener Eichenhain, dessen Ursprünge auf den Dreißigjährigen Krieg zurück gehen sollen. Am Rand davon steht die sehr moderne Kirche St. Rochus.

Nach Hasborn führt der Weg weiter sanft bergab, erreicht nach fünf Kilometern erneut einen langen Tunnel, den Pleiner Tunnel mit 585 Metern. Ein weiteres Highlight ist der rund 30 Meter hohe Pleiner Viadukt, ebenfalls ein Relikt der alten Eisenbahnverbindung. Dann erreichen wir Wittlich.

Wittlich ist eine schön gelegene Kleinstadt umgeben von Weingärten und mit einem stilvollen Marktplatz. An diesem Marktplatz steht das Alte Rathaus, in dem eine Galerie für moderne Kunst etabliert ist. Nicht weit entfernt ist die ehemalige Synagoge, heute eine Tagungsstätte samt einer Ausstellung über das jüdische Leben in Wittlich. Von Wittlich aus starten wieder weitere Schleifen für zusätzliche Radtouren, darunter eine Wallfahrtsschleife und eine Tabakschleife.

Unser Ausflug führt aber weiter Richtung Mosel. Dazu folgt man dem Maare-Mosel-Radweg südostwärts, kreuzt zuerst die Autobahn A1 und dann die B50, radelt weiter bis Platten, vorbei an etlichen Weingütern und noch weiter bis Maring-Noviand.

Der Ort besteht aus drei zusammengefassten Dörfern. Maring, Noviand und Siebenborn. Jeder Ortsteil hat seine eigene Kirche. In Siebenborn gibt es dazu noch ein ehemaliges Zisterzienserkloster und eine Klostermühle, in der sich heute ein Hotel mit Restaurant befindet. Der Ort lebt vor allem vom Weinbau, und da ist der Riesling die dominierende Sorte.

Wir folgen der Straße entlang des Flusses Lieser bis zu dessen Mündung in die Mosel. Die letzten knapp drei Kilometer fahren wir links direkt an der Mosel entlang bis zu unserem Zielort Bernkastel-Kues, wo man schon von weitem hoch oben die Burgruine Landshut erkennen kann.

Hier gibt es reichlich zu sehen. Der berühmte Weinort hat einen schönen mittelalterlichen Marktplatz, das Rathaus von 1608 im Renaissancestil, gut erhaltene Fachwerkhäuser in teils engen Gassen mit Kopfsteinpflaster und natürlich jede Menge Weingüter und reizvolle Lokale. Interessant ist auch die Pfarrkirche St. Michael und St. Sebastian aus dem 14. Jahrhundert mit dem dunklen Turm und dem hellen Kirchenschiff.

Kartentipp:
ADFC-Regionalkarte Eifel/Mosel, 1:75.000, ISBN 978-3-87073-919-5, € 8,95
Digital für Smartphones und Tablets: www.fahrrad-buecher-karten.de/rk-digital

Einkehren

Dorfgasthof Schmitz, Schalkenmehren
Ein typischer Landgasthof mit bodenständigen Gästezimmern und einer Küche, die regional und überraschend international auch ist.
www.dorfgasthofschmitz.de

Klostermühle Siebenborn
Feine regionale und mediterrane Küche sowie schöne, in schlicht ländlichem Stil eingerichtete Zimmer.
www.klostermuehle-siebenborn.de

Spitzhäuschen, Bernkastel
Eine echte Attraktion ist das rund 600 Jahre alte winzige Fachwerkhäuschen. Drinnen kann man verschiedenste Weine aus der Region und Snacks verkosten.
www.spitzhaeuschen.de

Übernachten

Hotel Doktor Weinstube, Bernkastel
Historisches Haus mit nostalgischem Ambiente und modernen Zimmern. Günstige zentrale Lage.
www.doctor-weinstube-bernkastel.de

Tipp: Der Maare-Mosel-Radbus (Linienbus 300) verkehrt zwischen Bernkastel-Kues und Daun und transportiert Räder während der Saison (01.04. bis 31.10.) sicher auf einem Anhänger.

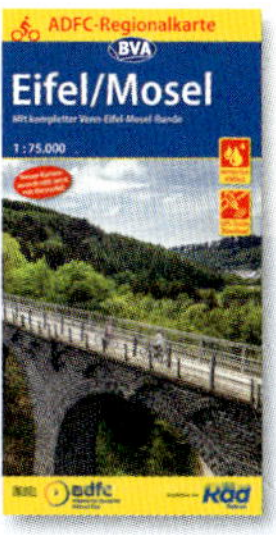

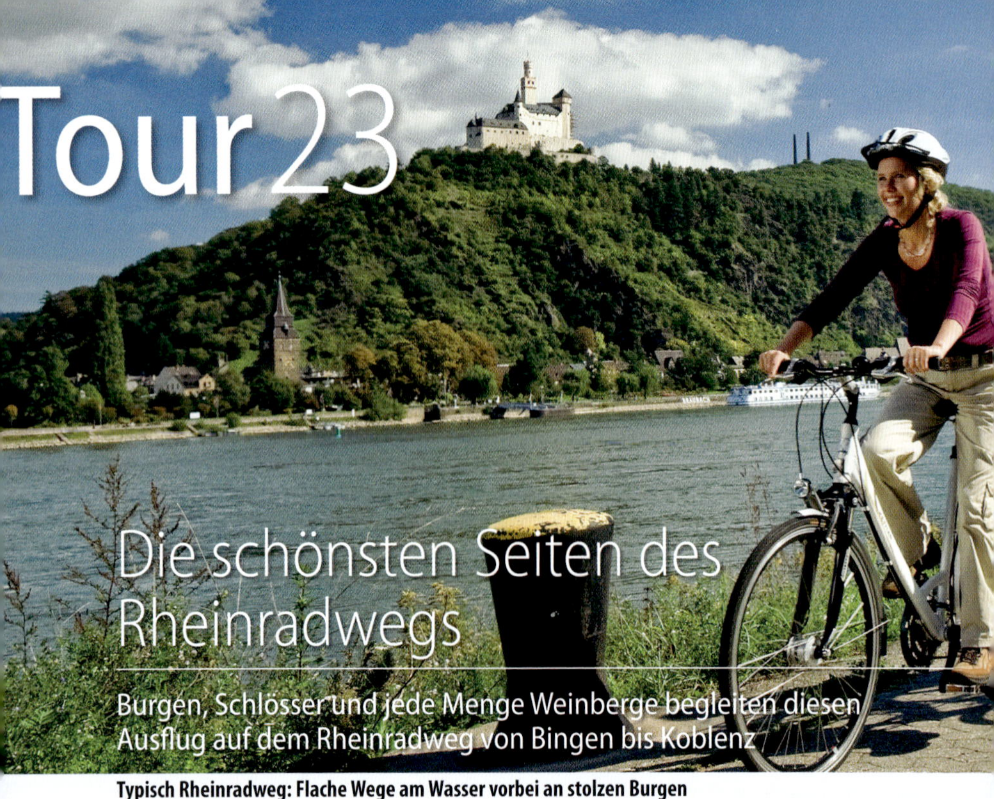

Tour 23

Die schönsten Seiten des Rheinradwegs

Burgen, Schlösser und jede Menge Weinberge begleiten diesen Ausflug auf dem Rheinradweg von Bingen bis Koblenz

Typisch Rheinradweg: Flache Wege am Wasser vorbei an stolzen Burgen

Der Rheinradweg an sich ist schon ein Klassiker. Aber diese Etappe zwischen Bingen und Koblenz ist der Klassiker des Klassikers. Eine malerische Strecke am Fluss entlang mit romantischer Kulisse und etlichen weltberühmten Sehenswürdigkeiten von der Drosselgasse in Rüdesheim bis zum Loreleyfelsen. Eine entspannte Genusstour flussabwärts mit knapp 70 Kilometern Länge, bei der man natürlich bei schönem Wetter nicht alleine unterwegs ist.

Den ganzen Rheinradweg abzufahren, das ist natürlich ein sehr ambitioniertes Vorhaben. Immerhin hat einer der bedeutendsten Fernradwege in Europa eine stattliche Länge von rund 1.230 Kilometern von der Quelle in der Schweiz bis zur Mündung bei Rotterdam in die Nordsee. Dazwischen gibt es einen Streckenabschnitt, der – zwar inoffiziell, aber doch recht überzeugend – als schönste Etappe des gesamten Rheinradwegs bezeichnet wird. Es handelt sich um das Obere Mittelrheintal zwischen Bingen und Koblenz, das bereits 2002 von der UNESCO zum Weltkulturerbe ernannt wurde. Auf knapp 70 Kilometern gibt es ein bezauberndes Arrangement aus steilen Weinbergen rechts und links mit mehr als 60 Burgen und Schlösser. Dass dazwischen auch noch einige bekannte Weinorte mit hohem Unterhaltungswert die Strecke säumen, macht diese Fahrt zur perfekten Genusstour. Ein Geheimtipp ist sie natürlich nicht mehr. Man sollte sich zur Hochsaison auf reichlich Verkehr einstellen. Aber das sollte kein Problem sein. Dieser Teil des Rheinradwegs jedenfalls ist ideal zum gemütlichen Cruisen und zum Sightseeing.

Der offizielle Startort Bingen liegt am linken Rheinufer. Wir beginnen die Tour aber auf der gegenüberliegenden Seite mit einem echten deutschen Klischee. Dazu starten wir in Rüdesheim in der berühmten Drosselgasse.

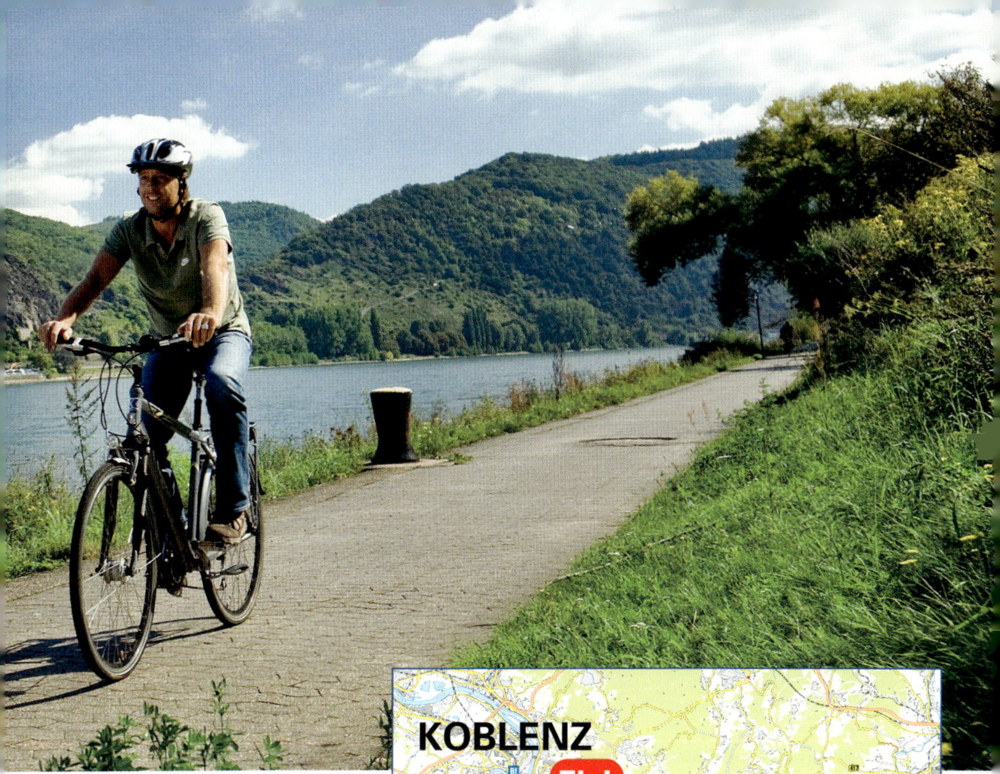

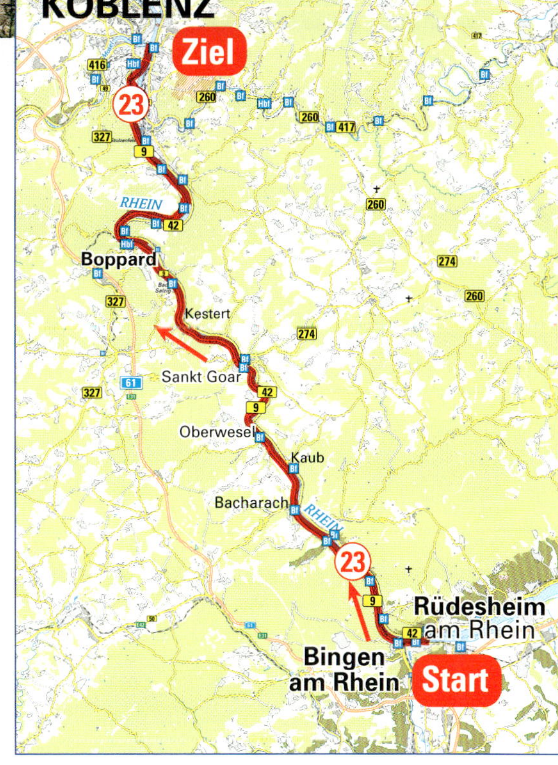

Panorama-Tourinfo

Auf dieser Tour geht es permanent auf der linken Uferseite auf gut ausgebauten Radwegen und teils auf öffentlichen Straßen flussabwärts. Der als Rheinradweg ausgeschilderte Weg verläuft überwiegend am Fluss entlang mit einigen Abstechern in Ortschaften. Zwischendurch kann man auch zum Sightseeing mit Fähren auf die andere Seite wechseln. Wer die Burgen oder schöne Aussichtspunkte aus der Nähe sehen will, muss aber oft steil bergauf, was nicht immer mit dem Rad empfehlenswert ist.

Start: Rüdesheim am Rhein

Ziel: Koblenz

Länge: 67 km

Höhenunterschied: zu vernachlässigen

Information: Rheinland-Pfalz Tourismus, Tel. +49 (0)261 / 915200, www.rlp-tourismus.de

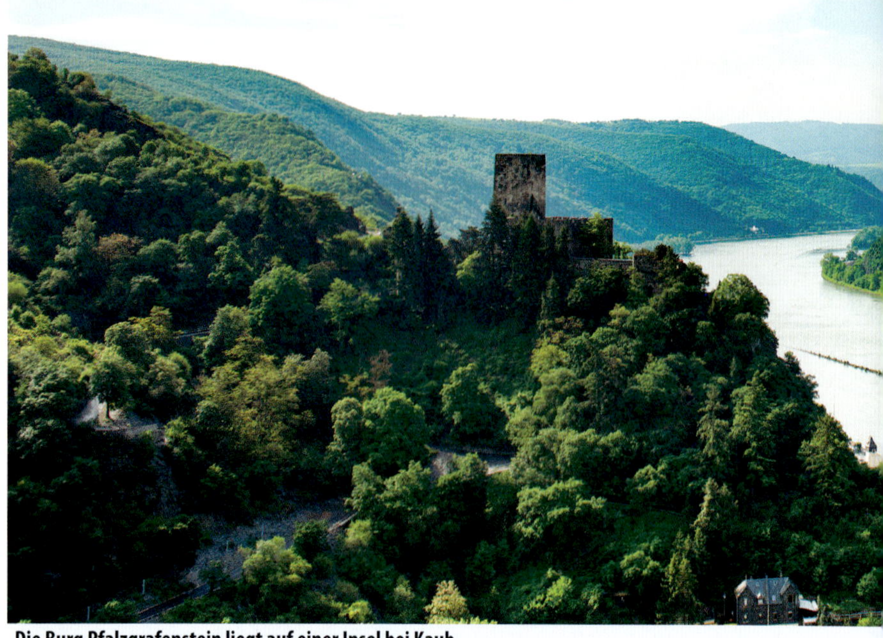

Die Burg Pfalzgrafenstein liegt auf einer Insel bei Kaub

Die enge Gasse mit den vielen Weinlokalen, Hotels und Geschäften ist zwar nur 144 Meter lang, aber voller Leben und Kommerz, dabei eine der berühmtesten Gassen in ganz Deutschland.

Die Drosselgasse ist nur ein paar Meter vom Rheinufer entfernt. Das macht es ziemlich einfach, auf die andere Seite nach Bingen mit der Autofähre (kurz hinter dem Bahnhof) zu wechseln.

Dabei kommen wir auch auf dem Fluss über die Grenze zwischen Hessen und Rheinland-Pfalz. Aber das nur nebenbei bemerkt. Vorher könnte man vielleicht noch dem Niederwalddenkmal einen Besuch abstatten. Das Monument hoch über dem Rhein gibt es seit 1883 und es wurde in Gedenken an den Zusammenschluss der Deutschen Bundesstaaten zum Deutschen Reich im Jahr 1870 eingeweiht. Von Rüdesheim aus kann man bequem mit der Seilbahn hinauf fahren und sich über einen herrlichen Blick über das Rheintal freuen.

Doch nun nach Bingen. Wir bleiben auf dieser Flussseite, auf der der Radweg durchgehend bis Koblenz verläuft und die meiste Zeit am Rheinufer bleibt. Vom Binger Hafen radelt man flussabwärts an etlichen Lokalen vorbei bis zum Museum am Strom und zur Brücke über die Nahe.

Spätestens jetzt erkennt man von weiten die kleine Insel auf dem Rhein mit dem berühmten Bingener Mäuseturm. Mit Mäusen hat der aber nichts zu tun, vielmehr war es ein Wachtturm und eine Zollstation. Gegenüber steht die Ruine der Burg Ehrenfels. Kurz danach kommt auf der rechten Flussseite der bekannte Weinort Assmannshausen, wo man direkt am Ufer das berühmte Hotel Krone erkennt, eine historische Herberge mit fast 500 Jahren Geschichte, zu der auch viele berühmte Gäste wie Kaiser Wilhelm I. und Kaiserin Elisabeth von Österreich alias Sisi gehörten. Links direkt am Radweg folgt die Burg Rheinstein, dann die Burg Reichenstein.

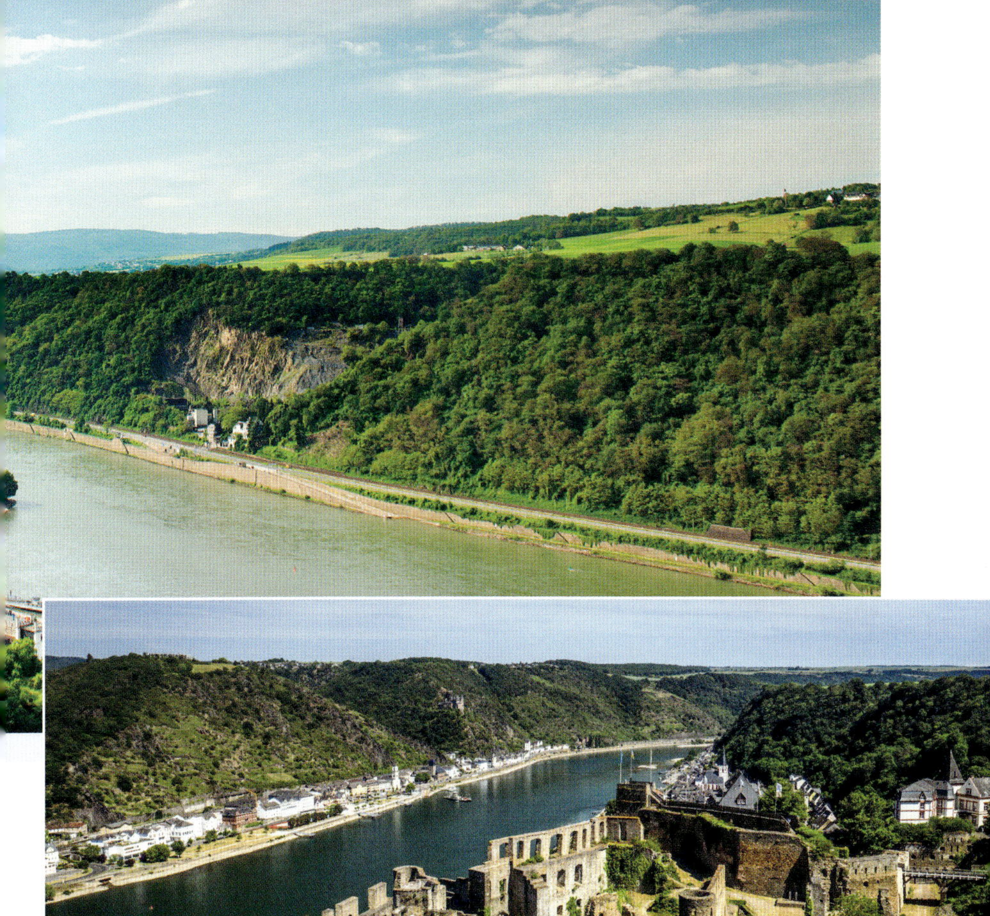

Auch die Burg Rheinfels ist ein schöner Aussichtspunkt

Nächste Station ist Bacharach, ebenfalls ein bekannter Weinort mit viel Historie und den typischen Fachwerkhäusern.

Die Burg Stahleck thront über dem Ort. Dort ist heute eine Jugendherberge eingerichtet. Knapp drei Kilometer später erreichen wir die Burg Pfalzgrafenstein, die auf einer kleinen Insel mitten auf dem Rhein gebaut ist und ebenso wie der Bingener Mäuseturm früher eine Zollstation war. Man könnte hier mit der Fähre nach Kaub übersetzen und dort eine weitere Fähre zu der gut erhaltenen Burg auf der Insel nehmen. Kaub hat aber auch noch eine weitere Burg, die Burg Gutenfels, die auf einem steilen Hang residiert.

Oberwesel ist der nächste Ort mit dem historischen Ochsenturm. Der Rhein macht nun eine recht scharfe Rechtskurve, dann eine

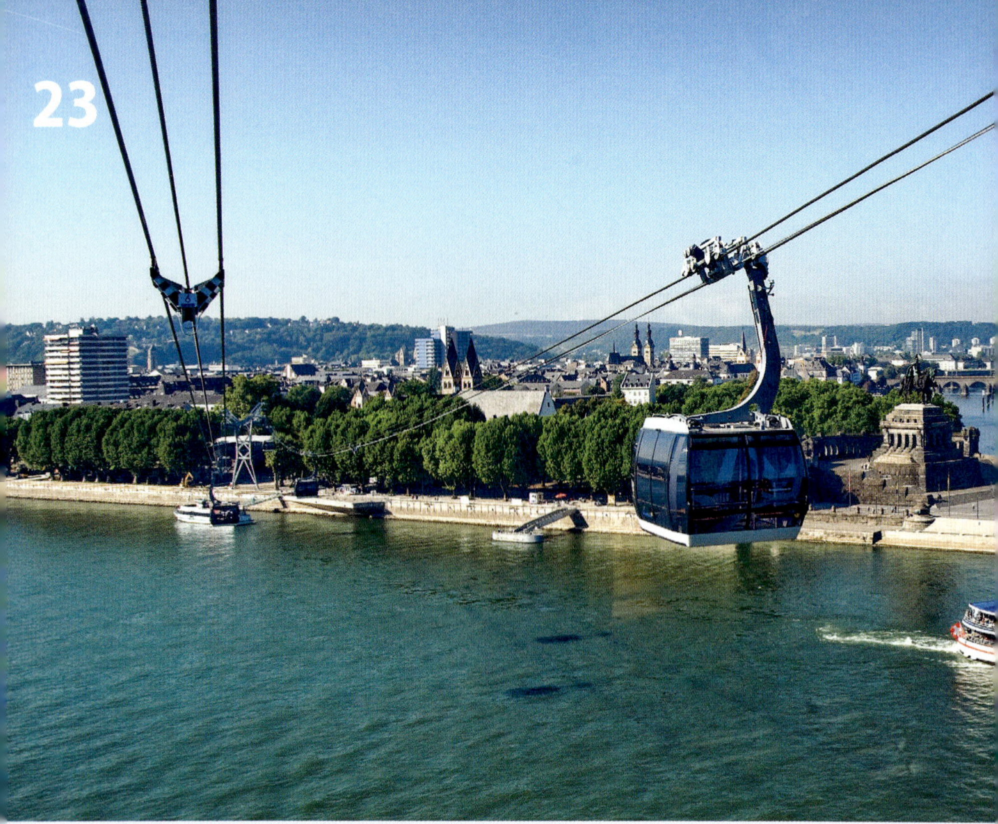

Bei Koblenz kann man mit der Seilbahn den Rhein queren

nicht ganz so scharfe Linkskurve, bevor wir zu einem weiteren Höhepunkt kommen – der Loreley Felsen.

Der Loreley Felsen ist ein dicht bewaldeter Hügel mit einem Aussichtspunkt gut 130 Meter über dem Rhein, auf dem es eine große Terrasse gibt, über der die deutsche Fahne weht. Hier soll der Legende nach die schöne Loreley ihre langen goldenen Haare so verführerisch gekämmt haben, dass die Matrosen ihre Schiffe in der gefährlichen Strömung an die Felsen steuerten. Wir können das hier nur aus der Ferne betrachten. Eine Fähre auf die andere Seite gibt es erst ein Stück weiter in St. Goar, wo man sich dann auch gleich im Loreley Museum etwas schlauer machen kann.

Weitaus realistischer ist da schon die Geschichte der Burg Rheinfels hoch oben über Sankt Goar. Sie ist in der Tat einen Besuch wert, zählt sie doch zu den größten Burg- und Festungsanlagen am Rhein, hat sogar den 30-jährigen Krieg und andere Auseinandersetzungen gut überstanden. Oben gibt es ein Museum, es werden auch Führungen angeboten.

Bei Kestert und Bad Salzig wird der Rhein wieder etwas kurvenreicher. Boppard ist der nächste größere Ort.

In Boppard können direkt am Rheinufer die Überreste eines römischen Kastells besichtigt werden.

Zwei scharfe Kurven absolviert der Rhein, dann radeln wir am romantischen Schloss Stolzenfels vorbei.

Das Schloss wirkt wie ein Märchenschloss und wurde im 19. Jahrhundert im gotischen Stil neu aufgebaut.

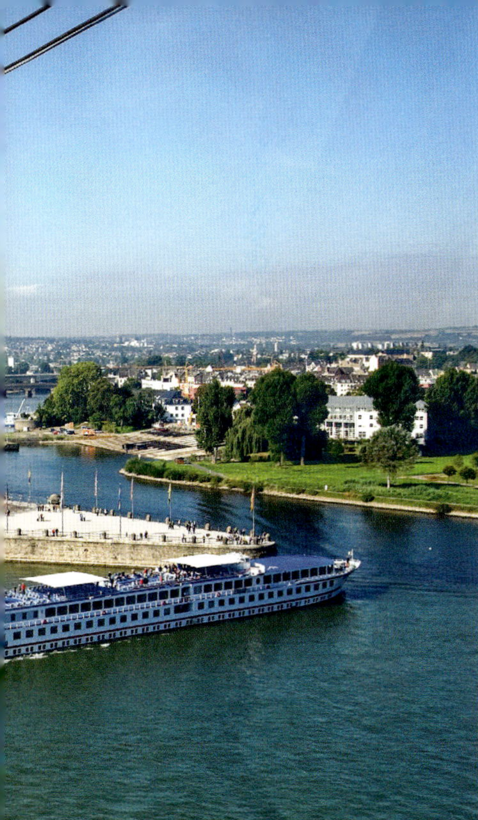

Von dort sind es nur noch gute fünf Kilometer bis zum Ziel, der Altstadt von Koblenz mit dem Deutschen Eck, wo die Mosel in den Rhein mündet.

Tipp: Mit dem Schiff zurück. Die Köln Düsseldorfer Rheinschifffahrt fährt zur Hauptsaison täglich von Koblenz bis Rüdesheim. Abfahrt ist in Koblenz um neun Uhr. Fahrtzeit 6:15 Stunden. Räder werden mittransportiert, muss man aber vorher anmelden. www.k-d.com

Einkehren

Burg Reichenstein, Trechtingshausen
Stilgerechter könnte man hier am Rhein kaum einkehren als in der Burg etwas oberhalb des Ufers bei Trechtingshausen. Gehobene regionale Küche. Man kann hier auch in geschmackvoll eingerichteten Zimmern logieren.
www.burg-reichenstein.com

Historische Weinwirtschaft, Oberwesel
Herzhaft und deftig wie das Interieur dieses historischen Lokals ist auch die Küche. Leicht erreichbar nahe beim Zehnerturm und beim Radweg.
www.historische-weinwirtschaft.de

Straußwirtschaft Nohbersch Nickela, Boppard
Eine klassische Straußwirtschaft, wo es natürlich die hauseigenen Weine und dazu typische Pfälzer Hausmannskost gibt.
www.weingut-engels-weiler.de

Übernachten

Papa Rhein Hotel & Spa, Bingen
Stilvolles Hotel direkt am Rheinufer in Hafennähe in Bingen mit gutem Wellnessangebot und kreativer Küche. Gehobene Preisklasse.
www.paparheinhotel.de

Sander Hotel, Koblenz
Elegant ausgestattetes Mittelklassehotel im Zentrum von Koblenz. Schöne Terrasse im Innenhof. Abstellraum für Fahrräder.
www.sander-hotel.com

Kartentipp:
ADFC-Regionalkarte Koblenz/Bonn/Mainz/Mittelrheintal,
1:75.000, ISBN 978-3-96990-021-5, € 9,95
Digital für Smartphones und Tablets:
www.fahrrad-buecher-karten.de/rk-digital

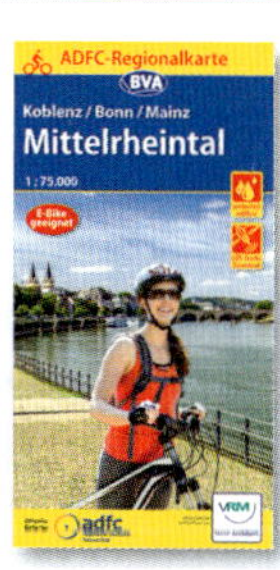

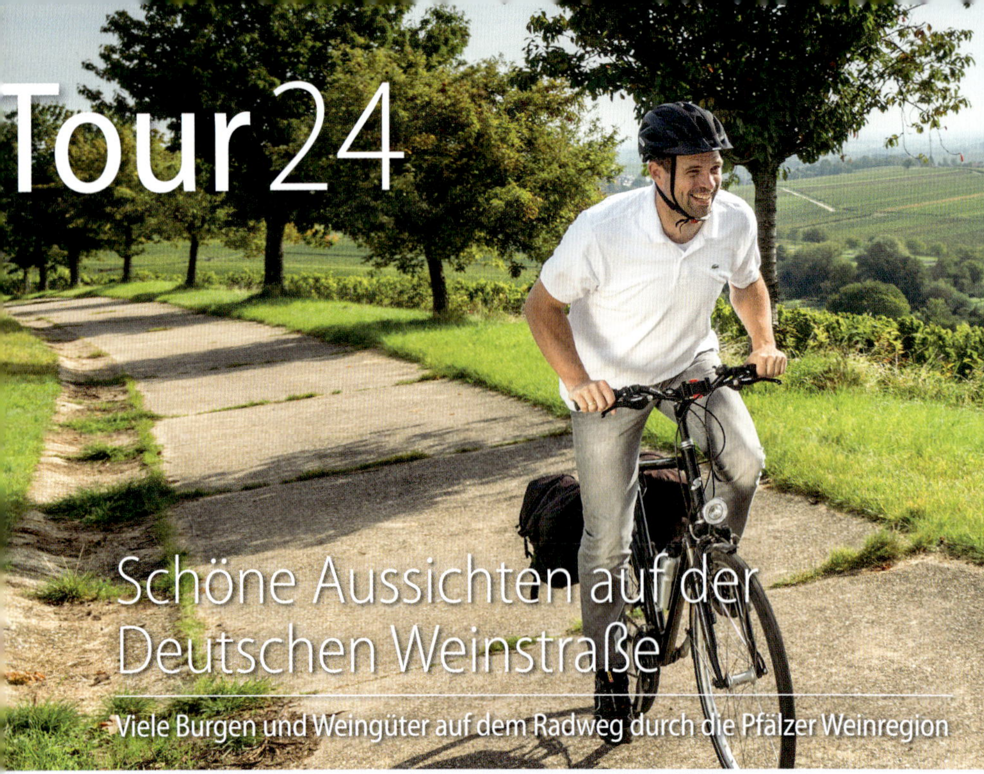

Tour 24

Schöne Aussichten auf der Deutschen Weinstraße

Viele Burgen und Weingüter auf dem Radweg durch die Pfälzer Weinregion

Schöne Aussichten auf dem Radweg, leicht erhöht entlang des Pfälzer Walds

Die Deutsche Weinstraße ist nicht nur für Weinliebhaber ein interessantes Ziel. Die Weinstraße führt durch das zweitgrößte deutsche Weinanbaugebiet und hieß früher Pfälzer Weinstraße. Auf rund 85 km Länge führt sie von Bockenheim nach Schweigen-Rechtenbach an der französischen Grenze. Es gibt passenderweise auch einen Radweg entlang der Deutschen Weinstraße, der mit knapp 100 km etwas länger ist. Nicht nur die Burgen und Weingüter sorgen für Abwechslung, sondern auch die Topographie, die durchaus etwas hügelig ist.

Bockenheim ist der Startort dieser Reise auf zwei Rädern durch eines der bedeutendsten Weinanbaugebiete Deutschlands. Ein idealer Start aus ganz offiziellen, formalen Gründen, denn in Bockenheim steht auch das „Haus der Deutschen Weinstraße". Und an diesem staatlichen Gebäude wollen wir auch beginnen, denn hier kann man sich auch noch bei einer kleinen Einkehr auf der Terrasse vor dem künstlichen See im Café ideal stärken. Bockenheim ist auch deswegen praktisch, weil es ganz in der Nähe eine Bahnstation gibt. Bevor man in die Pedale tritt, bekommt man gleich eine passende Stimulation, denn schon in Bockenheim gibt es an jeder Ecke ein Weingut oder eine Weinhandlung.

Ganz allgemein ausgedrückt fahren wir von Norden nach Süden parallel zum Rhein und zur Autobahn A61 und nach wenigen Kilometern auch direkt am Rand des Pfälzer Walds. Von Bockenheim führt der Weg nun durch das Weingebiet vorbei an etlichen Weingütern über Grünstadt und Kirchheim nach Süden. Unterwegs geht es immer ein wenig bergauf und bergab aber ohne größere Höhenunterschiede. Vorbei am Golfgarten Deutsche Weinstraße und über Freinsheim geht es weiter nach Kallstadt.

Hier kann man im Weingut am Nil nicht nur fein speisen, und das ziemlich international, sondern auch stilvoll nächtigen. Am Südrand

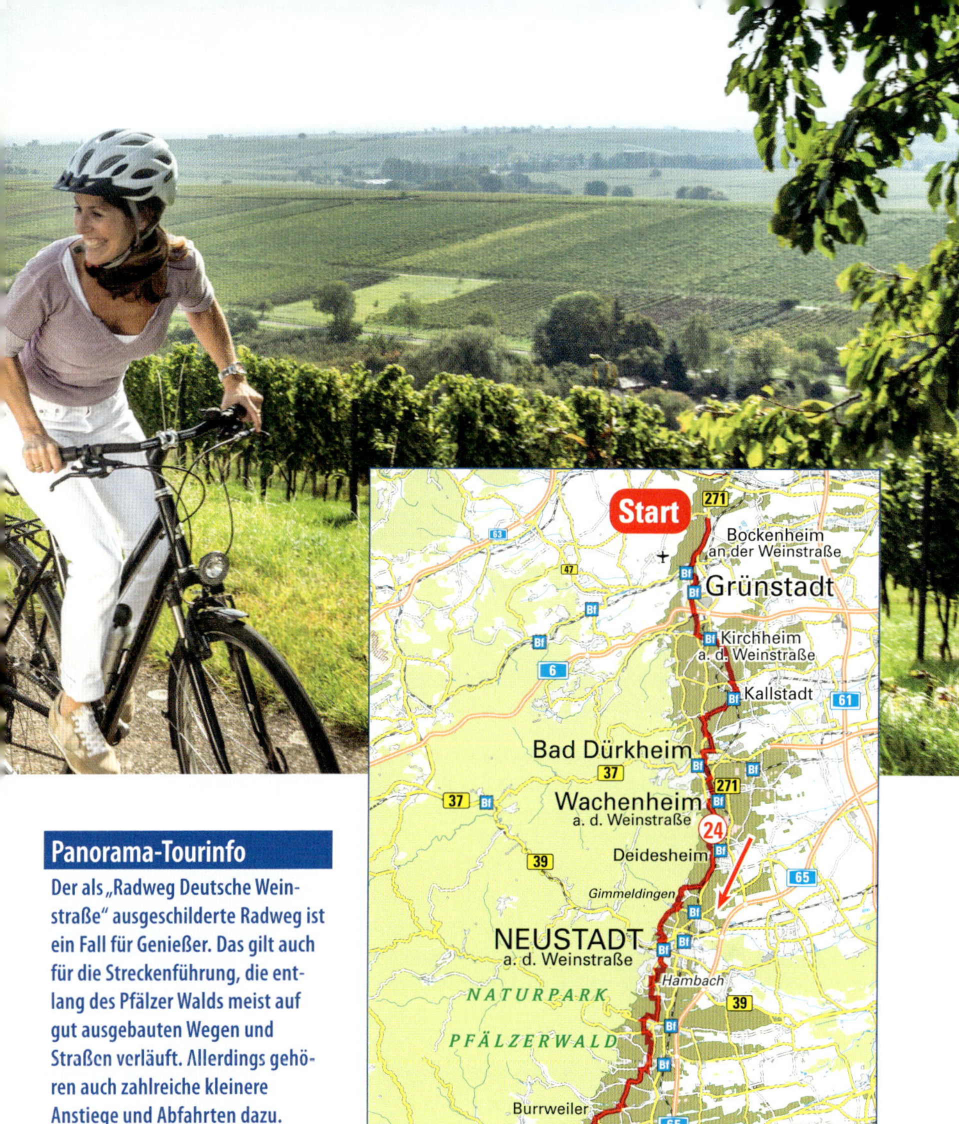

Panorama-Tourinfo

Der als „Radweg Deutsche Weinstraße“ ausgeschilderte Radweg ist ein Fall für Genießer. Das gilt auch für die Streckenführung, die entlang des Pfälzer Walds meist auf gut ausgebauten Wegen und Straßen verläuft. Allerdings gehören auch zahlreiche kleinere Anstiege und Abfahrten dazu. Genießer fahren es in zwei bis drei Tagen, Sportler in einem.

Start: Bockenheim

Ziel: Schweigen-Rechtenbach

Länge: 97 km

Höhenunterschied: 1020 m

Information: Südliche Weinstraße e.V., Tel. +49 (0)6341 / 940 407, www.suedlicheweinstrasse.de; Deutsche Weinstraße e.V. -Mittelhaardt-, Tel. +49 (0)6321 / 912 333, www.deutsche-weinstrasse.de

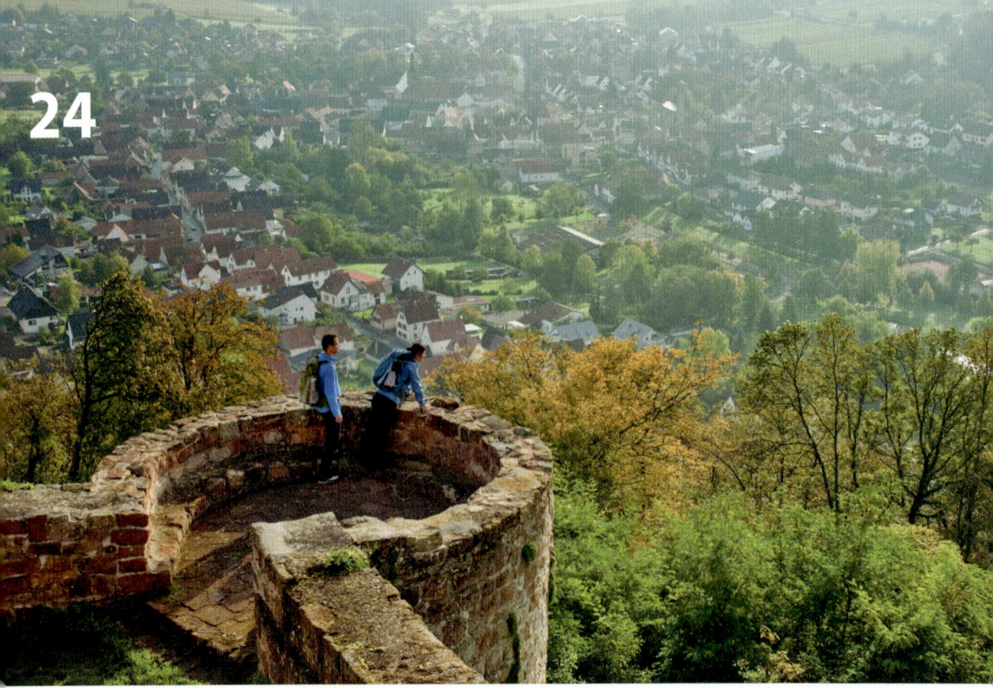

Gute Aussicht von der Burg Landeck

von Kallstadt kommt man zu einer besonderen Sehenswürdigkeit in Sachen Wein, zum römischen Weingut Weilberg. Hier kann man die Überreste eines gut 2.000 Jahre alten Weinguts besichtigen und sich auch bei Führungen über dessen Geschichte erzählen lassen.

Nun sind es nur noch ein paar Kilometer nach Bad Dürkheim.

Im Norden der Stadt kann man sich in der St.-Michaels-Allee ein riesiges Weinfass anschauen. Es misst 13,5 Meter Durchmesser und drinnen gibt es nicht nur Wein, sondern ein ganzes Weinlokal. Bad Dürkheim ist ein traditionsreicher Kurort, der nicht nur einen schönen Kurpark und ein Spielcasino hat, sondern auch viel Geschichte. Das kann man an der Klosterruine Limburg an der alten Hardenburg etwas oberhalb am Ausläufer des Pfälzer Walds gut nachvollziehen.

Von Bad Dürkheim zieht der Weg weiter nach Süden am Rand des Pfälzer Walds und streift dabei bekannte Weinorte wie Wachenheim, Deidesheim und Gimmeldingen. Nächste größere Station ist Neustadt an der Weinstraße. Gut 40 Kilometer sind nun absolviert.

Und wer sich da und dort das eine oder andere Weingut oder Sehenswürdigkeiten angeschaut hat, für den ist Neustadt wie geschaffen für eine Übernachtung, bevor man die zweite Hälfte der Tour dem nächsten Tag überlässt.

Weiter geht es nach Süden. Bereits nach knapp drei Kilometern könnte man rechts einen Stopp beim Hambacher Schloss einlegen, das am Rand des Pfälzerwalds über der Ebene thront.

Oben gibt es eine Ausstellung zur deutschen Geschichte und ein elegantes Restaurant. Die nächste Kombination aus Schloss und Museum ist nicht weit. Die Ludwigshöhe beherbergt ein Landesmuseum und eine Kunstgalerie, aber keine Gastronomie. Von den Schlössern hat man aber immer einen herrlichen Blick auf die Ebene und auf die Weingärten.

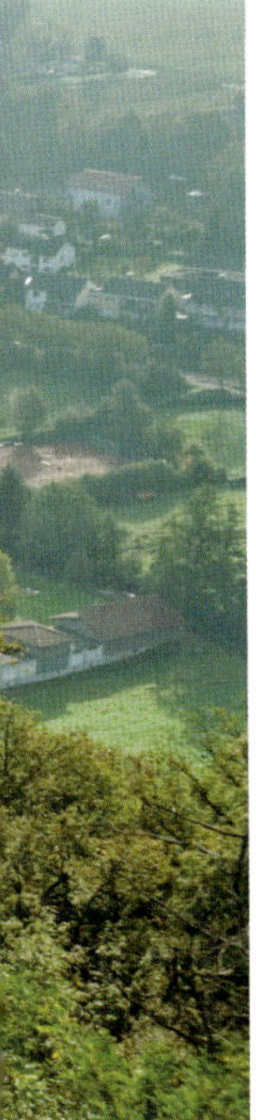

So ist es auch bei den Resten der Burg Geißberg, bevor man über Burrweiler nach Gleisweiler kommt. Von Gleisweiler bis Siebeldingen wartet dann eine entspannte Abfahrt auf gut vier Kilometern.

Von Siebeldingen fehlen noch gut 30 Kilometer bis zum Ziel. Die ersten vier Kilometer starten gleich mit einem längeren Anstieg mit gut 100 Höhenmetern bis Leinsweiler. In Eschbach und Klingenmünster gibt es wieder genügend Weingüter, wo man sich erholen kann. Die Fahrt ist nicht mehr so anstrengend, verläuft ein wenig bergauf und bergab überwiegend auf asphaltierten Straßen und Wegen. Nur bei Göcklingen und Klingenmünster gibt es noch kurze, steilere Anstiege.

Der Schoggelgaul in Pleisweiler ist ein typisches Gasthaus mit guter regionaler Küche zu erschwinglichen Preisen. Die Madenburg ist die nächste aussichtsreiche Burg, von der nur noch ein Teil übrig ist, zu dem aber auch eine Burgschänke mit einfacher Küche gehört. Gleiszellen ist ein kleiner Weinort mit schönen alten Fachwerkhäusern. Das Westwallmuseum in Bad Bergzabern erinnert an die Zeit, als hier die Westfront im Zweiten Weltkrieg verlief. Natürlich gibt es in Bad Bergzabern auch ein Schloss, das heute ein Verwaltungssitz ist.

Die letzten acht Kilometer über Oberotterbach führen schließlich direkt zum Ziel in Schweigen-Rechtenbach direkt an der französischen Grenze.

Kartentipp:
ADFC-Regionalkarte Pfalz,
1:75.000, ISBN 978-3-96990-013-0, € 9,95
Digital für Smartphones und Tablets:
www.fahrrad-buecher-karten.de/rk-digital

Einkehren

Weingut am Nil, Kallstadt
Stattliches Weingut im kleinen Weinort Kallstadt in einem historischen Gutshof nördlich von Bad Dürkheim mit Gourmetrestaurant und sieben klassisch, elegant eingerichteten Gästezimmern.
www.seieinlilaloewe.de

Hambacher Schloss, Hambach
Geschichte und Genuss an einem Platz. Das berühmte, historisch bedeutsames Schloss beherbergt auch ein elegantes Restaurant mit gehobener regionaler und mediterraner Küche.
www.hambacherschloss.eu

Schoggelgaul, Pleisweiler
Ein verspielt rustikales Lokal mit einer deutsch-französischen Küche der klassisch-bodenständigen Art. Schöner Innenhof. Schoggelgaul heißt übrigens Schaukelpferd.
www.schoggelgaul-pleisweiler.de

Übernachten

Villa Brenner, Grünstadt
Preisgünstiges Dreisternehotel in einer eleganten Jugendstilvilla nur vier Kilometer vom Startort entfernt.
wwvillabrenner.com

Schlössl, Oberotterbach
Der ehemalige Grafensitz ist heute ein gediegenes Landhotel mit schönen Zimmern und einem Restaurant der gehobenen Kategorie.
www.schloessl-suedpfalz.de

Tipp: Es gibt eine Bahnverbindung vom französischen Grenzort Wissembourg über Ludwigshafen und Worms nach Bockenheim mit mehrmaligem Umsteigen und drei Stunden Fahrtzeit. www.bahn.de

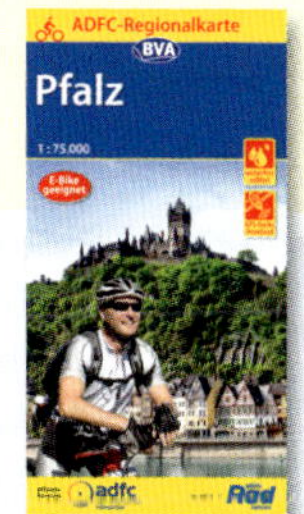

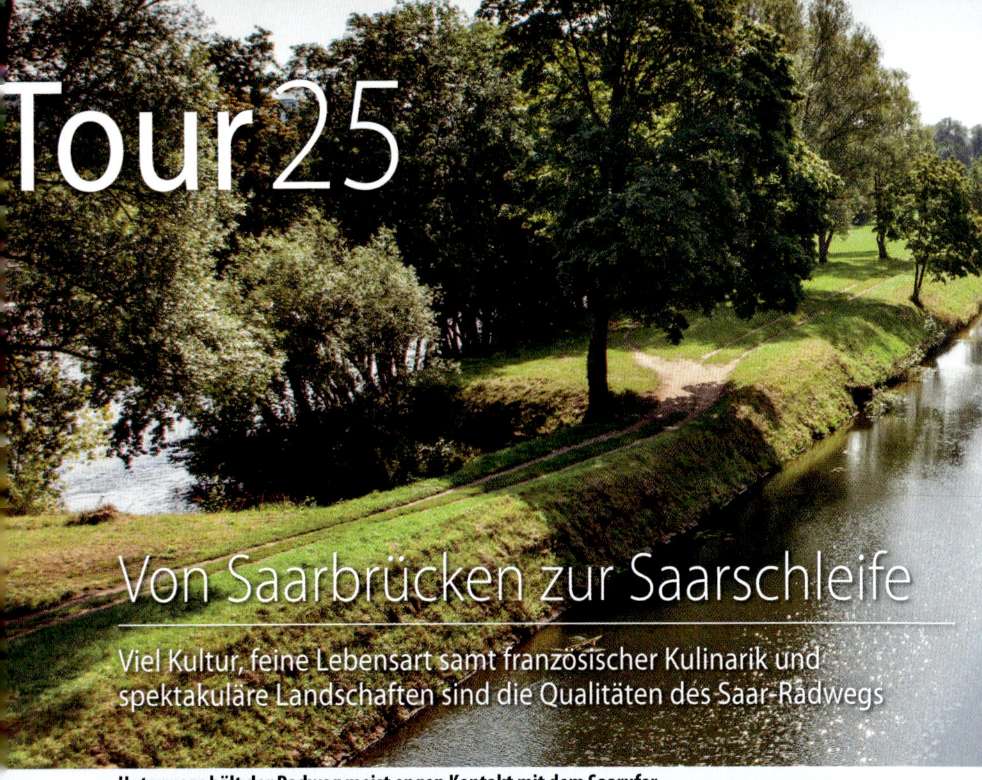

Tour 25

Von Saarbrücken zur Saarschleife

Viel Kultur, feine Lebensart samt französischer Kulinarik und spektakuläre Landschaften sind die Qualitäten des Saar-Radwegs

Unterwegs hält der Radweg meist engen Kontakt mit dem Saarufer

Eine Radtour mit vielen Facetten. Startort ist die Kulturstadt Saarbrücken. Dazwischen Industriedenkmäler in Völklingen, ländliche Idylle an der französischen Grenze und zum Abschluss die spektakuläre Saarschleife. Gemütlich an der Saar entlang radeln und viel erleben und genießen.

Ein guter Startplatz im Zentrum von Saarbrücken ist der Ludwigsplatz direkt vor der Ludwigskirche. Die mächtige Kirche im Barockstil wurde Mitte des 18. Jahrhunderts erbaut und ist das Wahrzeichen von Saarbrücken. Das Saarbrücker Schloss hat eine lange Geschichte und geht bis auf das elfte Jahrhundert zurück. Der aktuelle Bau wurde von Friedrich Joachim Stengel gebaut ebenso wie die Ludwigskirche, das Erbprinzenpalais und das Rathaus.

Vom Ludwigsplatz starten wir nach Norden Richtung Saar. Parallel zur B51 queren wir die Autobahn und folgen nach einer Schleife dem Saarufer direkt neben der Autobahn Richtung Westen. Etwa fünf Kilometer sind es bis nach Völklingen mit diversen Brücken und Schrebergärten, an denen man vorbei kommt. Kurz nach der Staustufe Louisenthal ist Völklingen erreicht.

Völklingen ist bekannt für eine lange und traditionsreiche Stahlproduktion. Ein kleiner Teil des Geländes der Saarstahl AG mit 260 Hektar Fläche wurde stillgelegt und bekam den Status des UNESCO Weltkulturerbes. Mit dem ScienceCenter Ferrodrom gibt es eine multimediale Erlebniswelt zum Thema Stahl.

Hier macht die Saar einen weiten Rechtsbogen, passiert zuerst das große Stahlwerk, dann kommt das UNESCO Welterbegelände. Kurzzeitig nimmt die Autobahn links etwas Abstand. Nun radelt man gute zwei Kilometer entlang der Schwerindustriebetriebe auf

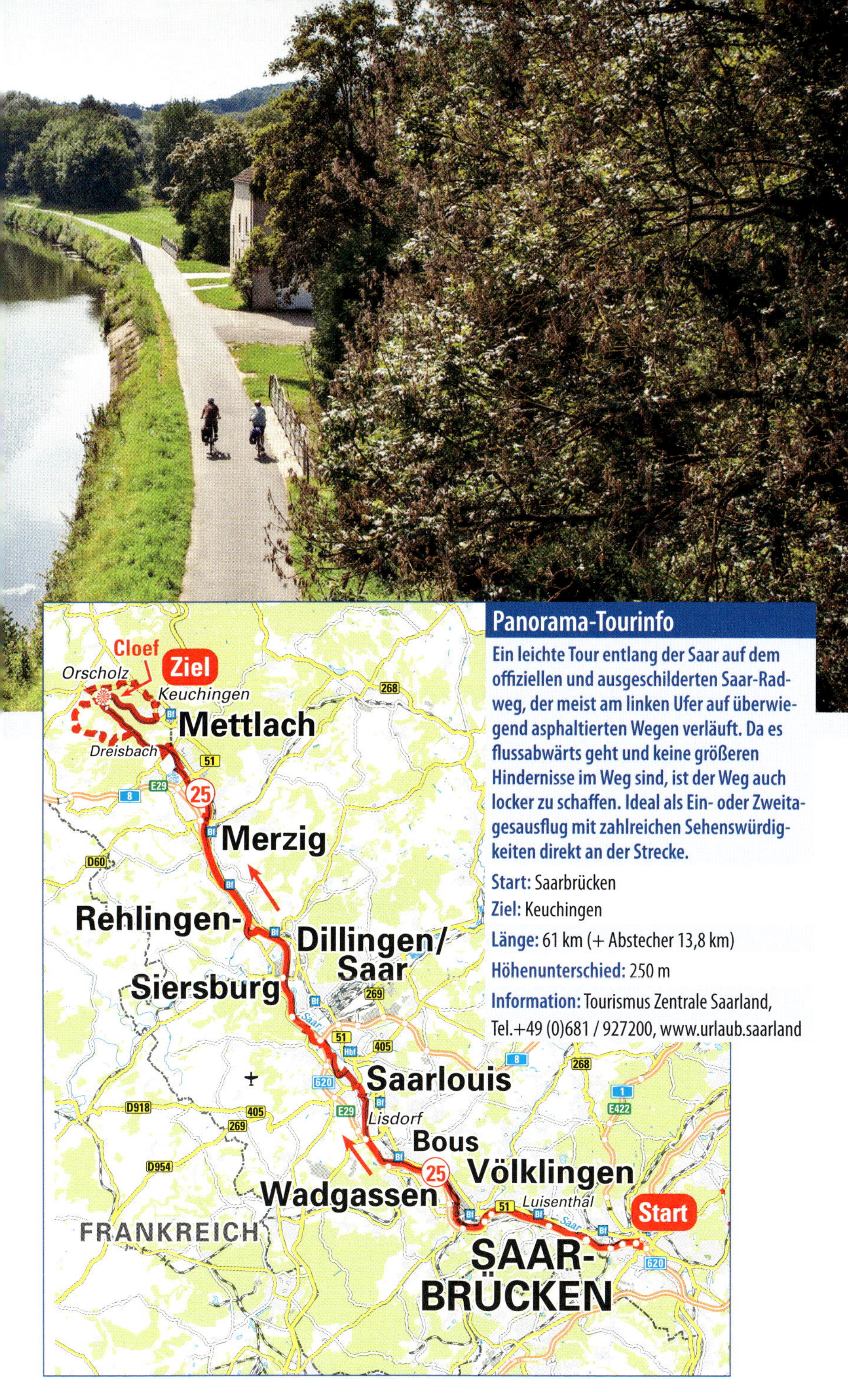

Panorama-Tourinfo

Ein leichte Tour entlang der Saar auf dem offiziellen und ausgeschilderten Saar-Radweg, der meist am linken Ufer auf überwiegend asphaltierten Wegen verläuft. Da es flussabwärts geht und keine größeren Hindernisse im Weg sind, ist der Weg auch locker zu schaffen. Ideal als Ein- oder Zweitagesausflug mit zahlreichen Sehenswürdigkeiten direkt an der Strecke.

Start: Saarbrücken

Ziel: Keuchingen

Länge: 61 km (+ Abstecher 13,8 km)

Höhenunterschied: 250 m

Information: Tourismus Zentrale Saarland, Tel.+49 (0)681 / 927200, www.urlaub.saarland

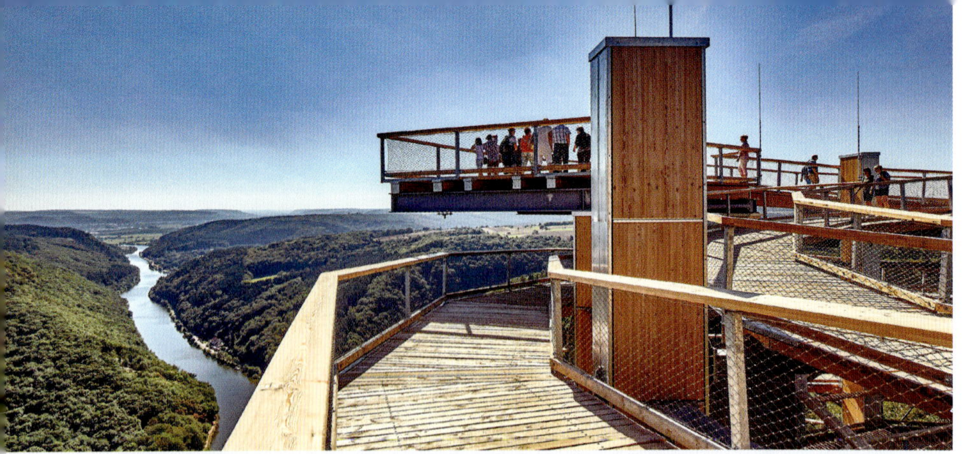

Vom Aussichtspunkt beim Baumwipfelpfad oberhalb der Saarschleife ist der Ausblick spektakulär

der anderen Uferseite. Nächste Orte sind Bous auf der rechten Seite und Wadgassen am linken Ufer. Der Radweg streift fast direkt das Factory Outletcenter der noblen Porzellanmarke Villeroy&Boch. Die Firmenzentrale befindet sich einige Kilometer weiter flussabwärts. Kurz danach verlässt nun die Autobahn das Saarufer und zieht schräg nach Westen. Der Radweg folgt allein der Saar neben flachen Wiesen. Bald kommt die Schleuse Lisdorf und man sieht vorne links den Stadtrand von Saarlouis.

Die Stadt Saarlouis hatte über viele Jahrzehnte eine wichtige militärische Bedeutung an der Grenze zwischen Frankreich und Deutschland. Franzosen und Preußen waren sich nicht immer einig, weshalb hier viele Festungen und Bunker entstanden sind. Einige dieser Bauwerke existieren auch heute noch im Zentrum und werden von Geschäften oder als Museum genutzt. Der zentrale Platz ist der Große Markt, der früher als Exerzierplatz von den Militärs gebraucht wurde.

Gut 25 Kilometer sind bislang absolviert. Die nächsten 20 Kilometer folgt der Radweg weiterhin der Saar auf der linken Uferseite. Allmählich wird die Präsenz von Industrien und Handel geringer und die Umgebung am Radweg grüner. Rechts sieht man den Dillinger Yachthafen und dahinter den Dillinger See.

Dort könnte man dem Museum Pachten einen Besuch abstatten. Das Museum in einem stattlichen Bauernhaus umfasst eine Ausstellung zur Geschichte des Ortes speziell zur Römerzeit. Eine Spezialität von Dillingen sind die vertikalen Gärten in der Stummstraße im Zentrum. Diese Gärten sind 10 Meter hoch. Es wurden dafür rund 4.000 Pflanzen auf gitterförmigen Matten gepflanzt. Hinter der Verkleidung des Sockels arbeitet ein computergesteuertes Bewässerungssystem, damit die Pflanzen auch richtig gedeihen.

Links oberhalb der Saar steht die Ruine der Burg Siersburg auf einem Hügel. Vom Zentrum in Siersburg führt eine knapp einen Kilometer lange Straße mit 50 Höhenmetern Unterschied zu der Ruine, wo man einen herrlichen Ausblick hat. Merzig ist dann der nächste Ort.

Es wird wieder Zeit für etwas Kultur. Da bietet sich das Schloss Fellenberg an mit dem Kreisheimatarchiv und einer Ausstellung mit moderner Kunst. Das Museum befindet sich etwa einen Kilometer von der Saar entfernt direkt vor der Fabrik von Villeroy& Boch. Nur halb so weit entfernt ist das Expeditionsmuseum Werner Freund in der Propsteistraße. Dort sind Objekte ausgestellt, die der Verhaltensforscher, der lange Zeit mit den Wölfen im Merziger Wolfspark zusammengelebt hat, auf seinen Expeditionen gesammelt hatte. Dazu gehören unter anderem Schrumpfköpfe und vergiftete Pfeile, die er von seinen exotischen Reisen mitbrachte.

Weiter geht die Reise am linken Saarufer – auf der rechten Seite befindet sich der Tierpark Merzig. Vor der Mündung der Alten Saar wechselt der Radweg für ein kurzes Stück auf die rechte Uferseite. Vorbei am Haus Saarstein kommt man zum Fährhaus Saarschleife, ein beliebtes Ausflugslokal, und schließlich zur berühmten Saarschleife.

Hier macht die Saar eine enge Wende mit 180 Grad um einen hohen bewaldeten Hügel. Diese spektakuläre Landschaft ist ein beliebtes Ausflugsziel, weshalb sich hier etliche Lokale und auch ein Baumwipfelpfad angesiedelt haben.

Der Radweg begleitet die Saar am linken Ufer, macht also die Kurve am äußeren Rand und bietet einen herrlichen Blick auf diese ungewöhnliche Landschaft.

Tipp: Von dieser Uferseite kann man auch zu Fuß hinauf wandern zum Aussichtspunkt La Cloef direkt vor dem Baumwipfelpfad. Da der Wanderpfad allerdings auf nur 1,4 km 130 hm überwindet und über zahlreiche Stufen verfügt, ist es (auch wenn diese Stufen über Rampen verfügen) empfehlenswert, das Rad unten stehen zu lassen – z.B. beim Fährhaus, ca. 5-10 min zu Fuß flussaufwärts. Bitte beachten: zu den 1,4 km kommen noch einmal ca. 500 m Weg bis zum Eingang des Baumwipfelpfades hinzu. Die Aussicht ist jedoch grandios! Alternativ ist auch eine Anfahrt mit dem Rad möglich (siehe Karte): Von Dreisbach hinauf über Nohn und Steinmühle zum Aussichtspunkt, auf dem Rückweg in Orscholz an der Hauptstraße rechts abbiegen und über die Eichenlaubstr. hinunter nach Keuchingen.

Kartentipp:
ADFC-Regionalkarte Saarland,
1:75.000, ISBN 978-3-96990-010-9, € 9,95
Digital für Smartphones und Tablets:
www.fahrrad-buecher-karten.de/rk-digital

Einkehren

Im kleinen Restaurant, Saarbrücken
Gemütliches und beliebtes italienisches Restaurant in der Nähe des Saarbrücker Schlosses.
www.im-kleinen-restaurant.de

Gerard, Saarlouis
Kleines Restaurant mit regionaler und französischer Küche in einem historischen Stadthaus.
www.gerard-saarlouis.de

Fährhaus Saarschleife, Mettlach
Beliebtes Ausflugslokal direkt bei der Saarschleife mit regionaler Küche. Gastgarten direkt am Saarufer.
www.faehrhaus-saarschleife.de

Übernachten

Landhotel Saarschleife, Mettlach
Schön oberhalb der Saarschleife gelegenes Viersternehotel mit familiärer Atmosphäre und guter, französisch inspirierter Küche.
www.hotel-saarschleife.de

Für alle die unten geblieben bzw. wieder hinunter gelaufen sind: Von der Saarschleife sind es dann noch ca. 3 km bis zu unserem Tourziel Keuchingen.

Dort kann man die Villeroy&Boch Erlebniswelt in der Alten Abtei besuchen mit dem Keramikmuseum, der Erlebniswelt Tischkultur und dem Showroom Komplettbad – ein stilgerechter Abschluss des Ausflugs. Der offizielle Saar-Radweg verläuft noch weiter bis an die Mosel.

Tipp: Von Keuchingen zurück nach Saarbrücken kommt man mit dem Radbus bis Merzig und dort weiter mit dem Regionalexpress. Fahrtzeit etwa eine Stunde. www.bahn.de

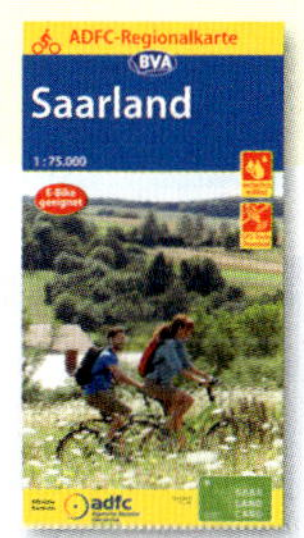

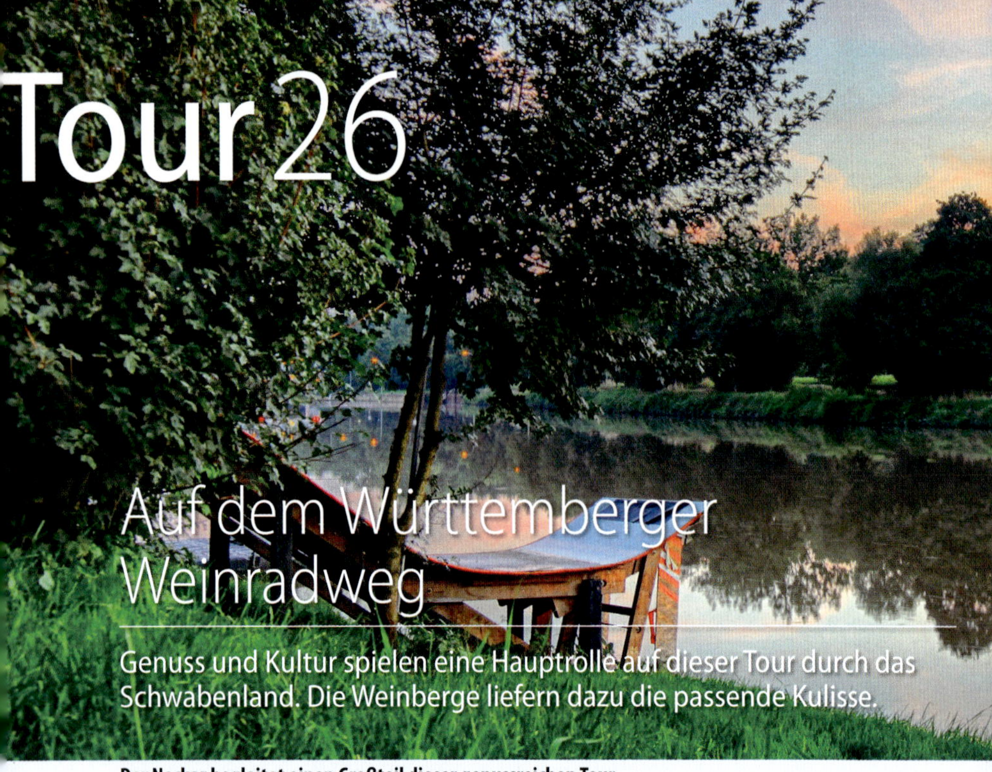

Tour 26

Auf dem Württemberger Weinradweg

Genuss und Kultur spielen eine Hauptrolle auf dieser Tour durch das Schwabenland. Die Weinberge liefern dazu die passende Kulisse.

Der Neckar begleitet einen Großteil dieser genussreichen Tour

Schöne Radwege müssen nicht immer abgelegen sein. Diese 120 Kilometer lange Tour auf dem Württemberger Weinradweg schlängelt sich durch die schwäbische Alb, vorbei an vielen Weingärten und Obstwiesen um Stuttgart. Dabei gibt es genügend Gelegenheit mit bekannten Weinen wie Trollinger, Riesling und Chardonnay Bekanntschaft zu machen und sich dabei auch kulturelle Genüsse zu gönnen.

Auf gut 350 km schlängelt sich der Württemberger Weinradweg durch das Schwabenland. Man kann im Süden in Rottenburg am Neckar starten, fährt dann weiter über Tübingen bis Metzingen, kommt danach nach Esslingen, fährt einen großen Bogen um Stuttgart und folgt dann dem Neckar nach Norden bis zum Ziel in Niederstetten. Diese hier ausgewählte, 120 Kilometer lange Teilstrecke von Metzingen über die Weinberge nach Esslingen mit einem Bogen an Stuttgart vorbei und weiter im Neckartal bis Marbach repräsentiert die Qualitäten besonders gut. Dazu hat man durch die Nähe zu Stuttgart sowohl zum Startort Metzingen als auch beim Zielort Marbach gute Verbindungen mit öffentlichen Verkehrsmitteln. Ob man sich nun zwei, drei oder noch mehr Tage dafür Zeit nimmt, hängt davon ab, wie sehr man sich von der Kultur und von Trollinger und Co. ablenken lässt. In jedem Fall bietet diese Radreise eine besonders gelungene Mischung aus Natur, Kultur und Genuss.

Wir starten in Metzingen mitten in der schwäbischen Alb und nur 20 Kilometer von Stuttgart entfernt.

Dass der Ort Metzingen eine lange und interessante Geschichte hat, das bezeugen auch die vielen historischen Bauten im Zentrum. Dass der Wein hier eine wichtige Rolle spielt, das dokumentiert auch das Wahrzeichen der Stadt. Das ist der Kelterplatz mit

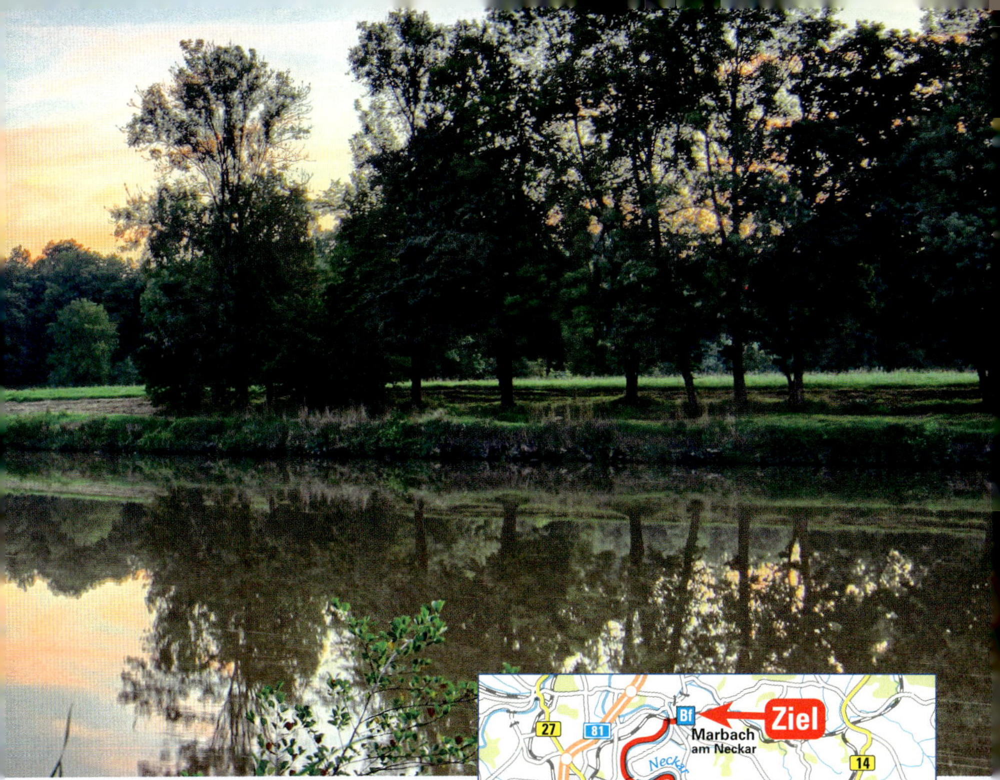

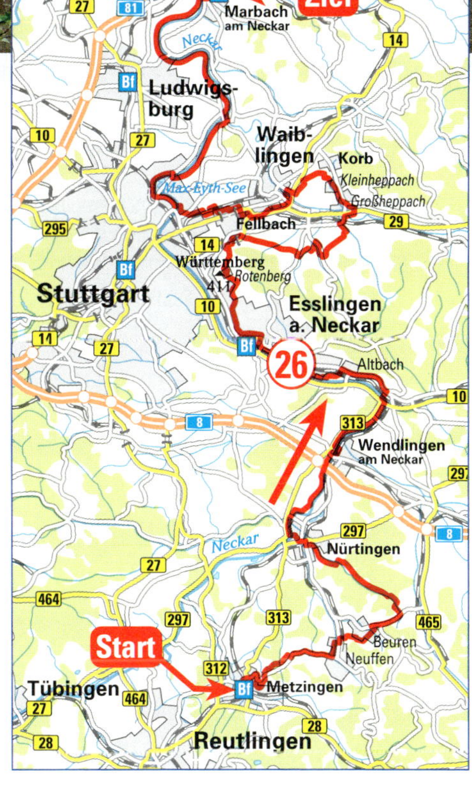

Panorama-Tourinfo

Unterwegs ist man auf gut ausgebauten Radwegen, die meist asphaltiert sind. Empfehlenswert ist in jedem Fall ein Tourenrad – oder sogar ein E-Bike, da unterwegs etliche Anstiege und Abfahrten zu meistern sind. Zwei bis drei Tage sind ideal für diese Tour, die sich auf dem gesamten ausgeschilderten Württemberger Weinradweg auch bis auf 350 Kilometer erweitern lässt.

Start: Metzingen

Ziel: Marbach am Neckar

Länge: 121 km

Höhenunterschied: 1.030 m

Information: Stuttgart-Marketing GmbH, Tel. +49 (0)711 / 2228-290, www.weinwege-wuerttemberg.de

den Sieben Keltern, wo früher die Trauben gepresst und der Traubensaft gewonnen wurde. Hier in Metzingen beginnt der Teil des Radwegs, der wirklich viel mit Wein zu tun hat.

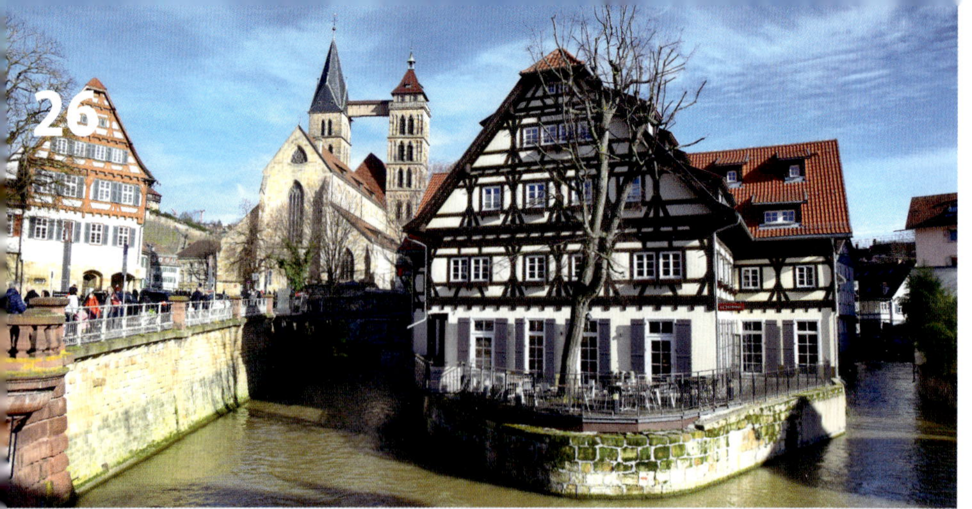

Stolze Fachwerkhäuser und eine Kirche mit zwei unterschiedlichen Türmen in Esslingen

Unsere Route beginnt zunächst mit einem Anstieg von der Stadt bergauf vorbei an den Weingärten, dann später flach auf einem Radweg entlang einer Hauptstraße bis nach Neuffen. Von weitem sieht man schon die Überreste der Burg Hohenneuffen auf einem Hügel hinter dem Ort. Weiter geht es ostwärts bis nach Beuren mit etlichen Bergauf- und Bergabpassagen. Aber wir sind hier ja auch in der Schwäbischen Alb unterwegs. 15 Kilometer sind bis hierher absolviert, und der anstrengende Teil ist nun vorerst beendet. Nach Beuren geht es ein längeres Stück bergab. Der Radweg begleitet eine Hauptstraße, biegt dann links ab und führt ziemlich geradeaus Richtung Neckar. In Nürtingen ist das Neckartal erreicht. Der Weinradweg verläuft nun auf den Spuren des Neckartalradwegs am Fluss entlang über Wendlingen und Altbach bis nach Esslingen. Die letzten Kilometer vor Esslingen führen vorbei an einem Gewerbegebiet.

Esslingen ist eine typische schwäbische Industriestadt, in der die Automobilbranche eine wichtige Rolle spielt. Allerdings besitzt Esslingen auch ein sehr schönes historisches Zentrum mit vielen alten Fachwerkhäusern. Zu den besonders prachtvollen Bauwerken zählen das alte Rathaus, die Spitalkelter, das Schelztor und vor allem die Stadtkirche St. Dionys mit den beiden, sehr unterschiedlichen Kirchtürmen. Rund um das Zentrum bauen sich steile Weinhänge auf. Ein Zwischenstopp lohnt sich also.

Gut 50 km sind bis Esslingen schon absolviert. Aber es warten noch weitere 70 km bis zum Ziel in Marbach. Wie auch bei der bisherigen Strecke wird der Verlauf so, dass man anfangs die hügeligen Etappen hat, dann aber die zweite Hälfte sehr gemütlich wird. Von Esslingen radelt man nun auf den Württemberg (bei Rotenberg), wo oben die Kapelle steht, die König Wilhelm I. von Württemberg im frühen 19. Jahrhundert in Gedenken an seine jung verstorbene Gattin Katharina bauen ließ und auch selbst dort begraben ist.

Oben hat man einen herrlichen Ausblick auf Esslingen und das Neckartal. Rechts und links gedeiht der Trollinger, die bekannte schwäbische Rebsorte.

Anschließend gibt es ein längeres Stück bergab und es geht weiter Richtung Remstal. Nun macht der Radweg eine längere Schleife nach Osten quert dabei Weingärten und Streuobstwiesen und kreuzt bei Großheppach die Rems. Anschließend führt der Radweg nach Norden vorbei an Kleinheppach und Korb und läuft dann Richtung Westen bis nach Fellbach. Hier begleitet der Radweg die S-Bahn und biegt dann rechts ab in die Sommerrainstraße, vorbei an der Sommerrainschule und weiter bis zum Neckarufer. Nun geht es ein Stück am rechten Ufer entlang vorbei an steilen Weinhängen flussabwärts bis zum schmalen Münstersteg, dort über den Neckar und auf der anderen Seite weiter. Nun folgt eine ziemlich lange entspannte Passage am Neckar flussabwärts entlang auf asphaltierten Radwegen. Nach der nächsten Brücke macht der Fluss einen Rechtsbogen, zieht vorbei an der Schleuse Aldingen. Kurz nach dem Max-Eyth-See wechseln wir wieder auf die rechte Uferseite und folgen weiter dem Neckar bis zur Mündung der Rems in den Neckar, wo wieder die Uferseite gewechselt wird. Die nächste größere Ortschaft ist Ludwigsburg. Kurz vorher kommen wir noch an der Schleuse Poppenweiler vorbei.

Bekannt ist Ludwigsburg vor allem für das barocke Residenzschloss, in dem man heute nicht nur die ehemaligen königlichen Wohnsitze, sondern auch ein Keramikmuseum, ein Theatermuseum und ein Modemuseum besichtigen kann.

Nun bleiben noch rund zehn Kilometer bis zum Ziel in Marbach, die aber auch locker zu schaffen sind, da der Weg gemütlich am linken Neckarufer weiter läuft. Bei Marbach fahren wir vor dem Viadukt über den Neckar und geradeaus Richtung Bahnhof.

In der Geburtsstadt von Friedrich von Schiller dreht sich viel um Literatur. Hier gibt es das Schiller Nationalmuseum, das Deutsche Literaturarchiv und eine Ausstellung in Schillers Geburtshaus. Abgesehen davon hat Marbach eine schöne Altstadt mit vielen originalen Fachwerkhäusern.

Kartentipp:
ADFC-Regionalkarte E-Bike Region Stuttgart,
1:75.000, ISBN 978-3-87073-971-3, € 9,95
ADFC-Regionalkarte E-Bike Region Tübingen/Reutlingen/Stuttgart Süd,
1:75.000, ISBN 978-3-87073-964-5, € 9,95
Digital für Smartphones und Tablets:
www.fahrrad-buecher-karten.de/rk-digital

Einkehren

Naturfreundehaus Metzingen, Metzingen
Schön gelegenes Ausflugslokal mit guter Küche auf den Weinbergen zwischen Metzingen und Neuffen.
www.naturfreunde-metzingen.de

Rotenberger Weingärtle, Stuttgart
Ein klassisches schwäbisches Restaurant in perfekter Aussichtslage oben auf den Weinbergen oberhalb von Esslingen und Stuttgart nahe der Grabkapelle.
www.rotenberger-weingaertle.de

Genuss im Grünen, Ludwigsburg
Beliebtes Ausflugslokal direkt am Neckar und am Radweg.
www.restaurant-gig.de

Übernachten

Hotel Restaurant Schwanen, Metzingen
Zentral gelegenes Viersternehotel mit guter regionaler Küche
www.hotel-schwanen-metzingen.de

Hotel am Schillerpark, Esslingen
Recht nah am Radweg und am Zentrum gelegenes Mittelklassehotel, das zu den Bett+Bike Hotels gehört. Klassische Einrichtung. Italienisches Restaurant im Haus.
www.hotel-am-schillerpark.de

Tipp: Vom Stuttgarter Hauptbahnhof kommt man mit der Regionalbahn in einer knappen Stunde über Esslingen bis nach Metzingen. Zurück von Marbach geht es mit der S4 bis Ludwigsburg und weiter mit der S60 nach Stuttgart zum Hauptbahnhof. www.bahn.de

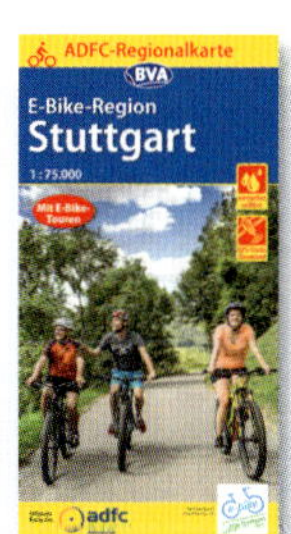

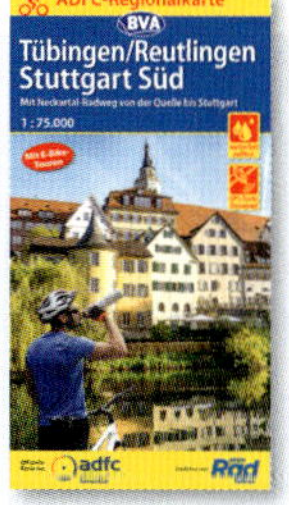

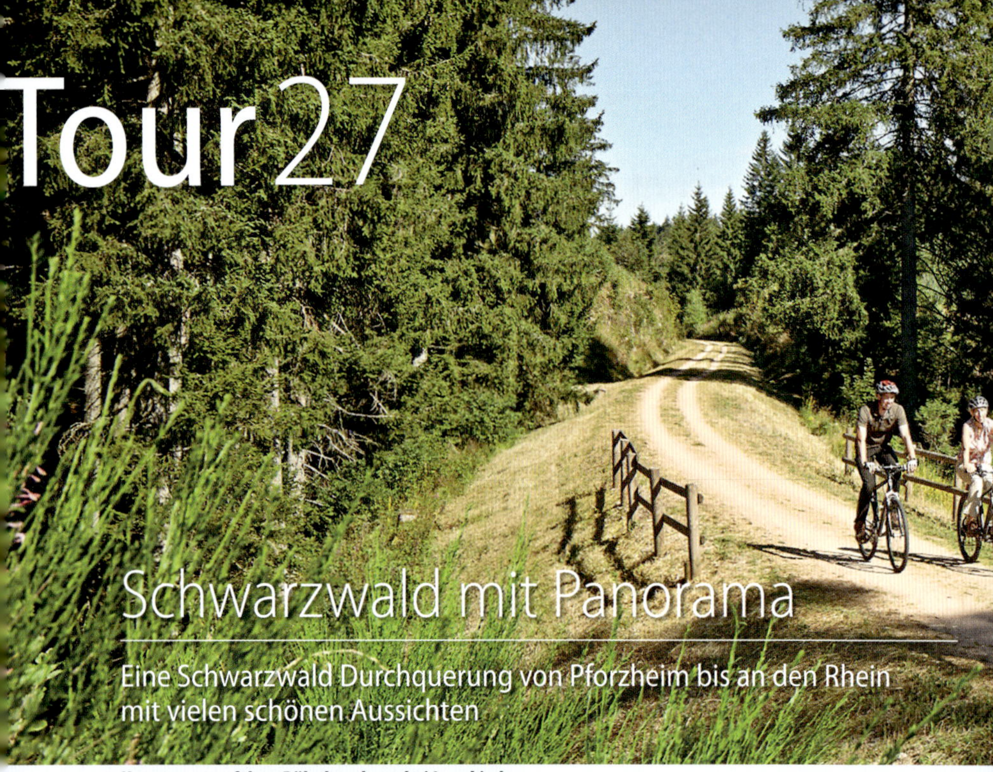

Tour 27

Schwarzwald mit Panorama

Eine Schwarzwald Durchquerung von Pforzheim bis an den Rhein mit vielen schönen Aussichten

Unterwegs auf dem Bähnleradweg bei Lenzkirch

Bis zu 280 Kilometer Länge und rund 3.000 Höhenmeter sind ein ordentliches Programm für diesen Ausflug quer durch den Schwarzwald. Oder besser gesagt längs, denn die Route führt von Pforzheim im Norden bis in den Süden an das Ufer des Rheins. Dazwischen liegen viele reizvolle bekannte und unbekannte Orte und etliche Hügel und kleinere Berge.

Einmal von ganz oben bis nach unten. So könnte man den Verlauf des Schwarzwald Panoramaradwegs beschreiben. Ein sehr abwechslungsreicher Fernradweg der am Nordrand des Schwarzwalds in der Schmuckstadt Pforzheim beginnt und sich dann durch die Berge über Freudenstadt, Villingen-Schwenningen, vorbei am Titisee bis nach Waldshut schlängelt. Wer die ganze Tour fahren will, die immerhin rund 285 Kilometer lang ist, sollte eine Woche dafür einplanen. Je nach gewählter Variante, kommen dabei bis zu 3.100 Höhenmetern zusammen. Das verteilt sich aber ganz gut auf die Tage, und 400 bis 600 Höhenmeter pro Tag sind - vor allem wenn man mit E-Bike unterwegs ist - gut machbar, auch für nicht ganz so geübte Tourenradler. Ohne Motor und mit Gepäck für eine Woche wird das aber schon spürbar sportlicher. Diese Beschreibung orientiert sich an fünf offiziellen Etappen, die jeweils ein solides Programm für einen Tag auf dem Rad darstellen. Natürlich kann man den Ausflug auch auf eine oder zwei Etappen beschränken. Denkbar wäre zum Beispiel eine Variante von Pforzheim bis Villingen-Schwenningen, wo man gut mit der Bahn inklusive Rad zurück fahren kann. Die Fahrtzeit liegt knapp unter drei Stunden.

Doch nun zu den einzelnen Etappen. Los geht es in Pforzheim. Die Stadt ist sowohl mit dem Auto als auch mit der Bahn sehr leicht erreichbar und damit ein idealer Startort. Von Pforzheim geht es entlang der Enz flussaufwärts nach Südwesten und später nach Neuenbürg südwärts bis nach Bad Wildbad. Die

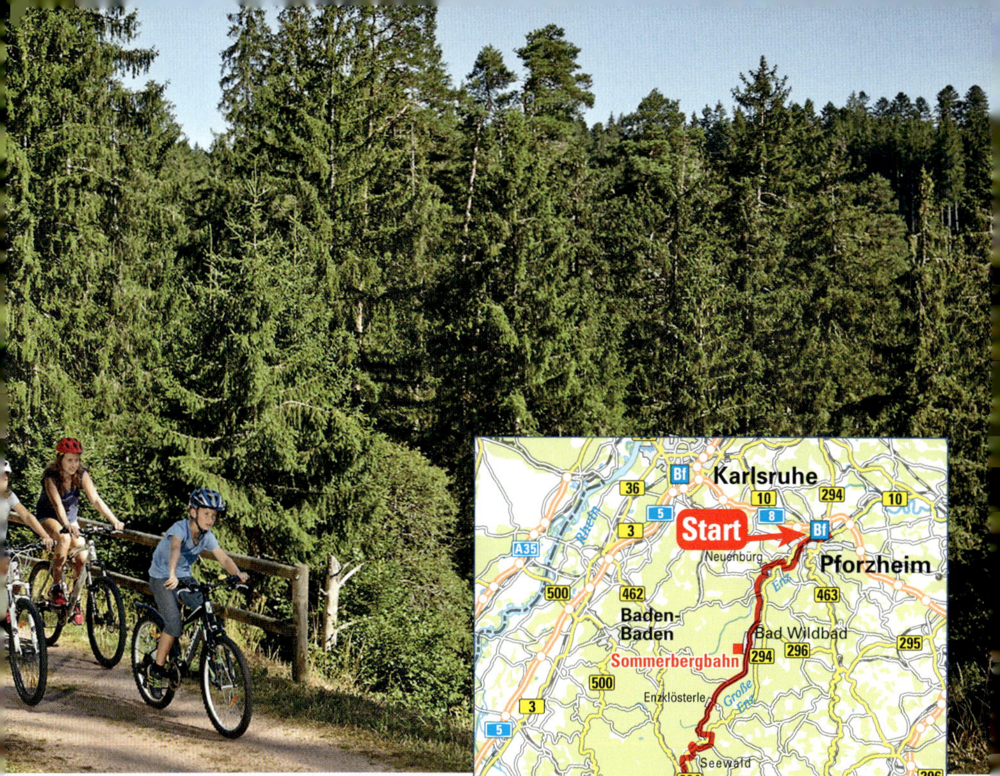

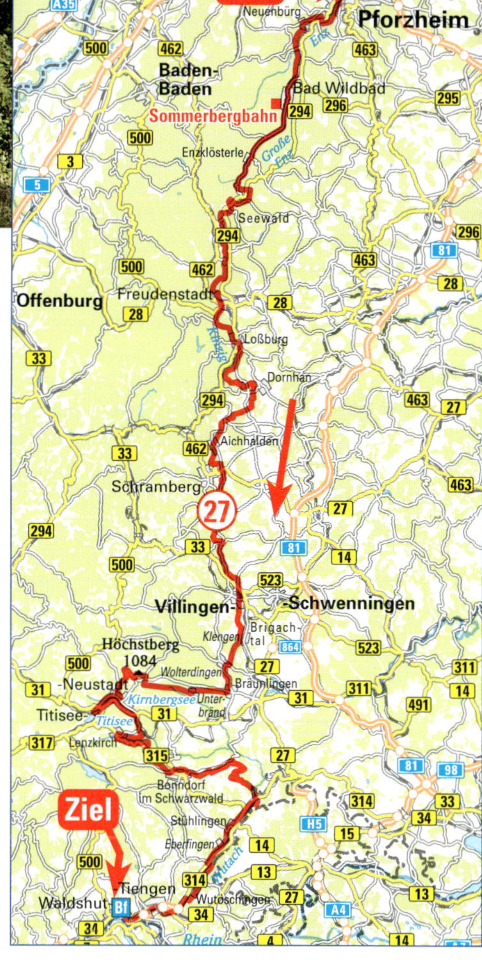

Panorama-Tourinfo

Ausgeschildert als Schwarzwald Panoramaradweg ist die Tour ein klassischer Fernradweg mit vielen Radwegen, die größtenteils asphaltiert sind, und Nebenstraßen. Vor allem zur Hauptsaison muss man rund um den Titisee oder bei Villingen und Richtung Rhein mit mehr Verkehr rechnen. Aber es gibt oft auch Ausweichmöglichkeiten auf Nebenwege. Zurück fahren kann man mit der Bahn von Waldshut-Tiengen – unterwegs abkürzen ist eher schwierig.

Start: Pforzheim

Ziel: Waldshut-Tiengen

Länge: bis 286 km

Höhenunterschied: 3.100 m

Information: Schwarzwald Tourismus, Tel. +49 (0)761 / 896460, www.schwarzwald-tourismus.info

ersten Kilometer sind gut zum Einfahren mit einigen Höhenmetern. Sportlich wird es aber erst ab Bad Wildbad. Den längeren Anstieg kann man sich sparen, indem man die Sommerbergbahn als komfortable Alternative wählt. 300 Höhenmeter schafft die traditi-

27 onsreiche Standseilbahn. Oben könnte man die gesparte Zeit in einen Ausflug zum neuen Baumwipfelpfad nutzen. Von dort aus führt uns die Beschilderung nach Seewald, wo wir wieder auf die Hauptroute treffen.

Die normale und anstrengendere Route folgt weiter der Enz via Enzklösterle, kreuzt später die Bundesstraße 274 und folgt selbiger bis nach Freudenstadt.

Die zweite Etappe von Freudenstadt bis nach Villingen ist mit 67 Kilometern und 673 Höhenmetern schon spürbar entspannter. Bekannt ist Freudenstadt vor allem für seinen riesigen Marktplatz mit mehr als vier Hektar Fläche.

Es beginnt der Tag auf dem Rad in Freudenstadt gleich mit einem kurzen Anstieg auf den Kienberg am Südrand der Stadt zum historischen, über 120 Jahre alten Friedrichsturm, der aber mit einem schönen Blick auf die Stadt belohnt wird. Danach folgt eine Abfahrt hinunter nach Loßburg, weiter hinein in das Kinzigtal, durchs Schiltachtal, vorbei an Dornhan und Aichhalden bis nach Schramberg. Bis zum Ende der zweiten Etappe nach Villingen sind es dann noch gut 20 Kilometer, die recht entspannt und teils bergab verlaufen.

In Schramberg gibt es bemerkenswerte Sehenswürdigkeiten wie etwa das Modelleisenbahnmuseum und ein Museum mit Autos und Uhren.

Villingen-Schwenningen, das waren bis 1972 zwei Orte, die mit der Gebietsreform zusammen gelegt wurden. Interessant ist dabei, dass Villingen badisch und Schwenningen württembergisch ist, was traditionell Anlass zu Rivalitäten war. Zwei Uhrenmuseen, ein Flugzeugmuseum und ein Franziskanermuseum bieten genug Gelegenheit, um in die Geschichte der beiden Städte einzutauchen.

Auch die dritte Etappe von Villingen bis zum Höchstberg und dann weiter zum berühmten Titisee stellt keine größeren sportlichen Ansprüche. Lediglich die Fahrt hinauf zum Höchstberg auf 1.084 Metern, übrigens der höchste Punkt des Panoramaradwegs, ist eine kleine Herausforderung. Insgesamt sind es an diesem Tag gut 50 Kilometer mit 628 Höhenmetern.

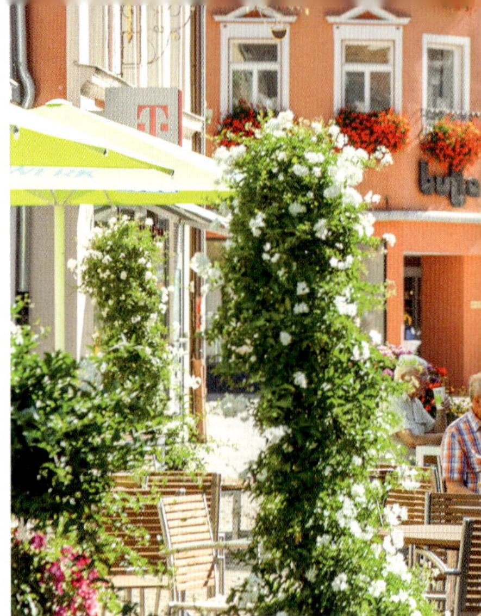

Ein Zwischenstopp in der Altstadt von Villingen

Die Etappe beginnt entspannt durch das Brigachtal Richtung Donaueschingen bis Klengen und dann rechts ab Richtung Wolterdingen und weiter durch das Tal der Breg bis Bräunlingen. Danach verläuft die Tour wieder flussaufwärts am Brändbach und vorbei am kleinen Kirnbergsee Richtung Westen. Nach dem See geht es in Unterbränd links und dann rechts auf der Langen Allee weiter und hinauf zum Höchstberg, wo oben eine herrliche Aussicht wartet. Das letzte Stück zum Titisee ist dann eine entspannte Abfahrt.

Überschaubar ist auch die vierte Etappe vom Titisee nach Stühlingen mit 61 Kilometern und rund 440 Höhenmetern.

Vom Titisee radelt man Richtung Norden nach Neustadt, dann ein Stück bergab durch das Tal der Gutach und mit einem Schlenker nach Lenzkirch, wo man die Haslach passiert und auf der anderen Seite zurück radelt. Recht gemütlich wird die Fahrt dann auf einer einstigen Bahntrasse mit mehreren Viadukten bis Bonndorf und weiter über Bonndorf bergab und flach bis nach Stühlingen.

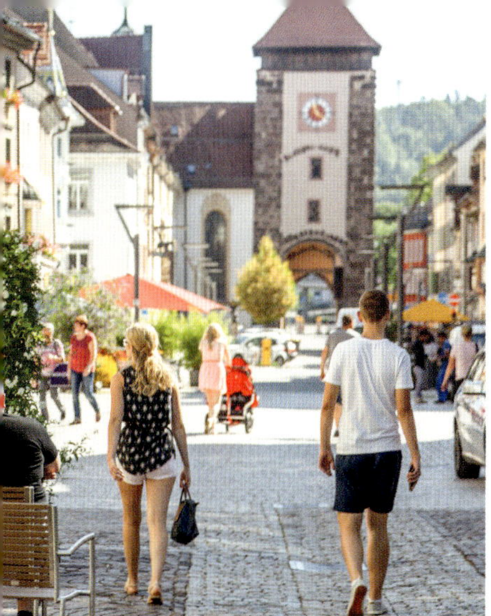

Ein Blickfänger ist hier das Schloss Hohenlupfen. Seitdem es vom Haus Fürstenberg an eine Gastronomenfamilie aus der nahen Schweiz verkauft wurde, kann es besichtigt und für Veranstaltungen gemietet werden. Im Landgasthof Rebstock gibt es ein Traktor- und Bauernmuseum.

Von Stühlingen ist es nun nicht mehr weit zum Ziel in Waldshut. Dazu fährt man durch das Tal der Wutach parallel zur Bundesstraße 314 über Eberfingen und Wutöschingen nach Süden und erreicht nach gut 30 Kilometern Waldshut-Tiengen, das Rheinufer, die Grenze zur Schweiz – und unser Ziel.

Tipp: Für die Rückfahrt von Waldshut-Tiengen nach Pforzheim gibt es eine Bahnverbindung via Basel und Karlsruhe. Fahrtzeit knapp über drei Stunden. www.bahn.de

Kartentipp:

ADFC E-Bike-Karte Schwarzwald,
1:75.000, ISBN 978-3-96990-052-9, € 9,95;
ADFC-Regionalkarte Bodensee/Hochrhein,
1:50.000, ISBN 978-3-87073-744-3, € 8,95
Digital für Smartphones und Tablets:
www.fahrrad-buecher-karten.de/rk-digital

Einkehren

Brauhaus am Markt, Freudenstadt
Direkt am großen Marktplatz steht das zum Turmbräu gehörende Gasthaus mit herzhafter regionaler Küche und Biergarten.
www.turmbraeu.de

Gaststätte Bootshaus, Titisee
Rustikales Gasthaus direkt am See mit klassischer regionaler Küche.
www.bootshaus-wiesler.de

Restaurant am Pulvertürmle, Villingen
Beliebtes und traditionsreiches Lokal in der Altstadt mit regionaler und mediterraner Küche
www.pulvertuermle.de

Übernachten

Hotel Europa, Pforzheim
Dreisternehotel in der Nähe des Hauptbahnhofs. Bett+Bike Hotel mit 24 Stunden Checkin mit Hotelomat.
www.hotel-europa-pforzheim.de

Hotel Bären, Villingen
Relativ günstiges Mittelklassehotel in der Altstadt. Bett+Bike Hotel
www.hotel-baeren.biz

Villa Junghans, Schramberg
Stattliche Villa aus dem 19. Jahrhundert mit modernisierten Komfortzimmern und Restaurant mit klassischer, gutbürgerlicher Küche.
www.villa-junghans.de

Treschers Schwarzwaldhotel, Titisee
Sehr klassisches Viersternehotel direkt am Seeufer mit großem Pool und gutem Wellnessangebot.
www.treschers.de

Landgasthof Rebstock, Stühlingen
Klassisches Hotel mit Gasthof im typischen Schwarzwälder Stil. Im Haus gibt es ein Traktor- und Bauernmuseum.
www.hotel-rebstock.de

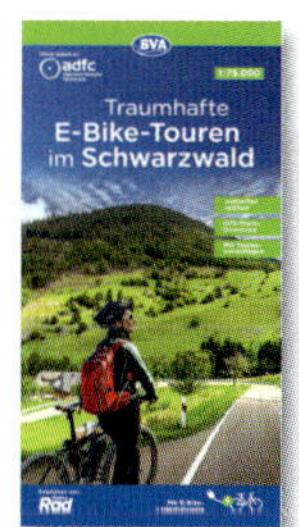

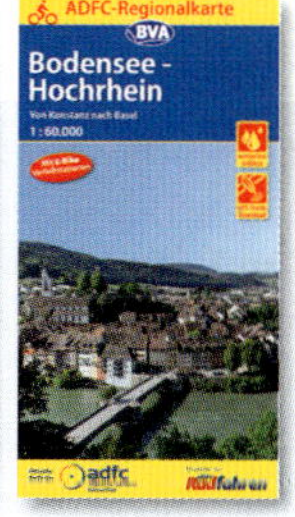

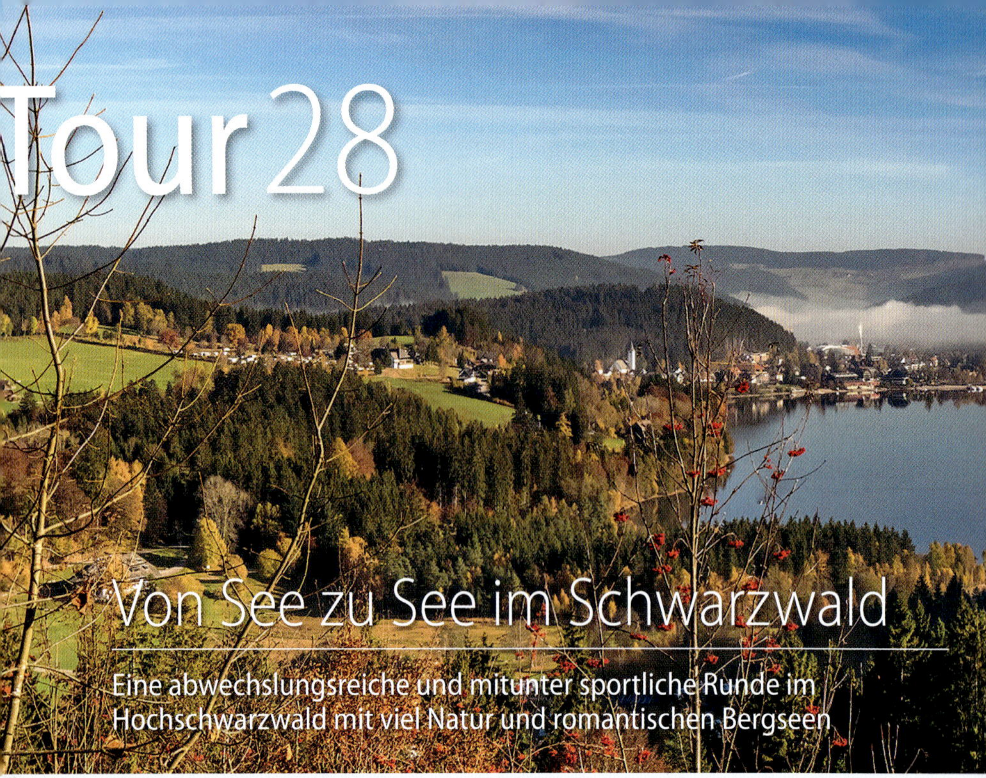

Tour 28

Von See zu See im Schwarzwald

Eine abwechslungsreiche und mitunter sportliche Runde im Hochschwarzwald mit viel Natur und romantischen Bergseen

Perfekte Schwarzwaldromantik: der Titisee bei Hinterzarten

Titisee und Schluchsee sind die bekanntesten Seen im Hochschwarzwald. Daneben gibt es noch einige kleinere und nicht ganz so bekannte Seen und Weiher. Diese Radtour besucht mehrere Seen im Herzen des Schwarzwalds mit romantischen Buchten und Badestränden, mit idyllischen Gasthäusern und der renommierten Wintersportdestination Hinterzarten. Eine ideale E-Bike Tagestour, denn es geht zwischendurch auch bergauf und bergab.

Der größte See im Schwarzwald ist der standesgemäße Startort für diese Seen-Rundfahrt: der über fünf Quadratkilometer große Schluchsee. Wir starten südöstlich in Seebrugg, wo wir vorab noch dem Museumsbahnhof mit der 3Seenbahn und den historischen Dampfloks und Waggons einen Besuch abstatten können.

Von Seebrugg am Südostufer geht es neben der Bundesstraße am See entlang bis zur großen Staumauer und weiter auf dem Uferweg. Vorbei an der schönen Kaiserbucht kommt man schließlich mit einigen guten Aussichtspunkten zum Unterkrummenhof, einem beliebten Gasthaus ein paar Meter vom See entfernt und ganz nostalgisch schwarzwäl-

Panorama-Tourinfo

Eine klassische Runde auf Radwegen und Nebenstraßen mitten im Schwarzwald. Das bedeutet neben viel herrlicher Natur mit romantischen Seen auch etliche Höhenmeter und zahlreiche Bergauf- und Bergabpassagen, die auch einige Kilometer lang sein können. Man fährt die Hälfte der Strecke auf Schotterwegen und den Rest auf Asphalt, größtenteils ausgeschildert als Drei-Seen-Radwanderweg. Eine ideale Tour für E-Bikes. Sportlich für einen Tag, entspannt für zwei.

Start/Ziel: Seebrugg am Schluchsee

Länge: 67 km

Höhenunterschied: 750 m

Information: Hochschwarzwald Tourismus, Tel. +49 (0)7652 / 12060, www.hochschwarzwald.de

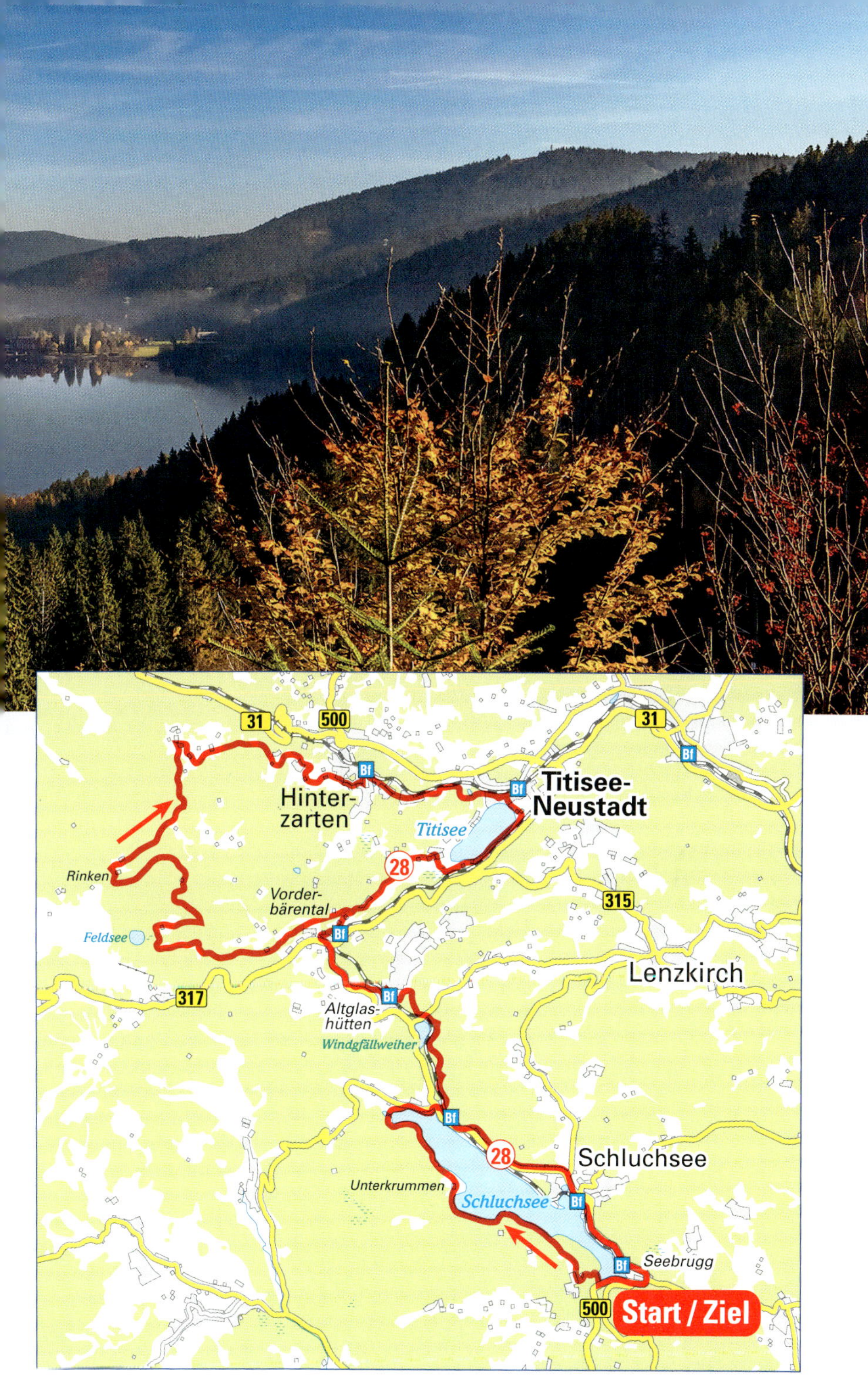
31
500
31
Bf
Bf
Titisee-
Neustadt
Bf
Hinter-
zarten
Titisee
28
Rinken
Vorder-
bärental
315
Feldsee
Bf
Lenzkirch
317
Bf
Altglas-
hütten
Windgfällweiher
Bf
28
Schluchsee
Unterkrummen
Schluchsee
Bf
Bf
Seebrugg
500
Start / Ziel

28

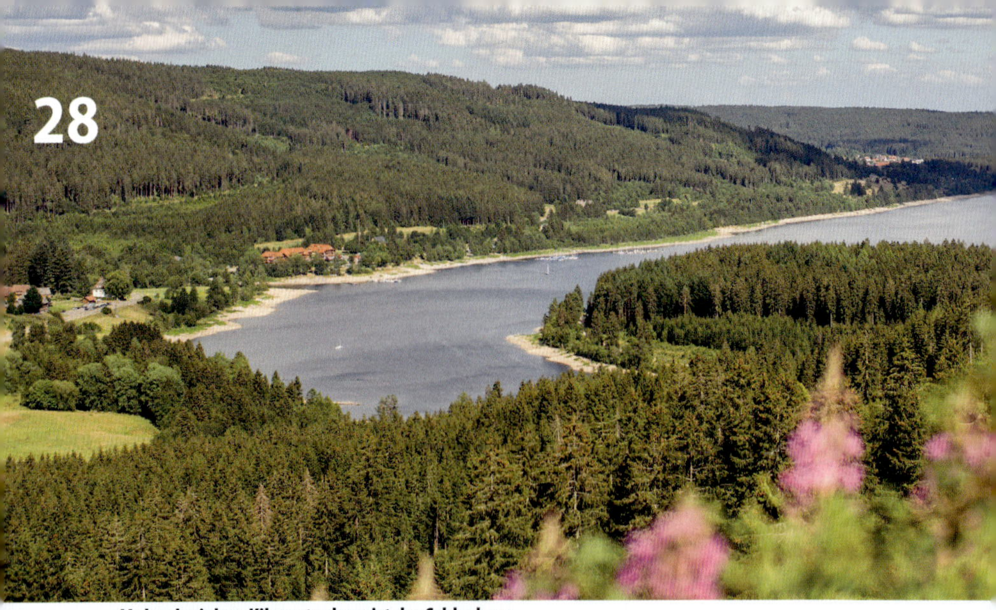

Mehr als sieben Kilometer lang ist der Schluchsee

derisch mit schöner Aussichtsterrasse. Nach knapp zehn Kilometern erreicht man das Nordufer des Sees, hält sich rechts und kreuzt die Bundesstraße. Am Campingplatz vorbei radelt man nordwärts bis zum Windgfällweiher, der etwa zwei Kilometer entfernt ist.

Ein kleiner Badesee mit dem stattlichen Hotel Köhlerei am See am Nordufer, das auch ein Restaurant und ein Brauhaus zu bieten hat.

Danach geht es ein Stück durch den Wald und links über die Wiese bis nach Altglashütten. Nun verläuft der Weg zuerst flach, dann etwas bergab ins Bärental, wo man beim Gscheiten Beck, einer alteingesessenen Bäckerei, ein Schnapsmuseum besichtigen kann. Gut 20 Kilometer sind wir schon geradelt. Nun kommt im Bärental der anspruchsvollste Teil. Etwa zehn Kilometer führt der Weg überwiegend bergauf bis zum höchsten Punkt der Runde auf knapp 1.200 Metern.

Auf halber Strecke kann beim Raimartihof, einem Schwarzwälder Gasthof wie aus dem Bilderbuch, eine Pause einlegt werden. Von dort kann man einen Abstecher machen zum 300 Metern entfernten Feldsee, einem romantischen kleinen See umgeben von tiefem Wald. Die Radrunde führt aber in die entgegengesetzte Richtung, also rechts ab beim Raimartihof. Es fehlen noch rund vier Kilometer bis zum höchsten Punkt, der Passhöhe Rinken. Den dann folgenden Abschnitt, der für gut fünf Kilometer überwiegend bergab verläuft, hat man sich nun verdient. Am Ende ist man schon fast in Hinterzarten angekommen.

Hinterzarten zählt zu den bekanntesten Urlaubsdestinationen im Schwarzwald und hat eine lange Tradition als Kurort. Und der Ort hat große wintersportliche Kompetenz. Immerhin stammen der Kombinierer und Goldmedaillengewinner Georg Thoma und der Skispringer Dieter Thoma aus Hinterzarten. Neben dem Adler-Skistadion und der Rothausschanze gibt es noch weitere Sprungschanzen. Wer sich mehr informieren will, sollte das Schwarzwälder Skimuseum im historischen Hagenhof anschauen. Dazu gäbe es noch ein Feuerwehrmuseum und ein Museum für alte Landtechnik im alten Bankenhof. Ganz andere Raritäten gibt es beim Ospelehof, der etwas westlich am Ortsrand von Hinterzarten steht. Hier kann man sich mit Käse aus eigener Produktion, Schinken, Speck oder Naturkosmetik im Hofladen eindecken.

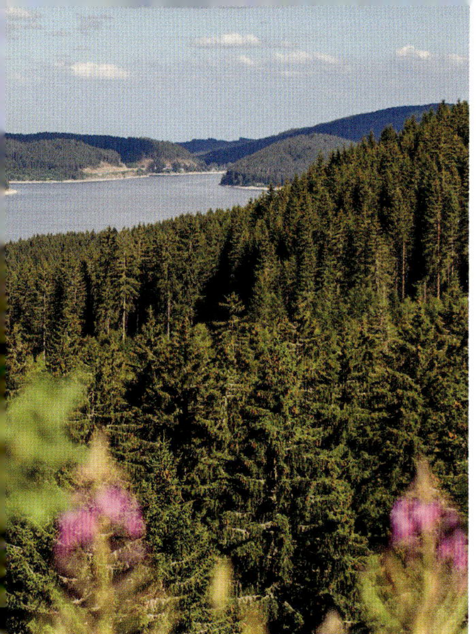

Aber die Tour geht in die entgegengesetzte Richtung, führt am Adlerweiher und am Adlerstadion mit den Sprungschanzen vorbei nach Osten. Ein paar Minuten über flaches, offenes Gelände, dann ist der Titisee erreicht.

Der malerisch gelegene See ist zwar mit einem Quadratkilometer wirklich klein, aber er ist Dank seiner romantischen Lage eine Berühmtheit. Und der Ort am Nordufer ist deutlich mit zahlreichen Hotels und Lokalen vom Tourismus geprägt. Über die Herkunft des Namens kursieren verschiedenste Legenden vom römischen Feldherrn bis zu mysteriösen Naturmenschen. Für Radler ist der See natürlich ein guter Rastplatz, hier könnte man eine Badepause einlegen und einkehren. Immerhin sind hier schon 45 von 67 Kilometern absolviert. Eisenbahnen spielen im Schwarzwald eine wichtige Rolle. Auch am Titisee, wo es ein entsprechendes Museum im Kunstareal gibt. Allerdings sind es ausschließlich Märklin-Modelleisenbahnen.

Kartentipp:
ADFC-Regionalkarte Freiburg u. Umgebung, 1:75.000, ISBN 978-3-87073-914-0, € 8,95
Digital für Smartphones und Tablets:
www.fahrrad-buecher-karten.de/rk-digital

Einkehren

Vesperstation Unterkrummenhof, Schluchsee-Aha
Der typische Schwarzwälder Hof liegt ideal für Radler und Wanderer direkt am See im Grünen. Die Küche ist herzhaft regional.
www.unterkrummenhof.info

Köhlerei am See, Lenzkirch
Komfortables Hotel am Windgfällweiher. Restaurant mit regionaler Küche.
www.koehlerei-am-see.de

Bergsee Restaurant, Titisee
Klassisches Restaurant in schöner Lage direkt am Ufer des Titisee. Typische regionale Küche.
www.bergsee-titisee.de

Übernachten

Mühle, Schluchsee
Boutiquehotel in einer historischen Mühle am Schluchsee mit elegantem Interieur und Gourmetküche.
www.muehle-schluchsee.de

Schwarzwaldhof, Hinterzarten
Mittelklassehotel im typischen Schwarzwälder Stil. Bett+Bike Hotel.
www.schwarzwaldhof.de

Danach machen wir eine Runde um den Titisee und fahren wieder zurück ins Bärental, halten uns dort links und absolvieren einen etwas längeren Bergaufabschnitt mit knapp zwei Kilometern. Über Altglashütten kommt man wieder zum Windgfällweiher. Danach folgt ein kurzes Stück bergab bis zum Schluchsee, wo es zuletzt am Ostufer zur Ortschaft Schluchsee und weiter am See entlang zurück bis Seebrugg geht.

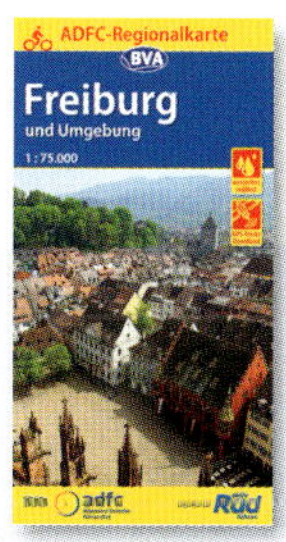

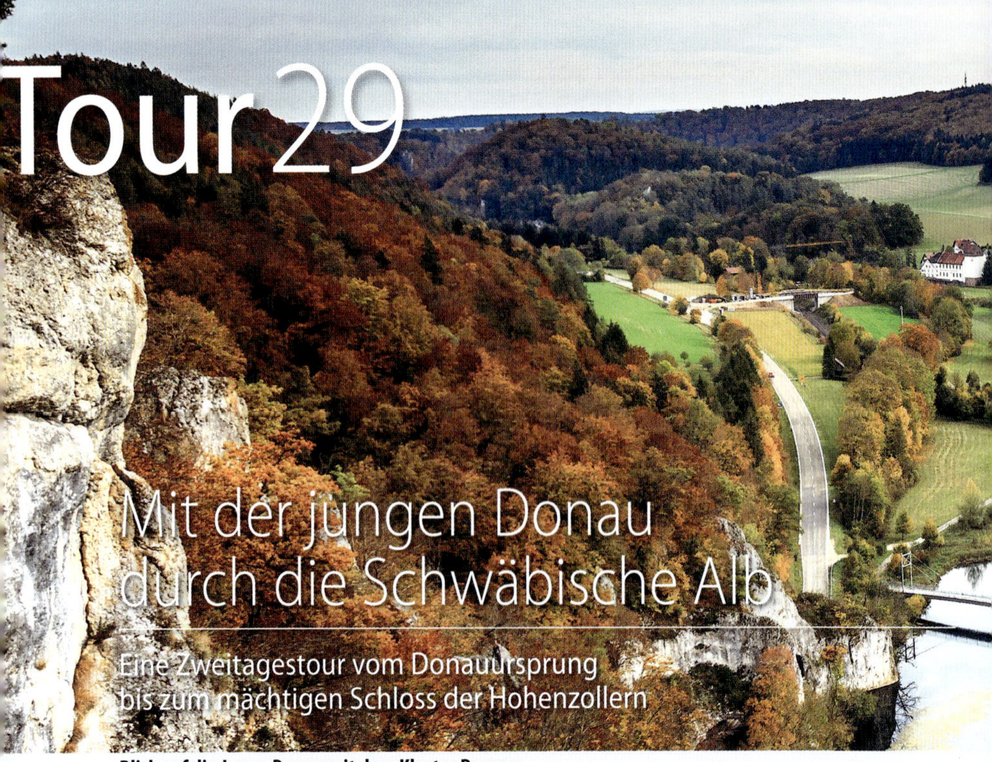

Tour 29

Mit der jungen Donau durch die Schwäbische Alb

Eine Zweitagestour vom Donauursprung bis zum mächtigen Schloss der Hohenzollern

Blick auf die Junge Donau mit dem Kloster Beuron

Eindrucksvoll an dieser Fahrt ist nicht nur, wie sich die Donau vom schüchternen Rinnsal mit Versickerungen zu einem stattlichen Fluss entwickelt. Die Fahrt durch den Naturpark Obere Donau ist landschaftlich ein Erlebnis – mit grünen Auen, flankiert von steilen Felswänden und Durchbrüchen. Eine besondere Gegend, das dokumentieren auch die zahlreichen Burgen rechts und links.

Der Donauradweg ist ein Klassiker unter den Fernradwegen. Auf über 2.800 Kilometern begleitet er den Strom von der Schwäbischen Alb bis zum Schwarzen Meer. Das alles werden wohl die wenigsten abradeln. Zu den besonders reizvollen Abschnitten gehört zweifellos der Bereich vom Ursprung durch die sanfte und geschichtsträchtige schwäbische Hügellandschaft auf Radwegen und Nebenstraßen. Auch wenn es flussabwärts geht, da und dort warten auch Steigungen. Von den Schwaben gibt es das unsterbliche Klischee, dass sie fleißig sind und den Lohn ihrer Arbeit nicht an die große Glocke hängen. Wenn man im Südwesten Deutschlands in der Schwäbischen Alb unterwegs ist, kann man das gut nachvollziehen. Rund um Donaueschingen und Sigmaringen, wo sich diese Tour abspielt, entdeckt man eine Gegend, die voller stolzer Burgen, adretter Fachwerkorte und großer Geschichten des Adels ist. Fast hinter jeder Kurve warten ungewöhnliche historische Episoden und bemerkenswerte Bauwerke. Es wird also nicht langweilig auf dem Weg entlang der jungen Donau.

Donaueschingen ist der Startort für diese Tour. Und zwar geht es los an der bekanntesten Sehenswürdigkeit. Das ist nicht etwa das Schloss, das samt Schlosspark dem Adelsgeschlecht Fürstenberg gehört und nicht zu besichtigen ist, und auch nicht die barocke Pfarrkirche St. Johann Baptist direkt daneben. Dazwischen befindet sich die offizielle Donauquelle mit den Figuren des Bildhauers Adolf

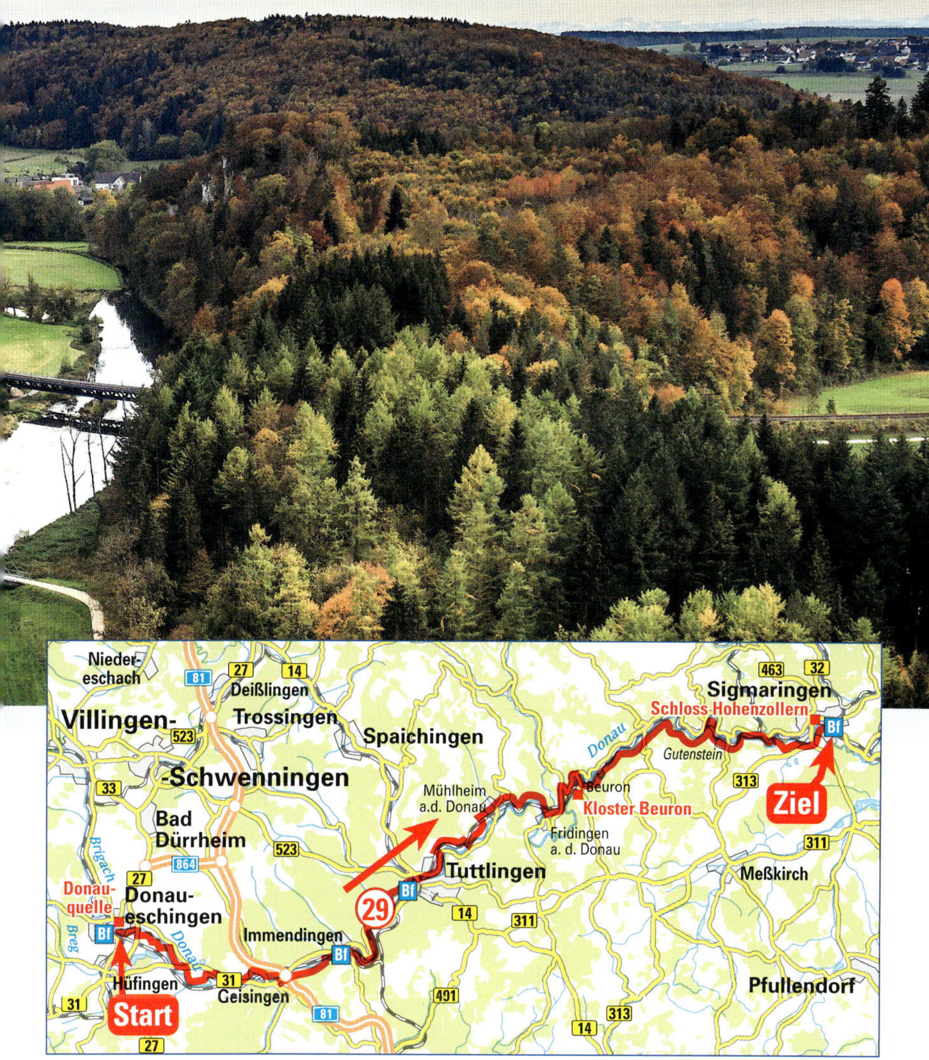

Panorama-Tourinfo

Radtouren, die flussabwärts verlaufen, sind gewöhnlich nicht so sehr anstrengend. Das trifft auch für diese Strecke zu. Der Radweg schlängelt sich an der Donau entlang. Man fährt überwiegend auf Radwegen, hat mehrere Ortsdurchfahrten, lediglich nach Fridingen ist der Abstecher hinauf zum Knopfmacherfelsen mit einem längeren Anstieg verbunden. Dafür fährt man danach gleich wieder bergab zum Kloster Beuron. Eine Strecke, die mit 87 Kilometern für einen Tag recht sportlich, für zwei Tage gemütlich ist.

Start: Donaueschingen Donauquelle

Ziel: Sigmaringen Zentrum

Länge: 87 km

Höhenunterschied: 860 m

Information: Schwäbische Alb Tourismus, Tel. +49 (0)7125 / 939300, www.schwaebischealb.de

29

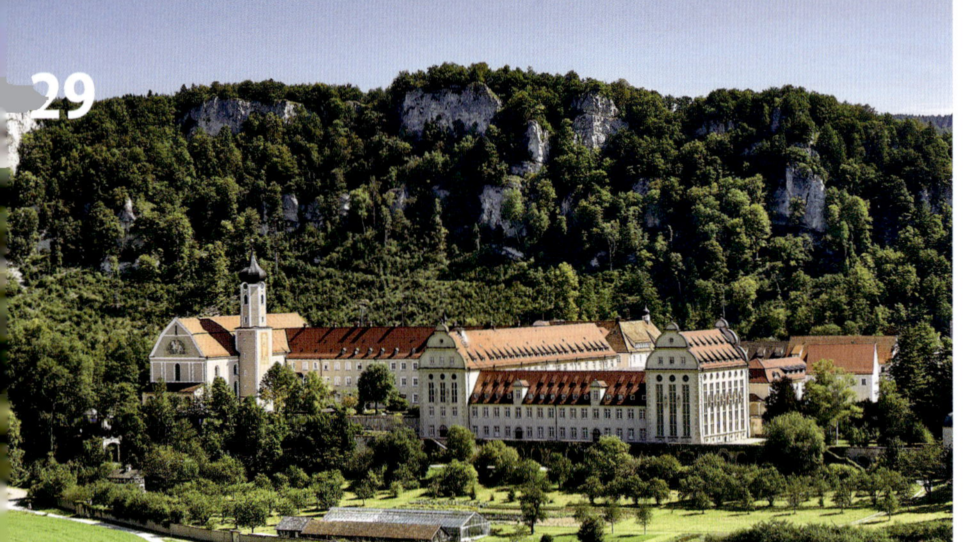

Das stattliche Kloster Beuron ist bei Radlern eine beliebte Zwischenstation

Heer. Eine andere Donaueschinger Sehenswürdigkeit ist die benachbarte Brauerei Fürstenberg, die von den Vorfahren der Adelsfamilie gegründet wurde und heute zur Paulaner Gruppe gehört. Doch nun zurück zur Donau, die hier durch den Zusammenfluss von Brigach und Breg entsteht.

Auf der ersten Etappe schlängelt sich die Donau ostwärts. Der Radweg verläuft flach über weite Wiesen, ist überwiegend asphaltiert. Unterwegs bei Immendingen versickert die Donau zwischendurch. Auch einige Anstiege und Abfahrten sind zu absolvieren, bis nach 32 Kilometern Tuttlingen erreicht ist.

Wahrzeichen der Stadt sind die beiden Türme der Burgruine Honberg. Bekannt ist Tuttlingen auch für sein Dampflok- und Modelleisenbahnmuseum.

Der Radweg folgt auch hier der Donau, führt am Donaupark vorbei, durchquert das Zentrum von Tuttlingen, passiert das Donaustadion und folgt dem Ziel weiter ostwärts. Wir radeln weiter durch den Naturpark Obere Donau bis zum zehn Kilometer entfernten Mühlheim.

In der Kleinstadt gibt es besonders viele schöne alte Fachwerkbauten. Eine Besonderheit von Mühlheim sind das Vordere und das Hintere Schloss, die nebeneinander nahe dem Donauufer stehen und von den hiesigen Grafen von Enzeberg erbaut wurden. Im Vorderen Schloss ist ein Museum zur Geschichte der Stadt eingerichtet.

Auf gut sechs Kilometern folgt der Radweg wieder dem Fluss und quert die Donauauen bis zum Stadtrand von Fridingen.

Auch hier gibt es ein Zentrum mit schönen alten Fachwerkhäusern und typisch schwäbischem Landleben. Interessant ist auch das Gasthaus Scharfeck in einem historischen Gebäude mit zahlreichen Exponaten zur Fridinger Geschichte. Der Donaudurchbruch zwischen Fridingen und Sigmaringen zählt zu den schönsten Passagen in der Alb.

Ein besonders schöner Aussichtspunkt ist oberhalb von Fridingen beim Berghaus Knopfmacher, der aber mit einer längeren Steigung verbunden ist. Dort hat man einen herrlichen Blick über die weit unten liegende Donau mit dem Kloster Beuron. Danach folgt eine schöne Allee, dann etliche Kurven hinunter nach Beuron.

Der offizielle Radweg begleitet unten im Tal die Donau mit vielen Kurven und senkrechten Felswänden. Bei dem Benediktinerkloster führt eine alte, überdachte Holzbrücke über die Donau.

Das mächtige Gebäude wurde im 11. Jahrhundert als Augustiner-Chorherrenstift gegründet. In Beuron gibt es nicht nur Kirche und Kloster sondern auch ein Hotel mit Restaurant und zwei Fahrradläden.

Bald danach sieht man rechts von der Straße weit oben die Burg Wildenstein, in der eine Jugendherberge eingerichtet ist, kurz danach links ganz oben auf dem spitzen Hügel das private Schloss Werenwag. Eine abwechslungsreiche und sehr idyllische Tour vorbei an senkrechten Felswänden auf der einen und grünen Auwiesen auf der anderen Seite. Unterwegs gibt es zahlreiche Parkplätze und Gasthöfe. Vor Gutenstein erkennt man rechts die Fassade von Schloss Gutenstein, einer beliebten Eventlocation. Danach macht die Donau noch einige Kurven bis wir an unserem Zielort Sigmaringen angekommen sind.

Die große Attraktion in Sigmaringen ist unbestritten das Schloss Hohenzollern mit tausendjähriger Historie. In dem Bauwerk, das im frühen 18. Jahrhundert entstand, werden auch Führungen angeboten. Reizvoll ist aber auch ein Spaziergang durch die historische Fußgängerzone direkt unter dem Schloss. Sigmaringen hat zahlreiche historische Bauten wie den Alten und Neuen Prinzenbau oder das Hoftheater.

Tipp: Es gibt für den Rückweg eine gute Bahnverbindung mit dem Regionalexpress von Sigmaringen nach Donaueschingen analog zur Radstrecke. Fahrtzeit etwa eine Stunde. www.bahn.de

Kartentipp:
ADFC E-Bike-Karte Donaubergland, 1:75.000, ISBN 978-3-96990-053-6, € 9,95
Digital für Smartphones und Tablets: www.fahrrad-buecher-karten.de/rk-digital

Einkehren

Bräustüble, Donaueschingen
Das große Gasthaus im Gebäude der Brauerei Fürstenberg ist ein lokaler Klassiker mit regionaler Küche und natürlich den Bieren aus dem eigenen Haus.
www.braeustueble-ds.de

Gasthaus Scharfeck, Fridingen
Mitten im historischen Zentrum steht das Traditionslokal, das eine Mischung aus Museum der bekannten einheimischen Malerfamilie Bucher und Künstlerlokal ist. Schwäbische Küche.
www.scharfeck.de

Bootshaus, Sigmaringen
Das elegante Restaurant mit regionaler Küche in schöner Lage direkt an der Donau mit großzügigem Biergarten gehört zum neuen Karls Hotel.
www.bootshaus-sig.de

Übernachten

Flair Hotel Grüner Baum, Donaueschingen
Mittelklassehotel im klassischen Stil etwas südlich des Schlossparks. Gutes Restaurant und spezielle Angebote für Radtouristen.
www.flairhotel-gruenerbaum.de

Hotel Pelikan, Beuron
Jüngst renoviertes Mittelklassehotel, direkt neben der Abtei Beuron und wenige Meter von der Donau und dem Radweg entfernt.
www.pelikanhotel.de

Karls Hotel, Sigmaringen
Neu eröffnetes Viersternehotel in bester Lage an der Donau mit Blick auf das Schloss Hohenzollern. E-Bike Ladestation, Abstellraum und E-Bike-Verleih im Haus.
www.karlshotel.de

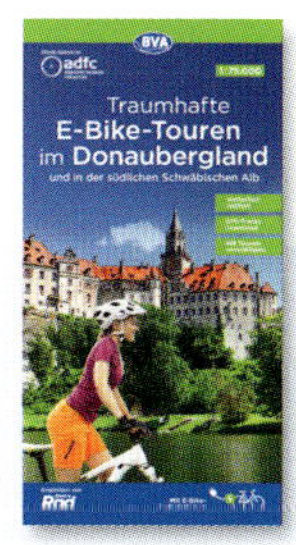

Tour 30

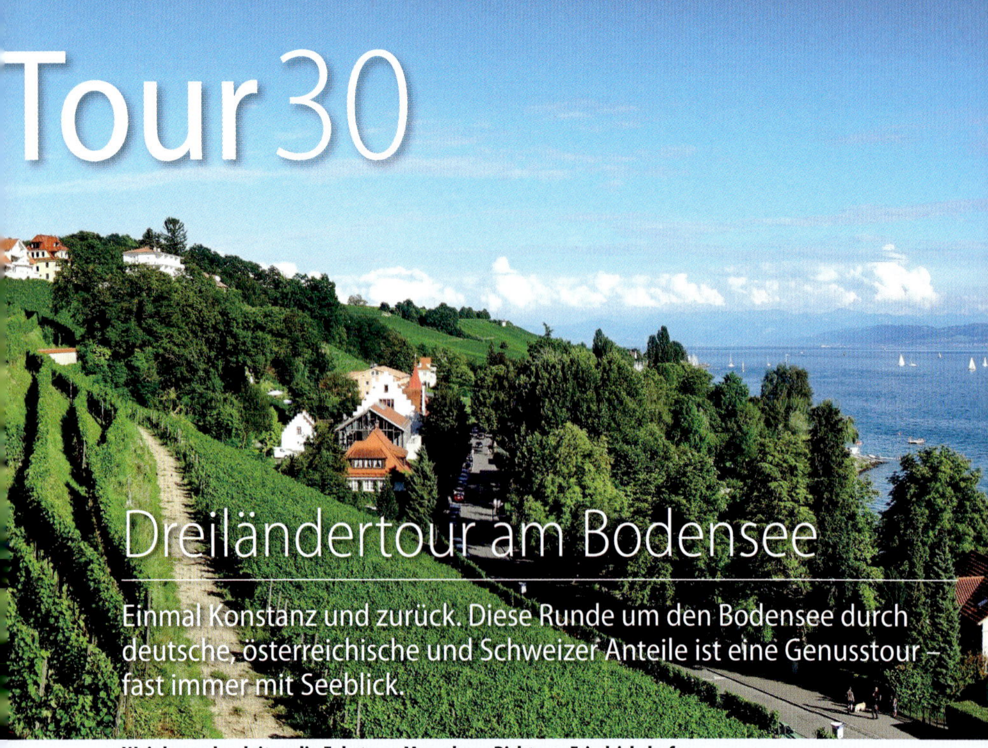

Dreiländertour am Bodensee

Einmal Konstanz und zurück. Diese Runde um den Bodensee durch deutsche, österreichische und Schweizer Anteile ist eine Genusstour – fast immer mit Seeblick.

Weinberge begleiten die Fahrt von Meersburg Richtung Friedrichshafen

Der Obersee ist der Hauptteil des Bodensees und wird von einem Radweg umgeben, der sich fast durchgehend am Seeufer orientiert. Beste Voraussetzungen für gute Aussichten, zumal es auch eine entspannte Runde ohne besondere Anstrengungen ist. Man radelt auf Radwegen und Nebenstraßen und entdeckt viele Sehenswürdigkeiten rechts und links.

An einem See entlang oder besser noch um einen See herum zu radeln, hat eine besondere Faszination. Das trifft auf den Bodensee ganz besonders zu. Die Weite des Sees, die bekannten Orte am Ufer mit ihrer außergewöhnlichen Geschichte und vielen kulturellen Highlights sowie die Weingärten im Uferbereich sorgen für ein eindrucksvolles wie auch abwechslungsreiches Programm. Vor allem entlang des Nordufers werden die Radler mit unvergesslichem Panorama samt See und Alpengipfeln im Hintergrund verwöhnt. Ausgangspunkt für diese Runde entlang des Seeufers auf dem offiziellen Bodensee Radweg ist die Stadt Konstanz. Sie trennt den Hauptteil des Sees, den Obersee, vom schmalen Untersee. Wir konzentrieren uns auf dieser Tour auf den Obersee,

Panorama-Tourinfo

Diese als Bodensee-Radweg ausgeschilderte Rundtour um den Bodensee ist ein weiterer Klassiker unter den Fernradwegen. Man ist fast immer am See unterwegs auf Radwegen und Nebenstraßen, die aber nicht immer asphaltiert sind. Nur geringe Höhenunterschiede. Ideal für drei Tage bzw. ein verlängertes Wochenende.

Start/Ziel: Konstanz

Länge: 121 km

Höhenunterschied: 440 m

Information: Deutsche Bodensee Tourismus GmbH, Tel. +49 (0)7541 / 37 834 34, www.echt-bodensee.de; Bodensee Vorarlberg, Tel. +43 (0)5574 / 434430, www.bodensee-vorarlberg.com; St.Gallen-Bodensee Tourismus, Tel.+41 (0)71 / 2273737, www.st.gallen-bodensee.ch

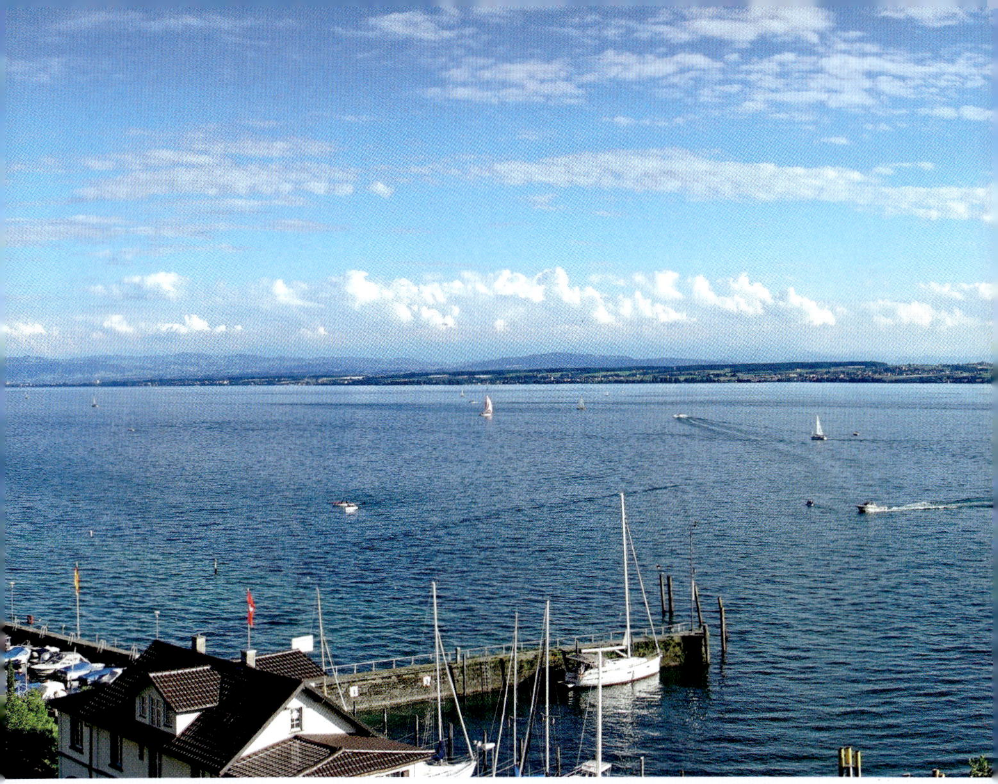

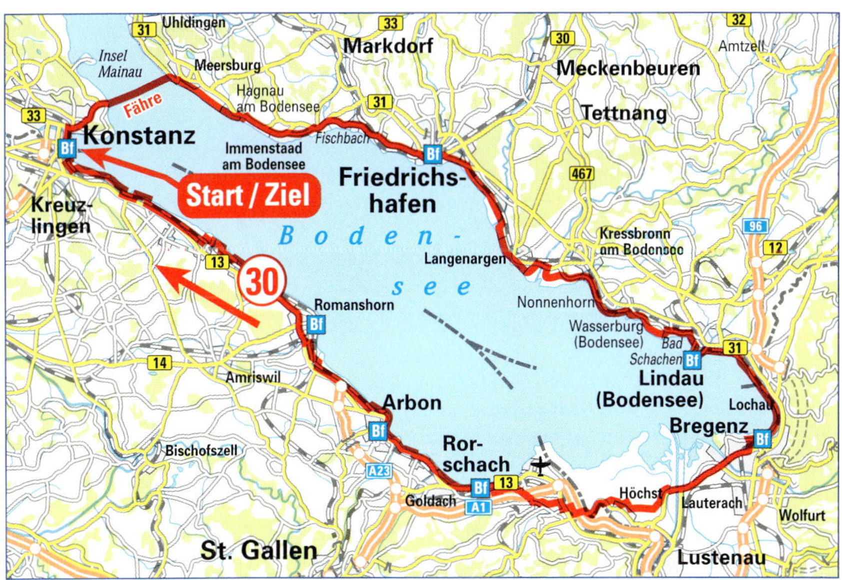

absolvieren damit eine immerhin 120 Kilometer lange Runde, die man idealerweise auf zwei Tage aufteilt. Ein erstklassiges Wochenendprogramm zum Beispiel. Konstanz selbst bietet viele Gelegenheiten für eine Sightseeingtour wie etwa das historische Zentrum mit

30

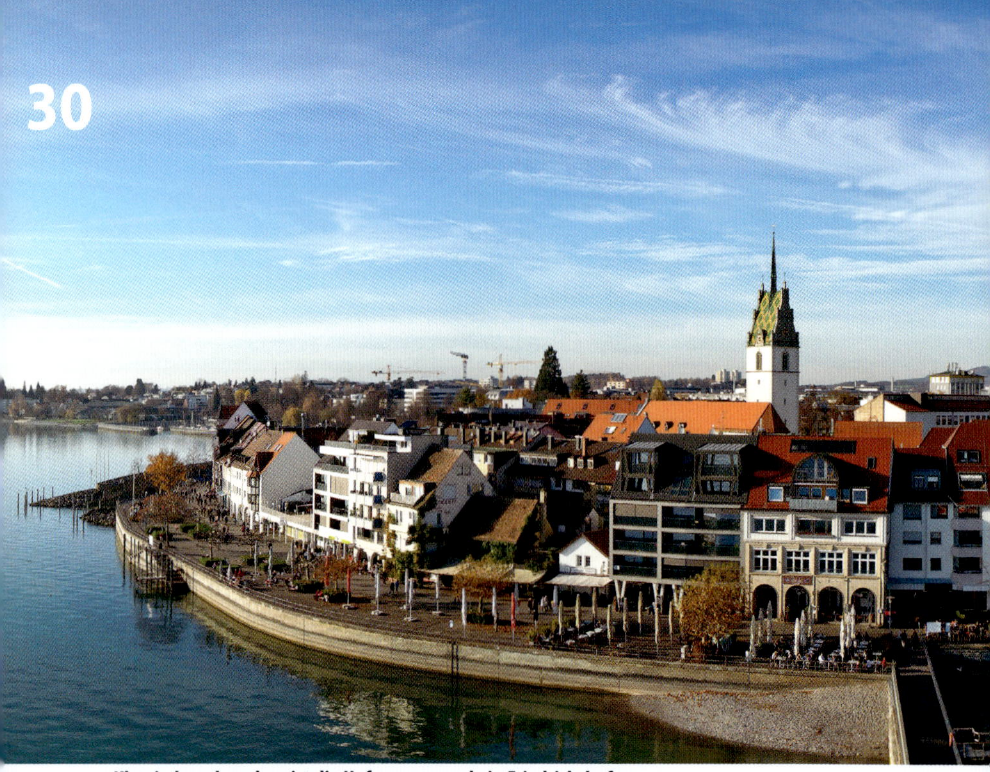

Klassisch und modern ist die Hafenpromenade in Friedrichshafen

der Niederburg und dem Münster, dem Rheintor und dem Pulverturm und natürlich mit der berühmten Insel Mainau, die etwas mehr im Licht liegt. Ihr Besuch bietet sich kurz nach dem Start an, um die berühmten Gärten und Parkanlagen und das Deutschordensschloss zu besichtigen. Allerdings darf man mit dem Rad die Insel nicht betreten, muss es also auf dem Festland deponieren. Doch nun zur Tour.

Wir fahren bei der Brücke auf der Seestraße Richtung Casino, dann weiter durch den Lorettowald am Ufer entlang bis zur Anlegestelle der Fähre nach Meersburg. Eine gute Viertelstunde dauert die Fahrt hinüber nach Meersburg, wo man direkt hinauf zum historischen Zentrum und zur Alten Burg fahren kann.

Ein steiler aber nur kurzer Anstieg. In der Burg gibt es eine Folterkammer, Waffenkammer und einen Königssaal zu besichtigen. Die Dichterin Annette von Droste-Hülshoff wohnte hier. In ihrem ehemaligen Wohnhaus, dem Fürstenhäusle, ist ein Museum dazu eingerichtet. Sehenswert ist auch das Neue Schloss mit seinen fürsterzbischöflichen Gemächern. Hier oben hat man einen exzellenten Blick auf den See und auf den weiteren Weg Richtung Friedrichshafen und Lindau.

Sowohl vom Schloss wie auch von der Uferpromenade kann man noch einen Abstecher hinauf zum berühmten Weingut Aufricht machen. Der Weg führt vom Schloss über das unübersehbare Wetter Kreuz, übrigens auch ein schöner Ausblick. Danach geht es wieder hinunter Richtung Seeufer, dann vorbei am eleganten Weingut Rebgut Haltnau, das im Besitz der Spitalstiftung Konstanz ist und zu dem auch ein Restaurant gehört.

Seit 1272 gehört das Gut der Stiftung. Nächste Station ist das Fischerdorf Hagnau, wo man im Eiscafé Kibele in der Seestraße eine Pause

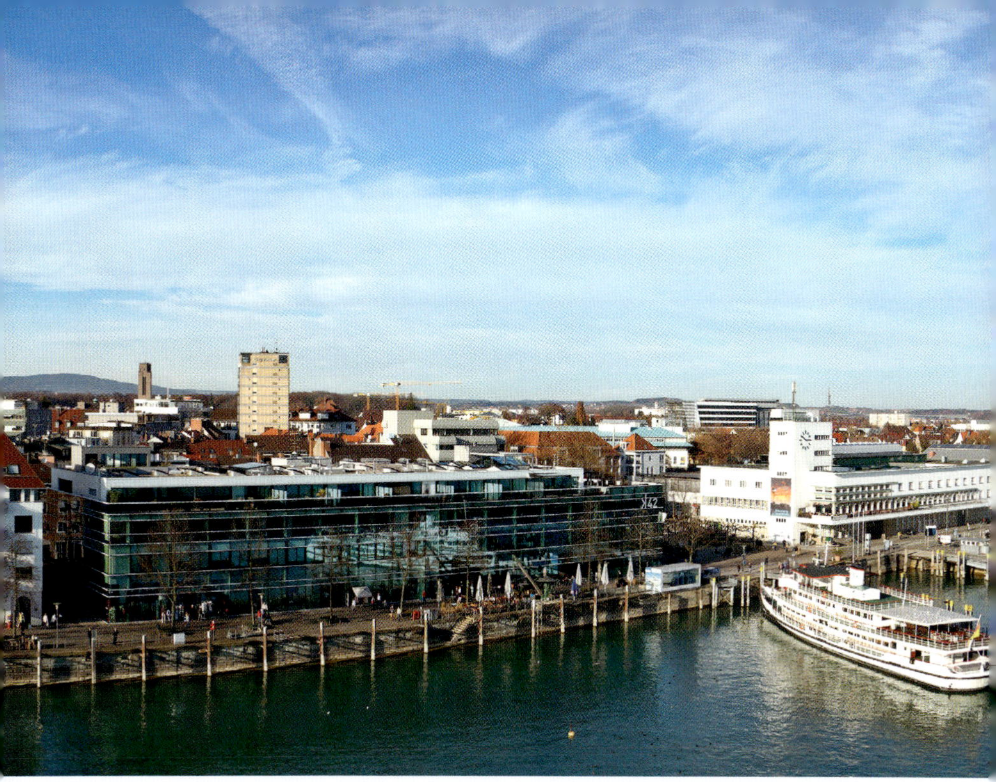

einlegen kann. In dem Fachwerkhaus gibt es zahlreiche hausgemachte Eissorten, dazu Espresso und klassischen Kaffee.

Weiter geht es dann vorbei an einem Campingplatz und weiter entlang der Bundesstraße bis Immenstaad und bis Fischbach, das bereits ein Vorort von Friedrichshafen ist.

Friedrichshafen ist eine bekannte Industriestadt mit Unternehmen wie MTU, der Zahnradfabrik Friedrichshafen und den Zeppelinwerken.

Kurz vor dem Schloss Friedrichshafen verlässt der Radweg die Bundesstraße.und kommt dann zum Hafenbereich und zur Uferpromenade, bevor er dann vorbei am Zeppelinmuseum nach rechts die Stadt verlässt und einen Ausflug ins Grüne macht. Bis Langenargen radelt man etwas abseits vom Wasser, kommt dann beim Schloss Montfort in Langenargen wieder zum Seeufer. Über Kressbronn und Nonnenhorn fährt man weiter am See entlang, kommt schließlich zur Bucht bei Wasserburg und zum berühmten Renaissanceschloss, einem gefragten Fotomotiv. Es wird allmählich vornehmer, es tauchen immer mehr noble Villen entlang des Radwegs auf. In Bad Schachen radelt man am altehrwürdigen Grandhotel direkt am See vorbei. Weiter führt die Tour vorbei an der Villa Lindenhof und der Villa Alwind, bis es schließlich rechts zum Zentrum von Lindau geht. Die Altstadt mit den engen Gassen, die berühmten Hafeneinfahrt mit dem bayerischen Löwen und dem Leuchtturm sind mit dem Rad problemlos zu erreichen, kann man sich noch eine Runde auf dem Rad oder beim groben Kopfsteinpflaster auch schiebend gönnen.

Die nächste Etappe führt von Lindau über die Grenze nach Bregenz. Eine Strecke, die direkt am See entlang führt, begleitet allerdings von der Bahnlinie und einer vielbefahrenen Hauptstraße. Dazu fährt man in Lindau durch die Altstadt zur Chelles-Allee,

30

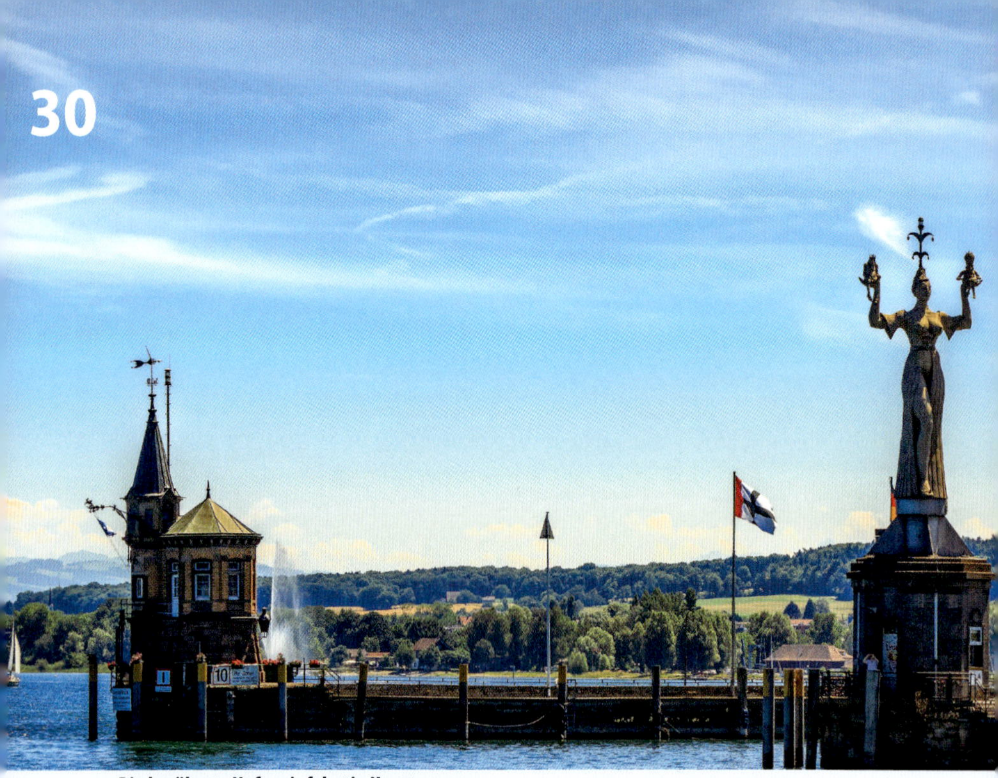
Die berühmte Hafeneinfahrt in Konstanz

dann über die Brücke zum Europaplatz und weiter auf dem Radweg bei der Bregenzer Straße. Vorbei an der Therme Lindau und am Kaiserstrand verläuft der Weg am See entlang und wechselt nach dem Park-Camping auf die österreichische Seite.

In Bregenz kommt man am nostalgischen Bad Mili, das auf Holzpfählen steht und einen herrlichen Blick auf den See bietet, vorbei und landet bald direkt bei der berühmten Seebühne und beim Festspielhaus. Daneben steht das stattliche Kloster Mehrerau. Hier könnte man einen Abstecher in die Fußgängerzone machen oder auch mit der Seilbahn hinauf zum Hausberg von Bregenz, zum Pfänder, fahren, wo ein spektakulärer Seeblick wartet.

Nach dem Yachthafen geht es weiter westwärts über die Bregenzer Ach. Die Tour zieht nun etwas landeinwärts über die Rheinkanäle, danach über den alten Rhein und zum Flughafen St. Gallen-Altenrhein gleich hinter der Grenze. Der Weg verläuft entlang des Flughafens zur Markthalle Altenrhein mit der fantasievollen Hundertwasser-Architektur. Danach sind es noch wenige Kilometer bis Rorschach, wo der Radweg direkt am Wasser entlang geht. Wir fahren weiter auf dem Bodensee Radweg über Arbon, Romanshorn und am Seeburgpark in Kreuzlingen vorbei zu unserem Ausgangsort Konstanz zurück.

Im Hafen von Rorschach gibt es mit dem Museum ein vielseitiges Erlebnismuseum mit technischen und historischen Exponaten. Die Badhütte ist ein weiteres nostalgisches Bad auf Pfählen. Arbon mit seiner sehenswerten Altstadt und dem Schloss ist ebenfalls eine Pause wert. In Romanshorn können Autofans einen Stopp in der Autobau Erlebniswelt machen und im Hafen von Konstanz begrüßt uns die markante, neun Meter hohe Figur Imperia, die sich ständig dreht.

Tipp Rundflug mit Zeppelin: Typischer für den Bodensee kann ein Ausflug nicht sein. Ab Friedrichshafen werden Rundflüge mit einem modernen Zeppelin über den Bodensee angeboten. Dauer zwischen 45 und 90 Minuten.www.zeppelin-nt.de

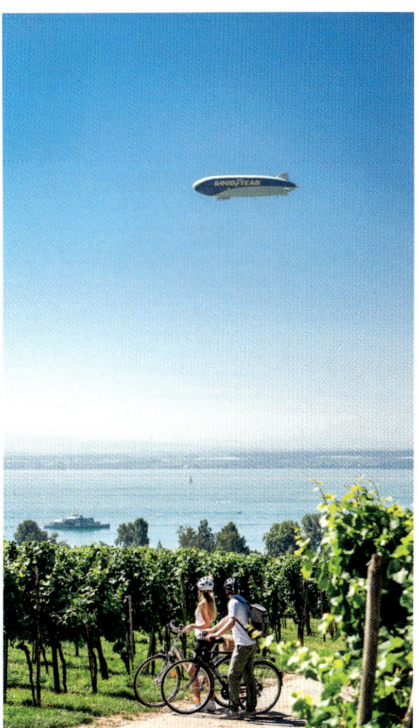

Tipp Mit Rad und Schiff: Entlang der gesamten Strecke gibt es mehr als 20 Anlegestellen der Bodenseeschifffahrt. Wer also die Radtour mit einem Schiffsausflug kombinieren oder abkürzen will, hat eine große Auswahl. Räder werden grundsätzlich transportiert – je nach Kapazität. Notwendig ist dafür ein eigenes Radticket. www.bsb.de

Kartentipp:
ADFC-Regionalkarte Bodensee,
1:50.000, ISBN 978-3-87073-977-5, € 9,95
Digital für Smartphones und Tablets:
www.fahrrad-buecher-karten.de/rk-digital

Einkehren

Rebgut Haltnau, Meersburg
Elegantes Restaurant mit Terrasse in einem historischen Weingut direkt am Radweg zwischen Meersburg und Hagnau. Klassische Küche mit gutem Fischangebot.
www.rebgut-haltnau.de

Biergarten zum Schorsch., Friedrichshafen-Fischbach
Herrlich am See gelegener Biergarten im Friedrichshafener Ortsteil Fischbach, nahe beim Radweg.
www.staerrschorsch.de

Restaurant Kavalierhaus, Langenargen
Kleines Restaurant in historischem Gebäude am See neben Schloss Montfort, Lounge im Schlossgarten.
www.kavalier-haus.de

Wissingers im Schlechterbräu, Lindau
Traditionelles Gasthaus mit regionaler Küche und schönem Biergarten auf der Insel Lindau.
www.wissingers.de

Freischwimmer, Bregenz
Modernes Restaurant wenige Meter von der Seebühne entfernt mit regionaler und lifestyliger Küche.
www.freischwimmer-bregenz.at

Übernachten

Hotel Lindenallee, Lindau
Familiäres Mittelklassehotel mit großem Garten direkt am Radweg, Unterstellmöglichkeit für Räder.
www.hotel-lindenallee.de

Hotel Messmer, Bregenz
Traditionelles Viersternehotel im Zentrum von Bregenz. Räder kann man in der Parkgarage einstellen.
www.hotel-messmer.at

Schloss Wartegg, Rorschach
Bio-Schlosshotel der Dreisternekategorie inmitten eines Parks, nahe beim Hafen in Rorschach. Elegante Zimmer, nostalgisches Bad.
www.wartegg.ch

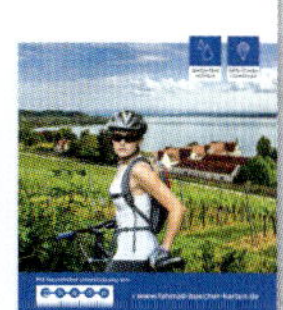

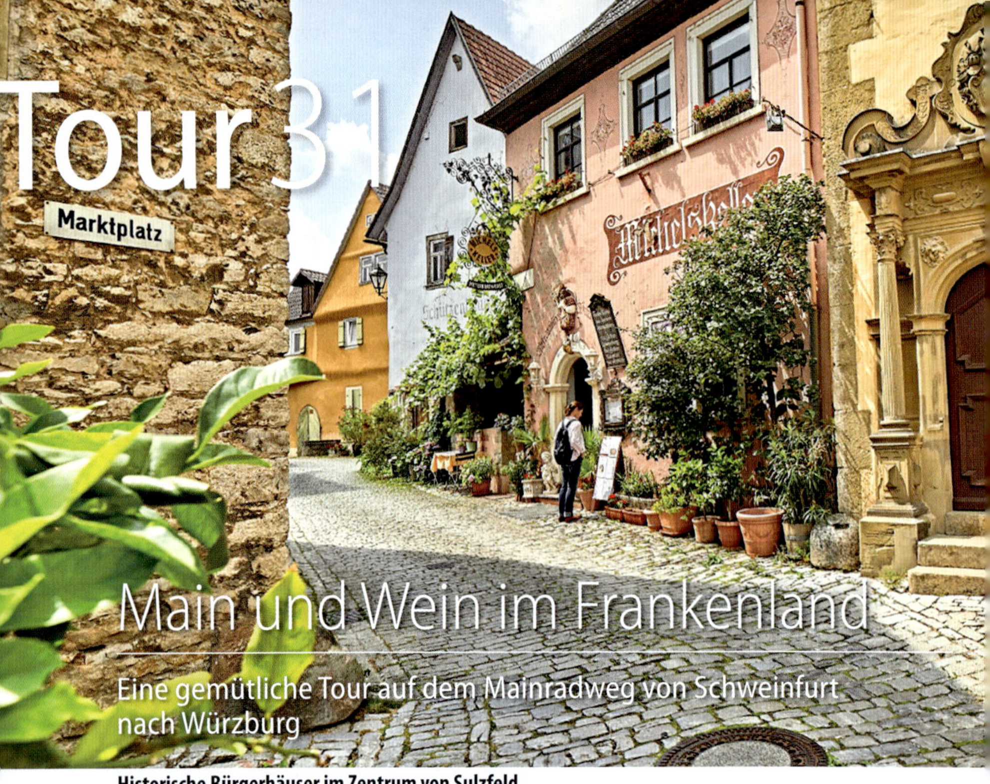

Tour 31

Main und Wein im Frankenland

Eine gemütliche Tour auf dem Mainradweg von Schweinfurt nach Würzburg

Historische Bürgerhäuser im Zentrum von Sulzfeld

Genuss steht hier ganz im Mittelpunkt. Diese entspannte Fahrt entlang des Mains von Schweinfurt bis Würzburg durchquert das Fränkische Weinland, streift schöne historische Orte und bietet jede Menge Gelegenheiten, sich mit der Kulinarik und dem fränkischen Wein anzufreunden.

Gerade beim Radfahren hat es zuweilen Vorteile, Umwege zu machen. Die direkte Strecke von Schweinfurt bis Würzburg misst gerade mal gute 40 Kilometer. Auch für Radfahrer ein Katzensprung. Mehr als doppelt so lang und mindestens doppelt so schön ist die Fahrt auf dem Mainradweg, der dem Flusslauf folgt und einige weite Bögen macht. Bis Segnitz ein paar Kilometer vor Ochsenfurt schlängelt sich der Main südwärts, absolviert dann einen weiten Rechtsbogen und fließt dann recht direkt nordwärts bis nach Würzburg. Das ist nur ein kleiner Teil des gesamten Mainradwegs, der von den beiden Quellarmen im Fichtelgebirge und der Fränkischen Schweiz auf gut 600 Kilometern bis zur Mündung in den Rhein bei Mainz verläuft. Der ausgesuchte Abschnitt ist besonders reizvoll, weil es hier neben dem immer größer werdenden Strom auch die Weinberge mit idyllischen Weinorten und dazu viel Kultur zu entdecken gibt. Und es gibt recht gute Verkehrsverbindungen für die Rückfahrt, wenn die nicht mit dem Rad absolviert werden soll.

In Schweinfurt beginnt die Tour. Dort könnte man noch etwas Sightseeing ergänzen und sich zum Beispiel die Altstadt mit vielen stattlichen Renaissancebauten ansehen. Schweinfurt kennt man ja vor allem als Industriestadt mit der langen Tradition der Wälz- und Kugellagerfabriken. Die Kunsthalle und das Museum Georg Schäfer mit der Sammlung des Industriellen inklusive vieler Spitzweg-Arbeiten gehören zu den wichtigeren Attraktionen in der Stadt. Schweinfurt gehört aber auch zum Fränkischen Weinland, wird

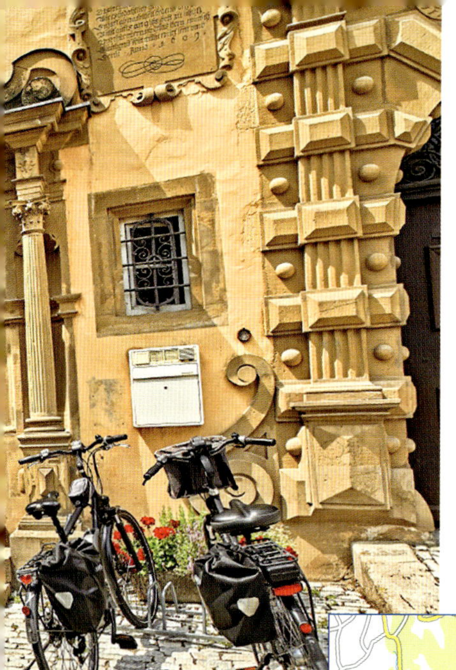

Panorama-Tourinfo

Eine klassischer Radfernweg an einem bedeutenden Flussufer entlang. Die größtenteils als Mainradweg ausgeschilderte Strecke führt grundsätzlich flussabwärts, hat also keine großen Anstiege. Sie verläuft auf Radwegen und Nebenstraßen und wechselt mehrmals die Flussseite, teils auch mit Fährverbindungen. Diese Route ist jdeal für mindestens zwei, besser drei Tage, da es unterwegs viel zu sehen und auch viel zum Einkehren gibt.

Start: Schweinfurt

Ziel: Würzburg

Länge: 95 km

Höhenunterschied: 430 m

Information: Tourismusverband Franken, Tel. +49 (0)911 / 941510, www.frankentourismus.de

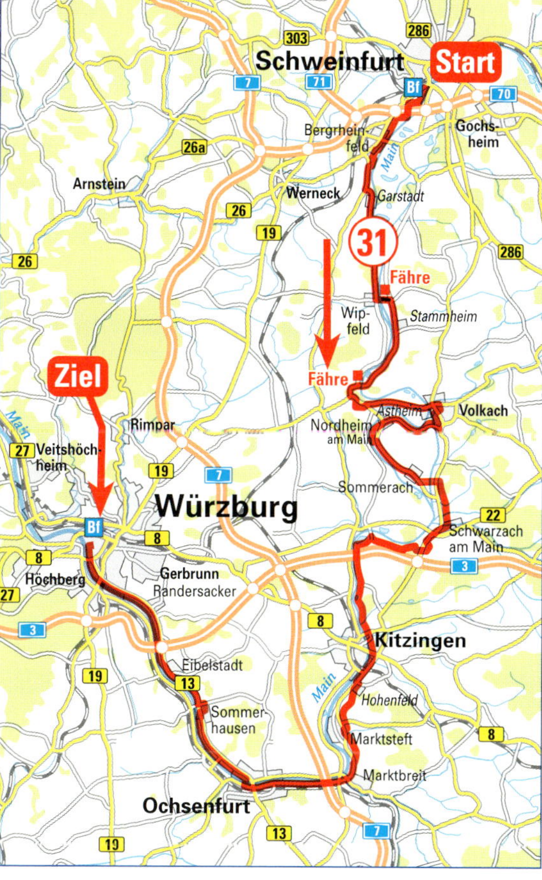

hier doch seit gut 1.000 Jahren Wein angebaut, was man bei der Tour gut nachvollziehen kann.

Ein guter Startort in Schweinfurt wäre die große Mainbrücke am Südrand der Stadt in direkter Nachbarschaft zum Hauptbahnhof. Dort folgt man dem Radweg nach Süden am Mainufer entlang auf der Westseite über Bergrheinfeld und Garstadt bis nach Wipfeld. Hier wechselt der Weg nun auf die andere Uferseite. Dazu nimmt man die Mainfähre, die direkt neben dem Radweg startet. In der Nachbarschaft gibt es auch den sympathischen Biergarten Zehntgraf. Drüben am Ostu-

31

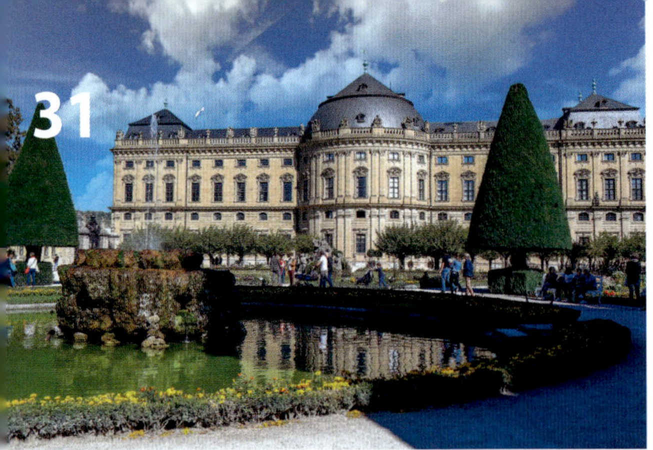

Die Residenz ist das prominenteste Bauwerk im Zentrum von Würzburg

fer führt der Weg weiter nach Süden vorbei am Museum Stammheim.

Im Museum Stammheim geht es um Militär- und Zeitgeschichte. Übersehen kann man es kaum. Schließlich stehen etliche ausrangierte Flugzeuge im Freigelände. Beim Bocksbeutelweingut Scheller kann man nicht nur die klassischen Bocksbeutelweine verkosten, dort gibt es auch einen Bocksbeutel ganz aus Holz, in dem man übernachten kann.

Nun sind wir mitten im Fränkischen Weinland – es säumen zahlreiche kleine Weingüter den Weg. Nach etwa sechs Kilometern geht es in Fahr mit der Fähre wieder auf das Westufer. Von hier sind es nur noch ein paar Kilometer bis zur engen Mainschleife und nach Astheim, wo wir erneut den Main queren und nach Volkach gelangen.

Volkach ist ein typischer und einer der bekanntesten Weinorte am Main. Die stattlichen historischen Häuser im Zentrum und die Burgen und Schlösser rund um den Ort unterstreichen, dass der Wein hier relativ viel Wohlstand gebracht hat. Das gesamte Gebiet rund um die Volkacher Mainschleife ist Landschaftsschutzgebiet.

Von Volkach folgt der Radweg dem Main auf der Schleife und passiert das linksseitig gelegene Weingut Schloss Hallburg der Grafen von Schönborn.

Ein stilvoller Platz für eine Weinprobe. Auch in Nordheim, das nur einen Kilometer entfernt ist, dreht sich alles um den Wein. Hier findet man zahlreiche Weingüter am Weg. In Sommerach gibt es direkt am Mainufer einen kleinen Badesee für eine kurze Erfrischungspause.

Der Mainradweg führt weiter flussabwärts bis nach Schwarzach.

Das staatliche Benediktinerkloster Münster Schwarzach hat eine 1.200 Jahre währende Geschichte und ist heute noch ein zentraler Punkt in dem kleinen Ort. Hier kann man übrigens auch Urlaub im Kloster verbringen und am klösterlichen Leben teilnehmen.

Kurz nach Schwarzach kreuzt der Radweg die Autobahn A3 und wir erreichen bald den nördlichen Stadtrand von Kitzingen.

Bekannt ist die Stadt vor allem für Ihre zahlreichen Türme und für den historischen Marktplatz im Zentrum. Sehenswert ist auch die alte Synagoge am Landwehrplatz, die heute für kulturelle Veranstaltungen genutzt wird. Kitzingen hat einige interessante Museen, darunter das Fasnachtsmuseum und das Conditoreimuseum, die beide sehr zentral liegen. Reizvoll wäre auch gerade im Sommer ein Abstecher zu der Mondseeinsel auf dem Main, wo es ein Freibad und eine Cafeteria gibt.

Die Reise geht weiter nach Süden am Main entlang vorbei am historischen Hafen und den Orten Hohenfeld und Marktsteft, bis der Main bei Marktbreit die letzte große Schleife auf dieser Tour absolviert und schließlich nach drei Kilometern den bekannten Weinort Ochsenfurt erreicht.

Der Ort ist vor allem für seine Wehranlagen aus dem 14. Jahrhundert und für seine zahlreichen Türme bekannt. Man sollte sich die Zeit gönnen und durch die teils recht engen alten Gassen spazieren und in die nostalgische Atmosphäre eintauchen. Sehenswert sind die vielen gut erhaltenen Fachwerkhäuser und die stattliche Andreas Kirche aus dem späten 13. Jahrhundert. Eine Besonderheit ist auch das leuchtend rote Neue Rathaus, das aber schon mehr als 520 Jahre alt ist und wo das Skelett, das den Tod darstellt, zu jeder Stunde anschlägt und die Sanduhr dreht. Wer sich mehr für die Geschichte des Ortes interessiert, könnte auch das Heimatmuseum im Schlössle in der Brückenstraße besuchen.

In Ochsenfurt wechseln wir auf die Nordseite des Mains. Der letzte Abschnitt bis nach Würzburg verläuft nun ganz in nordwestlicher Richtung über Sommerhausen und Eibelstadt bis zur Autobahn A3, die ein zweites Mal gekreuzt wird. Gleich danach kommt mit Randersacker der erste Würzburger Vorort. Weiter führt der Weg am Main entlang Richtung Zentrum, wo man von weitem schon links die Festung Marienberg sieht.

Die Festung ist das Wahrzeichen der Stadt mit der Marienkirche und dem Fürstenhof inklusive dem Museum für Kunst- und Kulturgeschichte. Direkt vor der Brücke am Mainkai kommt man rechts ins Zentrum zum Dom sowie zur majestätischen Würzburger Residenz samt Hofgarten. Erbaut wurde sie im 18. Jahrhundert als Sitz der Fürstbischöfe.

Zum Bahnhof folgen Sie weiter dem Mainradweg über die Alte Mainbrücke, um an der nächsten Brücke wieder die Mainseite zu wechseln und geradeaus über den Röntgenring zum Ziel zu gelangen.

Einkehren

Weingut Dereser, Stammheim
Bekanntes Weingut, in dem man die klassischen Weine und vor allem den Silvaner verkosten kann. In der hauseigenen Heckenwirtschaft werden auch regionale Gerichte angeboten.
www.weingut-dereser.de

Vinothek Schloss Hallburg, Volkach
Stilvolles historisches Gemäuer am Mainufer bei Volkach mit renommiertem Weingut.
www.weingut-schloss-hallburg.de

Weinstube Torbäck, Volkach
Klassisches Weinlokal im Zentrum von Volkach mit historischem Ambiente inklusive Gewölbekeller und gutbürgerlicher Küche.
www.torbaeck-volkach.de

Öchsle, Ochsenfurt
Kleines gemütliches Lokal mit Gastgarten und regionaler Küche im Zentrum von Ochsenfurt.
www.oechsle-ochsenfurt.de

Übernachten

Ebracher Hof, Schweinfurt
Ruhig und doch zentral in der Altstadt gelegenes Mittelklassehotel in historischem Gebäude mit moderner Ausstattung.
www.ebracher-hof.com

Sonnenhotel Weingut Römmert, Volkach
Stilvolles Viersternehotel am östlichen Rand von Volkach. Spa mit Schwimmbad und Sauna, eigenes Weingut inklusive Vinothek.
www.sonnenhotels.de

Tipp: Von Würzburg Hauptbahnhof nach Schweinfurt gibt es eine gute Bahnverbindung mit Regionalbahn oder Regionalexpress. Die Fahrtzeit dauert eine knappe halbe Stunde. www.bahn.de

Kartentipp:
ADFC-Regionalkarte Region Schweinfurt,
1:50.000, ISBN 978-3-87073-945-4, € 9,95;
ADFC-Regionalkarte Region Würzburg/Fränkisches Weinland,
1:75.000, ISBN 978-3-96990-091-8, € 9,95
Digital für Smartphones und Tablets:
www.fahrrad-buecher-karten.de/rk-digital

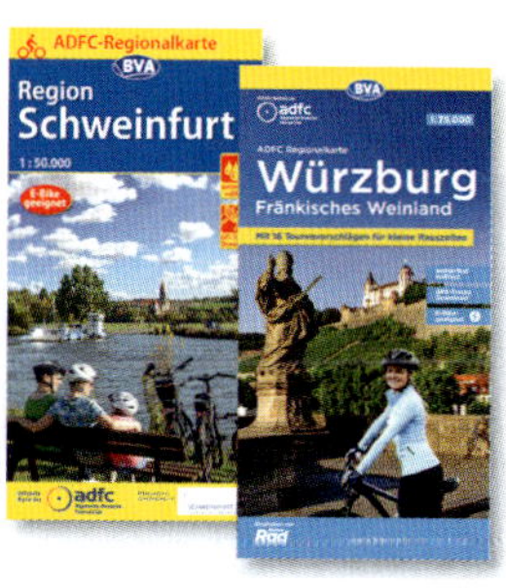

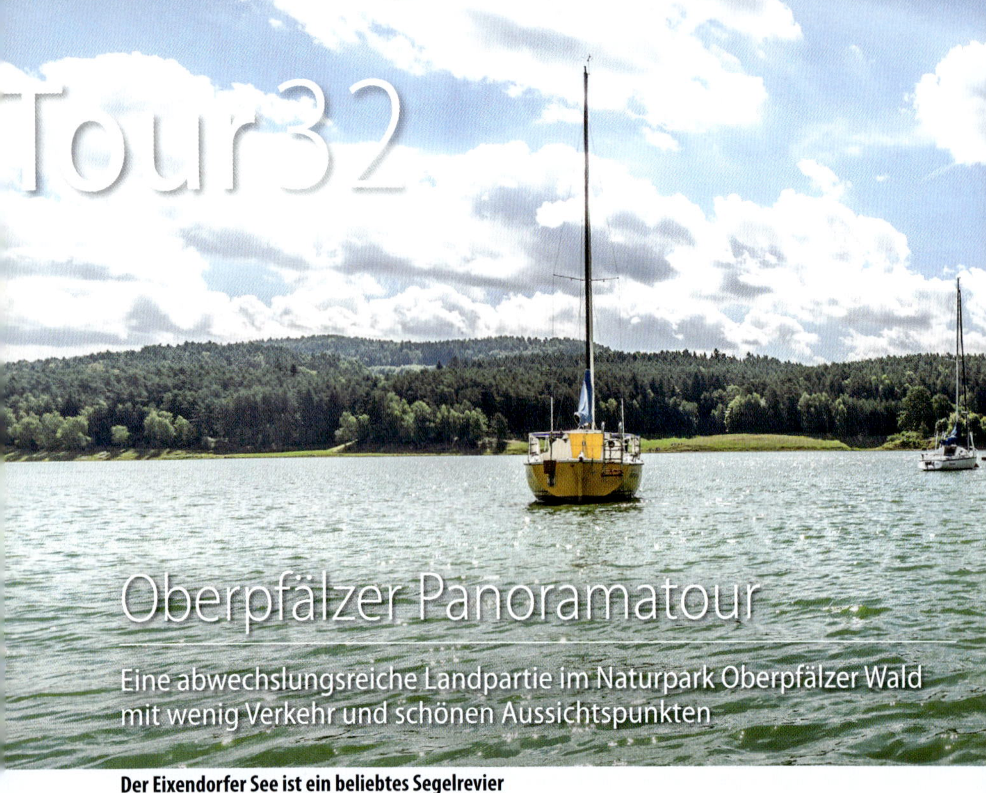

Tour 32

Oberpfälzer Panoramatour

Eine abwechslungsreiche Landpartie im Naturpark Oberpfälzer Wald mit wenig Verkehr und schönen Aussichtspunkten

Der Eixendorfer See ist ein beliebtes Segelrevier

Ein echter Geheimtipp ist der Oberpfälzer Wald nördlich von Regensburg gerade für Radfahrer. Sanfte Berge, viel Grün und wenig Verkehr sind beste Voraussetzungen. Dazu sind die ländliche Atmosphäre und die relativ günstigen Preise weitere Pluspunkte. Diese Tour macht eine Runde durch den Naturpark Oberpfälzer Wald mit etlichen schönen Aussichtspunkten, die aber mit einigen Anstiegen erradelt werden wollen.

Der Oberpfälzer Wald ist der etwas sanftere Nachbar des Bayerischen Walds. Im Vergleich zum Bayerischen Wald ist der Oberpfälzer Wald auf den ersten Blick weniger spektakulär. Die Gipfel mit maximal 1.042 Metern des Schwarzkopf sind nicht ganz so hoch, wirken auch wesentlich sanfter und die Gegend erscheint deutlich ruhiger und zurückhaltender. Der Oberpfälzer Wald breitet sich aus auf etwa 100 Kilometern Länge von Regensburg nordwärts bis zum Fichtelgebirge, eingerahmt von der böhmischen Grenze im Osten und dem Naabtal im Westen. Die Gegend ist es allemal wert, dass man sich näher mit ihr beschäftigt und dass man ihre Qualitäten und Sehenswürdigkeiten entdeckt.

Startort ist die Kleinstadt Neunburg vorm Wald direkt im Naturpark Oberpfälzer Wald. Die rund 8.000 Einwohner zählende Ortschaft hat erstaunliche Qualitäten. Dazu gehören das Alte und das Neue Schloss, das ehemalige Franziskanerkloster, das heute als Kindertagesstätte genutzt wird und ein Teil noch zu dem Orden der armen Schulschwestern gehört. Außerdem hat Neunburg, das an der Schwarzach liegt, einen schönen Stadtpark mit Freibad direkt an der Schwarzach.

Die Tour beginnt also in Schwarzach und folgt dann dem Flussufer in westlicher Richtung, dann links ab und überquert den Rötzerbach und geht weiter bis nach Katzdorf. Dort hält man sich rechts und fährt weiter

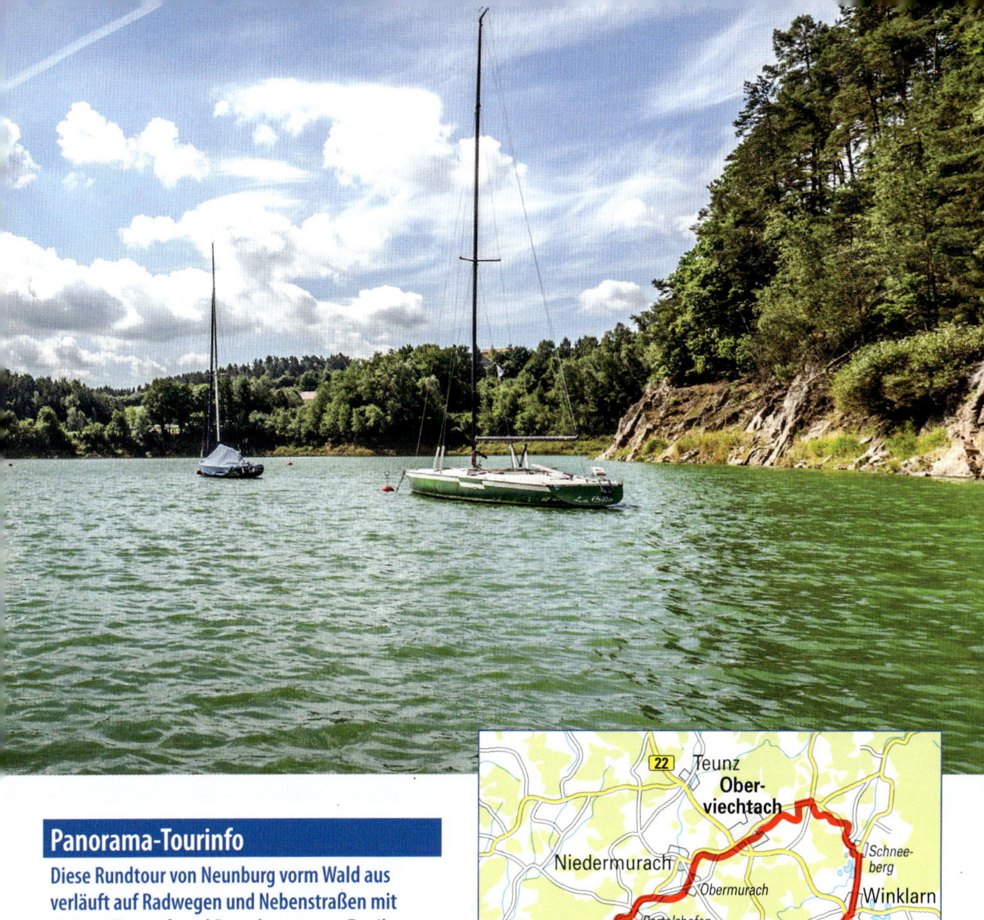

Panorama-Tourinfo

Diese Rundtour von Neunburg vorm Wald aus verläuft auf Radwegen und Nebenstraßen mit einigen Bergauf- und Bergabpassagen. Es gibt keine spezielle Beschilderung zu diesem Radweg. Man folgt den Radwegen Oberpfälzer Seenland-Rundweg, Schwarzachtal-Radweg, Bayerisch-Böhmischer Freundschaftsweg und Aschatal-Radweg.

Start/Ziel: Neunburg vorm Wald

Länge: 58 km

Höhenunterschied: 696 m

Information: Ostbayern Tourismus, Tel. +49 (0)941 / 585390, www.ostbayern-tourismus.de

über Pettendorf. Etwa 300 Meter nach diesem Dorf folgt man rechts einer Nebenstraße und fährt über die Wiesen bis Baumhof. Hier begegnet man wieder der Schwarzach und folgt ihr mit etwas Abstand bis nach Schönau. Kurz nach Altenhammer quert man die Schwarzach etwa bei der Burgruine Zangenstein. Danach verläuft der Weg an Höfen vorbei und parallel zur Staatsstraße 2159, die bei Oberkonhof überquert wird. Danach radelt man an der Staatsstraße entlang bis nach Pertolzhofen.

Pertolzhofen hat eine bedeutende Geschichte. Hier gab es ein Schloss, das im 19.Jahrhundert abgetragen wurde. Im Dorf bieten sich zwei einfache Gasthäuser für eine Pause an.

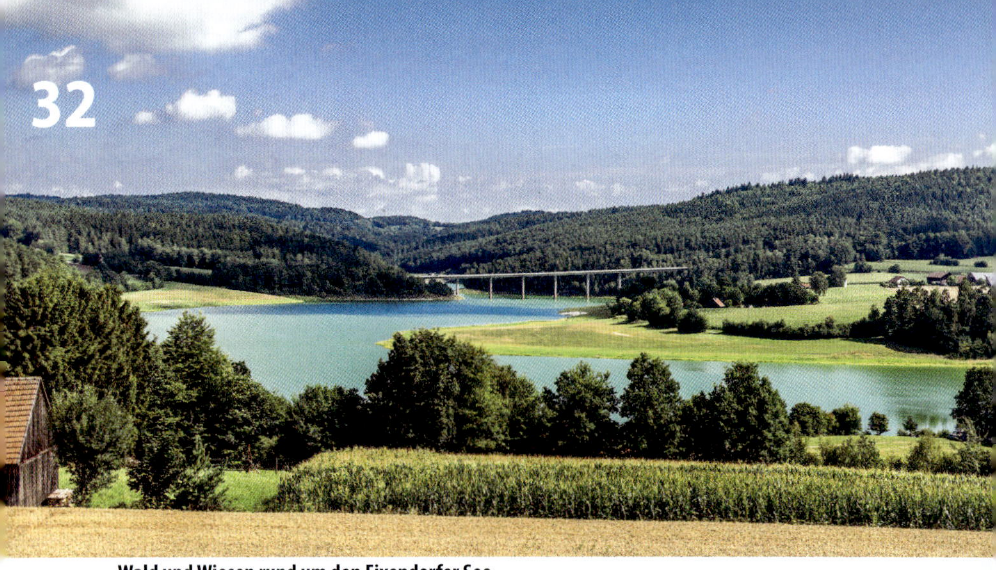

Wald und Wiesen rund um den Eixendorfer See

Zwischen Pertolzhofen und dem nächsten Ort verlässt der Radweg die Staatsstraße und hält sich rechts über die Wiesen. Der Radweg folgt bald dem Lauf des Steinbachs und bleibt in der Nähe der Straße. Nach knapp 3 km macht er auf der linken Seite einen Bogen um ein Waldstück. Hier könnte man rechts einen Abstecher nach Obermurach und zur Burgruine auf einer Anhöhe machen.

Dort oben hat man eine herrliche Aussicht auf die Umgebung und in Richtung der nächsten Zwischenstation, der Stadt Oberviechtach. Auch wenn nur Teile der Burg vorhanden sind, ist sie allein wegen des 20 Meter hohen Turms mit seiner Aussichtsplattform und des eindrucksvollen Ausblicks einen Besuch wert. Den Schlüssel bekommt man beim Burgwart, Tel. 09671/91234.

Das letzte Stück bis Oberviechtach geht es kontinuierlich bergauf. Danach folgt als Belohnung eine ebenfalls recht ausgiebige Bergabpassage.

In Oberviechtach gibt es einige interessante Sehenswürdigkeiten. Ein einst berühmter Arzt ist einer der bekanntesten Bürger der lebendigen Kleinstadt Oberviechtach. Doktor Johann Andreas Eisenbarth wurde 1663 in Oberviechtach geboren und erlangte als Arzt vor allem in Preussen Erfolge. In seinem Gedenken eröffnet man 2006 das Doktor-Eisenbarth- und Stadtmuseum in der denkmalgeschützten Marktmühle. Eisenbarth zog damals von Ort zu Ort, wo er auf öffentlichen Plätzen Kranke behandelte. Dabei begleiteten ihn Musikanten und Gaukler. Ab dem 14. Jahrhundert gab es rund um Oberviechtach Goldbergbau. Und den gibt es auch heute noch auf dem Gold-Lehrpfad. Zu diesem Lehrpfad gehören drei Wanderwege mit einer Länge von 2,0 bis 7,8 Kilometern. Die Wege starten bei der Infostelle Am Güttling, 8,5 Kilometer von Oberviechtach entfernt. Ein ungewöhnliches Denkmal gibt es in Oberviechtach mit dem 9-11 WTC Memorial. Dabei handelt es sich um das einzige in Deutschland befindliche Stahlteil des zerstörten World Trade Centers in New York. Es wurde als Mahnmal gegen Terror und Gewalt 2011 in einer zentrumsnahen Grünanlage an der Straße Zum Bahnhof aufgestellt. In Oberviechtach ist praktisch Halbzeit der Tour, also beste Gelegenheit, sich eine gastronomische Pause zu gönnen. Dafür wäre das Café Weigl im Zentrum in der Marktgasse eine gute Gelegenheit.

Nach Oberviechtach schlängelt sich der Weg Richtung Osten vorbei am Bahnhof links und weiter nach Schneeberg. Auf dem Weg dort-

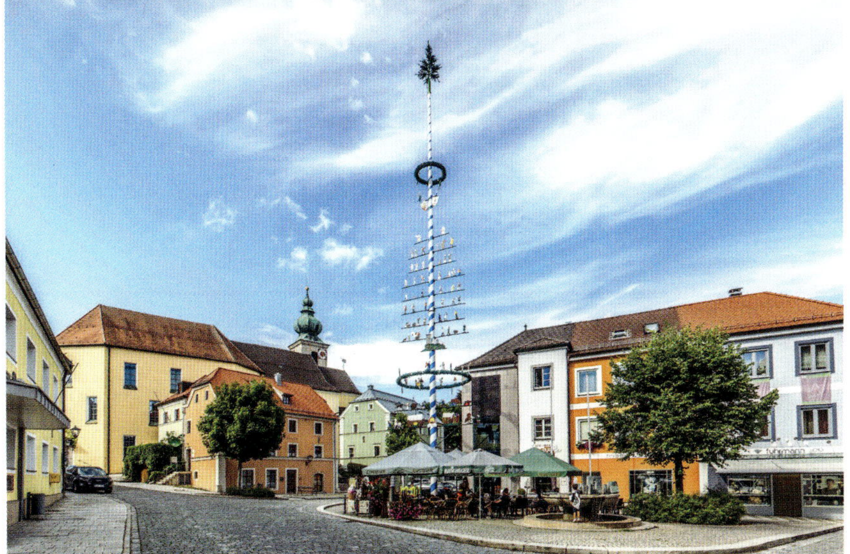

Typisch bayerisch: Kirche, Maibaum und Gasthaus in Oberviechtach

hin könnte man auch beim Landgasthof zur Taverne eine Pause machen. Ab Schneeberg geht es wieder an der Staatsstraße 2152 entlang, dann vorbei am Mühlweiher bis nach Winklarn. Am südlichen Ortsrand überquert man die Bundesstraße und fährt auf Nebenstraßen weiter südwärts bis nach Kulz. Über Prackendorf und Katharinenthal dreht der Weg nun eine Runde um das Prackendorfer Moor. Bevor nun der letzte Abschnitt Richtung Neunburg vorm Wald kommt, geht es wieder ein längeres Stück bergauf. Kurz vor Neunburg bei Kröblitz macht der Weg noch einen Schlenker nach links und begleitet den Lauf der Schwarzach auf etwa sechs Kilometer bis zum Eixendorfer See.

Dort gibt es für eine finale Erfrischung vor dem Ziel auch ein Strandbad. Allerdings gibt es hier sonst keine Infrastruktur.

Die letzten knapp drei Kilometer radelt man vorbei an einem Campingplatz und kurz danach an einem alten Steinkreuz auf einer Nebenstraße über die Wiesen direkt nach Neunburg vorm Wald.

Einkehren

Café Weigl, Oberviechtach
Im Zentrum von Oberviechtach bietet das zu einem Hotel gehörende Café Süßes aus der eigenen Bäckerei und Konditorei und kleine Imbisse.
www.hotel-weigl.de

Landgasthof zur Taverne, Lind
Bodenständiges Gasthaus im Grünen mit gutbürgerlicher Küche. Es gibt auch Gästezimmer im Haus.
www.landgasthof-zur-taverne.de

Esszimmer, Neunburg vorm Wald
Restaurant bei der Schwarzachtalhalle mit To-Go-Angeboten. Gute regionale und mediterrane Küche.
www.esszimmer.restaurant

Übernachten

Panoramahotel am See, Neunburg vorm Wald
Ein Mittelklassehotel in schöner aussichtsreicher Lage direkt am Eixendorfer See. Wellnessbereich mit Sauna und Dampfbad.
www.panorama-hotel-am-see.de

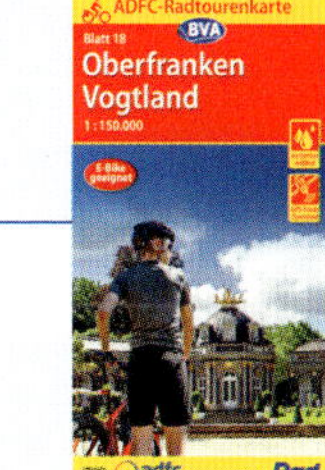

Kartentipp:
ADFC-Radtourenkarte Blatt 18 Oberfranken/Vogtland,
1:150.000, ISBN 978 3 87073 772 6, € 8,95

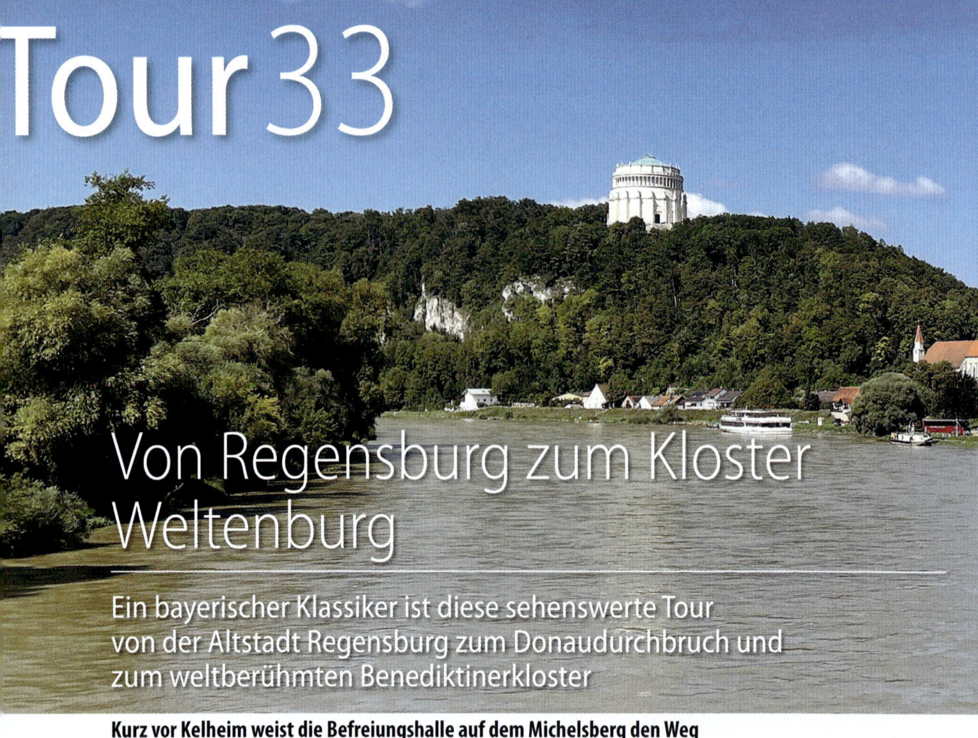

Tour 33

Von Regensburg zum Kloster Weltenburg

Ein bayerischer Klassiker ist diese sehenswerte Tour von der Altstadt Regensburg zum Donaudurchbruch und zum weltberühmten Benediktinerkloster

Kurz vor Kelheim weist die Befreiungshalle auf dem Michelsberg den Weg

Es gehört zu den speziellen Qualitäten des E-Bikes, dass man entspannt fährt und mehr von der Umgebung mitbekommt. So gesehen ist dieser Ausflug entlang der Donau wie geschaffen fürs E-Bike. Man radelt auf dem berühmten Donauradweg mit kaum spürbaren Höhenunterschieden und genießt Sightseeing der klassisch bayerischen Art.

Von der Quelle bis zur Mündung misst der Donauradweg stolze 2.850 Kilometer. Die ganze Strecke zu radeln, ist ein Vorhaben für mehrere Monate: Man kann sich aber auch die Rosinen raussuchen und sich auf besonders eindrucksvolle Passagen konzentrieren. Dazu gehört zweifellos die Strecke zwischen dem Kloster Weltenburg mit dem Donaudurchbruch und der Stadt Regensburg, immerhin UNESCO Weltkulturerbe. Mit rund 50 Kilometern ein solider Tagesausflug, bei dem man sich aber nicht aufs Radeln reduzieren sollte. Dazu gibt es einfach zu viel zu sehen.

Beginnen kann man mit einem Ausflug in die Altstadt in Regensburg rund um die Steinerne Brücke und den Dom St. Peter, der im 13. Jahrhundert erbaut wurde und mit seinen Zwillingstürmen alles überragt. Man kann auch mit dem Rad in der Altstadt durch die engen Gassen promenieren. Regensburg ist eine lebendige und vielfältige Stadt. Man könnte sich vor dem Start bei der Historischen Wurstküche an der Donau mit den legendären Bratwürsten stärken. Auch ein Regensburger Klassiker.

Idealer Startort ist die Insel Oberer Wöhrd mit den großzügigen und teils kostenlosen Parkmöglichkeiten. Dort gibt es einen Radverleih und man kann direkt auf den Donauradweg starten. Zunächst führt der Weg direkt an der Donau entlang – überwiegend als Schotterstrecke. Nach der Fähre in Prüfening macht die Donau eine Schleife. Wir radeln vorbei am Ausflugslokal „Zum Walba", das auch bei Radlern

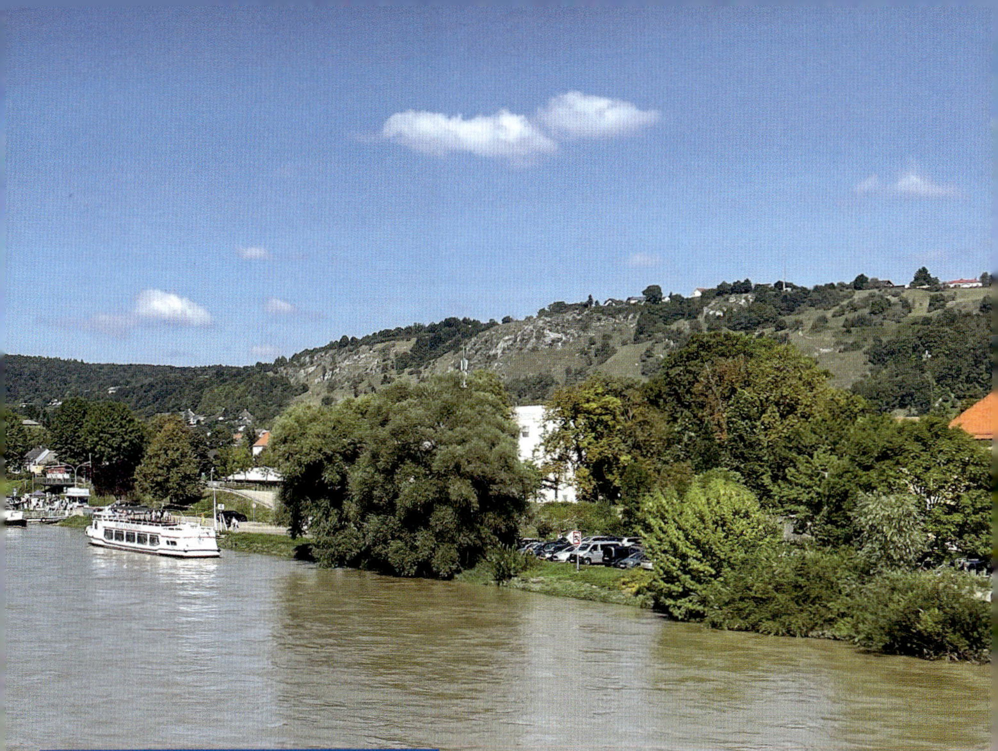

Panorama-Tourinfo

Die Fahrt entlang der Donau ist als Donauradweg ausgeschildert und keine besonders anstrengende Tour. Man fährt fast eben auf Radwegen, die teils geschottert und teils asphaltiert sind. Unterwegs gibt es nicht nur viele Sehenswürdigkeiten, sondern auch zahlreiche Einkehrmöglichkeiten, darunter Lokale direkt am Weg, die sich auf Radler spezialisiert haben.

Start: Regensburg, Oberer Wöhrd

Ziel: Kloster Weltenburg

Länge: 47 km

Höhenunterschied: 330 m flussaufwärts

Information: Ostbayern Tourismus,
Tel. +49 (0)941 / 585390,
www.ostbayern-tourismus.de

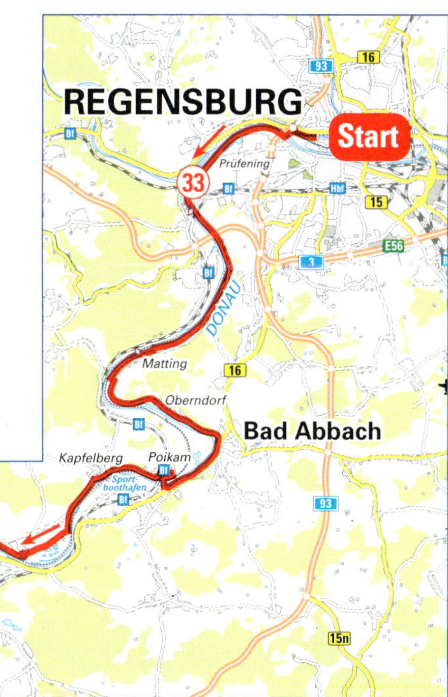

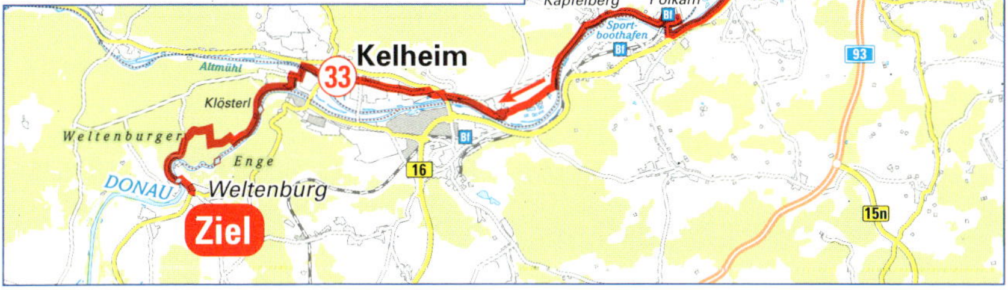

33 sehr beliebt ist. Danach fährt man über offene Wiesen bis Matting und passiert den Badeplatz, wo ebenfalls eine Fähre über die Donau verkehrt. Auf dieser Passage bis Oberndorf kann man auch auf die asphaltierte Donaustraße direkt neben dem Radweg ausweichen. Nächste Station ist der Kurort Bad Abbach, das man von weitem an dem Turm der Burg erkennen kann. Hier besteht die Möglichkeit, auf dem offiziellen Radweg durch das Zentrum oder einfach weiter am Donauufer zu radeln. Nach Bad Abbach wird es etwas weniger romantisch: man passiert Gewerbegebiete. Hier bietet sich die Möglichkeit an, auf der Brücke nach Bad Abbach auf das Nordufer bei Poikam zu wechseln. Dort geht es links gleich weiter auf dem Radweg am Ufer entlang mit einigen Waldpassagen bis zu einer Uferstraße, die zuerst einen Campingplatz, dann den Yachthafen Donautal passiert. Bei Kapfelberg kommt ein Zwischenabschnitt auf der Straße, bis es dann wieder so wird, wie man sich das Radeln an der Donau vorstellt. Ein gepflegter Radweg, teils asphaltiert, teils Schotter, fast immer mit Blick auf den Strom, auf dicke Frachtschiffe, die langsam über das Wasser gleiten. Zwischendurch rauscht mal wieder ein Motorboot vorbei, von denen etliche im Yachthafen bei Kapfelberg vor Anker liegen. Die Donau zieht noch eine lange Rechtskurve, dann nähert man sich allmählich Kelheim.

Man sieht schon von weitem die mächtige Befreiungshalle auf dem waldigen Michelsberg oberhalb der Stadt. Erbaut wurde sie Mitte des 19. Jahrhunderts in Gedenken an die Siege gegen Napoleon. Die Altstadt von Kelheim ist auf jeden Fall einen Besuch wert.

Dazu fährt man vom Nordufer der Donau an der zufließenden Altmühl entlang, dann über eine neue, keck geschwungene Brücke südwärts ins Zentrum, das zwischen Altmühl und Donau liegt. Über das Altmühltor und die Altmühlstraße kommt man auf dem groben Kopfsteinpflaster Richtung Zentrum mit zahlreichen Straßencafés und historischen Bürgerhäusern.

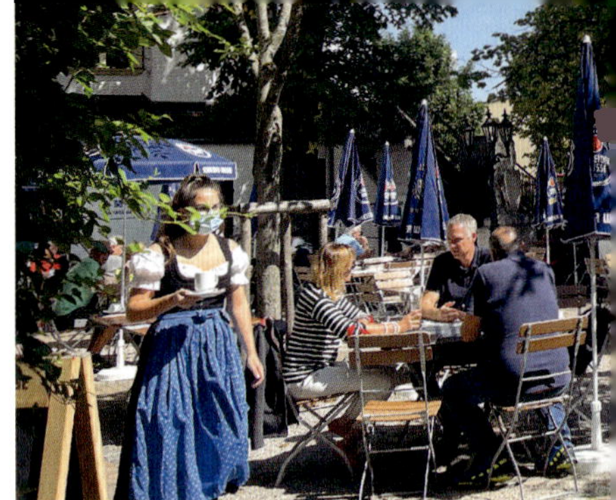

Das Weiße Brauhaus in Kelheim hat einen klassischen Biergarten

Über den Ludwigsplatz links erreicht man dann eine Kelheimer Institution, das Weiße Brauhaus der Weißbierbrauerei Schneider, zu der auch ein Gasthaus mit schönem Biergarten gehört. Eine bei Donauradlern sehr beliebte Adresse.

Von Kelheim sind es dann nur wenige Kilometer bis zum Ziel.

Um direkt zum Kloster Weltenburg zu gelangen, können wir auf einem schmalen Uferweg entlang des Nordufers der Donau fahren, zu dem man über die Fischergasse kommt.

Unterwegs kommt man an der Einsiedelei Klösterl vorbei, ein kleines Franziskanerkloster aus dem 15. Jahrhundert, das recht geheimnisvoll aussieht und teilweise als Lokal mit Biergarten betrieben wird.

Um dann zum Kloster Weltenburg auf die andere Seite der Donau zu gelangen, biegt man nach dem Klösterle nach einigen Obstbäumen rechts ab in den Wald und kommt dann wieder zum Ufer. Dort gibt es eine Fähre über den Fluss.

Um aber von der Fähre unabhängig zu sein, kann man auch von Kelheim aus auf der Südseite der Donau vorbei am Friedhof auf dem ausgeschilderten Donauradweg nach Weltenburg radeln und von dort auf der Asamstraße zum Kloster.

Das Kloster Weltenburg, das im frühen siebten Jahrhundert gegründet wurde, ist eine bayerische Institution. Bekannt ist das Benediktinerkloster nicht nur für seine Rokokobauten, son-

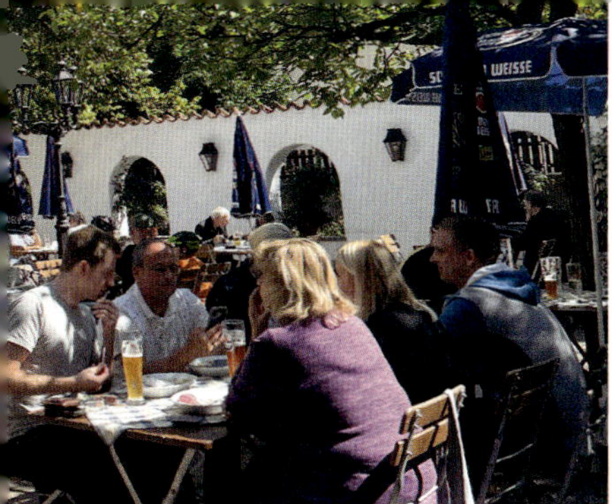

dern vor allem auch für die 1050 gegründete Klosterbrauerei, die die weltweit älteste Klosterbrauerei ist und von deren Erzeugnissen man sich im Biergarten der Klosterschenke überzeugen kann. Die Pause im Biergarten hat man sich nun auch verdient.

Für den Rückweg bieten sich mehrere Möglichkeiten an. Da wäre natürlich der Donauradweg, den man nun auch variieren kann, da es auf beiden Uferseiten Radwege gibt. Eine stilgerechte Alternative wäre es auch, mit dem Schiff über Kelheim nach Regensburg zurück zu fahren und die Donau vom Wasser aus zu erleben. Die Fahrt mit der Kelheim Schifffahrt von Weltenburg nach Kelheim dauert 25 Minuten. Gestartet wird alle 40 Minuten.

Tipp: Mit der Schifffahrt Klinger in Regensburg könnte man morgens um 9.30 Uhr ab Regensburg inklusive Rad bis Kelheim fahren, einen Ausflug nach Weltenburg mit Rad oder Schiff machen und zurück radeln. www.personenschiffahrt.de
Kurz nach dem Klösterle zwischen Kelheim und Weltenburg bietet sich eine kurze Weiterfahrt am Ufer entlang bis zum spektakulären Donaudurchbruch an. Danach muss man das Stück bis zur Abzweigung wieder zurück radeln.

Kartentipp:
ADFC-Regionalkarte Regensburg u. Umgebung, 1:75.000, ISBN 978-3-96990-026-0, € 9,95
Digital für Smartphones und Tablets:
www.fahrrad-buecher-karten.de/rk-digital

Einkehren

Zum Walba, Pentling
Direkt am Radweg und an der Donau steht das großzügige Gasthaus samt großem Biergarten. Gute regionale Küche.
www.walba.de

Zunftstüberl, Matting
Kleines Lokal in einem historischen Landhaus mit Biergarten am Radweg in dem kleinen Dorf Matting. Günstige Imbisse und kleine Gerichte.
www.zunftstueberl-matting.de

Gasthaus Zirngibl, Bad Abbach
Klassisches Gasthaus mit stilvollem Ambiente und Biergarten und gehobener regionaler Küche im Zentrum von Bad Abbach.
www.gasthaus-zirngibl.de

Weißes Bräuhaus, Kelheim
Zur ältesten Weissbierbrauerei Bayerns gehört dieses Gasthaus mit Biergarten im Zentrum von Kelheim. Klassisch bayerische Küche, schönes Ambiente und bei schönem Wetter meistens viel los.
www.weisses-brauhaus-kelheim.de

Übernachten

Hotel Orphée Andreasstadel, Regensburg
Stilvolles, kreativ eingerichtetes Hotel in einem historischen Gebäude in Stadtamhof nahe bei der Insel Oberer Wöhrd und bei der Steinernen Brücke.
www.hotel-orphee.de

Gasthof Weisses Lamm, Kelheim
Klassisches Gasthaus mit speziellem Service für Radler inklusive Unterstellmöglichkeiten, Fahrradwäsche und E-Bike-Ladestation.
www.weisses-lamm-kelheim.de

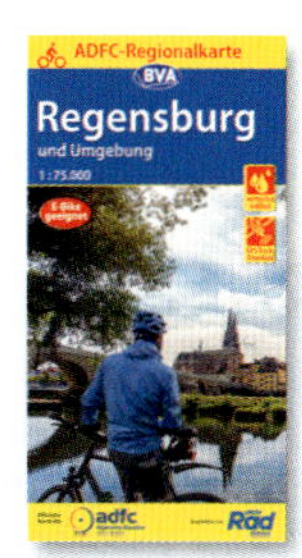

Tour 34

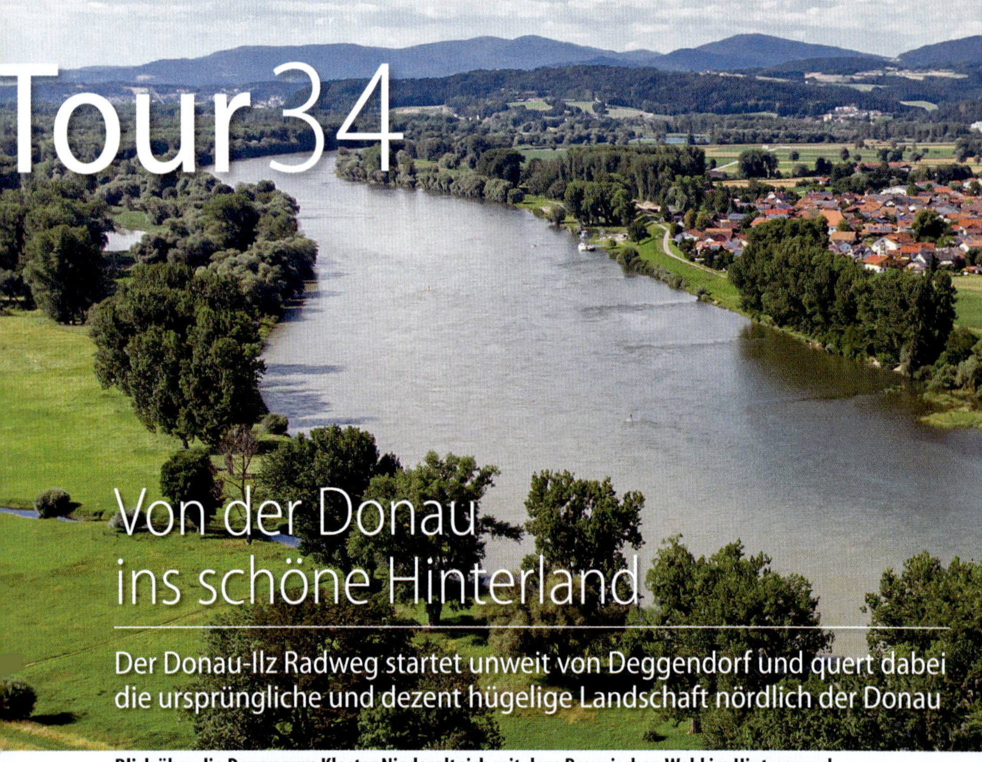

Von der Donau ins schöne Hinterland

Der Donau-Ilz Radweg startet unweit von Deggendorf und quert dabei die ursprüngliche und dezent hügelige Landschaft nördlich der Donau

Blick über die Donau zum Kloster Niederalteich mit dem Bayerischen Wald im Hintergrund

Schöne Radwege verlaufen oft auf ehemaligen Bahnstrecken. Sie sind üblicherweise gut aufbereitet und bieten abseits des Straßenverkehrs ideale Voraussetzungen für entspannte Radtouren. Das ist auch beim Donau-Ilz Radweg so, zumindest beim überwiegenden Teil der Strecke. Dabei geht es von der Donau bis in die hügeligen Ausläufer des Bayerischen Wald. Die Tour lässt sich auch kombinieren mit einer abschließenden Bahnfahrt nach Passau und dem Rückweg per Bahn oder auf dem Donauradweg.

Es kann kaum einen besseren Startort für eine Radtour geben als Niederalteich. Das kleine Dorf unweit der Mündung der Isar in die Donau hat mit der mächtigen Abtei mit ihren zwei Türmen ein von weitem erkennbares Wahrzeichen. Übersehen oder sich verfahren ist hier fast unmöglich. Der Radweg Donau-Ilz startet hier und verlässt das Ufergebiet der Donau, macht dem Donauradweg auch keine Konkurrenz. Das Benediktinerkloster Niederalteich wurde bereits 741 von Mönchen der Abtei Reichenau am Bodensee gegründet und umfasst heute neben dem Kloster noch ein Gymnasium, eine Landwirtschaft und mehrere Handwerksbetriebe. Die ursprünglich gotische Hallenkirche mit üppiger barocker Innenausstattung zählt zu den bedeutendsten klerikalen Bauten in Niederbayern.

Doch nun zum Radweg, der von Niederalteich auf einer Länge von rund 50 Kilometern direkt ins Hinterland der Donau führt und durch die sanft hügelige Landschaft über Hengersberg und Eging am See bis Röhrnbach verläuft. Was diesen Radweg auszeichnet ist, dass man die meiste Zeit auf einem separaten und asphaltierten Radweg auf einer ehemaligen Bahntrasse unterwegs ist.

Anders ist es freilich auf den ersten Metern, wenn man auf der Hengersberger Straße durch Niederalteich radelt, dann links in

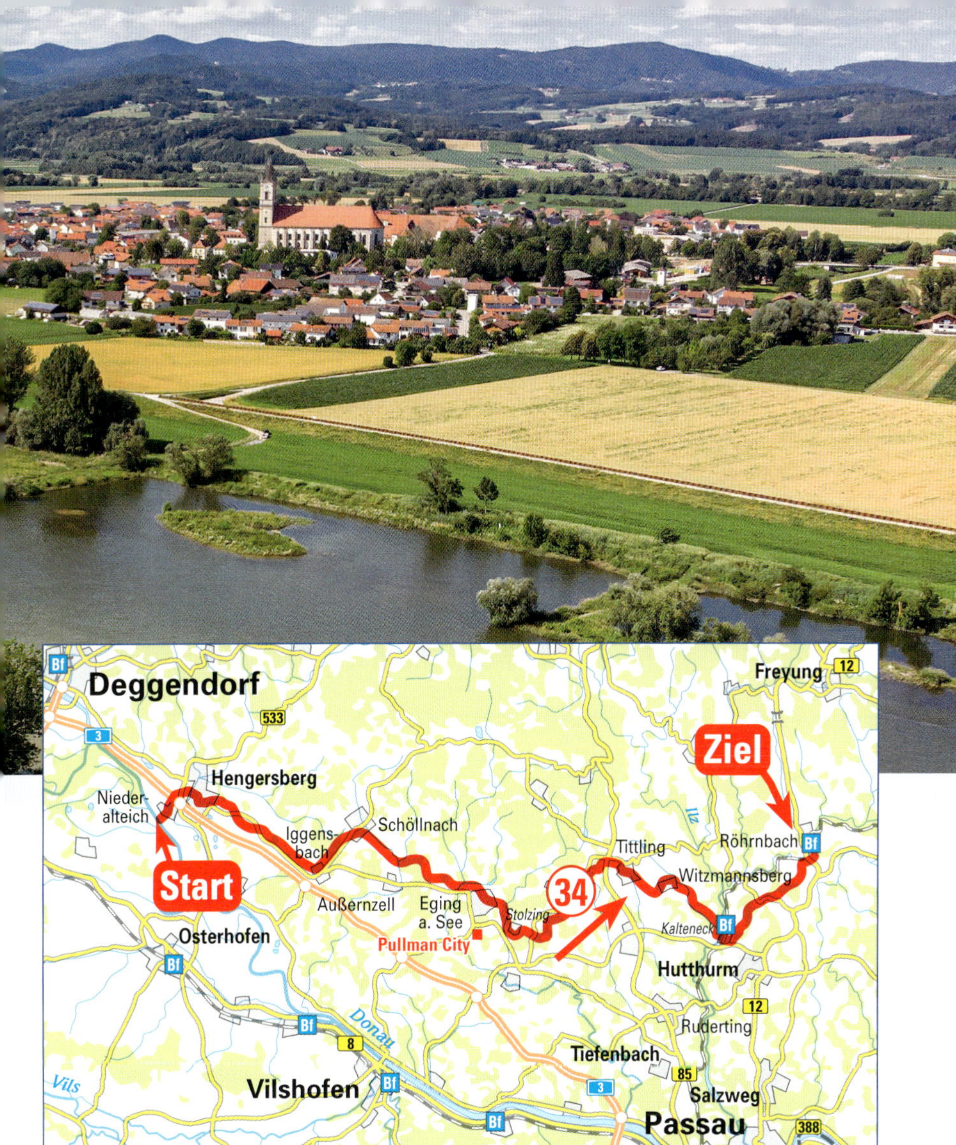

Panorama-Tourinfo

Der überwiegende Teil der Strecke zwischen Hengersberg und Kalteneck ist ein idealer Radweg auf einer ehemaligen Bahntrasse, gut asphaltiert und nur mit gelegentlichen Kreuzungen mit dem Autoverkehr. Nur von Niederaltaich bis Hengersberg und Kalteneck nach Röhrnbach fährt man auf Nebenstraßen.

Start: Niederaltaich an der Donau

Ziel: Röhrnbach

Länge: 41 km bis Kalteneck, 54 km bis Röhrnbach (+ 11 km für den Rückweg von Deggendorf nach Niederalteich)

Höhenunterschied: 570 m

Information: Deggendorfer Land, Tel. +49 (0)991 / 3100231, www.deggendorfer-land.de; Passauer Land, Tel. +49 (0)851 / 397600, www.passauer-land.de

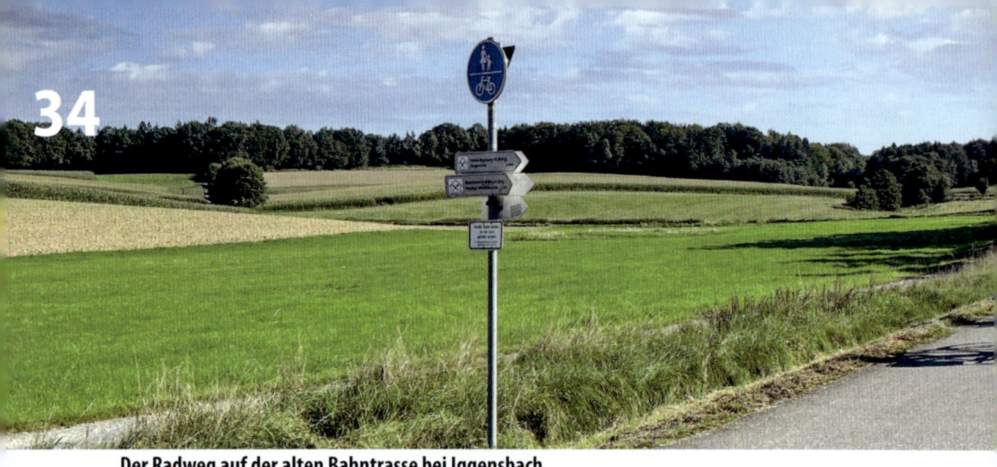

Der Radweg auf der alten Bahntrasse bei Iggensbach

die Bachstraße abbiegt, am Ortsende rechts fährt und weiter links zu einer Autobahnunterführung, einem unbeschrankten Bahnübergang und schließlich nach drei Kilometern Hengersberg erreicht. Vorbei an der stattlichen Pfarrkirche auf einem Hügel fährt man nun auf der Deggendorfer Straße am Marktplatz vorbei und ostwärts weiter. Am Ortsende kündigt links ein Felsen mit einer Bank vom Start des eigentlichen Radwegs. Nach dieser Raststation für Radler zieht der Weg ziemlich geradeaus über die Wiesen und passiert mehrere Abschnitte durch den Laubwald. Es ist ein entspanntes Radeln, da man nicht auf den Verkehr achten muss und einen schönen Blick über die Landschaft nördlich der Donau hat. Nach insgesamt 12 Kilometern erreicht man mit Iggensbach eine weitere Zwischenstation. Noch knapp drei Kilometer sind es dann durch ausgiebige Waldpassagen bis nach Schöllnach, wo man in dem schönen Freibad eine Pause einlegen könnte. Nach weiteren drei Kilometern kommt man nach Außernzell, wo man direkt an einem bei Radlern beliebten Brotzeitstüberl vorbei fährt. Auf dem weiteren Weg nach Eging am See hat man einige Passagen mit schönen Ausblicken auf die ersten Ausläufer des Bayerischen Walds, unterbrochen von kurzen Walddurchfahrten.

Eging am See ist einer der größeren Orte am Radweg und dazu bekannt für seinen idyllischen Badesee etwa einen Kilometer nördlich des Radwegs und eine andere, etwas ungewöhnliche Sehenswürdigkeit. Die befindet sich südlich von Eging am See etwa 1,5 Kilometer vom Zentrum entfernt. Pullman City ist eine nachgebaute Westernstadt, eine Erlebniswelt für Wildwestfans inklusive Shows, Karl-May-Spielen, Abenteuerplatz und passenden gastronomischen Offerten von der Cantina Mexicana über Steakhouse bis zur Pinacolada Bar. Zum Übernachten gibt es Zelte, Blockhütten oder das Palace Hotel.

Danach wird es wieder ruhiger. Der Radweg zieht eine Schleife nach Süden über Stolzing und erreicht nach weiteren zehn Kilometern Tittling.

Bekannt ist der Ort vor allem für das Museumsdorf Bayerischer Wald, etwa zwei Kilometer nordwestlich des Zentrums. Das weitläufige Freilichtmuseum befindet sich am Südufer des Dreiburgensees und bietet auf 25 Hektar Fläche einen intensiven Eindruck von der Kultur und Tradition der Region mit mehr als 150 historischen Gebäuden und vielen Exponaten. Der See ist übrigens auch ein beliebtes Ausflugsziel mit Badestrand, Bootsverleih, Barfußpfad und Gastronomie. In Tittling sind wir nun nur noch knapp drei Kilometer von der Ilz entfernt, die Richtung Passau fließt.

Der Radweg nimmt aber noch einen kleinen Umweg über Witzmannsberg und Kalteneck, bis die Ilz erreicht ist.

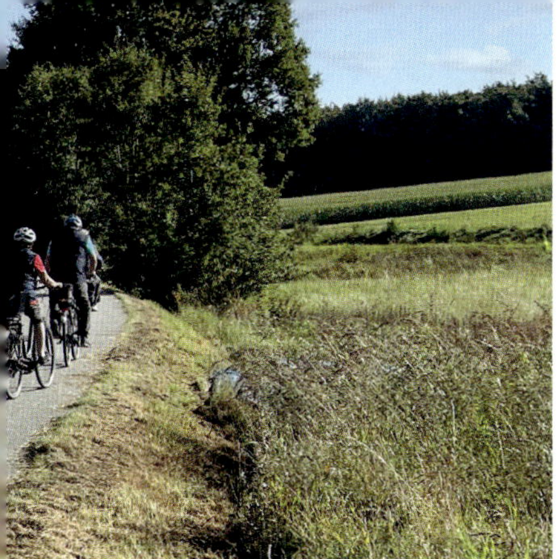

Von Kalteneck bis Röhrnbach sind es noch weitere 13 Kilometer auf ruhigen Nebenstraßen, aber eben nicht mehr auf einem separaten Radweg.

Für den Rückweg nutzen wir die Ilztalbahn von Kalteneck oder Röhrnbach bis Passau und weiter über Plattling bis Deggendorf. Von hier radeln wir rund elf Kilometer auf dem Donauradweg wieder zurück nach Niederalteich.

Die Ilztalbahn verkehrt mehrmals täglich im Sommer nur an Wochenenden. Fahrradtransport ist möglich. Die Fahrtzeit von Kalteneck beträgt 30 Minuten, von Röhrnbach 50 Minuten. Nach einer Übernachtung in Passau inklusive Sightseeing könnte man alternativ am nächsten Tag mit dem Rad auf dem Donauradweg zurück fahren. Zu sehen gibt es in der malerischen Altstadt von Passau mit dem Dom und vielen kleinen Gassen mit reizvollen Geschäften und Lokalen sowie dem berühmten Zusammenfluss von Donau, Inn und Ilz mehr als genug. Die Strecke auf dem Donauradweg ist etwa 44 Kilometer lang mit geringfügigen Höhenunterschieden. Dafür sollte man rund 2,5 bis 3 Stunden Fahrtzeit einrechnen.

Kartentipp:
ADFC E-Bike Karte Bayerischer Wald, 1:75.000,
ISBN 978-3-96990-082-6, € 9,95
Digital für Smartphones und Tablets:
www.fahrrad-buecher karten.de/rk-digital

Einkehren

Klosterhof, Niederalteich
Bayerisches Gasthaus direkt bei der Abtei mit guter regionaler Küche in historischem Gewölbe oder im klassischen Biergarten.
www.klosterhof-niederalteich.de

Zum Zacherwirt, Schwanenkirchen
Bodenständiges Wirtshaus in Schwanenkirchen im Zentrum des Dorfes, nicht weit vom Radweg mit bayerischer und italienischer Küche zu günstigen Preisen.
www.zum-zacherwirt.de

Brotzeitstüberl, Außernzell
Kleines Lokal direkt am Radweg zwischen Außernzell und Eging am See mit bayerischer Hausmannskost.

Lindlbauer, Tittling
Neues Lokal im Zentrum mit coolem Interieur. Spezialität: Burger und Pizza. Tagsüber nur am Wochenende geöffnet.
www.lindlbauer-tittling.com

Stoahäusl, Enzersdorf
Ein uriges kleines Lokal mit guter regionaler Küche in dem kleinen Dorf Enzersdorf kurz nach Witzmannsberg.
www.stoahaeusl.de

Übernachten

Schlosswirtschaft Moos
Gasthaus mit Gästezimmern in einem historischen Gebäude auf der Südseite der Donau gegenüber Niederalteich. Dorthin gibt es eine Fährverbindung.
www.schloss-wirt.de

Stoaberger Hof, Haag
Klassischer niederbayerischer Gasthof mit regionaler Küche und gepflegten rustikalen Zimmern. Nicht weit von Kalteneck entfernt.
www.stoaberger-hof.de

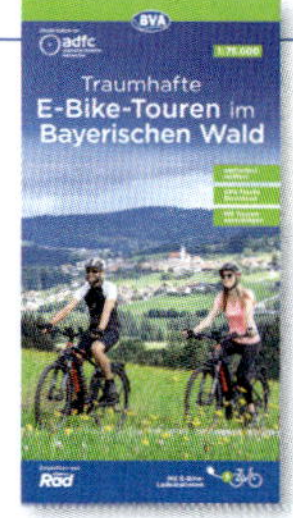

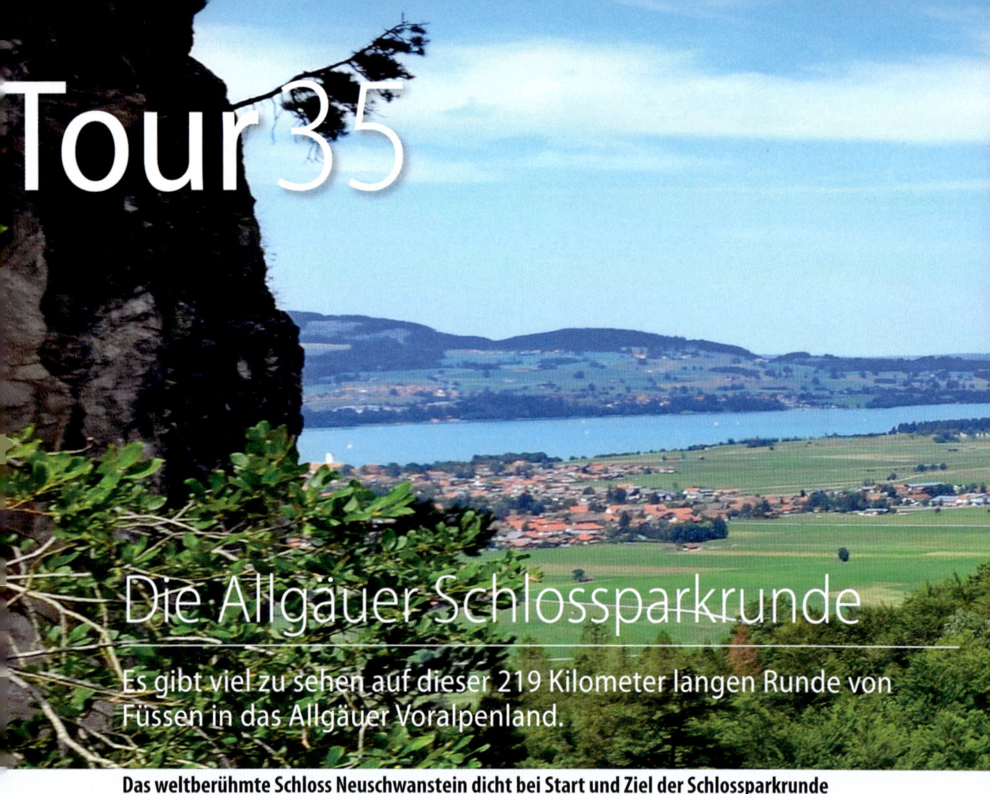

Tour 35

Die Allgäuer Schlossparkrunde

Es gibt viel zu sehen auf dieser 219 Kilometer langen Runde von Füssen in das Allgäuer Voralpenland.

Das weltberühmte Schloss Neuschwanstein dicht bei Start und Ziel der Schlossparkrunde

Perfektes Sightseeing auf zwei Rädern. Auf dieser berühmten und vom ADFC ausgezeichneten Rundtour kann man sich ganz auf prominente Attraktionen wie den Königsschlössern, malerisch gelegenen Seen und der Allgäuer Kulinarik widmen. Dazu gibt es viel Allgäuer Landleben mit kleinen Dörfern, rustikalen Wirtshäusern und barocken Kirchen.

Fünf Sterne gab es vom Allgemeinen Deutschen Fahrrad-Club (ADFC) für die Allgäuer Schlossparkrunde. Die höchste Bewertung hat sich dieser Radweg nicht nur wegen der vielen Sehenswürdigkeiten verdient, zu denen auch die Königsschlösser Neuschwanstein und Hohenschwangau gehören. Dazu zählen auch die begleitenden Angebote und Serviceleistungen wie etwa die Bett&Bike Unterkünfte entlang der Strecke und der Gepäckservice von Quartier zu Quartier. Insgesamt 219 Kilometer mit offiziell fünf Etappen lassen sich als entspannte Tour für ein verlängertes Wochenende gestalten. Oder für eine Woche mit reichlich Sightseeing. Diese Etappen sind zwischen 22 und 54 Kilometer lang. Man kann also ohne Probleme auch zwei Etappen an einem Tag absolvieren oder die Tour mit offiziellen Querverbindungen verkürzen.

Erste Etappe: Der offizielle Start ist in Füssen. Dort geht es der Ausschilderung „Allgäuer Schlossparkrunde" folgend zunächst Richtung Osten, man quert den Lech und kommt auf Radwegen bis zum Schloss Hohenschwangau.

Das majestätisch über der Ebene ragende Schloss hat eine knapp 1.000 Jahre währende Geschichte und viele wechselnde Besitzer. Die Wittelsbacher, denen es heute noch gehört, nutzten es als Jagdschloss. Ludwig II. hatte hier während des Baus von Neuschwanstein ein Schlafzimmer, das er sich opulent unter anderem mit einem künstlichen Regenbo-

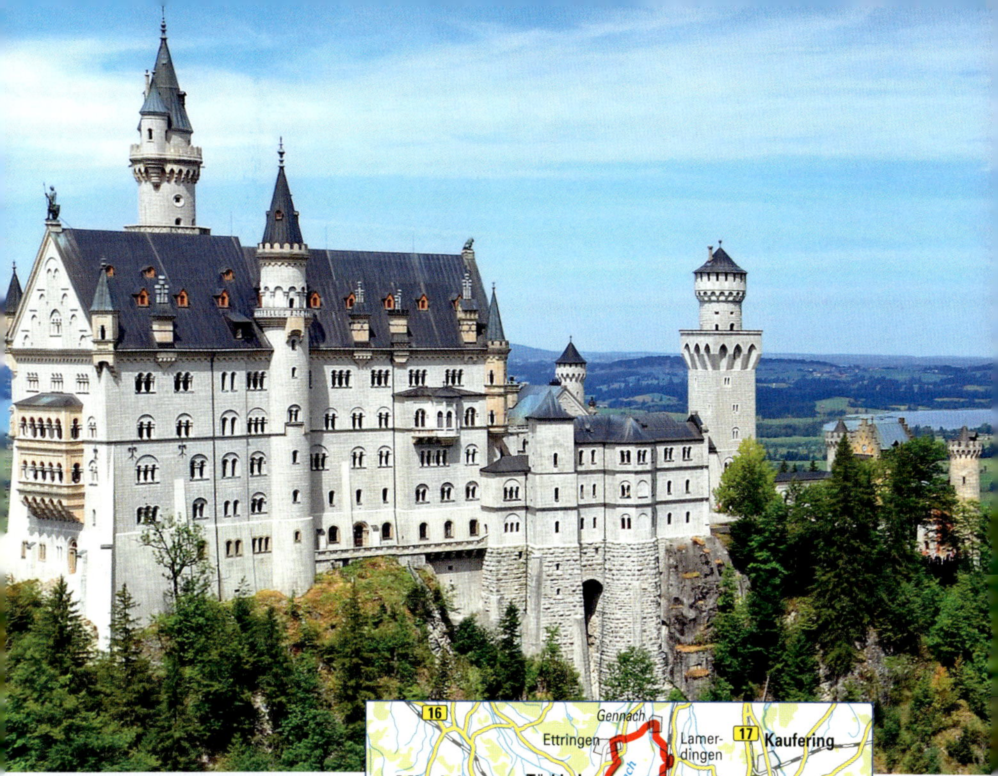

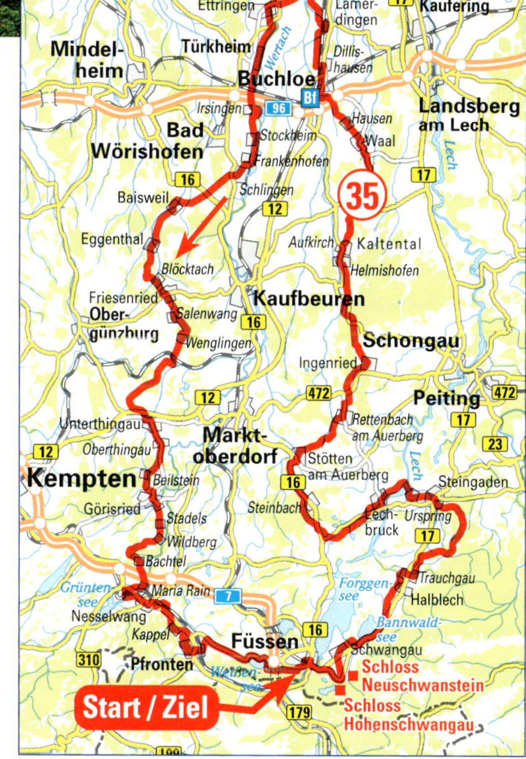

Panorama-Tourinfo

Ausgeschildert als Allgäuer Schlossparkrunde macht diese Landpartie einen langen Bogen von Füssen aus ins Allgäuerische Voralpenland. Mit mehr als 200 Kilometern kann man daraus ein Programm für ein verlängertes Wochenende machen oder gleich eine ganze Woche mit viel Sightseeing füllen. Die hier beschriebenen fünf Etappen sind relativ kurz, lassen sich aber auch individuell anpassen und mit entsprechenden Querfahrten abkürzen. Man fährt ohne größere Steigungen auf Radwegen, ehemaligen Bahntrassen und Nebenstraßen.

Start/Ziel: Füssen

Länge: 219 km

Höhenunterschied: 1.590 m

Information: Allgäu Tourismus, Tel. +49 (0)8323 / 8025931, www.allgaeu.de

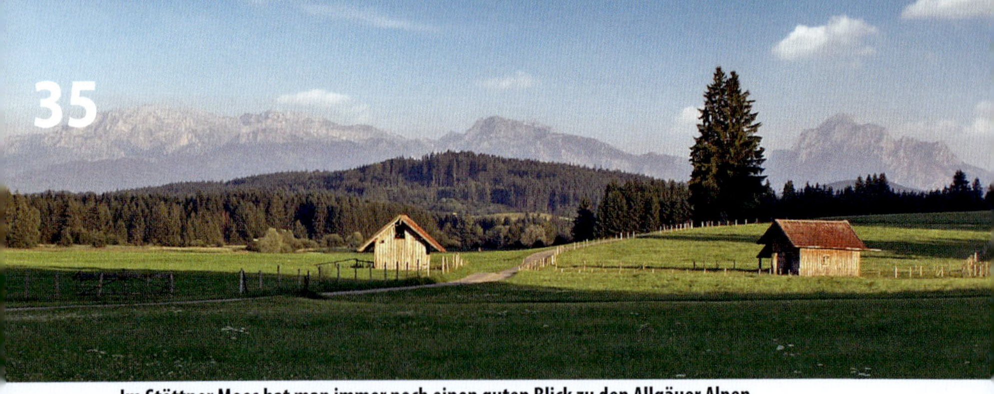

Im Stöttner Moos hat man immer noch einen guten Blick zu den Allgäuer Alpen

gen verschönern ließ. Heute beherbergt das Schloss ein Museum. Nebenan steht das berühmteste aller bayerischen Schlösser: Schloss Neuschwanstein, das eine deutlich kürzere Geschichte hat und im Auftrag von Ludwig II. als seine Vorstellung einer romantischen Ritterburg erbaut worden ist. 1869 begannen die Bauarbeiten an dem Schloss, das aber in seinem Todesjahr 1886 immer noch unvollendet war. Von den 200 geplanten Räumen sind nur 15 fertig gestellt worden. Ludwig II. finanzierte den Bau mit seinem Privatvermögen. Die ausufernden Kosten bescherten ihm sehr hohe Schulden. Die Neuschwansteinstraße zum Schloss ist für Autos und Radfahrer gesperrt, aber es gibt einen eigenen Radweg.

Von den Schlössern führt der Radweg direkt nordwärts zum Ort Schwangau und dort rechts weiter auf dem Alemannenweg zum Bannwaldsee. Am Südufer entlang geht es weiter zum Fluss Halblech und zur gleichnamigen Ortschaft. Unterwegs hat man immer wieder eindrucksvolle Ausblicke auf das Alpenvorland und das nahe Ammergebirge. Über Trauchgau kommt man dann in das Naturschutzgebiet „Moore um die Wies" und erreicht vor Steingaden die berühmte Wieskirche.

Die prachtvolle Wallfahrtskirche „Zum gegeißelten Heiland", so der offizielle Name, wurde Mitte des 18. Jahrhundert geschaffen und zählt heute zum UNESCO Weltkulturerbe. Wir sind jetzt im Pfaffenwinkel angekommen, der wegen der hohen Zahl an Kirchen und Klöstern so genannt wurde.

Steingaden ist das nächste Zwischenziel. Westwärts führt dann der Radweg über die Wiesen nach Urspring und noch einige hundert Meter weiter zum Ufer des Lechstausees Urspring, der nun am Nord- und Westufer umrundet wird bis nach Lechbruck, dem Ziel der ersten Etappe.

In Lechbruck gibt es ein Flößermuseum zu besichtigen, das die Geschichte des einst sehr bedeutenden Transporthandwerks auf dem Lech dokumentiert.

Zweite Etappe: Die zweite Etappe führt nun von Lechbruck mit einem Bogen nach rechts, parallel zum Lech. Nach 51 Kilometern erreicht man das Etappenziel Waal. Die ersten Kilometer bis Steinbach und weiter bis Stötten radelt es sich angenehm auf einer ehemaligen Bahntrasse. Kurz vor Stötten könnte man bei einem Moos-Erlebnisweg eine Pause einlegen, fährt dann durchs Zentrum von Stötten und absolviert eine längere Steigung, wo man mit einem herrlichen Ausblick auf die Umgebung belohnt wird. Danach radelt man entspannt weiter auf kaum befahrenen Nebenstraßen bis Rettenbach am Auerberg.

Ehe wir das „Dorf am Moor" erreichen, bietet sich die Möglichkeit, den interaktiven und kindgerechten Moos-Erlebnis-Pfad im Stöttener Moos mit allen Sinnen zu erkunden. Nordöstlich von Stötten erklimmen wir eine

Anhöhe, die uns einen wundervollen Blick über das Tal der Geltnach mit ihren Hochmooren und in die Berge offenbart.

Kurz nach Ingenried geht es wieder weiter auf einer ehemaligen Bahnstrecke und dabei immer wieder ein wenig bergauf und bergab und weiter durch den Sachsenrieder Forst. In Helmishofen ist die Fahrt auf der ehemaligen Bahnstrecke zu Ende. Von dort führt der Weg dann weiter nach Norden vorbei an der Burgruine rechts zum einen Kilometer entfernten Kaltental.

Das Kaltentaler Brauhaus wäre dort eine gute Einkehrmöglichkeit. Hier gibt es mit der Traube das passende Restaurant inklusive Biergarten.

Nach der Pause wartet bei Aufkirch noch ein kurzes Bergaufstück, an dessen Ende eine schöne Aussicht wartet. Danach sind es noch rund zehn Kilometer auf ruhigen Nebenstraßen bis nach Waal, dem Zielort der zweiten Etappe.

Hier kann man auch im Gasthaus Deutsches Haus günstig und solide einkehren. Das kleine Dorf Waal ist in der Region bekannt für seine Passions- und Heiligenspiele, an denen ein Großteil der Bevölkerung aktiv dabei ist und wofür es ein eigens gebautes Passionsspielhaus gibt.

Dritte Etappe: Von Waal aus geht es nun auf die dritte, rund 54 Kilometer lange Etappe bis Eggenthal. Die erste Zwischenstation ist die Stadt Buchloe. Dazu radelt man flach über das Hausener Feld, durch den Weiler Hausen, dann durch ein Waldstück bis Buchloe.

Im Heimatmuseum am Rathausplatz von Buchloe erfährt man viel über die Geschichte der Stadt.

Die Radreise führt weiter nach Norden über Dillishausen und Lamerdingen bis Gennach am gleichnamigen Fluss. Dort sind wir nun am nördlichsten Punkt der Runde und biegen links ab durch das Gennacher Moos bis zum Ufer der Wertach und zur Kleinstadt Ettringen. Nun führt der Weg am Westufer der Wertach entlang südwärts bis Türkheim, kreuzt kurz danach die Autobahn A96 und erreicht nach einem weiteren Kilometer den kleinen Irsingener See.

In Türkheim gibt es im Schloss das sehenswerte Sieben-Schwaben-Museum. Diese uralte Geschichte hat in Türkheim ihren Ursprung.

Unsere Tour verläuft nun ganz gemütlich weiter auf Radwegen nach Süden. Wir kehren bei Stockheim wieder zum Ufer der Wertach zurück und radeln weiter nach Süden. Man könnte aber auch rechts einen Abstecher in den bekannten und nur einen Kilometer entfernten Kurort Bad Wörishofen machen.

In Bad Wörishofen, dem Heimatort des heilkundigen Pfarrers Sebastian Kneipp, spielt der Kurbetrieb auch heute eine wichtige Rolle. Wer sich für Blumen interessiert, wird im Kurpark mit rund 8.000 Rosenstöcken sein Glück finden. Doch zurück zum Radweg.

Von Stockheim folgen wir weiter dem Ufer der Wertach bis zum Frankenhofener See, halten uns dann rechts Richtung Schlingen und weiter bis Baisweil. Der Radweg verläuft hier weitgehend flach. Man kann also flott Kilometer absolvieren. Hier begegnet uns der Crescentia-Pilgerweg, der von Kaufbeuren eine Schleife über Mindelheim und Ottobeuren macht. Von Baisweil sind es noch vier fast unmerklich ansteigende Kilometer bis Eggenthal, dem Zielort dieser Etappe.

Vierte Etappe: Bei der vierten Etappe fahren wir nun weiter nach Süden durch einige Waldpassagen und dann über offene Felder bis nach Blöcktach und weiter mit einigen Aussichtspunkten nach Friesenried und zur etwas außerhalb gelegenen Riedkapelle. Die Landpartie geht weiter südwärts bis Salenwang und Wenglingen. Die Berggip-

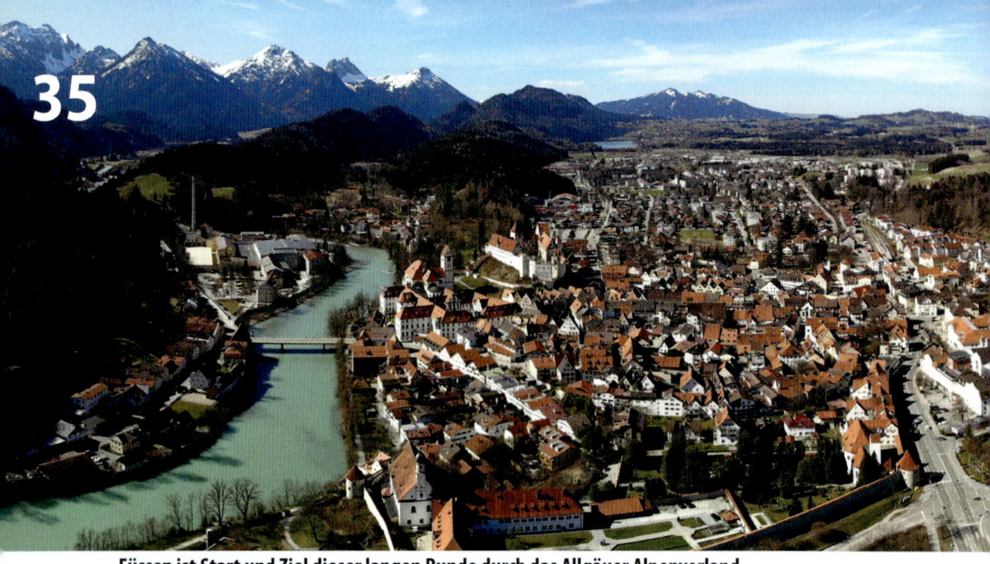

Füssen ist Start und Ziel dieser langen Runde durch das Allgäuer Alpenvorland

fel rücken immer mehr ins Bild. Kurz danach bei Unterthingau, dessen herausragendes Bauwerk das rote Schloss mit der Gemeindeverwaltung ist, kreuzt der Radweg die Bundesstraße B12. Knappe drei flache Kilometer später kommt man nach Oberthingau, wo man wieder dem Wertach Radweg begegnet. In Oberthingau führt der Weg rechts weiter und zieht durch das Naturschutzgebiet Schornmoos.

In der Alpe Beilstein am Rand des Kempter Waldes gibt es noch eine Einkehrmöglichkeit mit rustikalen Brotzeiten.

Danach radelt man weiter nach Süden bis Görisried, dessen Attraktionen vor allem das Naturfreibad und der benachbarte Naturlehrpfad sind. Nach Görisried zieht der Weg weiter nach Süden vorbei an der schlichten Kapelle St. Ursula und leicht bergauf bis Stadels.

Von Stadels aus bietet sich links ein Abstecher zur rund 600 Meter entfernten Wertachschlucht an, wo es eine eindrucksvolle, hölzerne Hängebrücke über den Fluss zu sehen gibt.

Über Wildberg und Bachtel verläuft der Radweg nach Süden weiter, quert die Autobahn A7 und kommt zum Wallfahrtsort Maria Rain. Die Geschichte der recht schlicht anmutenden Wallfahrtskirche geht bis in das Mittelalter zurück. Die aktuelle Version stammt von 1496.

Etwas weiter nordwestlich von Maria Rain gibt es mit der Schnakenhöhe (Almcafé) einen sehr schönen Aussichtspunkt über das Alpenvorland.

Danach radeln wir westwärts bis kurz vor den Grüntensee und weiter links auf dem Radweg Richtung Nesselwang, das noch gut drei Kilometer entfernt ist. Nesselwang ist das Ziel der vierten Etappe.

Nesselwang ist ein bekannter Wintersportort. Hier gibt es nicht nur die Alpspitzbahn, sondern auch ein Skimuseum. Der Ort hat eine lange Brautradition, was man im Brauereimuseum gut nachvollziehen kann.

Fünfte Etappe: In Nesselwang sind wir nur noch wenige Kilometer vom Startort Füssen entfernt. Entsprechend fällt die letzte Etappe mit 22 Kilometern kurz aus. Der erste Abschnitt führt von Nesselwang südöstlich entlang der Füssener Straße bis nach Kappel, das schon ein Ortsteil von Pfronten ist.

In Kappel könnte man rechts einen Abstecher machen zum Waldseilgarten in der Höll-

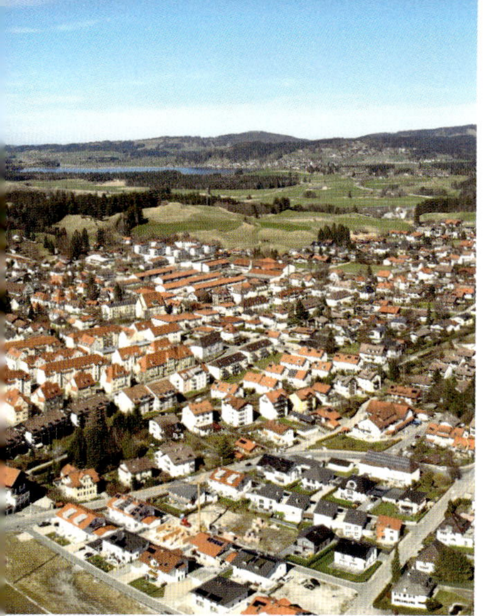

schlucht, wo man nicht nur im Klettergarten sondern auch beim Bogenschießen sich versuchen kann.

Der Gasthof Engel im Zentrum von Kappel ist ein typisches Allgäuer Wirtshaus mit Biergarten. Röfleuten und Ried sind weitere Ortsteile von Pfronten, wo es ebenfalls einige Gasthäuser gibt wie den Braugasthof Falkenstein. An dem mächtigen Hügel mit der Burgruine wollte Ludwig II. auch ein Schloss erbauen lassen, was aber mangels finanzieller Mittel scheiterte. Dort oben gibt es heute ein schönes und aussichtsreiches Hotel.

Der Radweg begleitet weiter die Bundesstraße 310 bis zum Weißensee, kommt bei der St. Nikolaus Kirche direkt zum Ufer und zieht weiter direkt am Nordufer entlang Richtung Füssen. Am südlichen Stadtrand geht es am Wald entlang und über die Kemptener Straße dann ins Zentrum von Füssen.

Kartentipp:
ADFC-Regionalkarte Allgäu,
1:75.000, ISBN 978-3-87073-920-1, € 9,95;
ADFC-Regionalkarte Bayerische Seen,
1:75.000, ISBN 978-3-87073-967-6, € 9,95
Digital für Smartphones und Tablets:
www.fahrrad-buecher-karten.de/rk-digital

Einkehren

Kaltentaler Brauhaus, Kaltental
Das Restaurant zur Traube gehört zum Brauhaus und bietet regionale Küche, dazu klassisches Interieur und einen schönen Gastgarten.
www.kaltentaler-brauhaus.de

Gasthaus Deutsches Haus, Waal
Bodenständiges Wirtshaus mit Biergarten und gutbürgerlicher Küche zu günstigen Preisen.
www.deutscheshaus-waal.de

Gasthof Engel, Kappel
Aus dem traditionellen Wirtshaus im Pfrontener Ortsteil Kappel ist ein Hostel geworden mit schlichten, ansprechenden Zimmern und einer Küche, die Regionales mit guten Zutaten anbietet.
www.alps-hostel.com

Braugasthof Falkenstein, Pfronten
Traditionell und kreativ ist die Küche des Brauereigasthofs. Dazu gibt es eine gute Getränkeauswahl inklusive hauseigener Biere.
www.braugasthof-falkenstein.de

Übernachten

Hotel Sonne, Füssen
Viersternehotel in der Altstadt mit modern eingerichteten Zimmern und kleinem Wellnessbereich.
www.hotel-fuessen.de

Alpenflair Hotel, Buchloe
Verkehrsgünstig gelegenes Mittelklassehotel mit modern eingerichteten Zimmern und dazugehörendem Wirtshaus gegenüber.
www.alpenflair-hotel.com

Hier sollte man sich noch etwas Zeit nehmen für die sehenswerte Altstadt, für das Hohe Schloss und das ehemalige barocke Benediktinerkloster St. Mang.

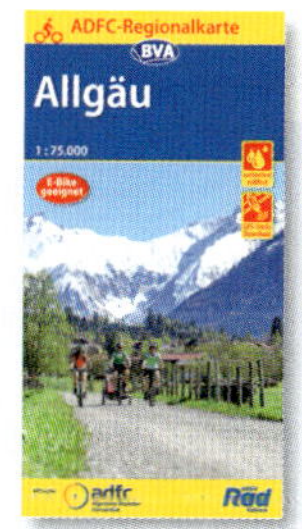

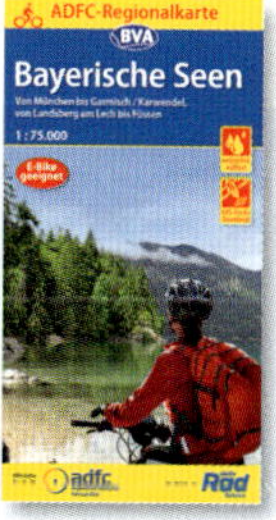

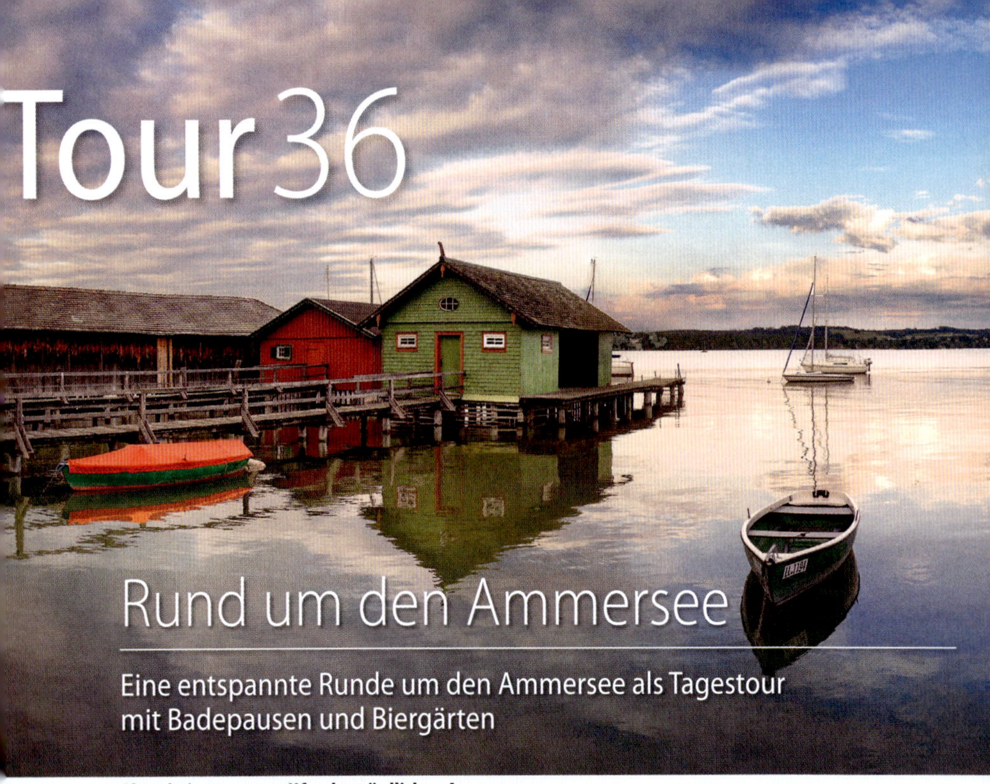

Tour 36

Rund um den Ammersee

Eine entspannte Runde um den Ammersee als Tagestour mit Badepausen und Biergärten

Abendstimmung am Ufer des nördlichen Ammersees

Sie sind die absoluten Lieblinge der Freizeitradler. Die Touren rund um den See vor den Toren Münchens und nah an den Bergen. Das gilt auch für den Rundweg um den Ammersee. Die meiste Zeit radelt man am Ufer entlang und hat viele Gelegenheiten, klassische Sehenswürdigkeiten zu besichtigen, auf typisch bayerische Art einzukehren und dazu ein erfrischendes Bad zu nehmen. Eine Genießertour in jeder Hinsicht.

Der Ammersee südwestlich von München galt immer als der bäuerliche Nachbar des noblen Starnberger Sees. Bei Letzterem residierten auch früher schon wohlhabende und blaublütige Menschen in standesgemäßen Villen und Schlössern. Die Zeiten haben sich etwas geändert. Der Starnberger See ist zwar immer noch sehr exklusiv. Aber der Ammersee hat sich auch Dank eines florierenden Tourismus und der Sehnsucht vieler Münchner nach Landidylle am Wasser prächtig entwickelt. Es wurde lebendiger und touristischer, was sicher nicht jedem behagt. Durch die gute S-Bahn Anbindung von München ist er auch für Radtouren attraktiver geworden. Eine Radrunde um den See kann man zum Beispiel mit der Fahrt mit der S8 von München bis Herrsching kombinieren und dort los radeln, sich unter Umständen auch in Herrsching ein Rad für den Ausflug leihen. Der Bahnhof in Herrsching ist nur wenige hundert Meter vom Seeufer entfernt.

Vom Ufer aus fährt man zur Seepromenade am Kurpark und am Kurparkschlösschen vorbei.

Das Schlösschen ließ Ende des 19. Jahrhunderts der Kunstmaler Ludwig Scheuermann nach dem Vorbild italienischer Palazzi erbauen. Heute gehört es der Gemeinde Herrsching und wird für Veranstaltungen genutzt.

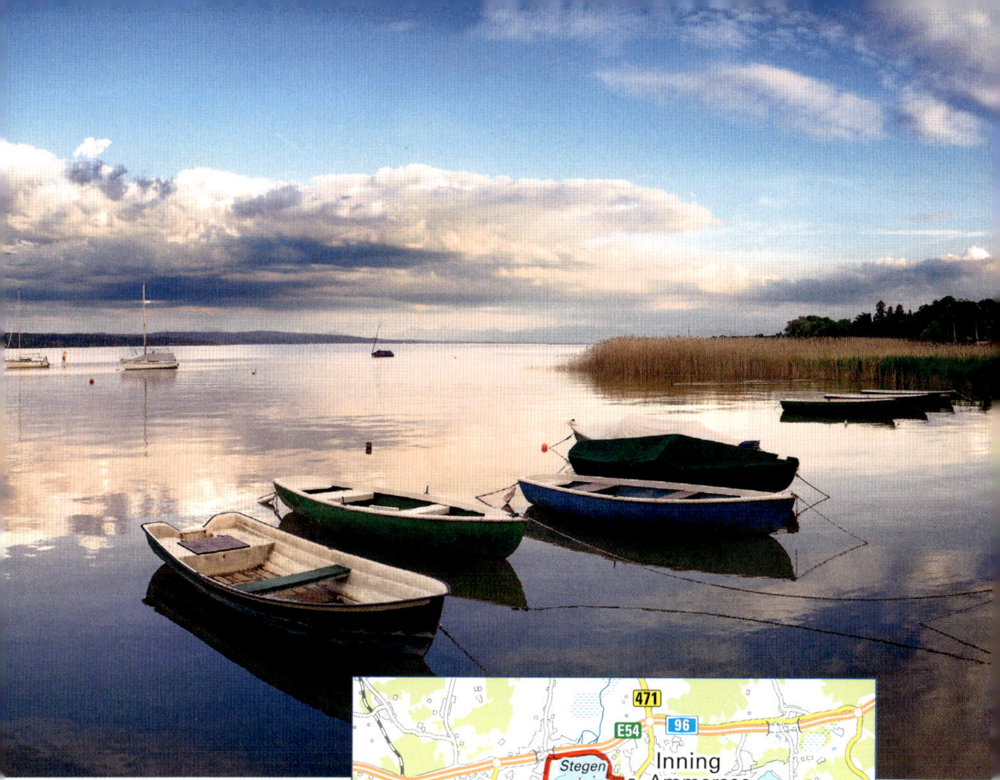

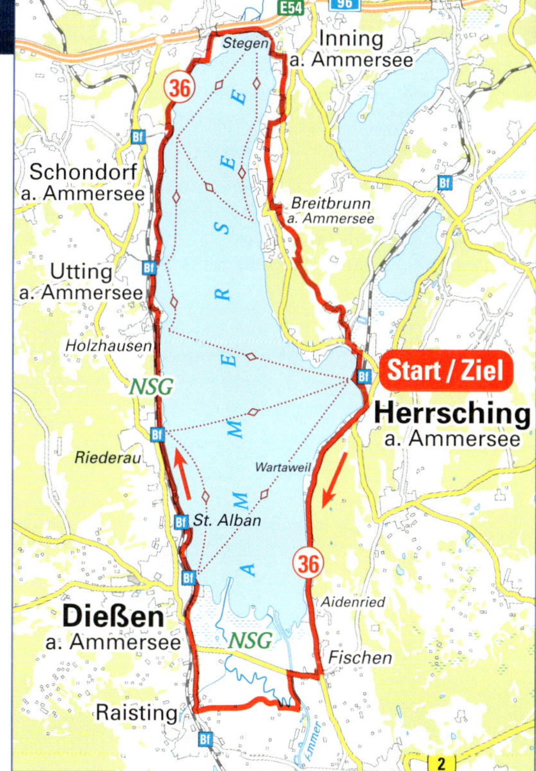

Panorama-Tourinfo

Eine klassische Tagestour von Herrsching rund um den Ammersee. Die 45 Kilometer lange Rundfahrt verläuft auf Radwegen mit und ohne Asphalt und Nebenstraßen. Im Nordosten verläuft der Weg teils abseits des Seeufers, sonst meist direkt am See.

Start/Ziel: Herrsching

Länge: 45 km

Höhenunterschied: 220 m

Information: BAYregio GmbH, Tel.: +49 (0)89 / 954 80 519, www.bayregio-ammersee.de

Vorbei an der Schiffsanlegestelle geht es südwärts um Ufer entlang und wir passieren das Schloss Mühlfeld mit seinem Zwiebelturm. Danach folgt der Radweg dem Seeufer direkt nach Süden. Nach der

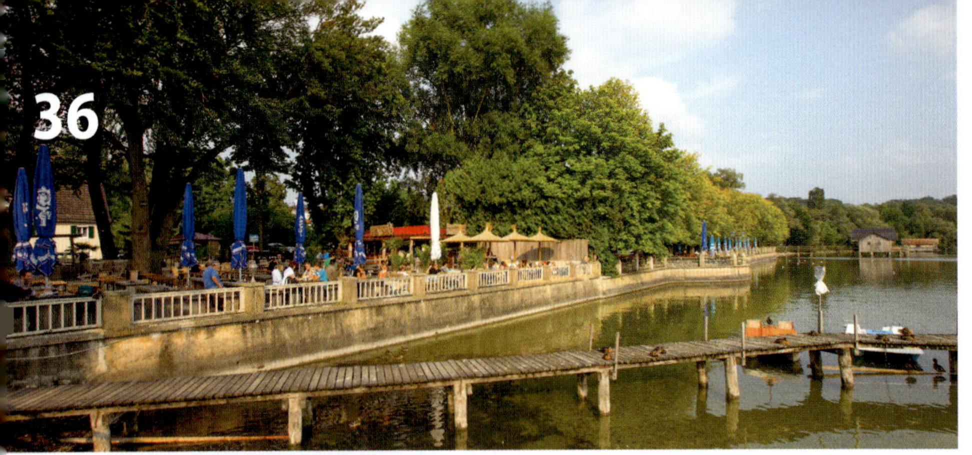

Biergarten mit Seeblick bei Inning

Siedlung Wartaweil mit dem Schullandheim kommt man zum Strandbad und zum schön gelegenen Biergarten Froschgartl. Bei Aidenried ist das Südufer erreicht, rechts liegt das Mündungsgebiet der Ammer in den See. Das muss nun in einem etwas weiteren Bogen über Fischen und Raisting umfahren werden. Die nächste Station ist Dießen.

In Raisting könnte man einen Abstecher zur Erdfunkstelle südlich des Ortes machen. Die Parabolantennen für die Satellitenkommunikation sind eine altbekannte Sehenswürdigkeit.

Dießen ist einer der Hauptorte am Ammersee. Das weit hin sichtbare Wahrzeichen ist das Marienmünster, das etwas abseits vom See auf einem Hügel steht und bis zur Säkularisation 1803 Teil eines Augustinerchorherrenstifts war. Heute ist der Prachtbau die Dießener Pfarrkirche. Wir kommen an einem Aussichtsturm vorbei, bevor es zur Schiffsanlegestelle und zum Hafen geht. Interessant ist hier die gut acht Meter hohe Statue „Mann mit dem goldenen Fisch".

Ein weiterer markanter Ort ist die Benediktinerinnenabtei von Sankt Alban direkt am See. In dem Kloster haben auch Gäste Zugang, die für eine bestimmte Zeit am Klosterleben teilnehmen wollen.

Auf dem weiteren Weg passiert man Bootswerft, Yachtclub und etliche Lokale wie zum Beispiel das noble Restaurant Seehaus in einem ehemaligen Bootshaus. Nach Riederau dominiert wieder mehr die Natur. Der Radweg quert das recht waldreiche Naturschutzgebiet Seeholz und begleitet etwas abseits des Ufers die Bahnlinie. Nächste Ortschaft ist Holzhausen.

Kurz nach der Straße rechts zum Dampfersteg könnte man rechts von der Eduard-Thöny-Straße einen Abstecher zum Künstlerhaus Gasteiger machen. Die schöne Jugendstilvilla und ehemaliger Wohnsitz des Künstlerpaares Matthias und Johanna Gasteiger ist heute ein Museum und Veranstaltungsort. Direkt daneben befindet sich übrigens das alte Polizeibad, heute ein beliebtes Strandbad.

Nun sind es nur noch knappe zwei Kilometer bis Utting.

Direkt am Radweg gibt es hier eine knallrote Säule mit dem Titel „Fahrrad Feuerwehr" mit Werkzeug und Luftpumpe – und ganz in der Nähe ist auch eine E-Bike Ladestation. Eine nostalgische Kuriosität ist das alte Strandbad mit dem dicken hölzernen Sprungturm.

Ab Utting radelt man wieder mehr am Seeufer, kommt wieder an einer Schiffsanlegestelle vorbei und kurz danach bei der „Alten Villa", einem eleganten Restaurant mit Biergarten. Erst verläuft der Weg auf Schotter, ist aber später wieder asphaltiert. Fast fließend ist der Übergang zum nächsten Ort Schorndorf.

Tipp: Man könnte die Rundfahrt auch mit der Ammersee Schifffahrt kombinieren und einige Strecken auf dem Wasser absolvieren, wie etwa von Stegen im Norden bis Herrsching. Für Fahrräder gibt es begrenzte Kapazitäten und ein entsprechendes Tagesticket. www.seenschifffahrt.de

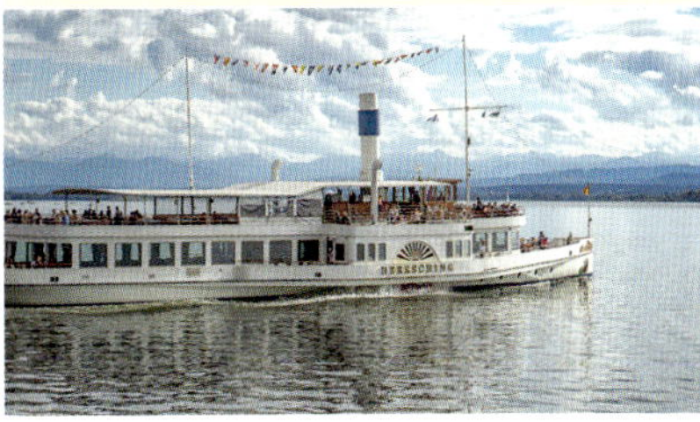

Vorbei an der Kapelle Maria Schnee führt der Weg schließlich zur Schiffsanlegestelle, wo man beim Wirtshaus am Steg gut und aussichtsreich einkehren kann.

Danach geht es wieder in die Natur bis zur Echinger Badebucht und weiter Richtung Inning. Auf dem Weg dorthin streift der Weg die Autobahn A96 und führt vorbei am „Restaurant Fischer" und beim „Seehaus Schreyegg", zwei beliebte Ausflugslokale direkt am See. Wir fahren jetzt an der Promenade entlang über Stegen, einem Ortsteil von Inning, Richtung Süden.

Hier könnte man noch in Stegen links vom Ufer bei der „Alten Brauerei" bei „BlueSky Coffee" eine Kaffeepause einlegen.

Der Radweg führt nun an Bootshäusern vorbei und weiter auf einem Schotterweg mit etlichen Waldpassagen Richtung Breitbrunn. Dann geht es durch Breitbrunn und vorbei am bekannten Biohof Perger und weiter durch den Wald bis Rausch und zum Nordrand von Herrsching mit Blick auf die Herrschinger Bucht.

Kartentipp:
ADFC-Regionalkarte Bayerische Seen, 1:75.000, ISBN 978-3-87073-967-6, € 9,95
Digital für Smartphones und Tablets: www.fahrrad-buecher-karten.de/rk-digital

Einkehren

Brauhaus Herrsching, Herrsching
Klassisch bayerisches Gasthaus mit Brauerei ein paar Meter vom See entfernt. Gute regionale Küche.
www.brauhaus-herrsching.de

Alte Villa, Utting
Ein sehr gediegenes Restaurant in einer eleganten Villa mit einem schönen und schattigen Biergarten. Klassische Küche.
www.alte-villa-utting.de

Wirtshaus am Steg, Schondorf
Direkt am Ufer bei der Schiffsanlegestelle steht das Lokal mit Biergarten und schönem Seeblick. Beliebt bei Radlern.
www.wangerbaur.de

Restaurant Fischer, Stegen
Großzügiger Gastgarten mit Seeblick. Eigene Ladestation für E-Bikes.
www.fischer-ammersee.de

Seehaus Schreyegg, Stegen
Schöner Biergarten direkt am Seeufer mit Blick über den See.
www.seehaus-schreyegg.com

Übernachten

Ammersee Hotel, Herrsching
Direkt am Seeufer gelegenes Mittelklassehotel mit Wellnessbereich mit Sauna, Dampfbad und Beauty.
www.ammersee-hotel.de

In Herrsching kann man sich noch etwas Zeit gönnen und seine Tour mit einer finalen Einkehr ausklingen lassen. Lokale gibt es hier gerade in Ufernähe mehr als genug. Und dann wäre da ja noch Kloster Andechs, nur knapp vier Kilometer entfernt.

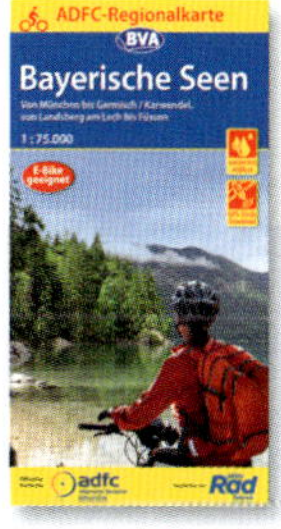

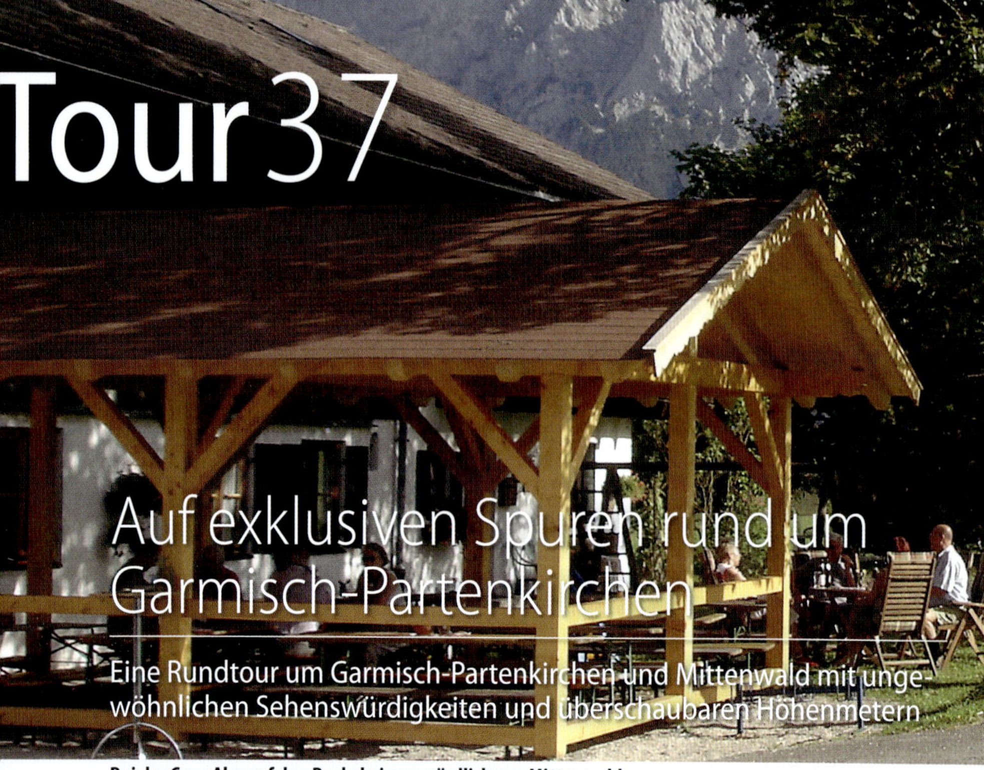

Tour 37

Auf exklusiven Spuren rund um Garmisch-Partenkirchen

Eine Rundtour um Garmisch-Partenkirchen und Mittenwald mit ungewöhnlichen Sehenswürdigkeiten und überschaubaren Höhenmetern

Bei der Goas Alm auf den Buckelwiesen nördlich von Mittenwald

Diese Fahrt von Garmisch-Partenkirchen Richtung Elmautal und Mittenwald führt zu bezaubernden Plätzen mit herrlichen Aussichten und erspart einem dabei schweißtreibende, lange Anstiege. Vor allem mit E-Bike ist diese Tagestour eine echte Genussrunde, die auf Radwegen, Forststraßen und asphaltierten Nebenstraßen verläuft. Nur einmal muss man kurz absteigen für 200 Meter.

Wir starten diese Tour vor dem Skistadion in Garmisch-Partenkirchen, genauer gesagt im Ortsteil Partenkirchen. Hier könnte man einen Sightseeing-Spaziergang einlegen. Das Skistadion sieht in vielen Teilen noch so aus wie damals 1936, als es zur Eröffnung der Olympischen Winterspiele gebaut worden ist. Ganz neu hingegen ist die benachbarte große Sprungschanze, die alljährlich Schauplatz bei der Vierschanzentournee ist.

Vom Skistadion aus fahren wir in die Wildenauer Straße und folgen mit einem kleinen Abstand dem Lauf der Partnach. Bald begegnet uns mit der Graseckseilbahn eine historische Besonderheit. Die kleine Kabinenbahn ist mit rund 70 Jahren die älteste ihrer Art weltweit, fährt auch nur ein kurzes Stück. Bei der Talstation und dem benachbarten Hotel Graseck, biegen wir links ab. Bislang ging es eher sanft bergauf. Nun wird es etwas sportlicher. Der Weg schlängelt sich stetig bergauf bis zur kleinen Kapelle in Vordergraseck, dann vorbei am Hotel Das Graseck Mountain Hideaway. Rechts unter uns befindet sich die berühmte Schlucht der Partnachklamm. Einen guten Kilometer ist der Anstieg auf dem schmalen asphaltierten Weg lang, dann wird es vor dem Gasthof Hanneslabauer und nicht weit von der Bergstation der Graseckbahn wieder flacher. Das bleibt auch längere Zeit so, man fährt entspannt auf dem breiten Güterweg und genießt den Ausblick auf die Gipfel

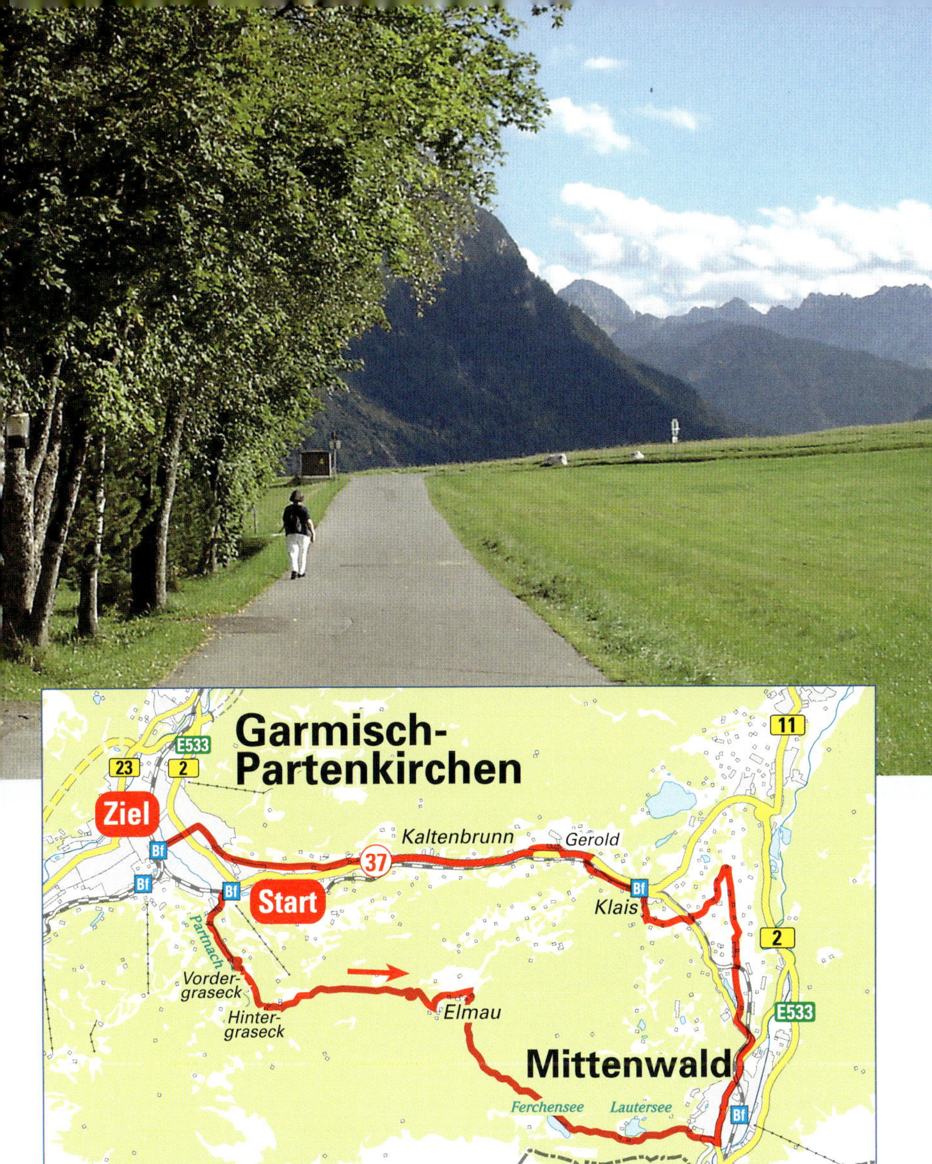

Panorama-Tourinfo

Auf dieser Runde warten von an Anfang ein paar Anstiege auf einem asphaltierten Weg, dazwischen geht es leicht bergauf und bergab auf Forststraßen und Radwegen. Von Mittenwald bis Garmisch-Partenkirchen ist es dann recht gemütlich auf ruhigen Nebenstraßen und Radwegen.

Start: Skistadion Garmisch-Partenkirchen

Ziel: Bahnhof oder Skistadion Garmisch-Partenkirchen

Länge: 35 km

Höhenunterschied: 570 m

Information: Zugspitz Region, Tel. +49 (0)8821 / 751 562, www.zugspitz-region.de

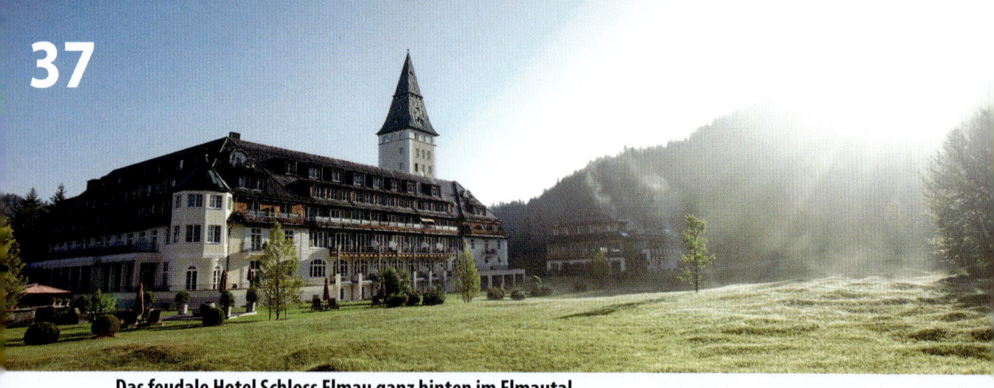

Das feudale Hotel Schloss Elmau ganz hinten im Elmautal

rund um Zugspitze und Alpspitze. Der Weg macht einen Linksknick, kommt direkt beim Berggasthof Hintergraseck vorbei und zieht dann geradeaus und überwiegend flach weiter. Man kann also die Aussicht auf das mächtige Wettersteingebirge vor einem entspannt genießen. Der weitere Weg bis ins Elmautal ist nicht sehr anstrengend, hat einige leichte Bergauf- und Bergabpassagen. Allerdings gibt es eine kurze und sehr steile Passage, bei der man besser absteigen und schieben sollte. Nach einigen Kurven erreicht man schließlich nach einer Strecke von insgesamt 7,5 Kilometern das berühmte Schloss Elmau, eines der luxuriösesten Hotels in Deutschland. Man könnte zwar hinter dem Wanderparkplatz rechts Richtung Mittenwald abkürzen, aber eine kleine Schleife vorbei an dem legendären Hotel, das ja vor einigen Jahren Schauplatz eines Aufsehen erregenden G20-Gipfels war, sollte man sich gönnen. Gleich nach der Zufahrt zum Schloss biegt man rechts ab. Nun geht es auf einer breiten Forststraße Richtung Mittenwald. Eine eher gemütliche Tour, bei der man sanfte Höhenunterschiede zunächst hat und nach etwa vier Kilometern zum herrlich gelegenen Ferchensee kommt. Direkt am Weg und am Seeufer gibt es auch eine Gaststätte mit einem Biergarten. Die Tour führt geradeaus weiter durch den Wald. Nur ein guter Kilometer und ein sanfter Anstieg auf eine Kuppe trennen uns vom ebenfalls recht romantischen Lautersee, der links etwas unterhalb der Straße liegt. Rund um das Seeufer stehen auf den breiten und flachen Wiesen einige Hotels und Ausflugslokale. Wir sind nun nicht mehr weit von Mittenwald entfernt, fahren auf der Forststraße weiter, die bald auf den letzten Metern nach Mittenwald recht steil bergab führt.

Dort hat man einen herrlichen Blick auf den Ort und die gegenüberliegende Karwendelspitze. In Mittenwald sollte man sich einen Abstecher zum Obermarkt, dem historischen Zentrum mit den schönen alten Häusern mit Lüftlmalereien gönnen. Ein Spaziergang durch die verkehrsberuhigte Zone oder vielleicht ein Kaffee zwischendurch wäre eine passende Pause. Wer sich mehr für Mittenwald und seine besondere Geschichte interessiert, kann auch das Geigenbaumuseum gleich neben der St. Peter und Paul Kirche besichtigen. Der Ort ist ja berühmt für sein Geigenbautradition.

Auf dem Weg zurück Richtung Garmisch-Partenkirchen stehen nun keine größeren Berge mehr auf dem Programm. Zunächst geht es nach Norden ortsauswärts auf der Partenkircher Straße, dann biegt man links ab auf die St 2542 vor der Mittenwaldbahn in einer Linkskurve rechts ab zu den berühmten Buckelwiesen.

Dieser kleine Abstecher über die Goas Alm, die nomen est omen viele Produkte mit Ziegenmilch anbietet, bietet einen schönen Ausblick auf die ungewöhnlich hügelige Wiesenlandschaft.

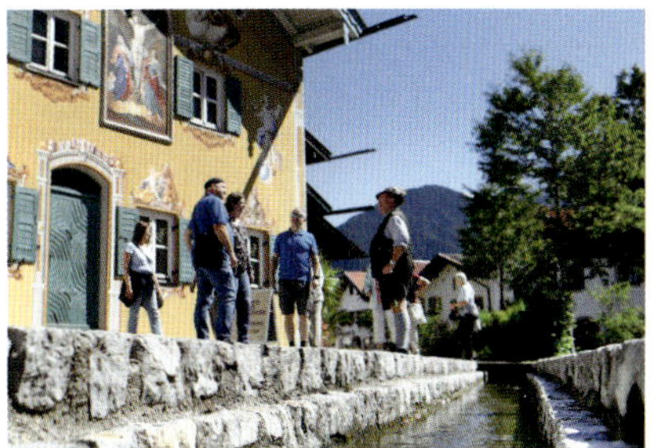

Unterwegs im Zentrum von Mittenwald

Nach der Goas Alm fahren wir links eine Schleife wieder zurück zur Straße von Mittenwald Richtung Klais. Dort sind es dann nur noch 1,3 Kilometer ziemlich flach bis Klais, wo auch die Mautstraße hinein ins Elmautal und zum Schloss Elmau abzweigt. Wir fahren aber geradeaus weiter Richtung Garmisch-Partenkirchen und haben einen überwiegend bergab verlaufenden Radweg neben der Deutschen Alpenstraße vor uns. Bei Gerold wechselt der Weg auf die Nordseite, dann wieder auf die Südseite bis Kaltenbrunn, dem letzten Ort vor Garmisch-Partenkirchen. Gut einen halben Kilometer nach Kaltenbrunn wechseln wir rechts auf die Gsteigstraße, fahren nun ein kurzes Stück bergauf, dann folgt eine lange Bergabpassage bis zum Ortsteil Partenkirchen, fahren auf der Ludwigstraße durch das historische Partenkirchen und kommen dann bei der St. Sebastian Kapelle links in die Ludwigstraße und über den Rathausplatz direkt zum Bahnhof von Garmisch-Partenkirchen.

Um wieder an den Startpunkt beim Skistadion zu gelangen, biegen wir von der Doktor-Wigger-Straße nicht rechts auf die Ludwigstraße, sondern links und sofort wieder links auf den August-Lenz-Weg. Vor der Linkskurve biegen wir rechts in die Mittenwalder Straße, überqueren die Hauptstraße und fahren geradeaus weiter zum Stadion.

Kartentipp:

ADFC-Regionalkarte Bayerische Seen,
1:75.000, ISBN 978-3-87073-967-6, € 9,95
Digital für Smartphones und Tablets:
www.fahrrad-buecher-karten.de/rk digital

Einkehren

Hanneslabauer, Garmisch-Partenkirchen
Typischer Berggasthof oberhalb der Partnach am Ende des Steilstücks. Bekannt für gute hausgemachte Kuchen.
Tel. +49 (0)8821 / 53131

Gasthaus Ferchensee, Mittenwald
Kleines Gasthaus mit schönem Garten direkt am Radweg und am Ufer des Ferchensees. Bodenständige regionale Küche, hausgemachte Kuchen.
www.ferchensee.eu

Lautersee Alm, Mittenwald
Perfekt gelegenes Ausflugslokal am Nordufer des Lautersees mit großer Terrasse und herrlichem Blick auf den See und auf die Karwendelspitze und das Wettersteingebirge.
www.lautersee-alm.de

Goas-Alm
Rustikales Ausflugslokal auf den Buckelwiesen bei Mittenwald. Hier gibt es Brotzeiten und vieles wie Käse und Eis von der Milch der Ziegen.
www.goas-alm.de

Gasthof Fraundorfer, Garmisch-Partenkirchen
Traditionsreiches Gasthaus in der Ludwigstraße im historischen Zentrum von Partenkirchen. Klassisches Interieur und regionale Küche.
www.gasthof-fraundorfer.de

Übernachten

Hotel Aschenbrenner, Garmisch-Partenkirchen
Ruhig und doch zentral gelegenes Mittelklassehotel im bayerischen Stil in Garmisch-Partenkirchen.
www.hotel-aschenbrenner.de

Hotel Zugspitze, Garmisch-Partenkirchen
Viersternehotel mit klassischem Interieur in der Nähe der Fußgängerzone und nicht weit vom Bahnhof entfernt.
www.hotel-zugspitze.de

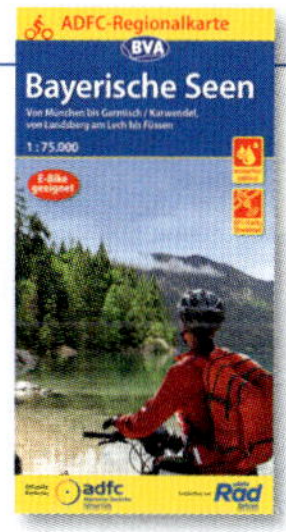

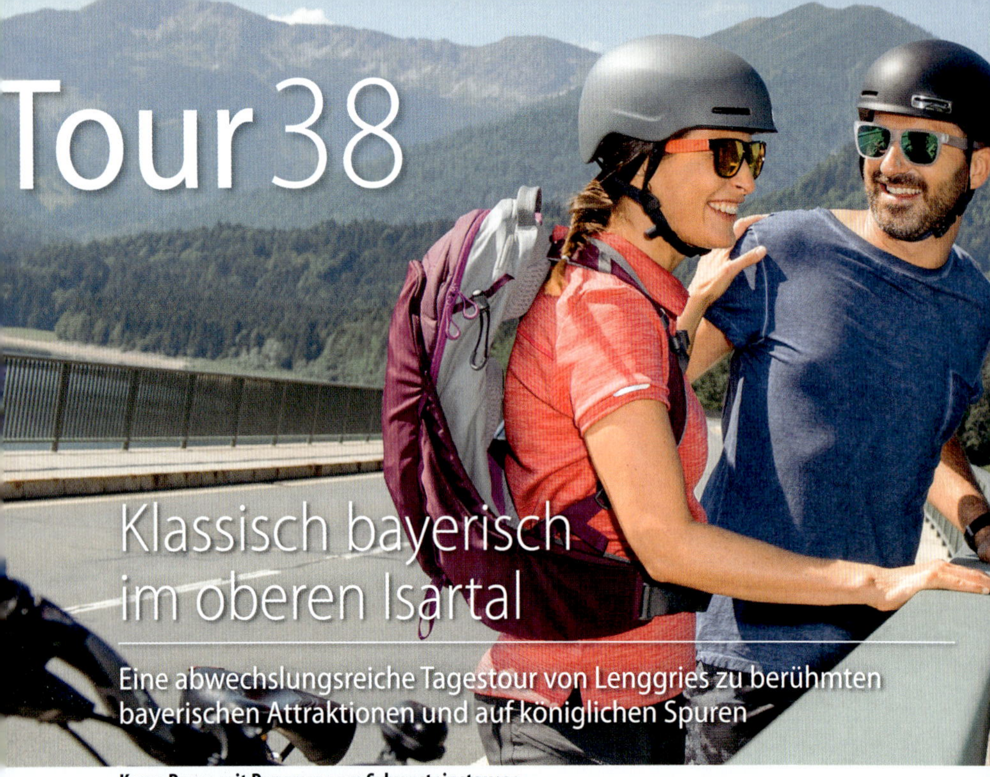

Tour 38

Klassisch bayerisch im oberen Isartal

Eine abwechslungsreiche Tagestour von Lenggries zu berühmten bayerischen Attraktionen und auf königlichen Spuren

Kurze Pause mit Panorama am Sylvensteinstausee

Gut, ein Geheimtipp ist diese Runde nicht mehr. Aber sie zählt zweifellos zu den attraktivsten und eindrucksvollsten Radtouren im bayerischen Oberland. Von Lenggries geht es Isaraufwärts zum malerischen Sylvensteinstausee und weiter über Vorderriss, Heimatort von Ludwig Thoma und bevorzugter Fluchtplatz von König Ludwig II., bis zum Walchensee und durch eines der ursprünglichsten oberbayerischen Täler wieder zurück.

Ein echter Klassiker ist diese Rundtour von Lenggries aus. Sie führt zu einigen sehr bekannten und bedeutenden Attraktionen der bayerischen Historie, bietet einen eindrucksvollen Querschnitt durch diese imposante Landschaft, wobei man sich allzu anstrengende Höhenunterschiede erspart. Praktisch ist, dass man zum Start in Lenggries auch bequem mit der Bahn von München anreisen kann, danach auch ein Bike leihen, und am Ende wieder mit der Bahn bequem heimkehren kann.

Von Lenggries aus führt der Radweg an der Isar entlang flussaufwärts zunächst mit geringen Höhenunterschieden. Rechts hat man einen schönen Blick auf das Brauneck, den Hausberg von Lenggries, wo im Winter ein beliebtes Skigebiet ist. Auf dem offiziellen Isarradweg absolviert die Tour anfangs einige Höhenmeter entlang der Bundesstraße Richtung Sylvensteinstausee. Beim Parkplatz bei der Radlbrücke verlässt der Radweg die Straße und zieht links weiter bergauf. Kurz vor dem Sylvensteinstausee wird es steiler und es kommt zum Abschluss noch eine kurze Passage durch einen dunklen Stollen, bis man oben abseits der Staumauer raus kommt. Erste Station ist hier nun der Staudamm, der für viele Biker ein Treffpunkt bzw. eine interessante Zwischenstation ist.

Entstanden ist der Stausee in den fünfziger Jahren, als man dafür das kleine Dorf Fall, den

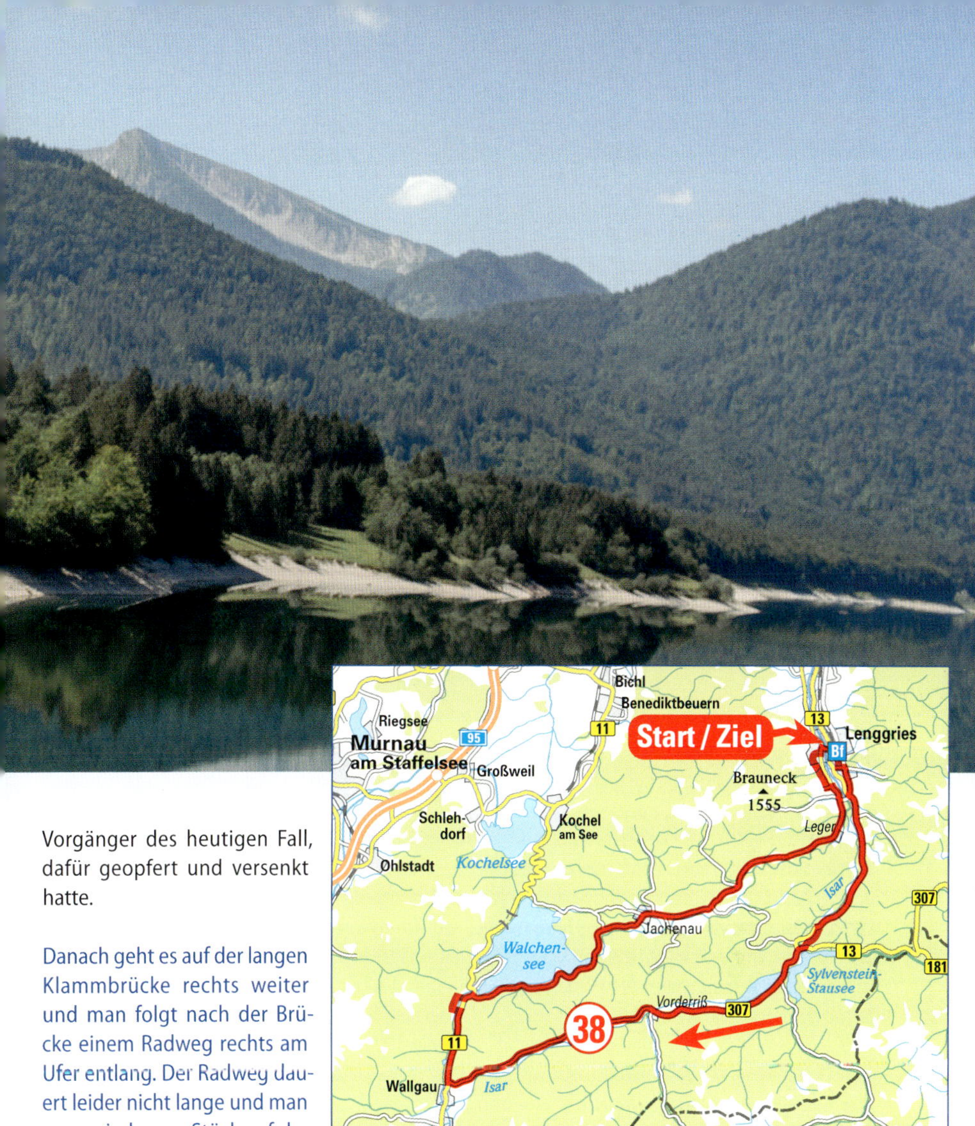

Vorgänger des heutigen Fall, dafür geopfert und versenkt hatte.

Danach geht es auf der langen Klammbrücke rechts weiter und man folgt nach der Brücke einem Radweg rechts am Ufer entlang. Der Radweg dauert leider nicht lange und man muss ein kurzes Stück auf der Straße bis Vorderriss fahren.

Panorama-Tourinfo

Gemäßigt alpin ist diese Tour durch das obere Isartal. Man fährt auf Radwegen und abseitigen Bergstraßen, die aber an schönen Wochenenden schon stärker frequentiert werden. Die Wege sind überwiegend asphaltiert. Wenn es bergauf geht, dann eher sanft. Ausgeschildert ist die Tour als Isarradweg und WasserRadlWegeOberbayern.

Start/Ziel: Lenggries

Länge: 73 km

Höhenunterschied: 500 m

Information: Alpenwelt Karwendel, Tel. +49 (0)8823 / 33981, www.alpenwelt-karwendel.de; Tölzer Land, Tel. +49 (0)8041 / 505206, www.toelzer-land.de

38

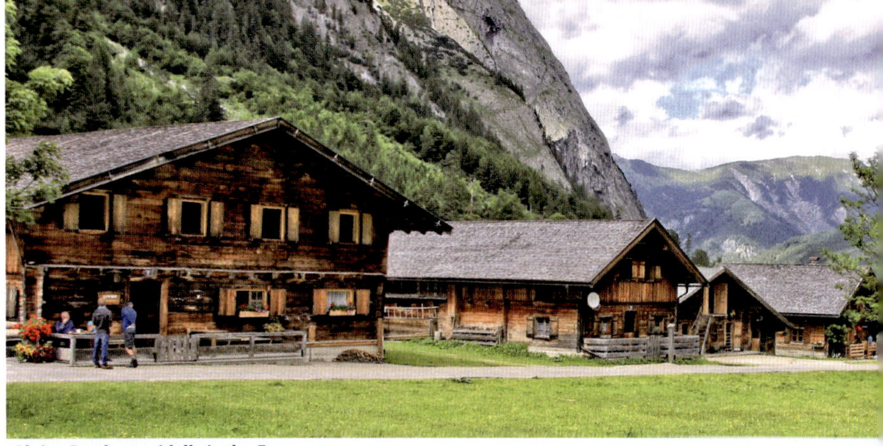

Alpine Postkartenidylle in der Eng

Vorderriss ist ein interessanter Ort. Hier wuchs der Schriftsteller Ludwig Thoma als Förstersohn auf und König Ludwig II. kam regelmäßig zu Besuch und logierte im alten Forsthaus hinter dem Gasthaus Post, das direkt an der Straße steht. Das Gasthaus ist ein sehr typisch bayerisches Lokal mit schönen alten Stuben. Eine Stube ist dem Großherzogtum Luxemburg gewidmet, denen hier größere Landstriche gehören. Die Post bietet sich natürlich für eine bayerische Brotzeit an.

Wir folgen der Straße rechts auf die Brücke über die Isar und kommen wenige Meter später zur Mautstation. Die enge und kurvenreiche Straße zieht sich über den breiten Talboden, auf dem sich die recht ursprünglich anmutende Isar dahin schlängelt.

ACHTUNG: Auf diesem Abschnitt, der an Wochenende von Autos, Motorrädern und auch Radlern recht fleißig befahren wird, gibt es keinen eigenen Radweg. Immerhin bleibt Radlern die Mautgebühr erspart.

Am Ende der Mautstraße nach rund 12 Kilometern biegen wir links ab auf einen Radweg und fahren vorbei an der 9-Loch-Anlage des Golfclubs Karwendel bis zu den ersten Häusern von Wallgau. In Wallgau, dem Heimatort der berühmten Biathletin Magdalena Neuner, halten wir uns rechts und folgen der Risser Straße bis zur Bundesstraße B11.

Von Wallgau geht es nun nordwärts auf dem teils asphaltierten Radweg an der gut ausgebauten Bundesstraße B11, entlang des Obernachkanals bis zum Walchensee. Die rund fünf Kilometer lange Strecke ist problemlos, da sie leicht bergab verläuft mit einem Höhenunterschied von rund 60 Metern. Wir sind hier jetzt auf 800 Metern Höhe.

Der Walchensee ist ein erstaunliches Gewässer. Er ist bis zu 190 Meter tief und ziemlich sagenumwoben. Gerüchte um einen Nazischatz kursieren heute noch. Im See liegen noch abgestürzte Flugzeuge aus dem Zweiten Weltkrieg und bereits in den fünfziger Jahren wurden hier Wikingerfilme gedreht. Zuletzt war es die Verfilmung von Wicki und die starken Männer im Jahr 2008. Davon sind am Westufer noch Requisiten in Form von zwei Wikinger-Holzhütten übrig.

Unsere Tour folgt nun der Straße am Südufer entlang bis zur Niedernacher Bucht. Hier könnte man zum Beispiel eine Badepause einlegen. An schönen Sommerwochenenden ist hier alles mit Autos voll geparkt. Hinter dem Badestrand biegt die Straße rechts ab in den Wald, folgt ein längeres Stück bergauf bis zu einer Kuppe, wo dann eine schöne Abfahrt Richtung Jachenau wartet, wo man die Kirche links stehen lässt und talauswärts radelt.

Durch das Tal der Jachenau fährt es sich sehr entspannt. Einmal liegt das an der schönen Landschaft, den breiten Talboden, der

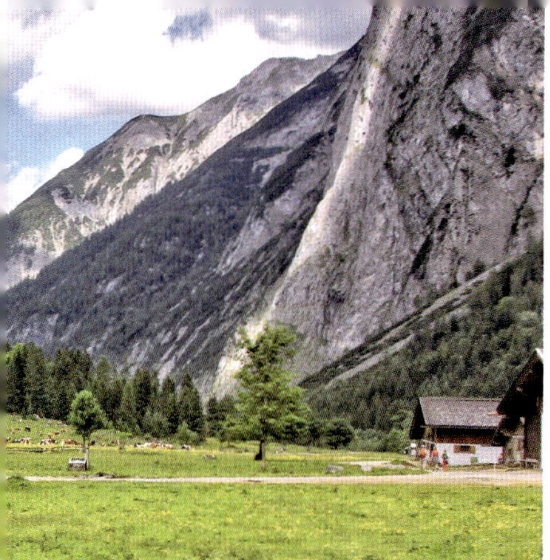

dank der Ost-West-Lage des Tals viel Sonne bekommt, und an den stattlichen Bauernhöfen mit der hierzulande üblichen bunten Lüftlmalerei.

Anfangs rollt man noch auf der Talstraße. Weiter draußen kommt dann ein neugebauter, asphaltierter Radweg bis kurz vor die Isar bei Lenggries. Links sieht man das Brauneck mit den Liften und Bergwiesen, auf denen im Winter der Skibetrieb ist. Nach dem kleinen Weiler Leger geht es dann links weiter nordwärts bis man etwa auf der Höhe der Talstation der Brauneckbahn ist. Am Kreisverkehr rechts über die Bundesstraße geht es hinein ins Zentrum von Lenggries und zu unserem Ausgangspunkt.

Einkehren

Gasthof Post, Vorderriss
Ein geschichtsträchtiges Gasthaus direkt am Radweg bei der Abzweigung Richtung Hinterriss und Eng. Nostalgische Stuben und gemütliche Gästezimmer.
www.post-vorderriss.de

Gasthof&Hotel Post, Wallgau
Typisch bayerischer Gasthof mit Hotelbetrieb und reichlich traditioneller Dekoration, direkt im Zentrum von Wallgau. Gute bayerische Küche. Hier gibt es auch eine E-Bike-Ladestation.
www.posthotel-wallgau.de

Jachenauer Schützenhaus, Jachenau
Etwas abseits der Hauptstraße im Ort Jachenau steht das traditionsreiche Gasthaus, das für seine gute regionale Küche bekannt ist. Kleiner Biergarten.
www.jachenau.de/schuetzenhaus-jachenau

Landerermühle, Lenggries
Typisch bayerisches Kaffeehaus mit guten hausgemachten Kuchen direkt am Jachen-Ufer kurz vor Lenggries.
www.landerermuehle.de

Übernachten

Arabella Brauneck Hotel, Lenggries
Ruhig und etwas abseits des Zentrums von Lenggries gelegenes Viersternehotel. Spezielle Angebote für Radurlauber.
www.arabella-brauneck.de

Tipp Eng und Großer Ahornboden: Einer der schönsten und auch beliebtesten Winkel im Bereich des Oberen Isartals sind die Eng und der Große Ahornboden. Von Vorderriss aus kann man sich diesen Abstecher gönnen, der allerdings mit 25 Kilometern und 450 Höhenmetern recht ausführlich ist. Von Vorderriss führt die asphaltierte Straße bis Hinterriss und dann weiter sanft bergauf durch das malerische Tal eingerahmt von mächtigen Karwendelgipfeln. Das Ende der Straße ist bei der Eng Alm auf 1.270 Metern Höhe. An schönen Wochenenden ist auf der Mautstraße allerdings auch reichlich Verkehr.

Kartentipp:
ADFC-Regionalkarte München/Alpenvorland,
1:75.000, ISBN 978-3-87073-972-0, € 9,95
ADFC-Regionalkarte Bayerische Seen,
1:75.000, ISBN 978-3-87073-967-6, € 9,95
Digital für Smartphones und Tablets:
www.fahrrad-buecher-karten.de/rk-digital

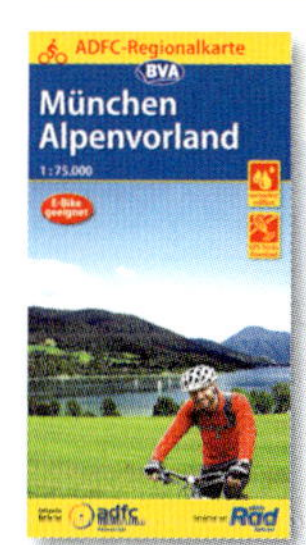

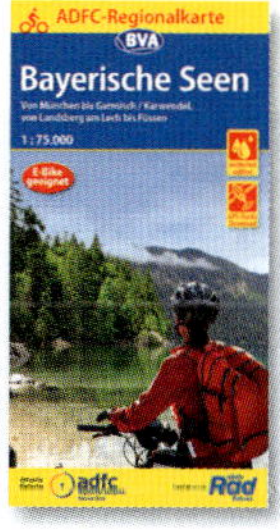

Tour 39

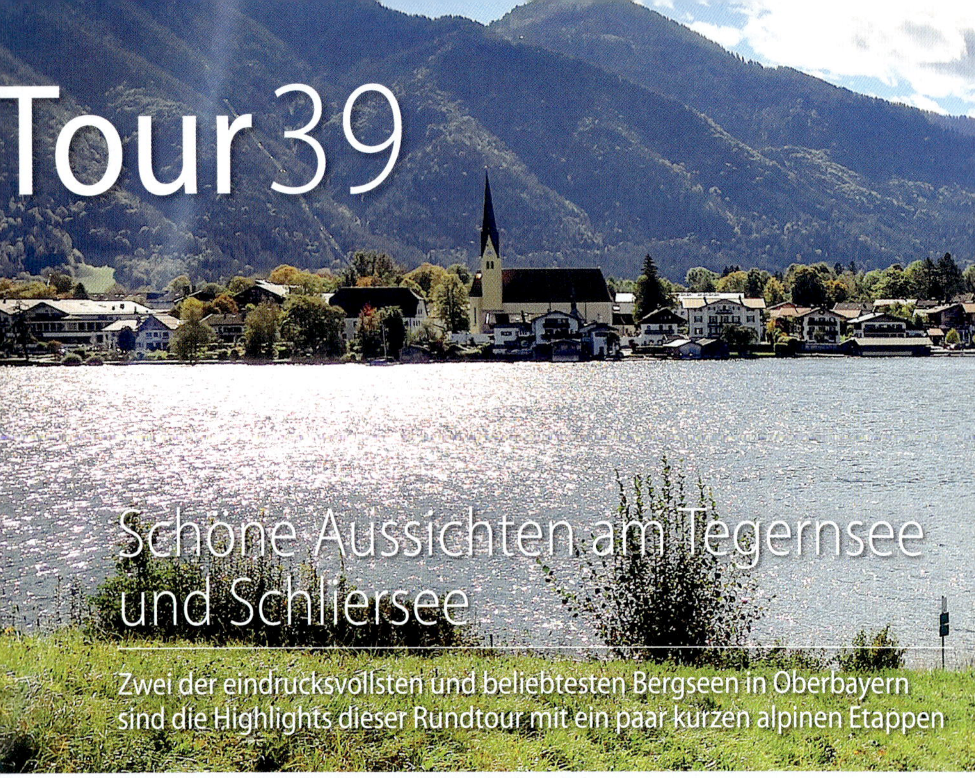

Schöne Aussichten am Tegernsee und Schliersee

Zwei der eindrucksvollsten und beliebtesten Bergseen in Oberbayern sind die Highlights dieser Rundtour mit ein paar kurzen alpinen Etappen

Blick von Point auf die Egerner Bucht und den Wallberg links

Man kann die Berge rauf radeln, man kann sie aber auch umrunden und schöne Aussichten genießen. Auf dieser klassischen Rundtour mit prominenten Stationen fährt man ohne größere Höhenunterschiede und technische Anforderungen durch die Berge rund um Tegernsee und Schliersee – mit schönen Promenaden an den Seeufern und einem Streifzug zur oberbayerischen Society mit vielen interessanten Aussichten.

Diese Tour ist ein bayerischer Klassiker. Dafür sprechen nicht nur die beiden bestens bekannten Gewässer Tegernsee und Schliersee. Man taucht hier auch ein in die herrliche Natur, streift auf abwechslungsreichen Radwegen romantische Gasthäuser und Almhütten, muss sich aber nicht mit endlosen Anstiegen schinden. Eine Art Lightversion des oberbayerischen Bergradelns. Oder anders ausgedrückt: eine alpine Genusstour mit vielen reizvollen Perspektiven.

Gestartet wird dazu in Bayrischzell zu Füßen des Wendelsteins. Vom Bahnhof aus, wo es auch reichlich Parkmöglichkeiten gibt, fährt man auf der Schliersee Straße Richtung Zentrum, dann rechts in die Schulstraße und weiter in die Seebergstraße. Die führt direkt zur Deutschen Alpenstraße, die man überquert und nach links vorbei am Campingplatz und Minigolf auf den Radweg wechselt. Der zieht sich dann südwärts am Lauf des Aubachs entlang und begleitet bald die Straße Richtung Tirol. Nach rund fünf Kilometern kommt man zum Gasthaus Zipflwirt auf 820 Metern Höhe, folgt dort schräg rechts der Forststraße über die Wiese und hinein ins Kloo-Ascher-Tal. Im Winter gibt es hier schöne Langlaufloipen. Im Sommer wird hier gewandert und geradelt. Der Radweg bleibt anfangs noch ziemlich flach, quert das ursprüngliche Tal teils im Wald teils auf offener Wiese, kommt an der Kloo-Ascher-Alm vorbei und steigt dann sanft an Richtung

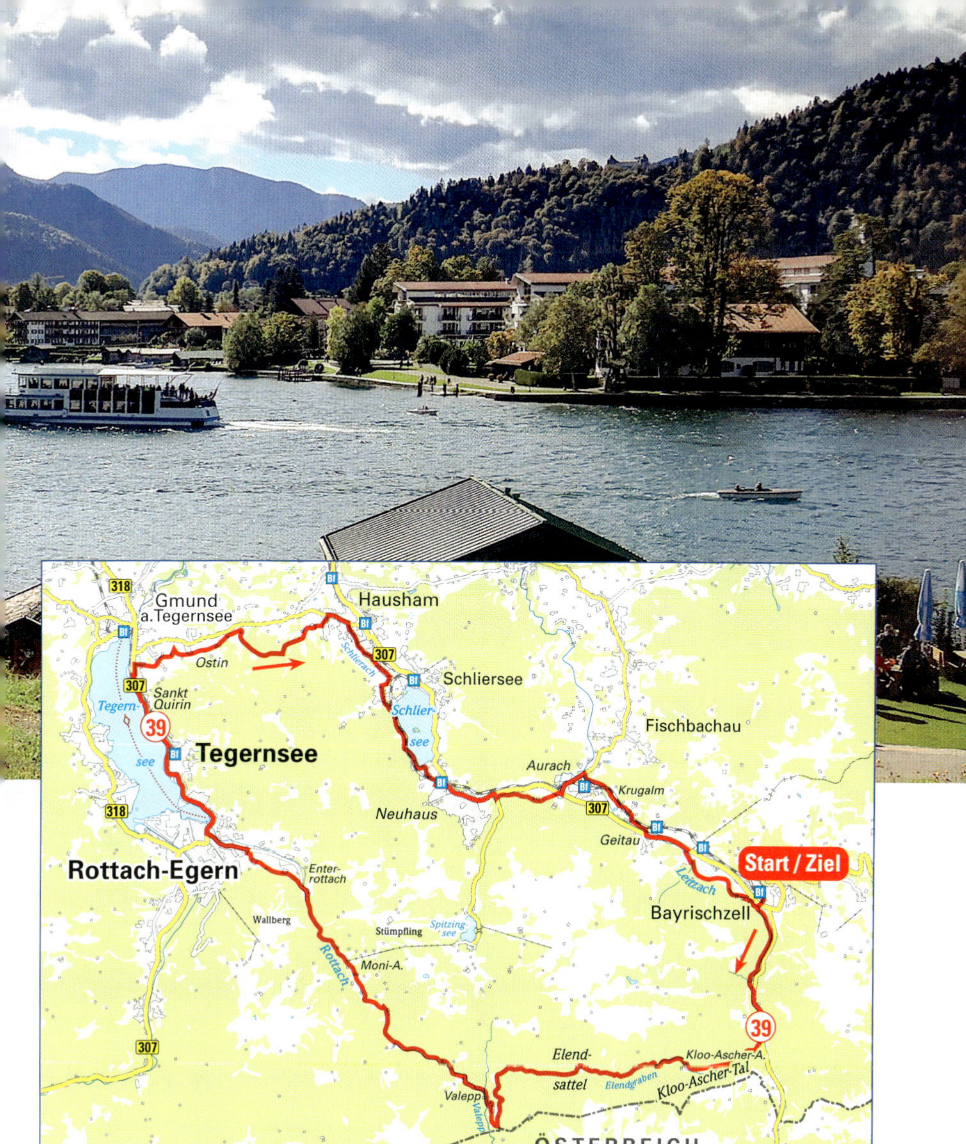

Panorama-Tourinfo

Die Tour führt über Radwege und Nebenstraßen entlang von Tegernsee und Schliersee. Etwas sportlicher sind die Passagen auf Nebenstraßen zwischen Tegernsee und Schliersee und über den Elendsattel, wo es auf Schotterwegen bergauf geht, danach aber eine längere Abfahrt Richtung Tegernsee wartet. Mit E-Bikes mit geländetauglichen Reifen ein Kinderspiel. Eine gut gefüllte Tagestour, die sich über zwei Tage ideal mit Sightseeing verbinden lässt.

Start/Ziel: Bayrischzell

Länge: 76 km

Höhenunterschied: 1.060 m

Information: Alpenregion Tegernsee Schliersee, Tel. +49 (0)8025 / 99372 50, www.tegernsee-schliersee.de

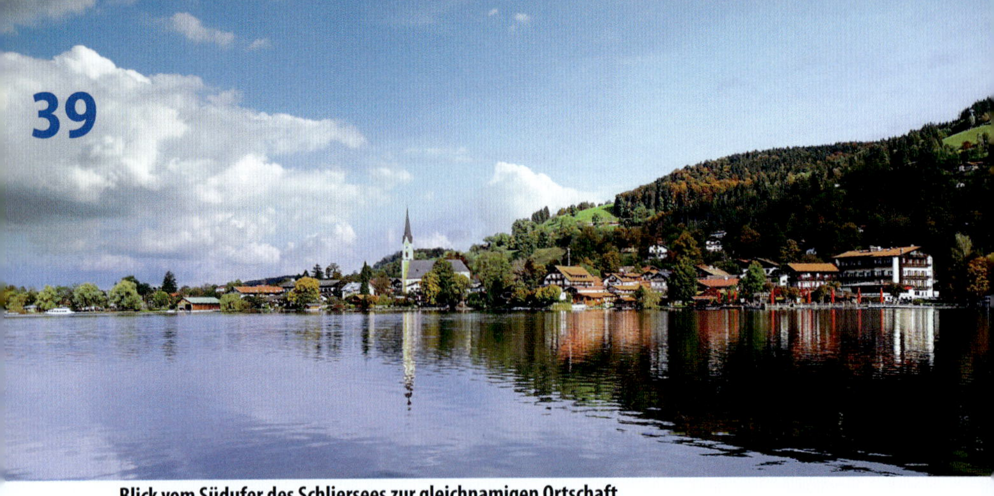

Blick vom Südufer des Schliersees zur gleichnamigen Ortschaft

Elendsattel durch den Elendgraben. Nach ein paar kurzen Anstiegen ist der Elendsattel auf 1.140 Metern erreicht. Danach gibt es eine entspannte Abfahrt auf dem breiten Forstweg. Die Bergabfahrt endet schließlich beim Forsthaus Valepp direkt beim gleichnamigen Bachlauf. Kurz danach kommt man zum Wanderparkplatz Valepp. Dort gabelt sich der Weg. Geradeaus kommt man zum Spitzingsee. Schräg links führt die Straße hinab Richtung Tegernsee. Wir nehmen den Weg zum Tegernsee, fahren ein längeres Stück bergauf bis zu einem Sattel auf der leicht zu fahrenden asphaltierten Straße und dann bergab bis zur Moni-Alm.

Auch wenn die Berge die Aussicht verstellen, ist es eine echte Genussstrecke durch eine alpine Bilderbuchlandschaft.

Kurz nach der Talstation der Seilbahn zum Stümpfling bietet sich links ein kurzer Abstecher hinunter zu den eindrucksvollen Rottach Wasserfällen an, die nur wenige Meter von der Straße entfernt sind. Danach passiert man die alte Mautstation und fährt weiter bergab entlang der Rottach und bald fast eben talauswärts Richtung Tegernsee an der Ostflanke des Wallbergs. Über Enterrottach rollt man schließlich ganz bequem bis Rottach-Egern. Auf der Ludwig-Thoma-Straße kommt man schließlich zur Hauptstraße in Rottach-Egern.

Ludwig Thoma hat übrigens viele Jahre hier rechts oberhalb der Straße gelebt. Sein altes Wohnhaus ist heute eine Art Museum, aber nur beschränkt zu besichtigen.

In Rottach-Egern fahren wir dann rechts und wechseln gleich auf den Radweg rund um den Tegernsee. Es geht direkt am Seeufer entlang bis zum Nachbarort Tegernsee.

Dort lohnt sich gleich zu Beginn links ein Abstecher auf die Halbinsel Point, wo man einen herrlichen Blick auf Rottach-Egern und den Wallberg hat.

Zurück auf dem Radweg fahren wir vorbei am Schloss der Wittelsbacher mit dem berühmten Bräustüberl, dem bekanntesten Gasthaus am Tegernsee.

Der Uferbereich bietet sich hier an für eine Promenade. Man hat einen schönen Blick auf den See nach Süden wie nach Norden und direkt auf die andere Seite Richtung Bad Wiessee. Das ehemalige Schloss des bayerischen Königshauses war ursprünglich ein Kloster und ist heute Anziehungspunkt für Spaziergänger, Radler und Autofahrer und entsprechend frequentiert. Ein paar Meter entfernt bietet sich auch ein Besuch des Museums über den Zeichner Olaf Gulbransson an, der am Tegernsee viele Jahre lebte und mit seinen Arbeiten für das Satiremagazin Simplicissimus berühmt wurde.

Durch Tegernsee ist der Radweg etwas eng, wird aber bald bequemer. Über St. Quirin kommt man schließlich nach weiteren vier Kilometern nach Gmund am Nordufer des Tegernsees. Kurz vor Gmund und vor dem großen Kreisverkehr zweigt aber unsere Radrunde auf der Höhe des Strandbads rechts ab in den Schlanderweg und wir fahren bergauf Richtung Ostin am Hochufer mit schönem Blick auf den See zur Rechten. Vorbei an der Talstation des Ödberglifts geht es über meist freies Gelände parallel zur Straße nach Hausham und zum Schliersee. Erste Zwischenstation ist Hausham, ein eher unscheinbarer Ort, den wir an der Schlierach entlang Richtung Schliersee verlassen. Am Schliersee ist das ruhige Westufer mit dem Radweg die bessere Wahl. Mit Blick auf die kleine Insel im See kommen wir zum Südufer und radeln an alten Bootshäusern vorbei nach Neuhaus. Durch Neuhaus geht es auf der Hauptstraße, der deutschen Alpenstraße bis zum östlichen Ortsrand, wo man auf den Radweg rechts von der Straße wechseln kann. Umgehen kann man diese Passage auf der Josefstaler Straße rechts bis zum Brunnhof und dann links in die Aurachstraße, die direkt zum Radweg führt. In Aurach wechselt man auf die andere Straßenseite, fährt ein kurzes Stück Richtung Fischbachau und biegt nach der Brücke rechts ab auf den Krugalmweg. Eine idyllische Strecke folgt nun entlang der Leitzach bis zur Krugalm, einem beliebten Ausflugslokal und weiter Richtung Bayrischzell. Rechts hat man einen schönen Blick auf die Rotwand. Auf der Höhe von Geitau geht es rechts zur Straße, wo der Radweg neben der Deutschen Alpenstraße vorbei an der Talstation der Wendelsteinseilbahn bis kurz vor Bayrischzell verläuft. Die letzten drei Kilometer bis zum Ziel folgt der Weg wieder dem Ufer der Leitzach.

Kartentipp:
ADFC-Regionalkarte München/Alpenvorland,
1:75.000, ISBN 978-3-87073-972-0, € 9,95
Digital für Smartphones und Tablets:
www.fahrrad-buecher-karten.de/rk-digital

Einkehren

Moni-Alm
Stattlicher Berggasthof mit Gästezimmern in schöner Lage direkt am Radweg kurz vor dem Tegernsee. Bodenständige regionale Küche.
www.moni-alm.de

Bräustüberl, Tegernsee
Der Wirtshausklassiker am Tegernsee im alten Schloss. Großer Saal, herzhafte Küche zu relativ günstigen Preisen und immer gut besucht.
www.braustuberl.de

Restaurant Ostiner Stubn
Auf den ersten Blick ein klassischer Landgasthof, der tatsächlich ein Gourmetrestaurant oberhalb des Tegernsees ist. Regionale und internationale Küche.
www.ostiner-stubn.de

Café-Wirtshaus Brunnhof, Neuhaus
Beliebtes Lokal mit schönem Gastgarten in Neuhaus mit gutbürgerlicher Küche und guten hausgemachten Kuchen.
www.cafe-brunnhof.de

Café Krugalm, Fischbachau
Bei Radlern beliebtes Lokal an der Leitzach außerhalb von Aurach. Klassische Küche und hausgemachte Kuchen.

Übernachten

Hotel Alpenrose, Bayrischzell
Komfortables Mittelklassehotel im Zentrum von Bayrischzell im bayerischen Stil mit Retrointerieur. Restaurant inklusive Zirbenstube mit bayerischer und betont internationaler Küche.
www.bayrischzell-alpenrose.de

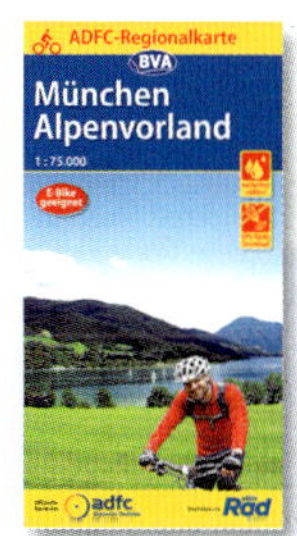

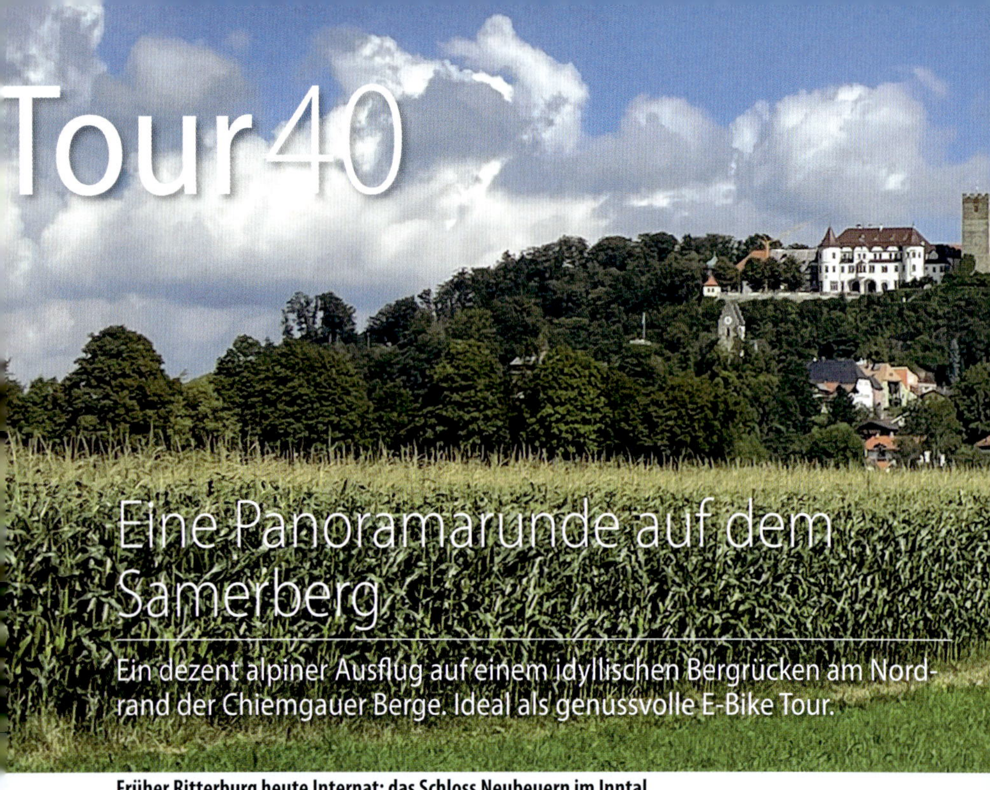

Tour 40

Eine Panoramarunde auf dem Samerberg

Ein dezent alpiner Ausflug auf einem idyllischen Bergrücken am Nordrand der Chiemgauer Berge. Ideal als genussvolle E-Bike Tour.

Früher Ritterburg heute Internat: das Schloss Neubeuern im Inntal

Der Samerberg ist ein sanfter Höhenrücken am Westrand des Chiemgaus und ein Aussichtsbalkon für Wanderer und Radfahrer auf etwa 700 Meter Höhe. Diese abwechslungsreiche Rundtour auf kurvenreichen Nebenstrecken und mit einer längeren Passage auf Forstwegen verwöhnt mit herrlichen Ausblicken Richtung Chiemsee und zu den Chiemgauer Bergen. Unterwegs gibt es auch reichlich Einkehrmöglichkeiten der klassisch bayerischen Art.

Die schönen Aussichten auf dieser Tour wollen verdient sein. Deshalb beginnt diese Runde gleich mit einem längeren Anstieg. Startplatz ist in Achenmühle direkt neben der Autobahn, das von der gleichnamigen Ausfahrt nur einen Kilometer entfernt ist. Dort biegt man Richtung Samerberg ab und kommt gleich zu einem größeren Parkplatz.

Vom Parkplatz radelt man ein kurzes Stück auf der Straße weiter und biegt dann rechts ab Richtung Taffenreuth. Am Ende der Siedlung Speckbach beginnt dann ein längeres Steilstück mit etwa einem Kilometer Länge mit einer Schleife um einen schön gelegenen Bauernhof – mit ersten schönen Aussichten auf das Voralpenland. Es geht weiter geradeaus bis zu einer T-Kreuzung. Dort fährt man ein kurzes Stück rechts, dann nach 200 Metern links Richtung Grainbach. Vorbei an der neuen Schule geht es bergab in eine Senke und dann bergauf nach Grainbach. In dem beschaulichen Bergdorf führt die Tour an der zentralen Kreuzung rechts, dann weiter geradeaus und leicht bergauf, verlässt dann die Hochriesstraße zur Talstation der alten Seilbahn nach rechts und radelt direkt zu Füßen der Hochries westwärts mit einigen Kurven und leichten Anstiegen.

Eine idyllische Passage, auf der man einen guten Überblick auf die sanft hügelige Landschaft des Samerbergs mit seinen schönen alten Bauernhöfen hat.

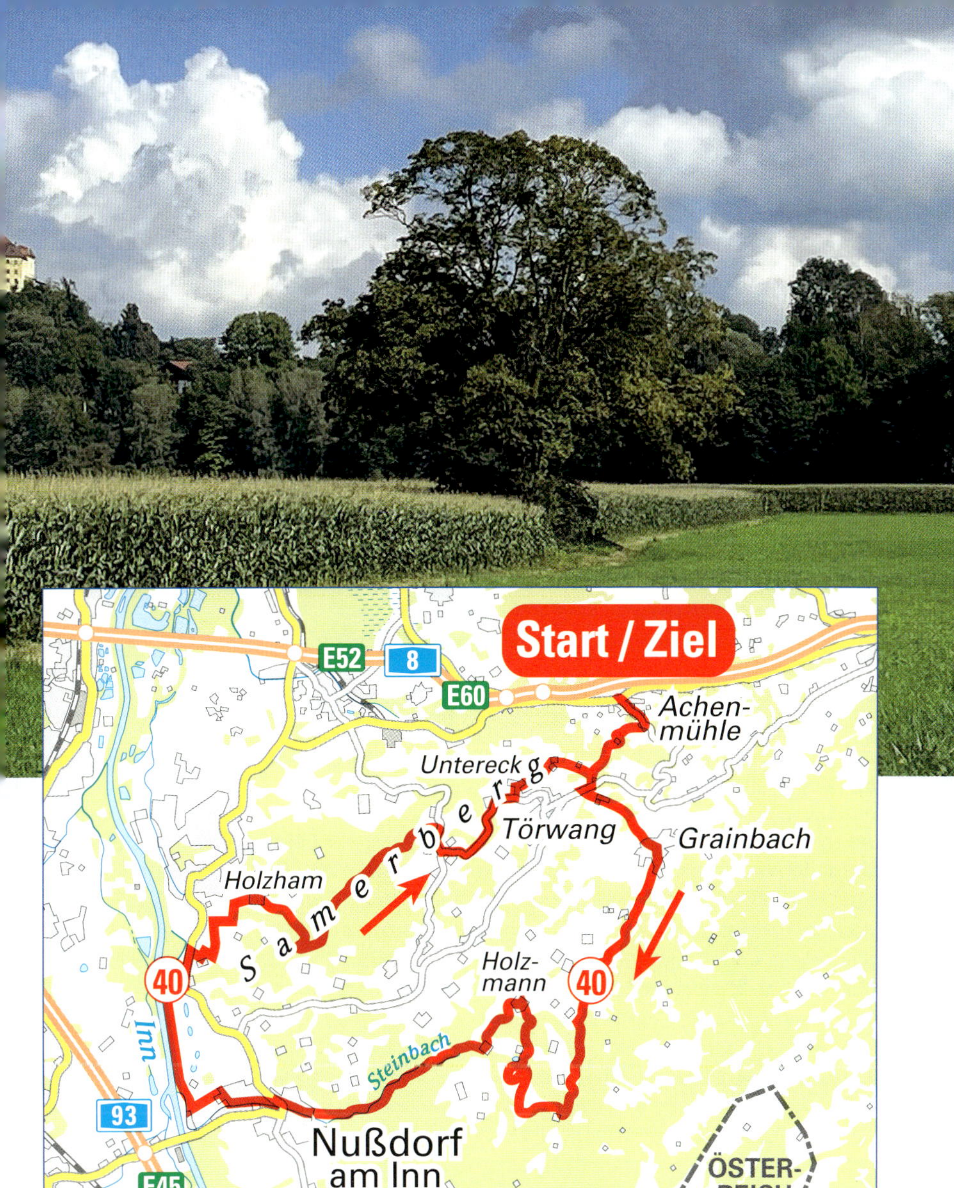

Panorama-Tourinfo

Die Tour verläuft überwiegend auf Nebenstraßen mit einer längeren Fahrt in der zweiten Hälfte auf einer nicht asphaltierten Forststraße. Gut geeignet für E-Bikes, die ebenso wie normale Räder sinnvollerweise gut profilierte Reifen besitzen.

Start/Ziel: Achenmühle

Länge: 34 km

Höhenunterschied: 670 m

Information: Chiemsee Alpenland Tourismus, Tel. +49 (0)8051 / 965550, www.chiemsee-alpenland.de

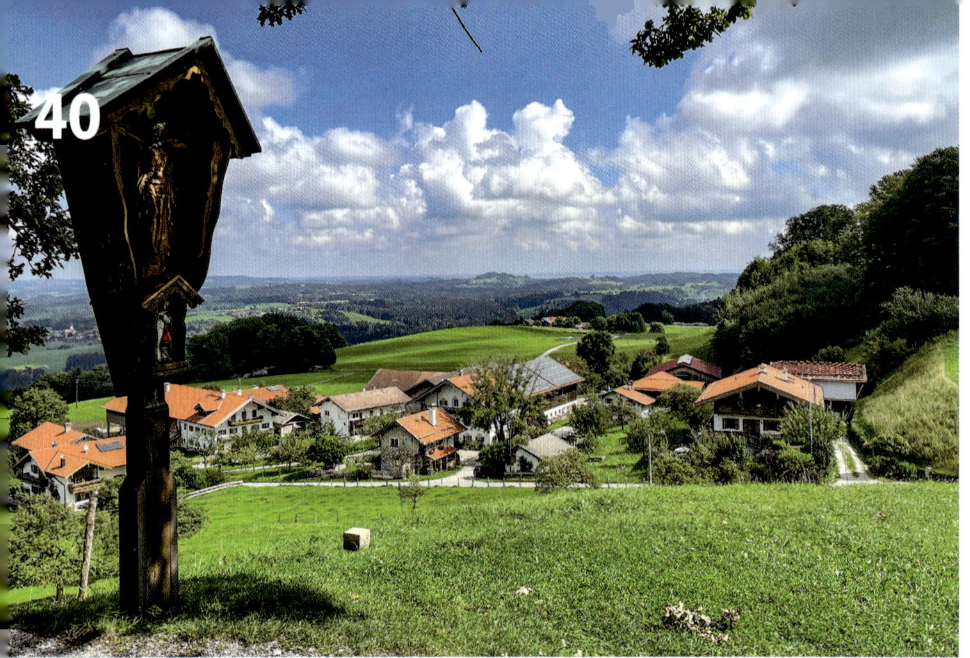

Herrliche Aussichten Richtung Chiemsee von der Aussichtskapelle oberhalb von Törwang

Nach etwa fünf Kilometern erreicht man nach einer scharfen Rechtskurve mit einer Brücke den Berggasthof Duftbräu, ein bekanntes Ausflugsziel. Die Bergaufpassagen haben nun ein vorläufiges Ende. Jetzt folgt eine längere Bergabstrecke mit schönen Aussichten Richtung Inntal bis zum Weiler Holzmann, wo es nach links weiter geht. Nun kommt eine weitere sehenswerte Bergabpassage durch das Mühltal nach Nußdorf. Die Fahrt entlang des Flusses Steinbach ist eine beliebte Radlerstrecke. Unten in Nussdorf trifft man auf eine Hauptstraße, folgt ihr ein kurzes Stück rechts, biegt dann links nach dem Parkplatz ab und fährt am Steinbach entlang durch die Wohngegend. Über den Spitzsteinweg und den Weidachweg kommt man über flache Wiesen direkt zum Inn und biegt dort auf den Innradweg rechts ab. Gut drei Kilometer radelt man nun am Inn entlang und sieht bald den Neubeuerer See vor sich.

Der beliebte Badesee bietet sich gerade an heißen Sommertagen für eine erfrischende Pause an. Dazu passt auch, dass es hier auf der östlichen Uferseite eine gute Gastronomie mit bayerischer Küche gibt. Die gemütliche Radlerei hat nun ein vorläufiges Ende. Wir müssen wieder rauf auf den Samerberg.

Dazu nehmen wir auf der östlichen Seeseite die Ausfahrt auf die Hauptstraße, folgen ihr links etwa 500 Meter und biegen dann rechts nach Mitterau ab und radeln über die flachen Wiesen bis Holzham. Dort geht es wieder auf einen Forstweg. Wir tauchen in den Wald ein und schaffen einige Höhenmeter.

Zu sehen gibt es auf dieser Passage nicht viel. Dafür genießt man im Sommer die frische Waldluft. Nach rund vier Kilometern wird es flacher, man verlässt den Wald und freut sich über eine spektakuläre Aussicht links auf die Gegend zwischen Rosenheim und Chiemsee.

Der flach verlaufende Weg mündet bald in eine asphaltierte Straße, die auf rund 400 Metern steil bergauf zur malerischen Kirche von Steinkirchen führt. Hier oben an der Kreuzung sollte man sich eine Pause gönnen und die Aussicht noch einmal genießen. Im Norden das flache Alpenvorland, im Süden die mächtige Hochries mit ihren Nachbargipfeln. Die Tour führt nun links weiter Richtung

Törwang auf der kurvigen und überwiegend flachen Straße und eröffnet immer wieder schöne Ausblicke. Kurz nach dem Gasthaus Schinkensepp kommt man zur Aussichtskapelle oberhalb von Törwang.

Der Platz bei der kleinen Kapelle ist tatsächlich ein bezaubernder Aussichtspunkt, hat man hier noch einmal den Blick nach Norden über das flache Land und nach Süden auf die Berggipfel.

Direkt unter der Kapelle fährt man nun nicht geradeaus hinunter nach Törwang sondern links ein Stück bergab zum Weiler Untereck. Dort geht es an der Kreuzung rechts weiter auf einer flachen Panoramastrecke vorbei an alten Bauernhöfen und neugebauten Wohnhäusern. Nach gut zwei Kilometern erreicht man eine Kreuzung, die bereits bei der Hinfahrt passiert wurde. Dort biegt man links ab und hat nun die teils recht steile Bergabstrecke hinunter nach Achenmühle, natürlich auch wieder mit herrlichen Aussichten. Unten im Weiler Speckbach biegt man links ab und kommt zum Ausgangspunkt dieser Rundfahrt.

Tipps: Man kann diese Runde auch von diversen anderen Orten starten. Anbieten würde sich etwa **Nußdorf am Inn**, wo es auch im Zentrum einen Parkplatz gibt, der von Radlern gerne genutzt wird. Das **Naturbad** zwischen Törwang und Grainbach ist ein nostalgisches Schmuckstück. Ein herrlich gelegenes Schwimmbad mit großer Liegewiese inklusive Bergpanorama. Dazu gibt es auch einen kleinen Imbiss. Dafür biegt man auf dem Hinweg nach ca. 3,5 km von der Samerstraße rechts ab und fährt die schmale Straße etwa einen Kilometer bergab (beschildert).

Kartentipp:
ADFC-Regionalkarte Chiemgau,
1:75.000, ISBN 978-3-96990-023-9, € 9,95
Digital für Smartphones und Tablets:
www.fahrrad-buecher-karten.de/rk-digital

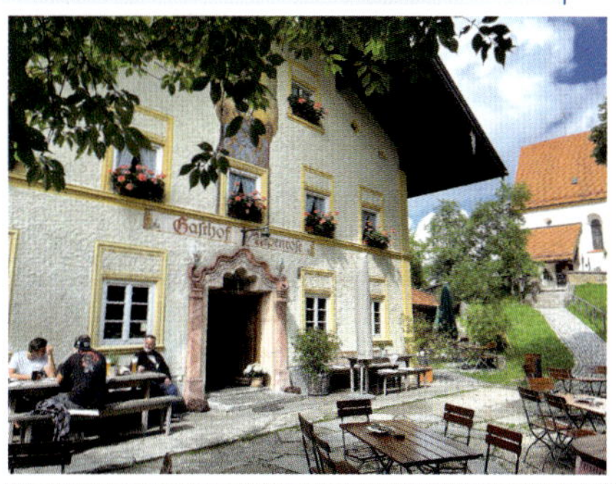

Einkehren

Gasthof Alpenrose, Grainbach
Stilvolles bayerisches Wirtshaus neben der Kirche in Grainbach mit guter regionaler Küche und schönem Gastgarten.
www.alpenrose-grainbach.de

Berggasthof Duftbräu, Samerberg
Ein beliebtes Ausflugsgasthaus in Alleinlage am Samerberg. Schöne Terrasse und klassisch bayerischer Küche. Mit typisch bayerischen Gästezimmern.
www.duftbraeu.de

Gasthof Schneiderwirt, Nußdorf
Einen Bilderbuchbiergarten hat das bayerische Wirtshaus im Zentrum von Nußdorf. Beliebte Radlereinkehr.
www.schneiderwirt.de

Übernachten

Schneiderwirt, Nußdorf
Klassisches Wirtshaus mit Mittelklasse-Hotel im Zentrum von Nußdorf.
www.schneiderwirt.de

Hotel Post, Törwang
Typisch bayerisches Mittelklassehotel mitten in Törwang mit stilgerechtem Restaurant und traditionellem Ambiente.
www.hotel-post-samerberg.de

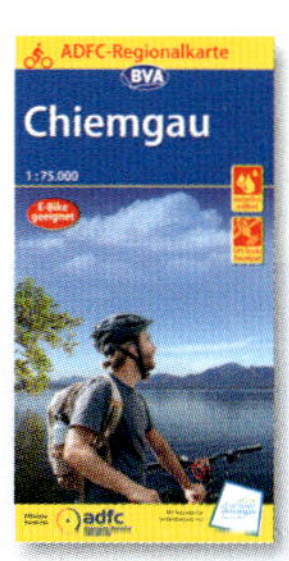

Tour 41

Rund um den Chiemsee

Eine Runde um das bayerische Meer – wie der Chiemsee auch inoffiziell heißt

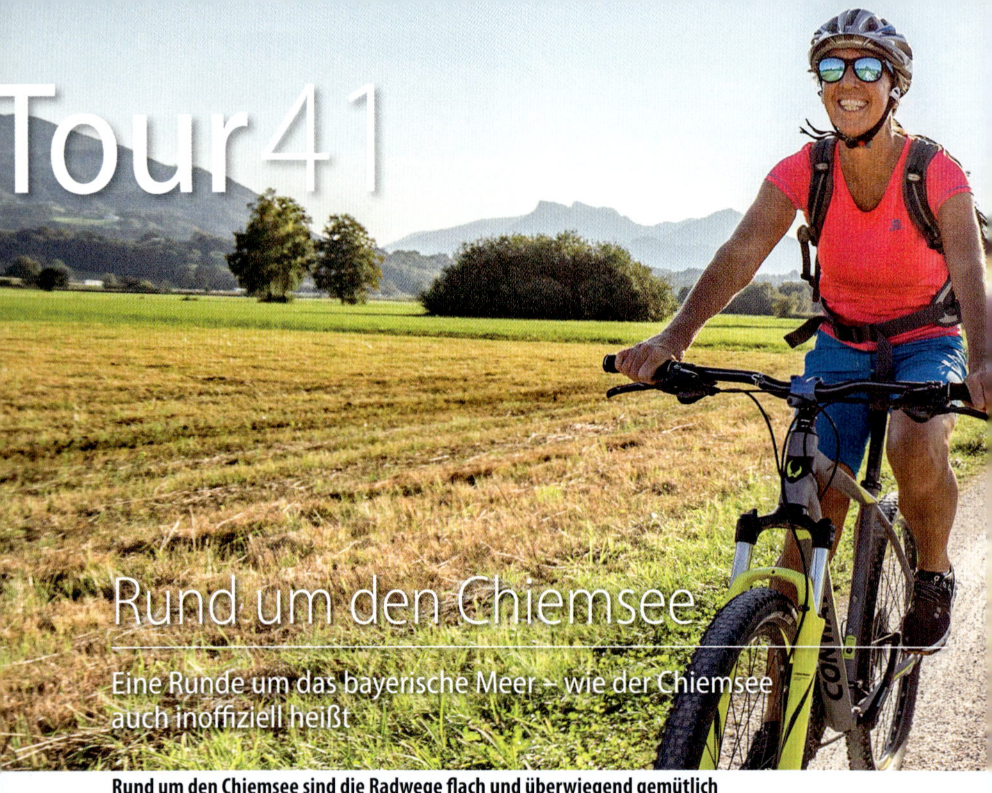

Rund um den Chiemsee sind die Radwege flach und überwiegend gemütlich

Er ist ein Klassiker unter den schönen und aussichtsreichen Radtouren und wird begleitet von herrlichen Blicken auf die Chiemgauer Berge und auf den See mit seinen drei berühmten Inseln. Die gut 50 Kilometer lange Tour entlang des Ufers des Chiemsees mit kurzen Abstechern ist gemütlich und verläuft überwiegend auf Radwegen mit wenigen Ausflügen auf Nebenstraßen. An sonnigen Wochenenden ist der Weg reichlich frequentiert. Unterwegs gibt es genügend Bademöglichkeiten.

Man könnte den Chiemsee gut an einem halben Tag umrunden. Aber das wäre eine arge Verschwendung, denn unterwegs gibt es so viel zu sehen, reichlich Einkehrmöglichkeiten, und wenn man sich das ganze Programm gönnen will, könnte man noch einen Ausflug mit dem Schiff zur Frauen- und/oder Herreninsel machen. Ein ausgesprochen schöner und praktischer Ausgangspunkt wäre das Strandbad Felden bei Bernau. Das liegt nur einen Kilometer von der Autobahnausfahrt Felden entfernt, bietet viele Parkplätze und ist direkt am Uferbereich inklusive Strandbad und zahlreichen Lokalen. Ob man nun mit oder gegen den Uhrzeigersinn radelt, ist Geschmackssache.

Wir fahren nun mit dem Uhrzeigersinn, nehmen den Radweg nach Westen vorbei an den Kliniken und kommen auf dem Radweg über Wiesen und durch Waldpartien zum Südrand von Prien vorbei am Gasthaus Fischer am See. Im noblen Ortsteil Harras muss man ein Stück an der Straße radeln, fährt vorbei am Yachthafen und kommt zur meist gut besuchten Schiffsanlegestelle in Prien-Stock. Dort hat man direkt neben dem Erlebnisbad Prienavera einen schönen Blick hinüber zur Herreninsel. Weiter geht es nordwärts gemütlich durch ein Wohngebiet bis zur idyllischen Schafwaschener Bucht mit einem schönen Strandbad. Nach der Schafwaschener Bucht führt der Weg am See entlang über offene

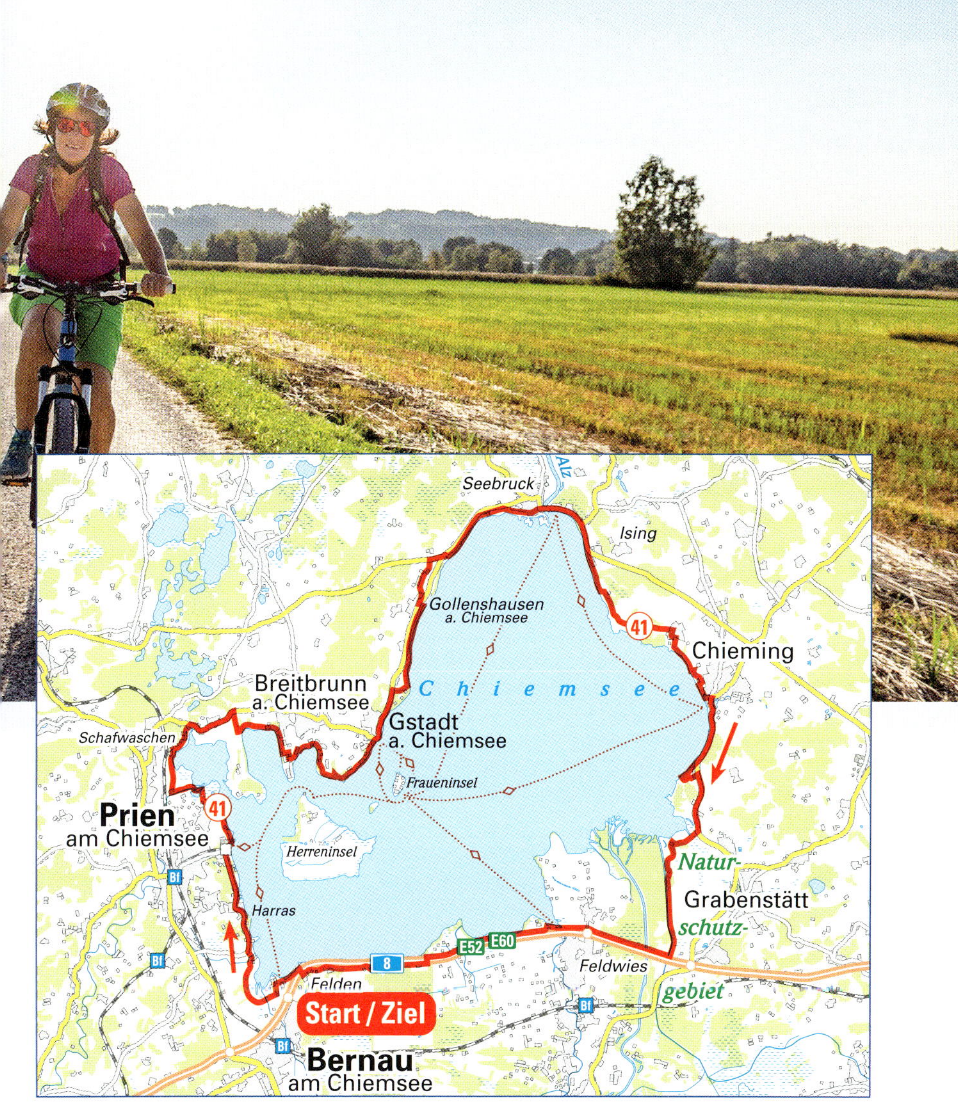

Panorama-Tourinfo

Der Radweg führt recht nah am See entlang – der überwiegende Teil verläuft auf asphaltierten und nicht asphaltierten Radwegen. Einzelne Abschnitte auf Nebenstraßen gibt es in und rund um Prien am Chiemsee sowie südlich von Chieming.

Start/Ziel: Strandbad Felden bei Bernau

Länge: 55 km

Höhenunterschied: 230 m

Information: Chiemgau Tourismus e.V., Tel. +49 (0)861 / 9095900, www.chiemsee-chiemgau.info; Chiemsee Alpenland Tourismus, Tel. +49 (0)8051 / 965550, www.chiemsee-alpenland.de

41

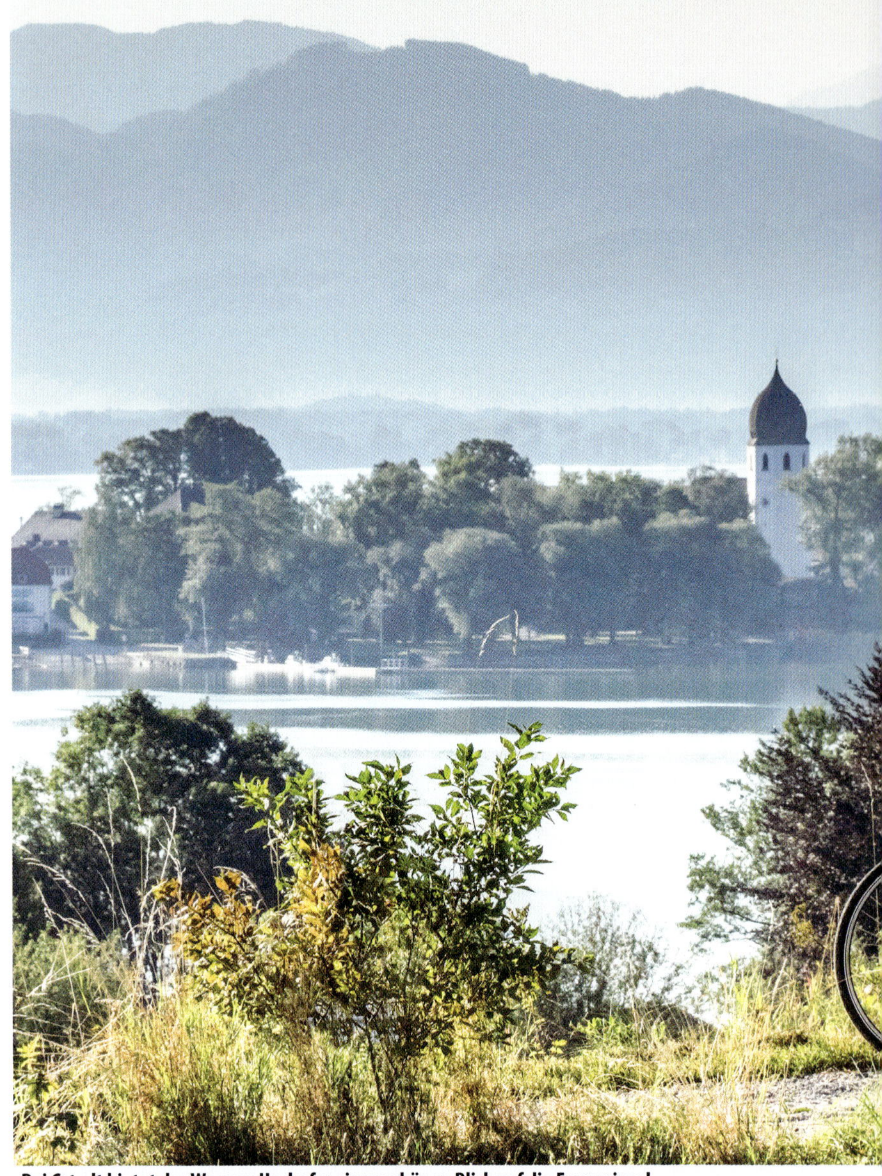

Bei Gstadt bietet der Weg am Hochufer einen schönen Blick auf die Fraueninsel

Wiesen mit schönem Blick auf den See und die Bergkette dahinter. Bei Breitbrunn wird es wieder etwas waldiger und kurviger und der Radweg auch enger, so dass man mehr auf den Verkehr achten sollte. Nach einem weiteren Waldstück, vorbei an eleganten Villen erreicht man Gstadt mit der Schiffsanlegestelle und einem fast kitschig schönen Blick hinüber zur Fraueninsel und auf den restlichen See samt Bergen. Über Gollenshausen radelt man weiter am Seeufer entlang bis zum nördlichsten Punkt des Chiemsees in Seebruck.

Dies ist ein guter Platz für eine Pause – mit dem weitläufigen Strandbad, mit dem gro-

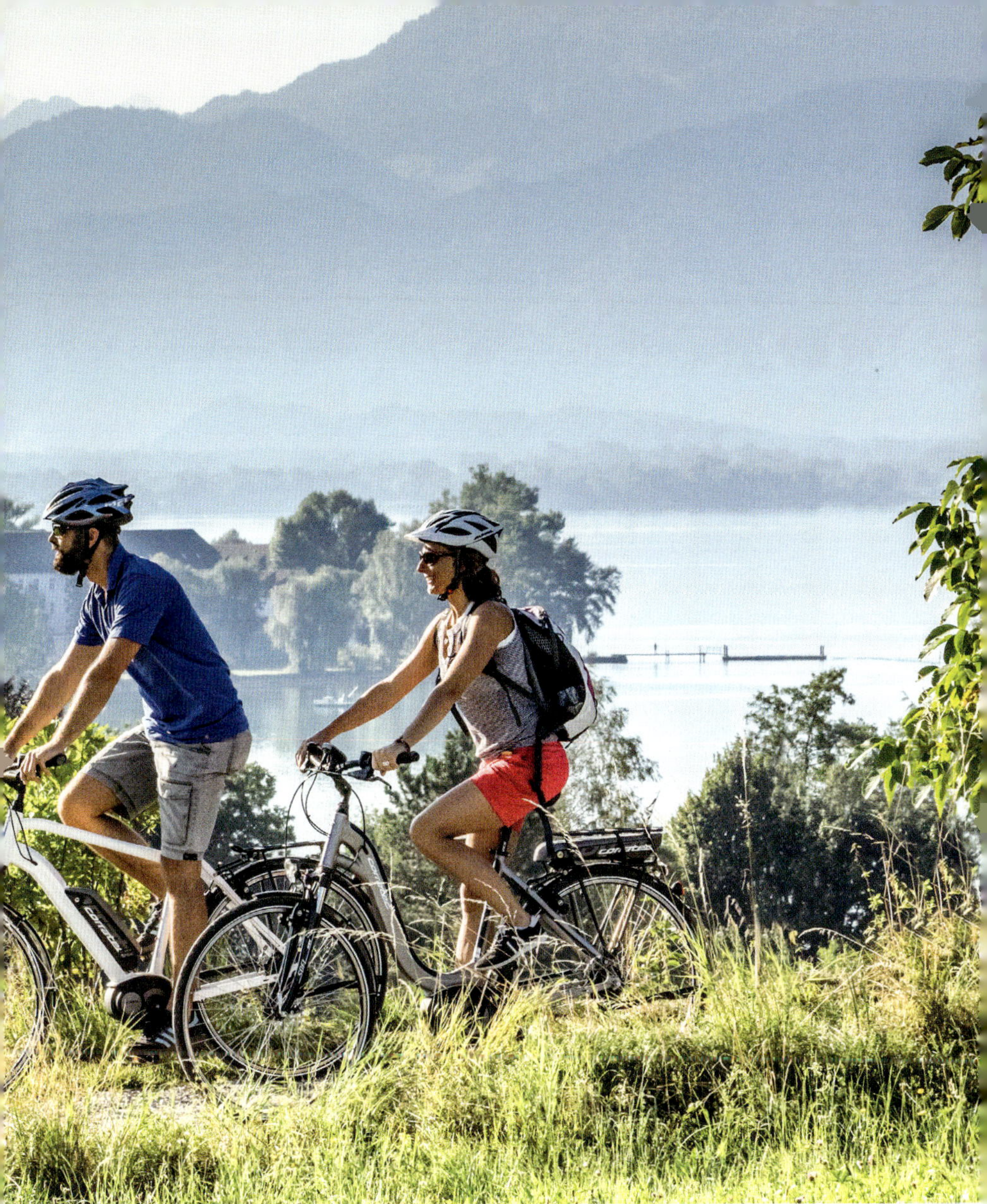

ßen Segelhafen und dem Römermuseum. Hier in Seebruck ist der Blick auf den Chiemsee besonders attraktiv – lädt doch die Chiemseeschifffahrt zu einem Ausflug ein.

Der Radweg folgt der Straße, passiert die abfließende Alz und führt weiter am See entlang nun südwärts Richtung Chieming.

Nach knapp zwei Kilometern passiert man Gut Ising, das links oben inklusive Hotel, Restaurant und Pferdegestüt thront – ebenfalls ein feiner Rastplatz.

Nächste Station ist Chieming, wo der Radweg den meist gut besuchten Uferbereich kreuzt, dann an einem Campingplatz vorbei führt

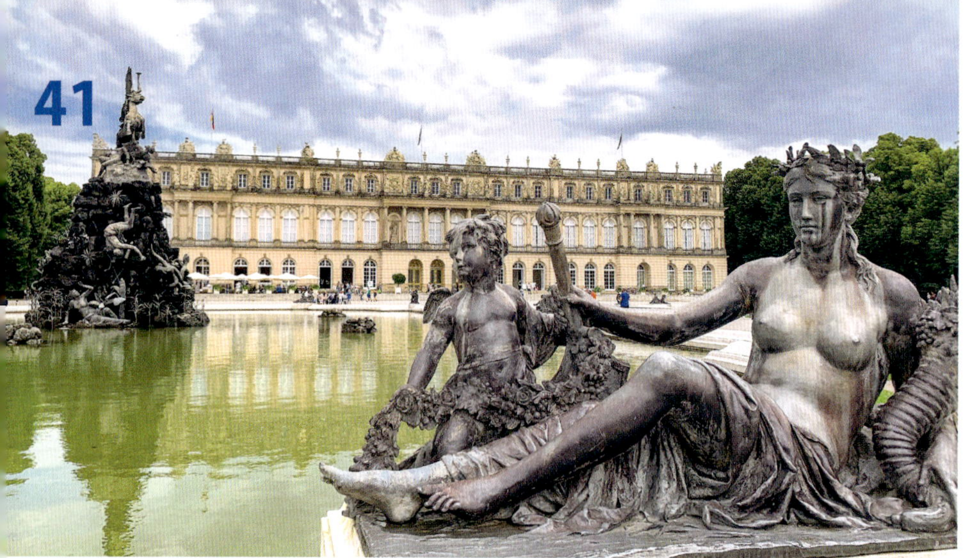

Herrenchiemsee

und sich weiter südwärts schlängelt. Die Szenerie ändert sich nun. Ziemlich schnurgerade geht es über ruhige Wiesen und durch Waldpartien und dann in das Naturschutzgebiet Tiroler Ache mit dem größten Binnendelta Europas.

Dort in dem weitläufigen Schilfgebiet mündet die Tiroler Achen in den Chiemsee. Dieses einzigartige Mündungsdelta wurde bereits 1954 unter Naturschutz gestellt, es wurden hier rund 340 Vogelarten und ein hochwertiger Pflanzenbestand registriert. Normalerweise werden hier auch Führungen und Erlebnisfahrten per Boot angeboten. Nah am Delta gibt es einen Vogelbeobachtungsturm und ein hölzernes Gasthaus nah am Uferbereich.

Vom Naturschutzgebiet sind es nur ein paar Fahrminuten, bis sich der Radweg der Autobahn A8 München-Salzburg nähert. Zuerst passiert man noch linkerhand die Ortschaft Grabenstätt und fährt dann zwischen Autobahn und Chiemsee westwärts. Kurz nach der Brücke über die Tiroler Achen erreicht man schließlich die Feldwieser Bucht. Die Halbinsel ist ein beliebtes Ausflugsziel. Der Radweg streift sie zwar nur, aber ein kurzer Abstecher rechts ist durchaus reizvoll. Dabei radelt man vorbei an der Anlegestelle der Chiemseeschifffahrt und weiter an mehreren Lokalen vorbei bis zum öffentlichen Strandbad und der sehr beliebten Sundowner Bar.

Wer es ruhiger bevorzugt, fährt ein kurzes Stück weiter und erreicht bald einsame Buchten. Die Halbinsel ist gerade bei Familien wegen der geringen Wassertiefe sehr beliebt.

Die letzte Etappe der Rundtour begleitet dann die Autobahn zuerst auf der rechten, dann auf der linken Seite und erreicht bald eine Unterführung bei der Klinik Medical Park. Dort sind es nur wenige hundert Meter bis zum Ausgangsort.

Wie wäre es zum Abschluss hier noch mit einem Bad im Chiemsee?

Tipp: Wer einen Ausflug auf die Chiemseeinseln machen will, kann dies auch von Prien-Stock, Gstadt, Seebruck, Chieming und Felden starten. Allerdings ist Radfahren auf den Inseln nicht erlaubt. In Prien-Stock am Hafen gibt es abschließbare Radgaragen und eine Ladestation für E-Bikes. Räder werden unter Umständen auch auf dem Schiff mitgenommen, wenn man zum Beispiel die Tour mit dem Schiff abkürzen will. www.chiemsee-schifffahrt.de

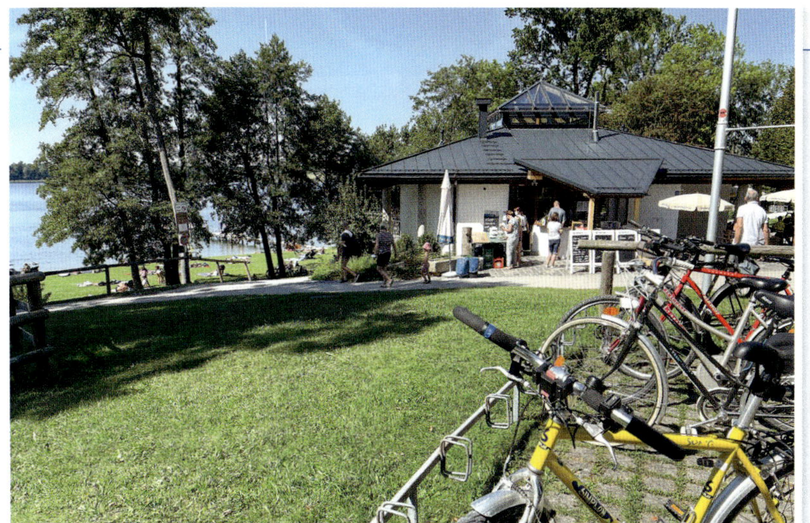

Einkehren

Zum Fischer am See, Prien
Klassischer Landgasthof direkt am Seeufer zwischen Bernau und Prien. Mit großem Gastgarten und Übernachtungsmöglichkeiten.
www.fischeramsee.de

Fischhütte Reiter, Prien
Beliebtes Ausflugslokal direkt am Radweg, 1,5 km nördlich von Prien-Stock. Fischspezialitäten.
Tel. +49 (0)8051 / 63431

Stefano am See, Breitbrunn
Direkt am Strandbad und am Radweg. Gute italienische und thailändische Küche, schöne Lage mit Seeblick.
Tel. +49 (0)1520 / 4444606

Chiemsee Wirt, Gollenshausen
Bodenständiges Gasthaus, etwas abseits des Chiemseeufers mit guter bürgerlicher Küche.
www.chiemseewirt.restaurant

Ristorante Il Cavallo, Gut Ising
Elegantes Restaurant im Gut Ising, etwas oberhalb des Seeufers mit schönem Seeblick. Klassische italienische Küche.
www.gut-ising.de

Wirtshaus zur Hirschauer Bucht, Chieming
Rustikales Ausflugsgasthaus in einsamer Lage beim Mündungsgebiet der Achen. Regionale Küche mit Schwerpunkt Fischspezialitäten, schöner Gastgarten.
www.hirschauer-bucht.de

Übernachten

Gut Ising
Viersternehotel in einem historischen Gutshof am nordöstlichen Hochufer des Chiemsees. Beliebte Hochzeitslocation.
www.gut-ising.de

Hotel Bonnschlössl, Bernau am Chiemsee
Romantisches Mittelklassehotel in einem historischen Schloss in ruhiger Lage im Zentrum von Bernau.
www.hotel-chiemsee-bonnschloessl.de

Kartentipp:
ADFC-Regionalkarte Chiemgau,
1:75.000, ISBN 978-3-96990-023-9, € 9,95
Digital für Smartphones und Tablets:
www.fahrrad-buecher-karten.de/rk-digital

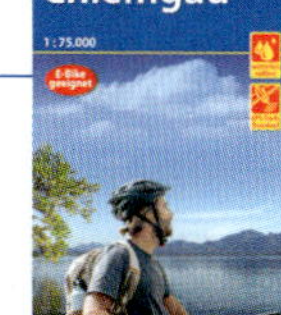

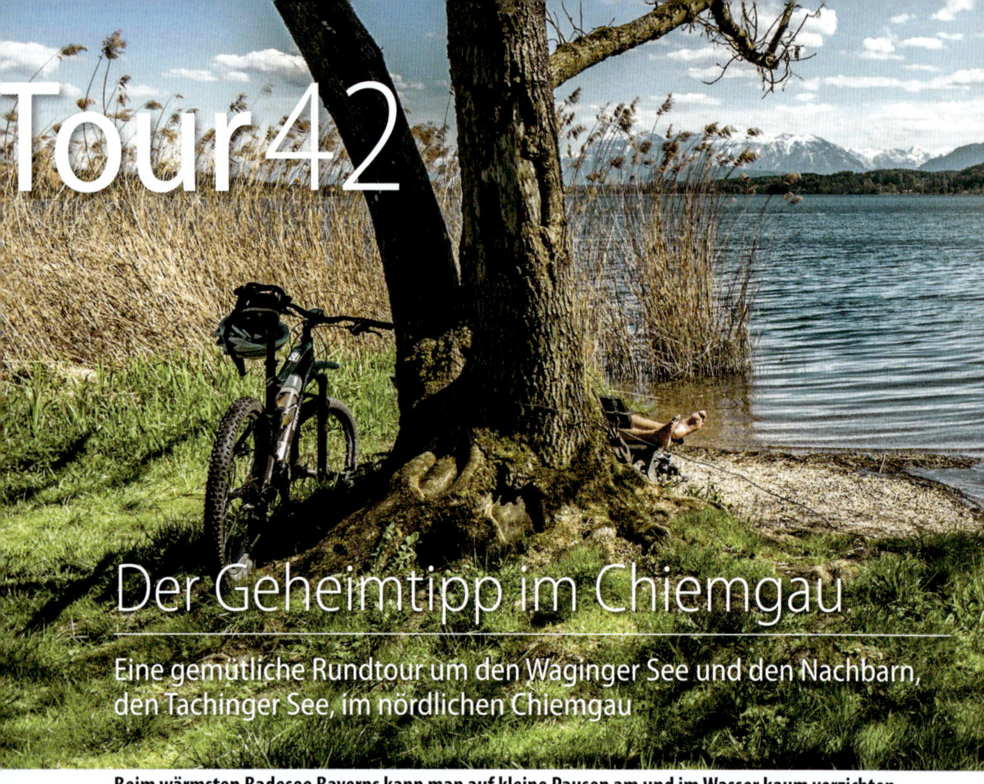

Tour 42

Der Geheimtipp im Chiemgau

Eine gemütliche Rundtour um den Waginger See und den Nachbarn, den Tachinger See, im nördlichen Chiemgau

Beim wärmsten Badesee Bayerns kann man auf kleine Pausen am und im Wasser kaum verzichten

Genussradeln pur verspricht dieser Ausflug rund um den Waginger See und seinem direkt angrenzenden Nachbarn, den Tachinger See. Man fährt durchweg in Seenähe mit vielen eindrucksvollen Aussichtspunkten und etlichen Strandbädern neben der Strecke. Eine gemütliche Halbtagestour, die man mit naheliegenden Badepausen auch zum Tagesausflug machen kann.

Er ist immer noch ein Geheimtipp. Der Waginger See ist der kleine Nachbar des großen und berühmten Chiemsees. Mit 8,8 Quadratkilometern Fläche – rechnet man den direkt verbundenen Tachinger See dazu – ist er recht überschaubar, liegt sehr idyllisch inmitten einer sanft hügeligen Landschaft und hat einen exzellenten Ruf als Badesee. Immerhin gilt er als wärmster Badesee in ganz Oberbayern und kann im Sommer 27 Grad Wassertemperatur erreichen. Für seine Freizeitqualitäten spricht auch der weitläufige Fünfsterne-Campingplatz inklusive Kurhaus direkt am See bei Waging.

Diese Rundfahrt beginnt in Waging am See etwa einen Kilometer vom Ufer entfernt mitten im Ort bei der Tourist Information. Dort radelt man auf der Strandbadallee ortsauswärts am Kurpark vorbei, quert die Staatsstraße und kommt direkt zum Campingplatz. Unsere Tour führt links weiter in die Kurhausstraße, an der Bootswerft vorbei und bis zum Strandbad mit dem eigenwilligen Namen Seeteufel. Es wird nicht die letzte Möglichkeit sein, unterwegs ein erfrischendes Bad zu nehmen. Nun folgt der Radweg auf der linken Straßenseite der Staatsstraße bis zum idyllisch gelegenen Dorf Taching. Wir sind nun offiziell am Tachinger See unterwegs und können uns hier auf den schönsten Teil der Runde freuen. Auch in Taching gibt es rechts einen Campingplatz mit Strandbad. Weiter geht die Fahrt auf dem Radweg über Mauerham nach Tengling.

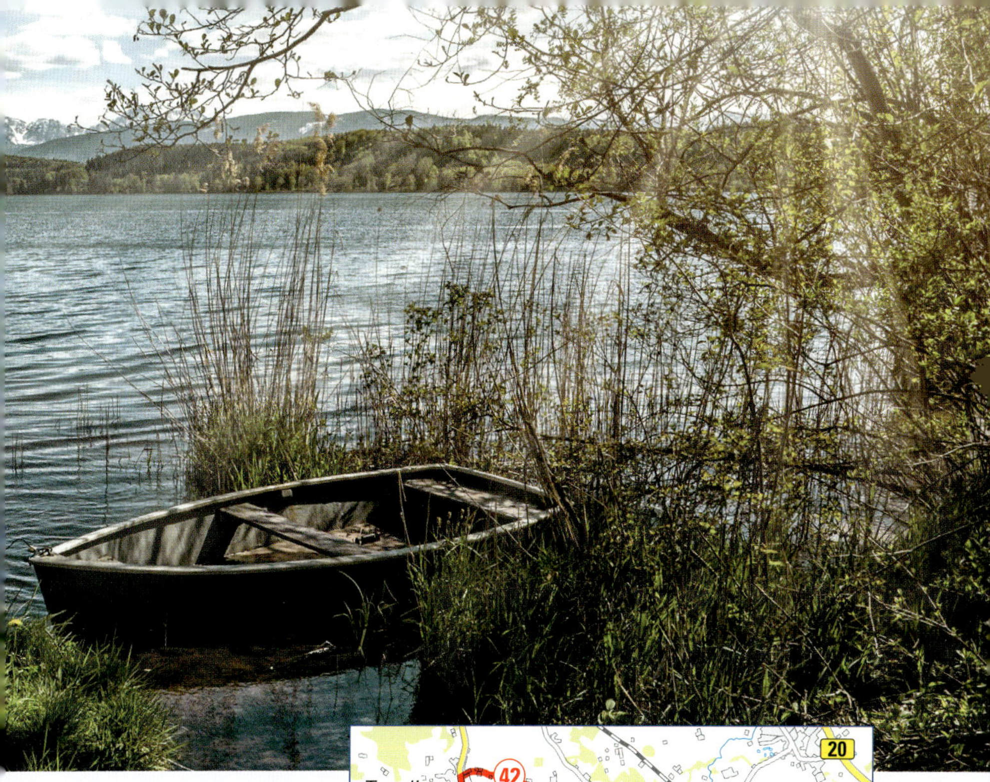

Panorama-Tourinfo

Auf gut ausgebauten Radwegen, mit kurzen Abschnitten auf Nebenstraßen, teils auf Schotter geht es immer wieder leicht bergauf und bergab um den Waginger und Tachinger See.

Start/Ziel: Waging am See, Tourist Information

Länge: 30 km

Höhenunterschied: 150 m

Information: Ferienregion Waginger See, Tel. +49 (0)8681 / 313, www.waginger-see.de

In Mauerham könnte man beim Sailerhof in der hauseigenen Brennerei eine Führung mitmachen und sich mit Hochprozentigem versorgen. Eine Kostprobe sollte man eher auf später verschieben. In Tengling können wir uns in einem Gasthaus, einer Pizzeria oder bei einem Bäcker direkt an der Straße stärken.

In Tengling führt der Weg dann rechts Richtung Strandbad.

Vor dem Strandbad passiert man noch die gelbe Kirche St. Coloman mit einem schönen gotischen Flügelaltar. Man hat von dort auch eine herrliche Aussicht auf die beiden

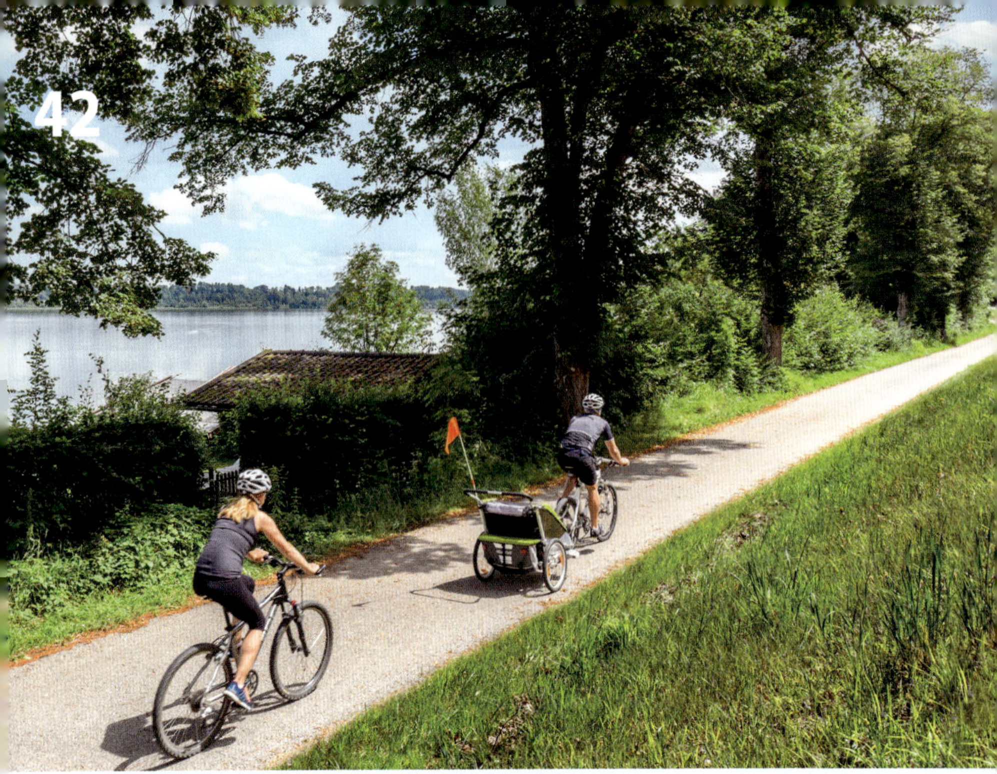

Am Waginger See fährt man fast immer am Ufer entlang

Seen und die Berchtesgadener Berge im Hintergrund.

Danach verläuft der Weg südwärts auf einem Güterweg durch den Wald und kommt kurz vor Tettenhausen bei Bicheln wieder auf offenes Gelände. Hier hat man wieder herrliche Aussichten über See und Berge. Nun ist man wieder auf asphaltierten Nebenstraßen unterwegs, kommt nach Tettenhausen, kreuzt hier den Mozart-Radweg und fährt weiter geradeaus nach Süden.

Bei der Kreuzung bietet sich rechts ein Abstecher zum Badwirt an. Ein typisches bayerisches Gasthaus mit solider Küche direkt beim Strandbad.

Die Umrundung des Tachinger Sees ist nun abgeschlossen und wir radeln weiter rund um den Waginger See. Der asphaltierte Weg führt dabei nach Süden bis zum Ferienparadies Gut Horn und zum Restaurant „Zum alten Fährhaus". Der Güterweg bringt uns nach Wolkersdorf und weiter auf Asphaltstraßen zur Hauptstraße Richtung Petting.

Unterwegs hat man wieder schöne Ausblicke Richtung Süden und es bietet sich hinter Kühnhausen rechts noch ein Abstecher zum Seewirt direkt am Ufer an.

Dort, wo man die Götzinger Ache passiert, gibt es mit dem Café Götzinger eine empfehlenswerte Einkehrmöglichkeit.

In Petting wäre ein gastronomisch reizvoller Abstecher möglich: nach Schönram und zur gleichnamigen renommierten Brauerei mit Gasthaus sind es drei Kilometer auf dem Mozart-Radweg.

Doch nun zurück nach Petting. Wir sind nun am südlichsten Punkt des Waginger Sees, fahren in Petting auf der Seestraße an der Feuerwehr vorbei bis zur Kreuzung mit der Staatsstraße. Auf rund fünf Kilometern begleitet der Radweg die Staatsstraße in direkter Seenähe bis Gaden.

Hier bietet sich nun ein etwas sportlicher Abstecher an. Über die Dorfstraße in Gaden links fährt man etwas bergauf bis zur Wallfahrtskirche Maria Mühlberg auf dem Mühlberg direkt vor Waging. Der Lohn: ein kontemplativer Platz und ein bezaubernder Aussichtspunkt mit Blick über die beiden Seen und die ganze Region. Die Kirche aus dem frühen 18. Jahrhundert ist bekannt für ihre umfangreiche Sammlung an historischen Votivbildern.

Vom Abstecher aus fahren wir weiter geradeaus, vor der Staatsstraße links und rechts über den Kreisel ins Zentrum von Waging.

Von Gaden aus folgen wir weiter der ausgeschilderten Bajuwarentour, treffen auf einer T-Kreuzung den Mozartradweg, biegen rechts ab und fahren nach wenigen Metern links auf der Strandbadallee ins Zentrum von Waging.

Der Waginger See bietet nicht nur am Wasser ein umfangreiches Freizeitangebot. Im Bajuwarenmuseum kann man sich mit der Herkunft und der Geschichte der Bayern vertraut machen. Bei der Käserei Bergader werden Führungen durch die Geschichte der Käseherstellung angeboten (www.bergader.de). Und auf dem Ferienhof Reiter in Buchwinkel am See können wir eine Lamawanderung unternehmen. Insgesamt 18 Lamas sind dort zuhause (www.lamasamwagingersee.de).

Eine andere, etwas ungewöhnliche Attraktion ist der Rennstadl von Herbert Huber im Weiler Buchberg. Dort wartet in der ausgebauten Scheune eine riesige Carrera-Rennbahn mit 60 Metern Länge und vielen eindrucksvollen Details, auf der man sich mit anderen Modellautofans messen kann (www.rennstadl.de).

Kartentipp:
ADFC-Regionalkarte Chiemgau,
1:75.000, ISBN 978-3-96990-023-9, € 9,95
Digital für Smartphones und Tablets:
www.fahrrad buecher karten.de/rk digital

Einkehren

Badwirt, Tettenhausen
Direkt beim Strandbad am See bei Tettenhausen steht das bodenständige bayerische Gasthaus.
www.strandbad-tettenhausen.de

Zum alten Fährhaus, Gut Horn
Das Restaurant gehört zum Ferienparadies Gut Horn am Ostufer des Waginger Sees und bietet türkische und internationale Küche.
www.gut-horn.de

Café Götzinger, Petting
Beliebtes Kaffeehaus mit Gastgarten bei Petting. Auch kleine Imbisse sind im Angebot.
www.cafe-gotzinger-gastehaus-pension.business.site

Brauerei Schönram, Schönram
Die bekannte und vielfach ausgezeichnete Brauerei befindet sich an der Straße etwa drei Kilometer östlich von Petting. Dazu gehört auf der gegenüberliegenden Straßenseite auch ein Brauereigasthof.
www.schoenramer.de

Übernachten

Unterwirt, Waging
Typisch bayerisches Mittelklassehotel im Zentrum von Waging, mit Hallenbad und Sauna und eigenem Steakhouse.
www.unterwirt-waging.de

Landhaus Tanner, Waging
Elegantes Viersternehotel am Rand von Waging, das sich ganz dem Genuss verschrieben hat. Restaurant mit SlowFood-Küche.
www.landhaus-tanner.de

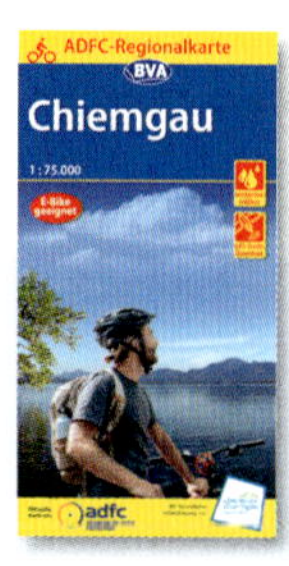

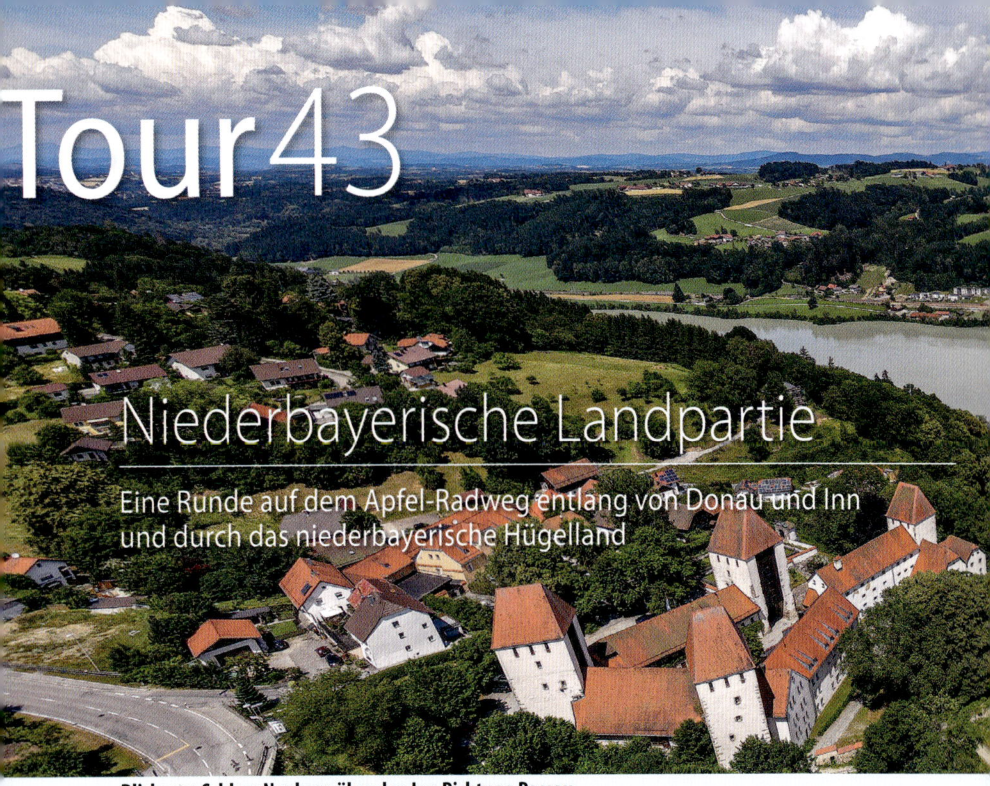

Blick vom Schloss Neuburg über den Inn Richtung Passau

Eine gute Mischung aus den bekannten Radwegen entlang der Donau und dem Inn zusammen mit dem ruhigen und idyllischen Hinterland mit viel niederbayerischer Lebensart. Bei dieser knapp 100 Kilometer langen Rundtour spielen Kultur und Brauchtum, Obstgärten und gemütliche Dörfer mit echten Wirtshäusern eine Hauptrolle. Gute zwei Tage sollte man schon einplanen. Schließlich gibt es viel zu sehen und zu genießen.

Passau ist der Ausgangsort dieser Radrunde, die mit knapp 100 Kilometern Länge ein gutes Programm für zwei erlebnisreiche Tage ist.

Wir starten dazu am Hauptbahnhof in Passau und fahren anfangs noch weniger romantisch vorbei am Parkhaus nach Westen auf den Donauradweg. Bei der Staustufe Kachlet wechselt der Weg auf die Nordseite der Donau. Dort geht es weiter westwärts bzw. flussaufwärts über Donauhof und Schalding bis nach Windorf.

Unterwegs hat man mit den Lokalen und Imbissstationen entlang des Donauradwegs genug Einkehrmöglichkeiten.

Panorama-Tourinfo

Eine abwechslungsreiche, als Apfel-Radweg ausgeschilderte Rundtour, die zunächst von Passau an der Donau entlang verläuft, dann das teils recht hügelige Land mit vielen Obstwiesen auf der Südseite quert. Man fährt auf Radwegen und ruhigen Nebenstraßen bis zum Inn und dort direkt nach Passau zurück.

Start/Ziel: Passau

Länge: 96 km

Höhenunterschied: 580 m

Information: Passauer Land Tourismus, www.passauer-land.de

In Windorf fährt man bei der Nepomukkapelle auf die Uferpromenade und weiter flussaufwärts vorbei am Flugplatz Vilshofen.

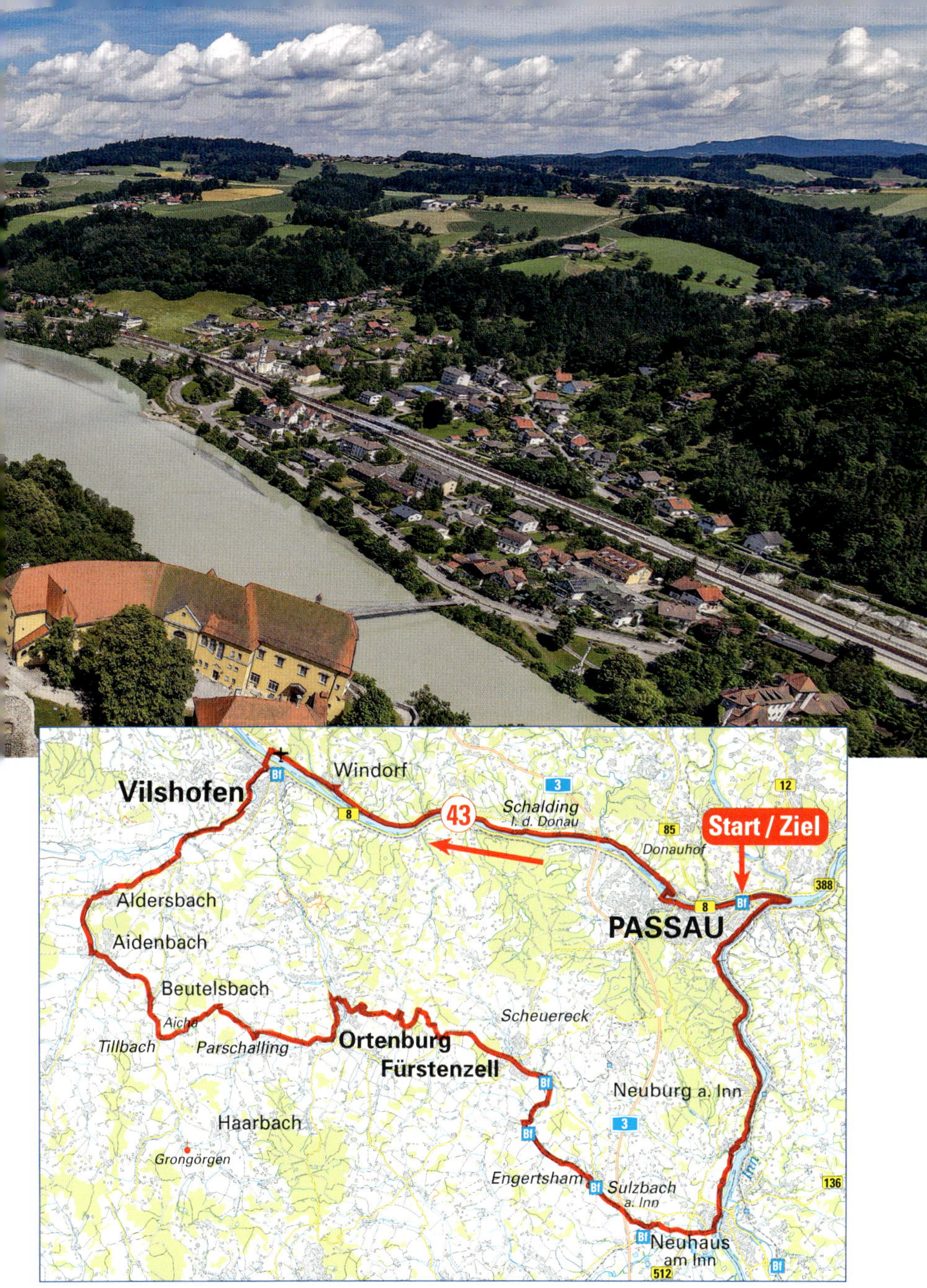

Über die Marienbrücke, von der man einen schönen Blick auf die Donau hat, kommt man direkt nach Vilshofen. Von der Brücke sind es nur wenige hundert Meter bis zum zentralen Stadtplatz.

Im Zentrum kann man eine Sightseeingtour durch das historische Vilshofen mit seinen romantischen Gassen machen oder in einem der zahlreichen Lokale einkehren. Sehenswert ist auch der Stadtturm mit der Stadtgalerie.

43

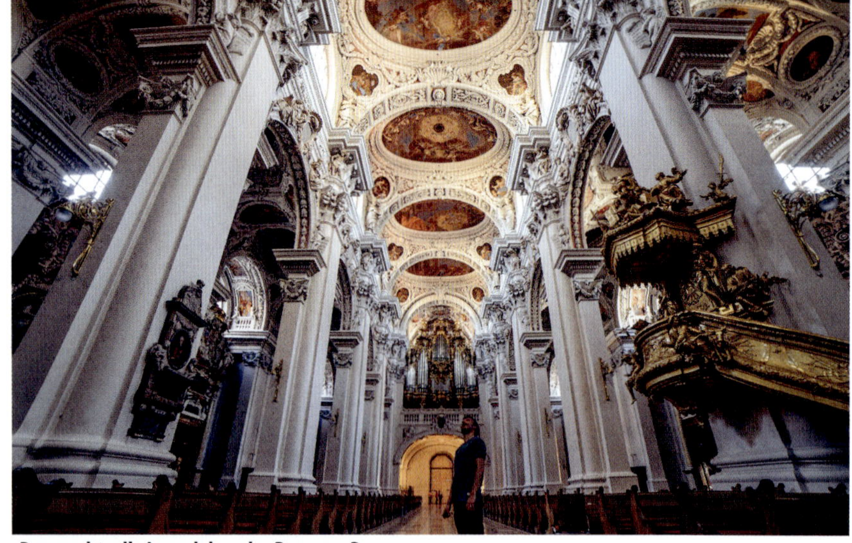

Das prachtvolle Innenleben des Passauer Doms

Eine Besonderheit in Vilshofen sind die Bierunterwelten. Wo früher das Bier unterirdisch gelagert wurde, kann man heute bei Führungen besichtigen. Dass in Vilshofen das allererste Pils gebraut wurde, ist wenig bekannt – vom Braumeister Joseph Groll.

Von Vilshofen führt die Apfeltour nun nach Süden entlang der Vils bis zum Kraftwerk. Hier wechseln wir die Uferseite und radeln weiter bis Aldersbach. Dort passiert der Radweg das Biertor und kommt ins Zentrum.

Wie das Tor schon andeutet, spielt das Bier auch hier eine wichtige Rolle. Gut 900 Jahre alt ist das hiesige Kloster, aus dem heraus auch die Brauerei entstanden ist. Das Kloster ist Sitz des Rathauses und wird für kulturelle Veranstaltungen genutzt. 2016 fand hier die Landesausstellung „Bier in Bayern“ statt.

Weiter geht die Tour nach Süden auf der Ritter-Ortolf-Straße und auf einem ehemaligen Bahndamm bis zur Ortschaft Aidenbach, das nur drei Kilometer entfernt ist. Auch Aidenbach hat einen typischen, langgezogenen Markplatz, die gute Stube des Ortes. Von Aidenbach fährt man weiter südostwärts etwa drei Kilometer bis Beutelsbach und von dort vorbei an der Kirche St. Georg nach Süden knappe zwei Kilometer bis Tillbach.

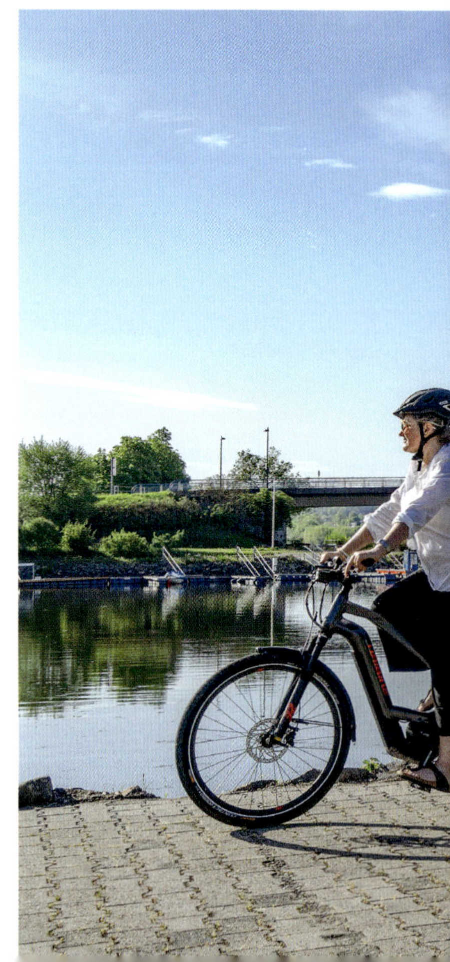

In Tillbach teilt sich der Apfelradweg in zwei offizielle Varianten. Die längere und sportlichere Route führt geradeaus weiter bis Haarbach, kreuzt hier den Klosterwinkel-Radweg und führt dann praktisch wieder zurück nach Nordosten bis Parschalling. Kurz vor Haarbach kommt man in Grongörgen an einer schönen gotischen Wallfahrtskirche vorbei.

Die kürzere und gemütlichere Variante führt links Richtung Aicha und kommt dabei an schönen Streuobstwiesen vorbei – wird also seinem Namen hier ziemlich gerecht. Nach rund fünf Kilometern ab Tillbach erreicht man Parschalling und nach weiteren sechs Ortenburg.

Auf dem weiteren Weg nach Osten begleiten uns ebenfalls großflächige Streuobstwiesen mit vielen Apfelbäumen. Der Obstanbau ist in dieser Gegend ein wichtiger Erwerbszweig. In Ortenburg könnte man nun eine etwas längere Pause einlegen. Hier gibt es das Schloss Ortenburg. Die mächtige Festung war früher Sitz der Grafen von Ortenburg und ist heute im Besitz der Gemeinde und beherbergt ein Museum und das recht archaisch eingerichtete Restaurant Schlosskeller. Interessant ist auch der rund 25 Hektar große Wildpark, in dem unter anderem Rotwild, Steinböcke, Luchse, Wildkatzen und viele andere Tiere zuhause sind.

Die erste Etappe führt auf dem Donauradweg bis Vilshofen

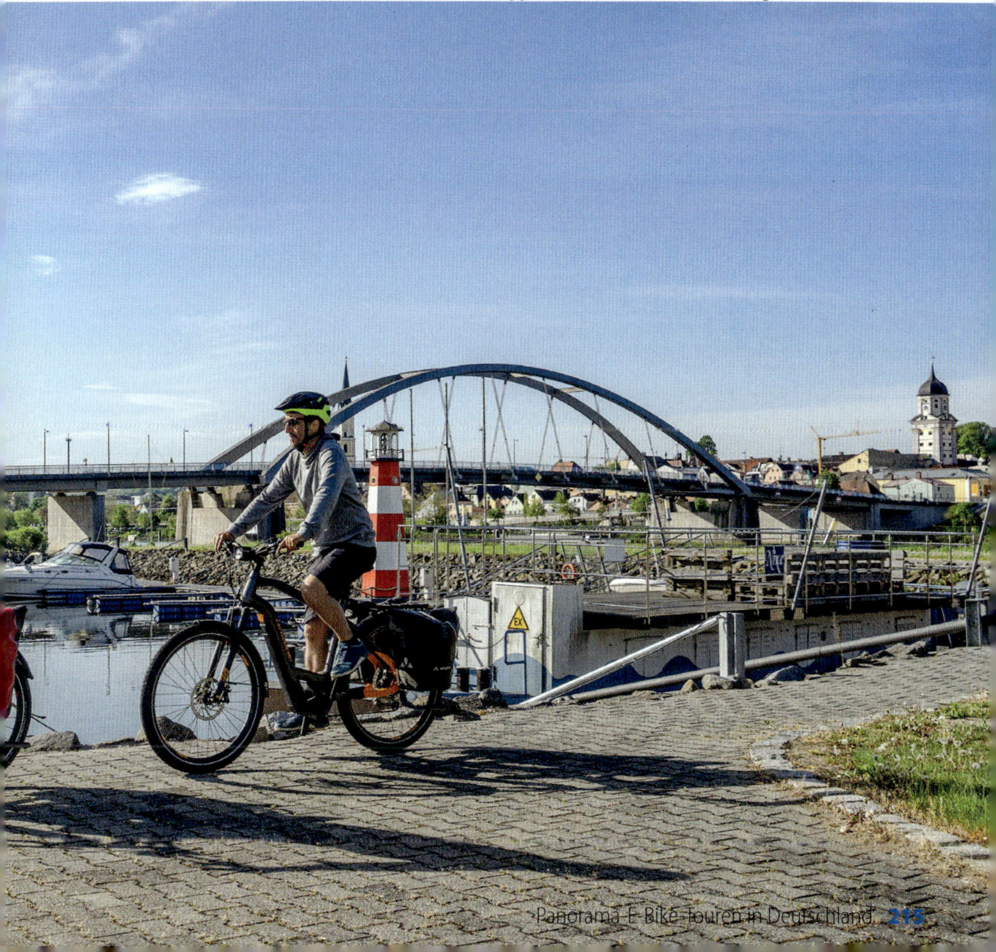

43

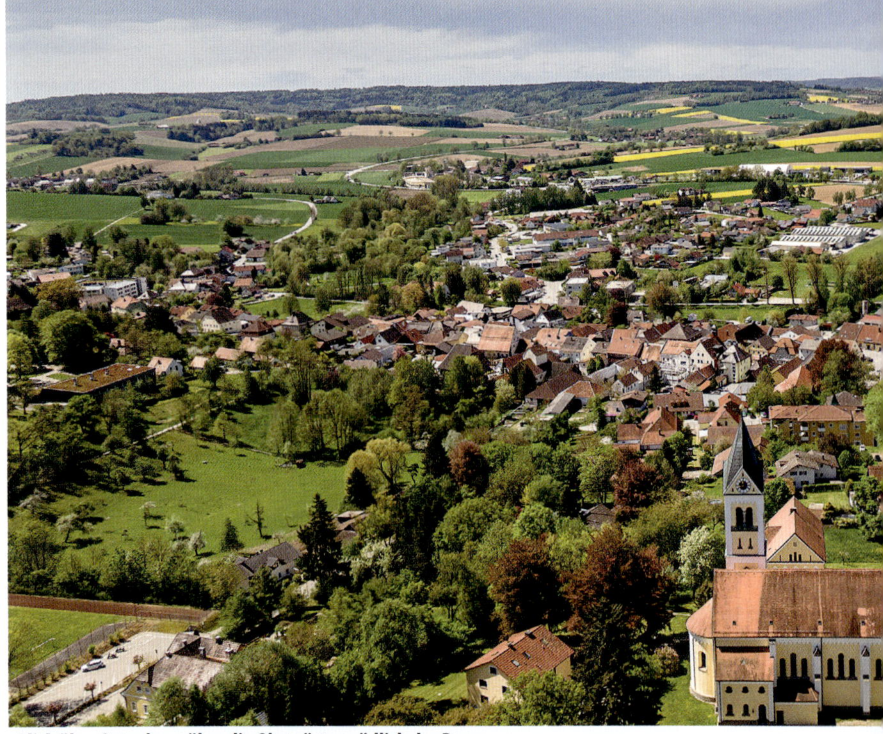

Blick über Ortenburg über die Obstgärten südlich der Donau

Nach Ortenburg geht es vorbei am Hotel Zum Koch ostwärts. Der Weg schlängelt sich weiter über die etwas hügelige Landschaft bis Fürstenzell und Bad Höhenstadt.

Der Markt ist vor allem bekannt für die prachtvolle Kirche des ehemaligen Zisterzienserklosters. Sehr schön ist auch der ehemalige Gartenpavillon des Klosters mit aufwändigen Fresken, der heute für Trauungen genutzt wird. Über Aspertsham kommt man schließlich nach Bad Höhenstadt, das bekannt ist für die stärkste Schwefelquelle in ganz Deutschland. Die Quelle Sankt Kneippanlage befindet sich im Kurpark von Bad Höhenstadt.

Weiter geht die Reise dann Richtung Süd-Osten durch weitläufige Obstgärten über Engertsham, Sulzbach, nach Neuhaus am Inn und Richtung Norden über Vornbach nach Neuburg am Inn.

Das mächtige Schloss Neuhaus direkt am Innufer war einst als Grenzfestung erbaut worden und beherbergt heute eine Realschule.

Nicht versäumen sollte man hier einen kurzen Ausflug über die alte Innbrücke nach Schärding. Die Barockstadt bietet ein sehenswertes historisches Zentrum.

Etwa fünf Kilometer innabwärts auf der bayerischen Seite gibt es noch das ehemalige Benediktinerkloster Vornbach, das 1803 im Rahmen der Säkularisation geschlossen wurde, heute Schloss Vornbach heißt und im Besitz mehrerer Privatleute ist. Ein ebenso geschichtsträchtiger wie malerischer Ort ist das wenige Kilometer weiter flussabwärts liegende Neuburg.

Das Schloss Neuburg thront am Hochufer über dem Inn. Es gehört dem Landkreis Passau, wo unter anderem ein Hotel mit Gourmetrestaurant und Veranstaltungsräumlichkeiten untergebracht sind. Die schmale Marienbrücke führt hinüber zum österreichischen Ufer zur Mariensäule und zur Burg Wernstein, das aber in Privatbesitz und nicht zu besichtigen ist.

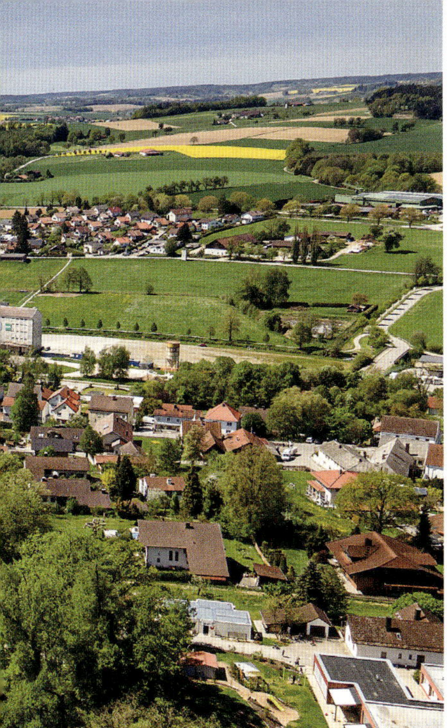

Von Neuburg sind es dann nur noch gut neun Kilometer auf dem linken, also bayerischen Ufer bis zu unserem Zielort Passau.

Dort kann man am Innufer entlang bis zur berühmten Spitze, dem Dreiflüsseeck fahren, wo Donau, Inn und Ilz zusammenfließen. Von dort sind es nur wenige Meter hinein in die weit verzweigte Passauer Altstadt mit dem Dom und vielen engen Kopfsteinpflastergassen, die für Radler nicht gerade ideal sind. Aber in Passau ist es ohnehin besser zu schieben und sich die herrlichen Bauwerke genauer anzuschauen.

Kartentipp:
ADFC-Regionalkarte Niederbayern,
1:75.000, ISBN 978-3-96990-083-3, € 9,95
Digital für Smartphones und Tablets:
www.fahrrad-buecher-karten.de/rk-digital

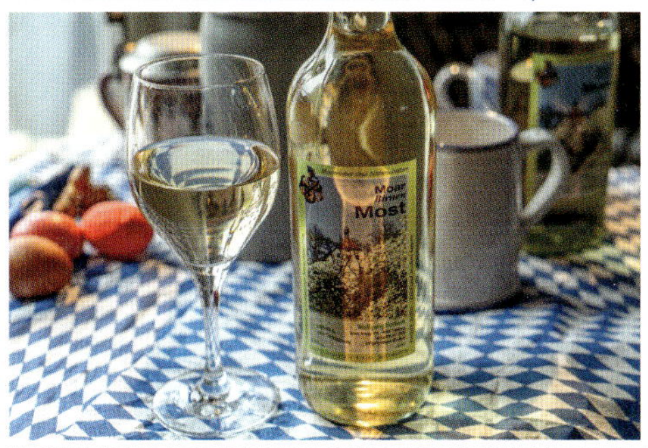

Einkehren

Wittelsbacher Zollhaus, Vilshofen
Klassische regionale Küche in historischem Ambiente mit alten Gewölben und einem schönen Biergarten.
www.wittelsbacher-zollhaus.com

Aldersbacher Bräustüberl, Aldersbach
Ein zur hiesigen Brauerei gehörendes Wirtshaus mit bayrischen Brotzeiten. Das Bier holt man sich selbst an der Schenke mit dem Steinkrug. Man kann sich auch das Essen mitnehmen.
www.aldersbacher.de

Zum Hammel, Ortenburg
Ein geschmackvoll aktualisiertes, altes Gasthaus in einem ehemaligen Bauernhof mitten in Ortenburg. Kreative, bayerische Küche, stilvolles Ambiente.
Tel. 08542 432

Lukas Steak, Schärding
Sehr gutes Steakrestaurant mitten in der Altstadt von Schärding. Gehobene Preisklasse. Unbedingt reservieren.
www.lukas-steak.at

Übernachten

Hotel Zum Koch, Ortenburg
Viersternehotel im Chaletstil mit sehr komfortablen Zimmern, Pool und Sauna. Gute Küche.
www.zumkoch.de

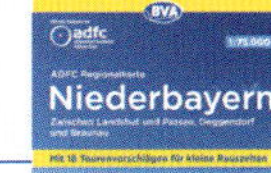

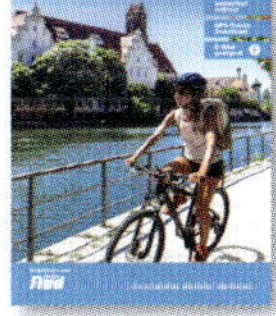

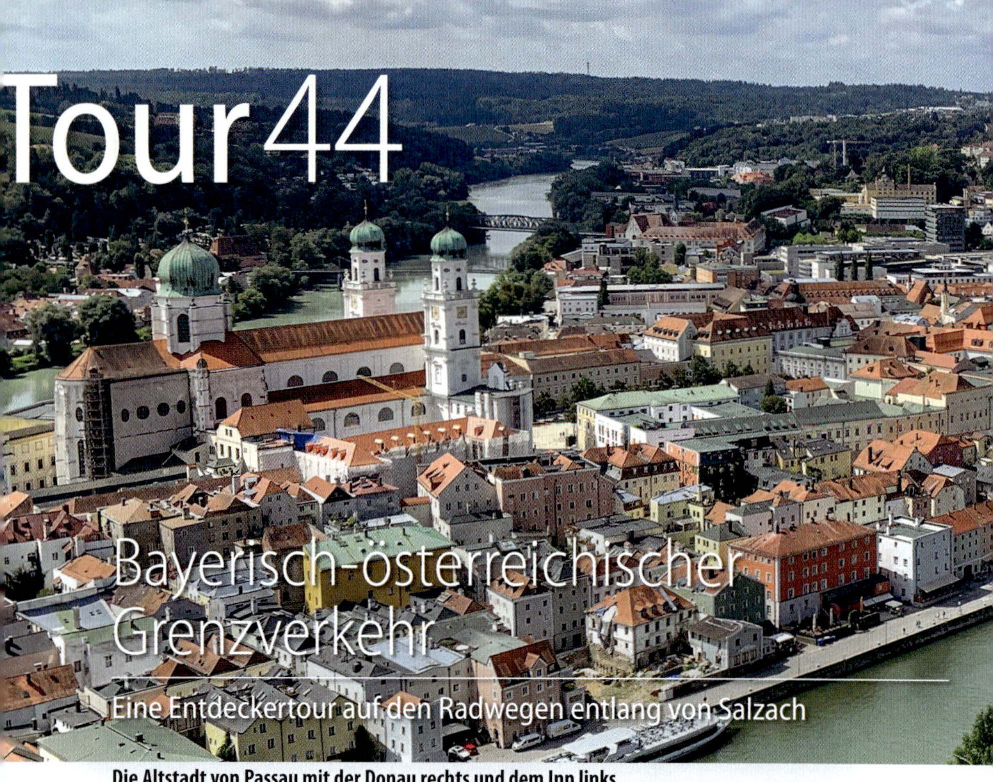

Tour 44

Bayerisch-österreichischer Grenzverkehr

Eine Entdeckertour auf den Radwegen entlang von Salzach

Die Altstadt von Passau mit der Donau rechts und dem Inn links

Der Start ist in Bad Reichenhall auf der bayerischen Seite, dann wechselt man auf die andere Flussseite und wieder zurück, sucht sich immer die schönsten Wege und reizvollsten Sehenswürdigkeiten aus. Eine gemütliche Reise mit viel Brauchtum und Kultur und überraschenden Perspektiven.

Das Wahrzeichen von Bad Reichenhall ist der standesgemäße Startort für diese Tour. Die Alte Saline im Süden der Stadt steht für die lange Tradition der Salzgewinnung, die Bad Reichenhall auch viel Wohlstand gebracht hat. Erbaut wurde sie Mitte des 19.Jahrhunderts. Vor fast 100 Jahren ist sie von der neuen Saline abgelöst worden. Heute ist es eines der bedeutendsten Industriedenkmäler Bayerns.

Von der Saline geht es zunächst nordwärts über die Salinenstraße und dann rechts/links Rosengasse, Heilingbrunnerstraße, Salzburger Straße vorbei am altehrwürdigen Hotel Axelmannstein, das symbolhaft für die Tradition des Kurtourismus in der Stadt steht, von dem aber heute nicht mehr viel übrig ist. Vorbei am Karlspark und am Friedhof kommt man auf der Salzburger Straße schließlich auf der anderen Seite der Bundesstraße B20 zur Saalach und fährt am Ufer entlang auf dem Radweg weiter nach Norden. Nach gut zwei Kilometern wechselt der Radweg auf die andere Uferseite, passiert die Autobahn München-Salzburg und streift den Ort Hammerau mit seinem Gewerbegebiet. Vor Hammerau wechselt er wieder auf die österreichische Seite der Saalach. Das ist nicht der letzte Seitenwechsel. Bei Rott quert man nun hinüber nach Freilassing, fährt durch die Stadt, die ja als Einkaufsstadt bekannt ist, und fährt vor dem Friedhof rechts und weiter über die Bundesstraße zurück zur Saalach, die dort in die Salzach mündet. Nun folgen wir für rund elf Kilometer dem Ufer der Salzach bis nach Laufen und

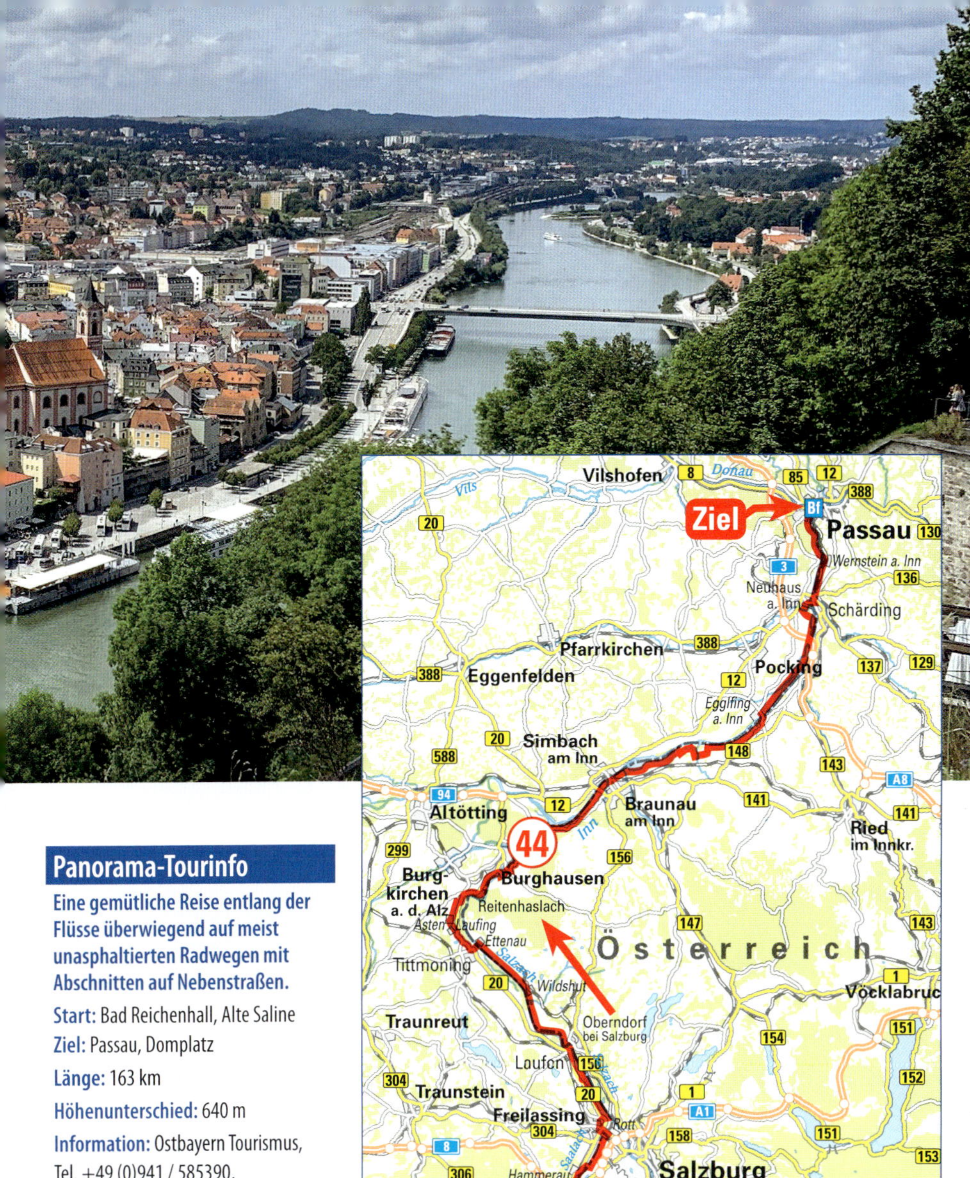

Panorama-Tourinfo

Eine gemütliche Reise entlang der Flüsse überwiegend auf meist unasphaltierten Radwegen mit Abschnitten auf Nebenstraßen.

Start: Bad Reichenhall, Alte Saline

Ziel: Passau, Domplatz

Länge: 163 km

Höhenunterschied: 640 m

Information: Ostbayern Tourismus, Tel. +49 (0)941 / 585390, www.ostbayern-tourismus.de; Oberösterreich Tourismus, Tel. +43 (0)732 / 221022, www.oberoesterreich.at

landen dort direkt bei der historischen Brücke, die Laufen mit den Nachbarn in Oberndorf verbindet.

Direkt bei der Brücke an dem kleinen Platz ist ein beliebter Radlertreffpunkt, was auch an den zahlreichen Lokalen in dem sehenswerten historischen Zentrum der Stadt liegt.

Über den Rupertusplatz und das Untere Stadttor gelangen wir zum Europasteg, der uns wieder auf die österreichische Seite bringt,

44 direkt vor der Nepomukstatue. Nun geht es links weiter der Salzach entlang flussabwärts für gute zehn Kilometer, bis man für einen Abstecher rechts abzweigen kann und etwas bergauf zur Weilharterstraße und zum kleinen Weiler Wildshut kommt.

Und der hat es in sich. Direkt neben der alten Burg steht das Gut Wildshut der Salzburger Stiegl Brauerei. Hier kann man fein regional speisen, übernachten und in die Welt exquisiter Bierkreationen eintauchen. Von Wildshut radelt man dann einen guten Kilometer auf der Straße weiter bis Riedersbach, wo man links wieder zum Tauernradweg kommt.

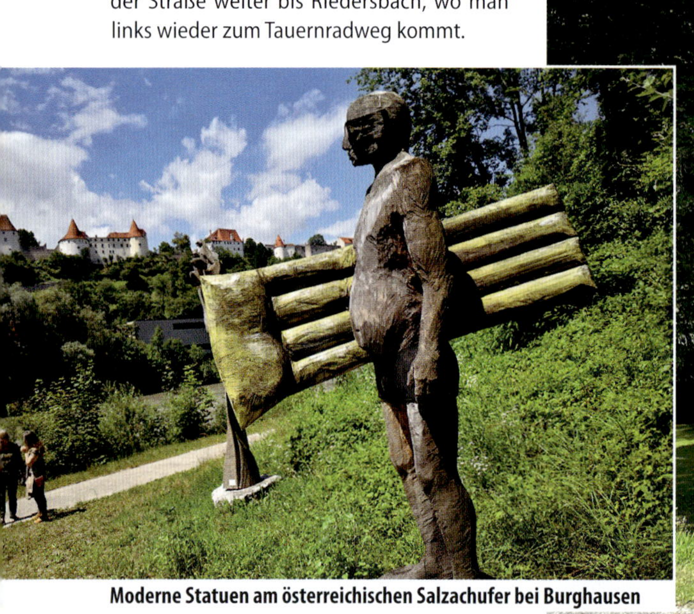

Moderne Statuen am österreichischen Salzachufer bei Burghausen

Unsere Route führt weiter entlang der Salzach und wir wechseln nun auf der Höhe von Ettenau links über die alte Brücke nach Tittmoning, das für seinen schönen Marktplatz im traditionellen Inn/Salzach-Baustil bekannt ist. Ein guter Platz für eine Kaffeepause. Nun folgt ein Ausflug etwas abseits der Salzach über Laufing und Asten Richtung Burghausen. In Raitenhaslach lohnt ein Besuch rechts beim idyllisch am Salzachufer gelegenen Kloster Raitenhaslach, wo es einen guten Klostergasthof gibt. Von Raitenhaslach nach Burghausen sind es gerade mal drei Kilometer.

Bald taucht die mächtige Burg auf, die mit 1.051 Metern die längste ihrer Art in ganz Europa ist. Vorher sollte man noch einen Abstecher in die nostalgische Gasse „In den Grüben" machen und sich auch den weitläufigen historischen Marktplatz von Burghausen gönnen.

Danach müsste man wieder zurück und über die neue Brücke auf die österreichische Seite wechseln, weil die alte Brücke eine gegen-

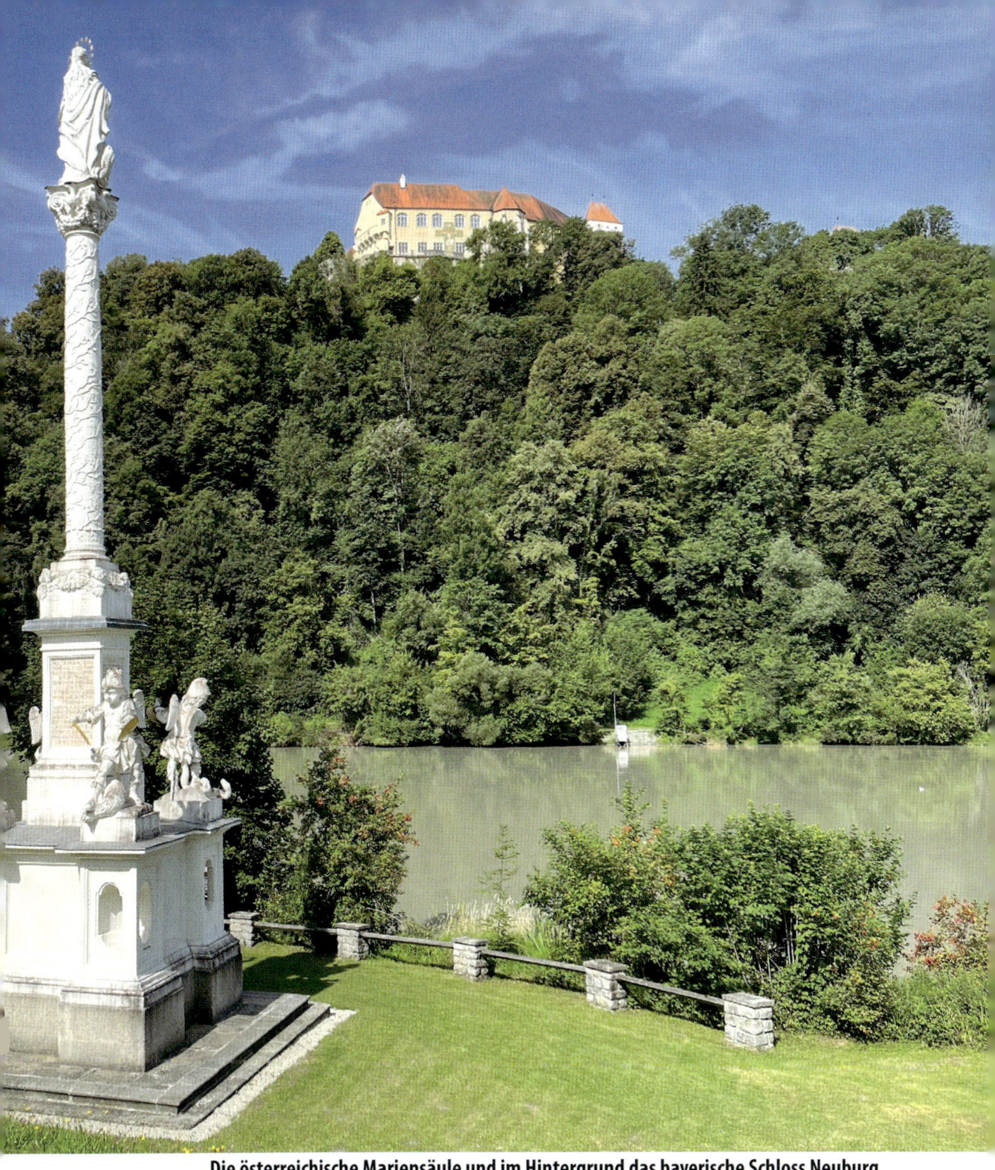

Die österreichische Mariensäule und im Hintergrund das bayerische Schloss Neuburg

läufige Einbahnstraße ist. Schieben darf man natürlich schon. Drüben fährt man links am Ufer entlang für etwa 500 Meter, bis dann ein Radweg bergauf zum Hochufer abzweigt. Ein kurzes Stück ist es knackig steil.

Oben kann man rechts einen Abstecher zum Waldgasthaus Naturfreunde machen, wo man von der Terrasse den besten Blick auf Burghausen hat.

Danach geht es noch ein Stück hinauf zur Weilharter Landesstraße und dort etwa acht Kilometer Richtung Braunau, bis man wieder links hinunter fährt zum Inndamm. Die nächsten sechs Kilometer bis Braunau fährt man wieder direkt am Ufer entlang. Auch Braunau hat einen schönen und weitläufigen Stadtplatz im klassischen Inn/Salzach-Stil. Der Radweg zieht sich hier weiter zum Inn entlang nach Norden. Allerdings nur für rund zehn

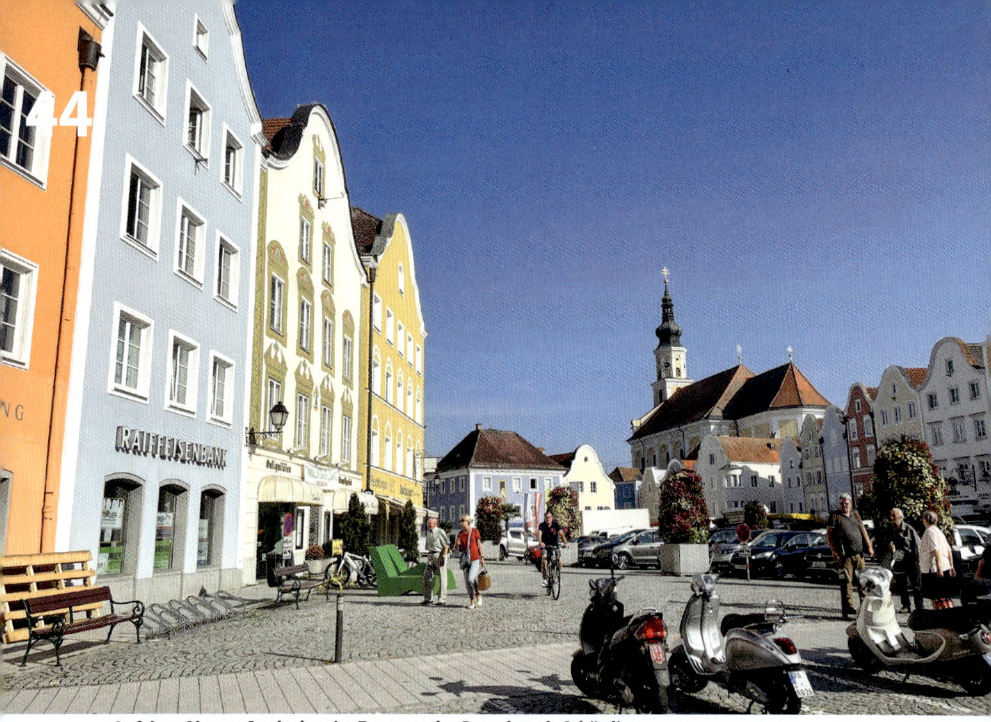

Auf dem Oberen Stadtplatz im Zentrum der Barockstadt Schärding

Kilometer, denn dann wechseln wir wieder auf die bayerische Seite bei Egglfing und fahren weiter, kreuzen bei Suben die Autobahn A3 und kommen schließlich zum Südrand von Neuhaus und wechseln auf der alten Innbrücke hinüber nach Schärding.

Schärding ist mit seinem prachtvollen barocken Baustil einen weiteren Grenzwechsel wert – dazu geht es auf der alten Brücke hinüber. Man fährt ein Stück am Inn entlang und wechselt ins Zentrum mit dem Unteren und Oberen Stadtplatz. Früher war es hier üblich, dass die Häuser in den Farben der entsprechenden Zünfte gehalten waren, also in diesem Fall blau für einen Bäcker, gelb und grün für die Wirte. Mehr zur Geschichte erfährt man im Stadtmuseum, das im äußeren Burgtor eingerichtet ist.

Der Radweg folgt weiter dem Inn nach Wernstein.

Gut vier Kilometer nördlich von Schärding kommt mit der Burg Wernstein ein besonders beliebtes Fotomotiv. Auf der österreichischen Seite stehen die Burg, die aber nicht besichtigt werden kann, dazu die prachtvolle Mariensäule davor und drüben auf der bayerischen Seite das Kaiserliche Schloss Neuburg.

Die letzten 15 Kilometer bis Passau hat man nun die Wahl, links bei den Bayern oder rechts bei den Österreichern zu radeln. In jedem Fall landet man direkt in der berühmten Altstadt von Passau.

Ein Spaziergang zum Dreiflüsseeck ist für jeden Besucher eigentlich ein Muss. Auf dem Weg dorthin locken viele Sehenswürdigkeiten, darunter der Stephansdom, der an der höchsten Stelle in der Altstadt steht und nach einem Brand 1662 neu aufgebaut und prachtvoll im Stil des Barock ausgestattet wurde. Es ist ein Kirchenbau der Superlative nicht nur wegen seines verschwenderischen Innenlebens. Er gilt als die größte Basilika nördlich der Alpen und beherbergt dazu die größte Domorgel der Welt mit 17.974 Pfeifen und 233 Registern.

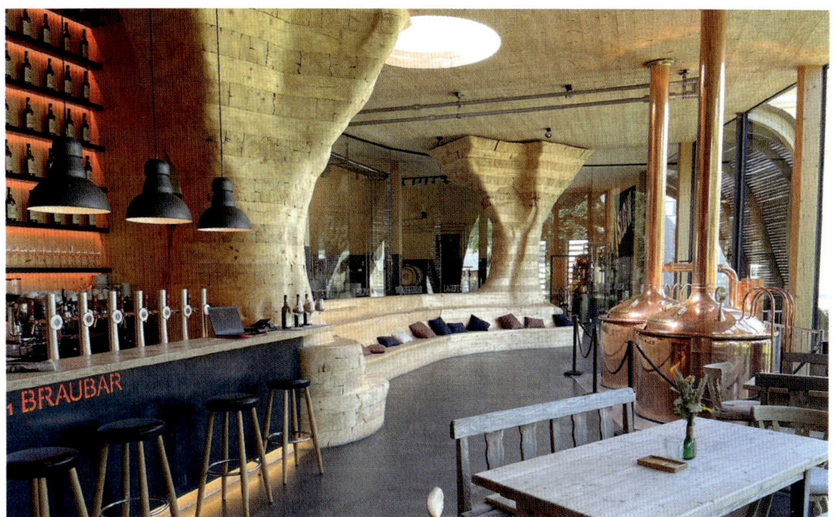

Einkehren

Biergut, Wildshut
Der aufwändig restaurierte Gutsbetrieb ist ein autarker Betrieb auf gehobenem Niveau mit eigener Landwirtschaft, Mangalitzaschweinen, Pinzgauer Rindern und Hopfenanbau für die Kreativbrauerei. Schönes Restaurant mit kreativer Küche und Hotelbetrieb.
www.biergut.at

Lukas Restaurant, Schärding
Elegantes Haubenrestaurant am Unteren Stadtplatz in Schärding in einem historischen Gewölbe. Hochkarätige regionale und internationale Küche.
www.lukas-restaurant.at

Hoftaferne Neuburg
Hoch über dem Inn residiert der gastronomische Teil des Schlosses Neuburg. In dem historischen Gemäuer gibt es ein Restaurant mit klassisch bayerisch-österreichischer Küche und eleganten Gästezimmern.
www.hoftaferne-neuburg.de

Goldenes Schiff, Passau
Klassisches Wirtshaus am „Unterer Sand", nahe des Doms mit kleinem Biergarten und typischer regionaler Küche. Zum Haus gehören auch geschmackvoll eingerichtete Gästezimmer.
www.goldenesschiff.de

Übernachten

Hotel Burgblick
Ein neues Viersternehotel direkt am Ufer der Salzach mit unübertrefflicher Aussicht und schöner Terrasse. Parkplätze neben dem Hotel.
www.altstadthotels.net

Stadthotel Schärding
Viersternehotel mit geräumigen, modernen Zimmern, zentral gelegen in der Altstadt am Unteren Stadtplatz.
www.stadthotel-schaerding.at

Kartentipp:
ADFC-Regionalkarte Chiemgau,
1:75.000, ISBN 978-3-96990-023-9, € 9,95
ADFC-Regionalkarte Niederbayern,
1:75.000, ISBN 978-3-96990-083-3, € 9,95
Digital für Smartphones und Tablets:
www.fahrrad-buecher-karten.de/rk-digital

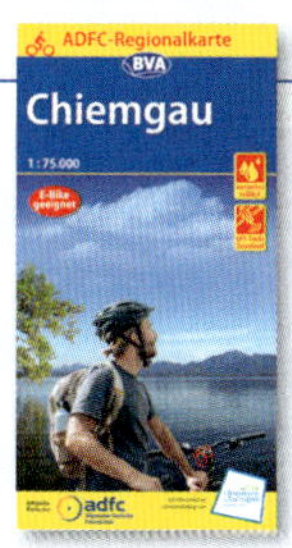

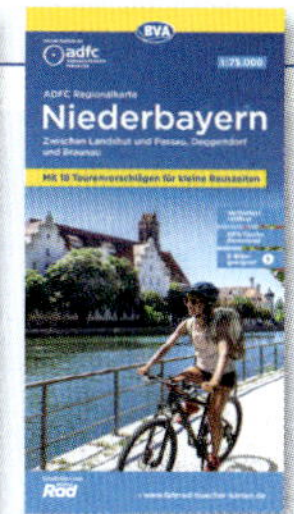